财务战略管理
Financial Strategic Management

（第二版）

黎精明 兰飞 石友蓉◎主编

Financial Strategic Management

经济管理出版社
ECONOMY & MANAGEMENT PUBLISHING HOUSE

图书在版编目（CIP）数据

财务战略管理/黎精明，兰飞，石友蓉主编. —2版. —北京：经济管理出版社，（2024.01重印）
ISBN 978-7-5096-5219-0

Ⅰ．①财… Ⅱ．①黎…②兰…③石… Ⅲ．①财务管理—研究 Ⅳ.①F275

中国版本图书馆CIP数据核字（2017）155606号

组稿编辑：张巧梅
责任编辑：张巧梅
责任印制：黄章平
责任校对：陈　颖

出版发行：经济管理出版社
　　　　　（北京市海淀区北蜂窝8号中雅大厦A座11层　100038）
网　　址：www.E-mp.com.cn
电　　话：(010)51915602
印　　刷：北京厚诚则铭印刷科技有限公司
经　　销：新华书店
开　　本：720mm×1000mm/16
印　　张：22.75
字　　数：434千字
版　　次：2017年6月第2版　2024年1月第7次印刷
书　　号：ISBN 978-7-5096-5219-0
定　　价：58.00元

前　　言

随着全球经济一体化趋势的加剧，企业必须面对日趋激烈的市场竞争环境。商场如战场，如何在激烈的商战中采取策略性行动进而获取竞争优势，这几乎是所有企业都会面临的重大课题。然而，面对激烈的市场竞争，许多企业的反应正如管理大师彼得·德鲁克所形容的："我们走在一片丛林，开始清除矮灌木林。当我们千辛万苦，好不容易清除完这一片灌木林，正准备直起腰来享受一下成功的喜悦时，却猛然发现，旁边的一片灌木林才是我们要去清除的丛林。"现实中，"只会埋头干活，不会抬头掌舵"的企业可谓比比皆是。事实上，缺乏战略意识的企业就犹如一艘无舵之船，它无法驾驭复杂的局势和竞争环境，只能是在波诡云涌的商海中风雨飘摇，在惊涛骇浪的激流中随潮起落。

古语有云："上兵伐谋"、"智而好谋必成"、"事备而后动"……缜密科学的战略与谋划是企业成功的前提和基础，这正如波特教授所言："战略才是决定一个企业成败的关键。"我国现代社会中也有"三年发展靠机遇，十年发展靠战略"之说。战略对企业长足发展所具有的重大影响和决定性意义毋庸置疑。

财务是企业管理实务的重要构成要素，企业要管理好财务必须具有相应的战略理念和战略思维。事实上，财务战略管理正是财务学和企业战略管理学有机结合的产物，这种结合（或者说财务战略管理产生）的必要性至少以下三个方面：第一，财务管理的对象是资金运动，资金犹如企业的"血液"，资金运动（血液循环）会通达企业"肌体"的每一个角落，因此，搞好财务战略管理可以将企业的战略意志有效落实到企业管理的各个层面；第二，企业管理（含战略管理）的终极目标在于充分利用现有资源实现价值增值，而价值增值（创造）问题深层次地讲还是一个财务问题，因此，在财务领域推行战略管理模式能够很好地契合企业深层次的价值目标；第三，企业的主要战略性举措不仅会显著影响企业的财务状况，而且其中较多举措（如兼并、收购等）本身就是财务学的核心内容，因此，从财务学视角来看，企业的很多战略管理问题本身就属于财务战略管理的范畴。比如，联想收购 IBM，中海油收购美国"尤斯科"等经典案例，它们无不深深地烙上了财务战略管理的印记。

我国作为一个快速发展加转型的大国，企业生产经营的内外环境与西方企业相比具有显著差异性，其发展面临着诸多错综复杂的问题，其中绝大部分会直接或间接地表现为财务问题。因此，从战略高度充分把握并有效解决这些问题对确保我国企业健康发展和我国经济持续增长无疑具有重要意义。正是基于上述体会和高层次财务人才培养工作的需要，我们组织编写了本书。全书共十章。第一章为企业战略管理概述。该章主要介绍了企业战略的本质、企业战略理论的演进历程、企业战略管理理论体系的基本架构、企业战略管理的意义和作用。第二章为企业财务战略管理的概念框架。该章主要介绍了财务战略和财务战略管理的基本框架和财务战略管理的范围界定。第三章为企业财务战略制定的环境分析。该章主要介绍了企业环境的构成与特征、企业外部和内部环境分析。第四章为企业生命周期财务战略管理。该章主要介绍了企业生命周期理论、不同生命周期阶段企业的财务战略管理。第五章为企业融资战略管理。该章主要介绍了企业融资战略的目标与内容、企业融资战略的类型、企业融资战略的制定与选择。第六章为企业投资战略管理。该章主要介绍了企业投资战略的目标与程序、类型、制定与选择、实施与控制问题。第七章为企业收益分配战略管理。该章主要介绍了企业收益分配理论、企业股利政策与战略。第八章为企业财务战略的实施。该章主要介绍了企业财务战略实施的基础性准备、财务战略实施的过程控制与效果评价。第九章为企业并购的财务战略。该章主要介绍了企业并购与企业整体战略、并购目标企业定价战略、并购成本规划与控制战略、并购财务风险管理战略、并购后的财务整合战略。第十章为碳财务战略。该章主要介绍了碳财务战略概述、低碳经济下的企业财务战略模式、碳财务战略管理研究等问题，本章属于财务战略管理的前沿知识。

本书由石友蓉教授和黎精明副教授提出大纲，具体撰写分工如下：第一章由石友蓉、蒋园园编写；第二章、第四章、第八章、第九章由黎精明、吴依玲编写；第三章由石友蓉、宋婷编写；第五章、第六章、第七章由兰飞编写；第十章由石友蓉、肖伟编写。全书由黎精明博士统稿。各章均由小案例导入，在对本章内容做系统性阐述之后，各章均附有本章小结、本章关键词、本章思考题、本章案例。这样既便于读者准确把握各章的核心知识，进而强化对财务战略管理的理论认知，又便于读者将理论和实务有机结合，进而增强以理论为指导解决实际问题的能力。

本书可以用做财经类（财务管理、会计学、审计学、金融学、资产评估等）专业本科生与研究生的"财务战略管理"课程教材，也可以作为经管类其他专业本科及以上层次（如 MBA、MPAcc 等）学生"财务管理学"课程的主要教学参考书，另外，它对企事业单位管理人员、研究人员、财务知识爱好者也具有较强的参考价值。

　　本书在编写过程中参考和引用了国内外同行的诸多宝贵文献资料，对相关文献的作者，在此谨表诚挚谢意。研究生蒋园园、宋婷、肖伟、吴依玲、韩武策、范沁茹等人在资料收集、案例整理、书稿校订等方面做了大量工作，我们对他们所付出的劳动表示感谢。另外，我们还要特别感谢经济管理出版社谭伟主任、张巧梅编辑、赵喜勤编辑等人，他们为本书的出版付出了大量心血和创造性劳动，没有他们的鼎力帮助，本书的出版工作不可能如此顺利！

　　由于水平和能力有限，本书的纰漏甚至错误在所难免，我们恳请读者提出宝贵指正意见。

目　　录

第一章　企业战略管理概述

【导入案例】中粮集团有限公司（以下简称"中粮集团"，英文简称"COF-CO"），是中国最大的粮油食品进出口公司和实力雄厚的食品生产商，享誉国际粮油食品市场。中粮的历史可以追溯到1952年，它是中国从事农产品和食品进出口贸易历史悠久、实力雄厚的企业之一。几十年一直是国家小麦、玉米、大米、食糖等大宗农产品贸易的主导者，名列美国《财富》杂志全球企业500强，居中国食品工业百强之首。中粮集团之所以能取得如此巨大的成绩，与其企业战略规划息息相关。

中粮集团采用纵向一体化战略打造完美产业链。中粮集团的核心主营业务包括稻谷、小麦、玉米、大豆、菜籽、棕榈油、食糖、饲料、肉食、番茄、葡萄酒、饮料、厨房调味品、乳业及其他食品等业务。这些业务板块看似纷繁复杂，但是它们具有相同的市场，即食品市场，可以在这相同的市场领域内扩张，同时还可以形成一个粮油食品全产业链。以油为核心来讲，它既提供了所需的原料大豆菜籽，又解决了榨油后肥料处理问题，即将之用作生产饲料。这样一来就形成了无缝链式结构，既降低了成本又增加了收益。

中粮集团采用复合多元化战略实现协同效应。中粮集团从进出口贸易商转型进入实业化发展阶段以来，目前所从事的主要行业有食品制造业、房地产业、酒店业、金融业、保险业、生物能源等，中粮集团通过合并收购其他企业或合股经营的形式增加了与原有产品或劳务不相同的新产品、新服务，这些业务之间存在着协同关系。如在食用油方面，已形成市场的主导，从自主福临门到控股鲁花，再到开发高端的滋采，打造了系列化品牌，有效形成了品牌区隔；如重组中谷，加强了在农产品流通领域的优势；如进军生物能源，既利用了自身的优势，又结合了国家对能源战略的支持，其发展空间巨大；如利用资本进入保险和地产，通过强大的资本实力来整合产业，多样化投资，专业化经营，产生了较好的协同效应。

从目前中粮集团对所属五大业务群及下属公司的管理模式上看，整个中粮都在实施集团化发展战略，都是采取控股和收购等方式，利用资本杠杆来整合产业，进而形成具有协同效应的价值链和供应链整体。

企业战略就是企业的指南针，指导企业走向何处，如何去走。没有战略的企业就像没有导航的航船，虽然在行驶，但是不知驶向何方。

第一节　企业战略的本质

一、企业战略的涵义及特征

战略（Strategy）一词原是个军事方面的概念，在中国，它起源于兵法，指将帅的智谋。"战略"这个词，先是"战"与"略"分别使用。"战"指战斗或战争，"略"指筹略、策略或计划。《左传》和《史记》中已使用了"战略"一词，西晋史学家司马彪著有以"战略"为名的论著。在西方，战略的概念起源于古代的战术，原指将帅本身，后来指军事指挥中的活动。战略一词是由希腊语的"Strategos"一词演变而来，本意为"将军"（General）或"将军的艺术"（The Art of the General）。我国《辞海》对战略的解释则是："它是依据国际、国内形势和敌对双方政治、经济、军事、科学技术和地理等因素制定的，战略解决的问题是：对战争的发生、发展及其特点，规律的分析与判断，战略方针、任务、方向和作战形式的确定。"毛泽东曾写道："只要有战争，就有战争的全局，凡属带有照顾各方面和各阶段的性质的，都是战争的全局。研究带全局性的战争指导规律，是战略学的任务。研究带局部性的战争指导规律，是战役学和战术学的任务。"在现代军事理论中，战略的含义则逐步演化为对战争全局的筹划和指导。随着人类社会的发展，战略一词的含义已远远超出了军事或战争的领域。"战略"的概念被逐步引申到社会、经济、政治等各个领域，出现了诸如经济发展战略、外交战略、能源战略、科技发展战略等名词和术语。

1. 企业战略的涵义

企业战略（Enterprise Strategy）一词是由美国著名的实业家兼学者安索夫（Ansoff）于 20 世纪 60 年代在其所著《公司战略》一书中首次提出的。其理论与实践在 20 世纪七八十年代得到了长足的发展，到目前为止，企业战略已经形成了一个相对完善的理论体系。对于企业战略一词的含义，很多著名学者从不同的角度给出了不同的定义。由于学者们或者强调不同的侧面，或者采用不同的名词，或者赋予它们不同的内容而导致学界对战略的看法有很大的差异。在此引用国内外一些学者的定义。

（1）安索夫的定义。美国著名管理学家安索夫（Ansoff）根据自己在美国洛克希德飞机公司等大型多元化经营公司里多年的管理实践和在大学的教学及咨询经验，于1965年发表了著名的《公司战略》一书，提出了他自己的企业战略观。他认为企业战略是贯穿于企业经营与产品和市场的一条"共同经营主线"。这条主线决定着企业目前所从事的或者计划要从事的经营业务的基本性质。安索夫提出的这条主线由产品与市场范围、增长向量、竞争优势、协同作用四个要素构成。总之，以美国学者安索夫的《公司战略》一书问世为标志，"战略"一词正式进入企业经营管理领域，一种全新的管理理论——企业战略管理也随之诞生。

（2）安德鲁斯的定义。美国哈佛大学商学院教授安德鲁斯（Andrews）认为，"战略是目标、意图或目的，以及为达到这些目的而制定的主要方针和计划的一种模式。这种模式界定企业正在从事的或者应该从事的经营业务，以及界定企业所属的或应该属于的经营类型"。

（3）明茨伯格的定义。加拿大麦吉尔大学著名管理学教授明茨伯格（H. Mintzberg）对战略问题曾做过深入的研究。他指出，生产经营活动中，人们在不同的场合以不同的方式，赋予战略不同的内涵，说明人们可以根据需要接受各种不同的战略定义。只不过在正式使用战略的定义时，人们只引用其中的一个罢了。他将企业战略的内容定义为5P，即计划（Plan）、计策（Ploy）、模式（Pattern）、定位（Position）、观念（Perspective）。

（4）其他一些国外学者的定义。美国学者纽曼（W. H. Newman）认为，"企业战略是确定长远的主要任务，指导整个企业经营活动的总谋略和总方针，以及为完成这一任务而采取的主要行动"。美国战略管理学教授迈克尔·希特（Michael. A. Hitt）从核心竞争力和竞争优势的角度将企业战略定义为，企业"设计用于开发核心竞争力和获取竞争优势而整合与协调企业一系列资源和行动的谋划"。美国战略学家奎因（J. Quinn）认为，战略是一个把企业的主要目标、政策和行动顺序综合成一个紧密结合的整体的形式或计划。

（5）其他一些国内学者的定义。我国学者陈炳富把企业战略定义为："对于任何一个组织的全局性或决定性的谋划。"学者倪树根把企业战略定义为："企业的高层领导根据对企业的主观、客观条件的分析，确定企业未来期间的指导方针、规划目标、行动策略及为其调动、分配相应资源，以图企业生存和发展的谋划。"学者汪应洛提出，企业战略是为实现企业长期的全局的经营目标，有效地组织利用企业内部各种资源和能力，使之适应战略决策，其作用主要是确定企业的产品——市场领域，确定企业的经营活动将向什么方向发展。在相当长的一个时期里，这种以产品——以市场为核心的企业战略理论很有影响力。

从上述的定义来看，虽然学者们给出的企业战略的定义存在差别，但是通过分析可知，这些关于企业战略的定义在一些基本问题的认识上是一致的。主要有以下几个方面：

第一，在空间上，战略是对企业全局的整体性决策。

第二，在时间上，战略是对企业未来的长期性决策。

第三，在依据上，战略是在对企业外部环境和内部环境深入分析和准确判断的基础上形成并实施的，战略的核心是企业的发展方向与对未来环境的适应性。

第四，在重大程度上，战略对企业具有决定性的影响。

第五，战略的本质在于创造和变革，在于创造和维持企业的竞争优势。

综上所述，企业战略实质上是战略思想在产业经济领域中的引用和延伸，是建立在以企业营利为主要目的之上的，以使企业在特定地域和特定环境中谋取生存和发展的手段。因此，本书给出的企业战略的定义为：企业战略是在符合和保证企业实现企业使命的条件下，在充分利用环境中存在的各种机会和创造新机会的基础上，确定企业同环境的关系，规定企业从事的经营范围、成长方向和竞争策略，合理地调动企业结构和分配企业的全部资源，从而使企业获得某种竞争优势。

2. 企业战略的特征

企业战略具有全局性、长期性、应变性等特征，体现出目的、目标、手段与方法的构成。明确的战略意图将导致战略决策的长期一致性和关键创新资源（技术与市场）成长的长期一致性。企业战略作为指导企业生产经营活动的准绳，必须是科学合理的。不恰当的战略目标，非但难以起到其应有的指导作用，而且还会给在各种内外条件制约下本来就已十分复杂的企业经营增添人为的矛盾和摩擦。企业战略应具备的特征包括以下五个方面：

（1）企业战略具有全局性。企业战略的全局性体现在企业战略是根据企业总体需要而制定的，而不是针对企业某一特定的部分制定的。企业整体是由多个相互联系又保持相对独立的局部组成的，企业整体面临的问题并不是企业局部面临的问题的简单相加，它与企业局部面临的问题存在本质的区别。企业发展面临很多整体性问题，如对环境重大变化的反应问题，对资源的开发、利用与整合问题，对生产要素和经营活动的平衡问题，对各种基本关系的调理问题等。谋划好整体性问题是企业发展的重要条件，要时刻把握企业的整体发展。企业战略是为企业全局的发展而制定的总体发展目标，在总体发展目标的指引下，企业各局部制定与总体目标相一致的自身发展目标，从而实现整体与局部的协调一致。

（2）企业战略具有长期性。企业战略与企业短期规划不同，企业短期规划一般是对企业未来一年内的生产和经营活动进行计划与安排。而企业战略则是对于企业的经营方向和生存方式的一种更为长远的统筹和规划，它的规划期一般在三年以上。企业战略是以企业现实经营状况为基础，以对企业未来发展的合理预测为根据，以谋求企业长远利益最大化为目标的长期规划。

（3）企业战略具有应变性。企业战略的应变性主要体现在企业战略根据企业内外部环境的变化而及时做出相应调整的过程中。企业战略的制定需要与企业所处的内外部环境相适应，当企业的内外部环境发生变化时，企业战略也应当根据变化的需要进行相应的调整和改变。也就是说，企业战略在制定的过程中并不是一成不变的，而是具有一定的弹性和应变性。

（4）企业战略具有风险性。企业战略是关于企业长期发展的统筹和规划，由于决策带有一定的主观性同时未来事物存在着不确定性，因此，企业战略具有一定的风险性。这种风险性具体来源于两个方面：一方面是企业根据自身的情况所做出的预测和决策的失误带来的风险；另一方面是企业环境变化的不确定性带来的风险。

（5）企业战略具有竞争性。制定企业战略的目的就是通过对企业的发展进行长期的规划与统筹，从而使企业在激烈的竞争市场中超越竞争对手，建立竞争优势以获取长远发展。企业战略在制定过程中不仅要考虑企业自身情况，同时还要考虑竞争对手的企业战略，这样才能有针对性地、有竞争性地制定出企业战略。这种企业战略在保证企业自身发展的同时又能有效抵制竞争对手的进攻，从而建立竞争优势以获取长远利益。

二、企业战略的三个层次

一般来说，在大中型企业中，企业的战略可以划分为三个重要的层次：公司战略（Company Strategy），也称为企业总体战略；竞争战略（Competitive Strategy），也称为业务单位战略；职能战略（Functional Strategy）。

1. 公司战略

公司战略是企业战略中最高层次的战略。它需要根据企业的经营理念、战略使命和战略目标，选择企业可以参与竞争的经营领域，合理配置企业经营所必需的资源，使各项经营业务相互支持、相互协调。可以说，从公司的经营发展方向到公司各经营单位之间的协调，从企业资源的利用与积累到企业文化与价值观的演进与发展，都是公司战略的重要内容。因此，公司战略就是公司配置资源和协调市场活动的谋划。

通常，公司战略要回答的最重要的问题包括公司经营什么业务？公司应该在什么业务领域中经营？

公司战略具有如下特点：

（1）从形成的性质看，公司战略是有关企业全局发展的、整体性的、长期性的战略行为。

（2）从参与战略形成的人员看，公司战略的制定与推行人员主要是企业的高层管理人员。

（3）从对企业发展的影响程度看，公司战略与企业的组织形式有着密切的关系。当企业的组织形式简单，经营业务和目标单一时，公司战略就是该项业务的战略。当公司的组织形式复杂，经营业务和目标也为多元化时，公司的总体战略也相应复杂。不过，战略是根据企业适应环境变化的需要而提出来的，它对企业的组织形式也有反作用，企业也必须对组织形式做出相应的变革。

2. 竞争战略

竞争战略是在战略经营单位层面上的战略。所谓战略经营单位是指企业从组织上把具有共同战略因素的若干事业部或其中某些部分组合成一个经营单位。每个战略经营单位一般都有独立的产品和细分市场。大型企业或多元化经营企业，为了提高协同作用，加强战略实施与控制，常常采用这种组织形式。

一般而言，战略经营单位与事业部是有区别的。有时在企业内部，如果各个事业部的产品和市场都具有特殊性，那么，这些事业部也可指定和实施自己独特的竞争战略。

因此，竞争战略是战略经营单位、事业部或子公司的战略。所谓竞争战略就是各个战略经营单位在各自经营的领域内，合理利用公司所配置的资源，建立和培育可持续竞争优势的谋划。竞争战略是在公司战略的制约下，为实现公司整体目标，对经营单位战略行动的指导和管理。因此，公司战略是对竞争战略的指导，而竞争战略是对公司战略实现的支持和支撑。

竞争战略要回答以下问题：

（1）集中在哪些细分市场与竞争对手进行竞争？

（2）用什么产品与竞争对手进行竞争？

（3）怎样在所选定的细分市场和产品范围内获得可持续的竞争优势？

3. 职能战略

职能战略又称为职能层战略，是企业内主要职能部门的短期战略计划，它能使职能部门的管理人员清楚地认识到本部门在实施公司战略和支持经营单位战略中的责任和要求，有效地运用研究开发、营销、生产、财务、人力资源开发与管理等方面的经营管理职能，保证实现企业目标。因此，职能战略就是从各职能的角度支持公司战略和竞争战略实现的职能领域的谋划。

以上三个层次的战略在企业内部构成了一个有机的、统一的、分层次的战略体系，三个层次的战略既相互联系，又相互作用和制约，彼此之间的协调一致和紧密联系是企业在竞争中取胜的重要条件。上一层次的战略将成为下一层次的环境，如公司战略构成了战略经营单位的战略环境，竞争战略又成为了职能部门的战略环境；下一层次的战略将成为上一层次战略的支撑。三个层次的战略中，竞争战略是企业战略体系的核心，是整个企业获得可持续竞争优势的关键，为公司战略提供了支撑和基础，为职能战略指明了方向。

下面以汽车公司为例，描述企业各层次战略与企业组织层次的对应关系，具体如图1-1所示。

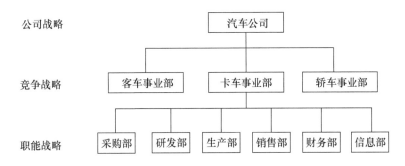

图1-1 企业战略层次图

三、企业战略管理的涵义

1. 企业战略管理的定义

企业战略管理（Enterprise Strategy Management）是伴随企业战略的出现而出现的一个管理理念，经过长达半个世纪的发展，企业战略管理已经发展成为现代企业管理中不可或缺的一部分。企业战略管理是企业为了实现战略目标，分析战略环境、制定战略方案、实施战略方案、控制战略实施再到评估实施绩效的一个循环发展过程。具体可以从以下几个方面理解企业战略管理的内涵：

（1）企业战略管理的主体：企业高层管理人员。由于战略决策涉及一个企业活动的各个方面，虽然它需要企业上、下层管理者和全体员工的参与和支持，但企业的最高层管理人员介入战略决策是非常重要的。这不仅是由于他们能够统观企业全局，了解企业的全面情况，更重要的是他们具有对战略实施所需资源进行分配的权力。

（2）企业战略管理的对象：企业战略。企业战略管理是针对企业战略而实行的一系列计划、领导、组织、执行等活动，企业战略管理的目的是为了保证企业战略的顺利实施和企业战略目标的顺利实现。

（3）企业战略管理是一个动态的、循环的过程。企业战略管理从战略分析出发，通过战略制定、战略实施、战略控制、绩效评价完成一轮循环，然后又转入以战略分析为起点的新一轮战略管理循环。因此，企业战略管理并不是一劳永逸的静态管理，而是动态的、全过程的管理。

2. 企业战略管理与企业经营管理的区别和联系

企业战略管理与企业经营管理是存在一定的区别的。企业经营管理是对企业目前的投入、物质转换和产品产出的管理，其内容包括生产线的部署、设备的管理、企业的投入和产出等。战略管理则是从时间上和范围上扩大投入与产出的管理过程。它是对企业长远发展谋划的一种管理过程，是对企业面向未来的投入和产出的管理。

当然，战略管理与经营管理也有着密切的联系。首先，企业经营管理是企业战略管理实施的具体方法和步骤。其次，有效的经营管理是实施企业战略管理的基础和重要的前提条件。最后，战略管理规定了经营管理的方向，经营管理在战略管理的框架内实施和运作。所以说，企业战略管理规定的是企业应该做正确的事情，企业经营管理规定的是企业应该正确地做事情。

第二节　企业战略理论的演进历程

从企业战略理论的历史沿革及演变过程来看，企业战略理论的产生与发展大致经历了四个阶段，即早期战略思想阶段、古典战略理论阶段、竞争战略理论阶段以及企业战略理论的新发展阶段。在早期战略思想阶段，萌发了三种具有代表性的关于企业战略思想观点；在古典战略理论阶段形成了对企业战略理论与实践产生深远影响的十大战略学派；在竞争战略理论阶段产生以竞争优势为研究焦点的三大战略流派。在企业战略理论的新发展阶段形成了以战略生态理论和动态战略竞争理论为代表的企业战略新思想。

一、早期战略思想阶段

战略管理作为相对完整的理论体系出现，其时间是在 20 世纪 60 年代。因此，此前可称为早期战略思想阶段。在此阶段虽没有形成完整的战略理论体系，但是出现了一些比较精彩的战略思想。

企业战略的思想是随着西方管理理论的发展而逐渐形成的。在 18 ~ 19 世纪，伴随着产业革命，欧洲产生了以亚当·斯密、瓦特、斯图亚特等为代表的欧洲管理思想，之后又在美国出现了以泰罗为代表的科学管理理论。当时这些研究者和管理者都是将思考的重点放在组织内部活动的管理上，还没有涉及企业战略理论的研究。真正产生企业战略管理思想的萌芽是在 20 世纪初，从那时起已经有人开始从企业高层以及组织与环境的关系等角度考虑企业发展问题。如1934年，康芒斯（JohnR. Commons）在其著作《制度经济学》中首次使用了"战略因素"一词，引起了人们对企业经营活动中"战略因素"的注意。但是，他只是把"战略因素"的用法限制在公司的经济制度中管理活动和交易活动的某些方面，而没有从企业战略管理的高度说明"战略因素"对企业经营活动的影响。1938年巴纳德在其著作《经理人员的职能》中首次将战略的概念引入管理理论，他认为，把战略因素局限于管理活动和交易活动的某些方面是没有必要的，在需要做出决策的任何情况下，企业应该遵循的原则是相同的，都必须考虑到战略因素。同时巴纳德还指出，组织是一个有意识地协调各种活动的体系，其中组织目标处于组织的中心地位。而经理人员则是组织体系或协作体系中最关键的因素，组织目标的制定是经理人员特有的职能。只有制定组织目标才能使环境中的其他事物具有意义。巴纳德认为，社会的各种组织都是一个协作的系统，即由相互进行协作的个人组成的系统。这些协作系统作为正式组织，一般都包含三个基本要素：协作的意愿、共同的目标、信息的联系。巴纳德在其著作出版以后把自己的贡献主要归结为一些"结构性"概念和"动态性"概念，而这些概念正是企业战略理论不可缺少的重要基础。巴纳德的这些观点使企业战略思想更加得到理论界和企业界的重视，极大地推动了企业战略理论的研究和发展。

20世纪初，法约尔对企业内部的管理活动进行整合，将工业企业中的各种活动划分成六大类：技术活动、商业活动、财务活动、安全活动、会计活动和管理活动，并提出了管理的五项职能：计划、组织、指挥、协调和控制。其中计划职能是企业管理的首要职能。这可以说是最早出现的企业战略思想。

二、古典战略理论阶段

随着企业战略理论研究和实践的不断发展。在20世纪60年代初到80年代初出现了很多战略理论学派。这些理论学派的核心思想基本上是一致的，主要体现在以下几个方面：研究的起点是企业组织必须适应环境的变化，战略实施要求组织结构必须进行相应的变革，战略管理主要是高层经理人员的工作。这为进一步开展战略管理研究奠定了良好的基础，这一时期可称为古典战略理论（Classic Strategy Theories）阶段。

1. 系统战略理论的诞生

战略管理的三部开创性著作是1962年的钱德勒的《战略与结构》、1965年安索夫的《公司战略》以及同年安德鲁斯的《商业政策：原理与案例》。钱德勒的《战略与结构》解释了大企业的成长并分析了企业的管理结构如何随企业的成长而改变，分析了美国大企业的管理人员如何确定企业的成长方向，做出投资决定并调整企业组织结构，确保战略的贯彻实施。他发现企业内部管理的变化主要是战略方向的改变而非只是为了提高企业效率。

安德鲁斯接受了钱德勒的战略思想，增加了塞尔兹尼克的独特竞争力概念，并强调企业必须适应不确定的外部环境。安德鲁斯区分了战略的制定与战略的实施，他认为战略包括四个要素：市场机遇（企业可能做什么）、公司能力（企业能够做什么）、个人激情（企业想做什么）以及社会责任（企业应该做什么）。战略就是实现四者的契合。按照安德鲁斯的观点，环境不断变化产生机遇与威胁，组织的优势与劣势将不断地调整以避免威胁并利用机遇。对企业内部的优势与劣势的评估确定企业的独特能力，对外部环境的机遇与威胁的分析可以确定潜在的成功因素。这两种分析构成战略的基础。安德鲁斯把战略制定看成是"分析性的"，而把战略实施看成是"管理性的"，重点阐述了如何把商业机会与公司资源有效匹配，并论述了战略规划的作用。这便形成了设计学派。由此可知设计学派的观点始于塞尔兹尼克，发展于钱德勒，后由安德鲁斯做了精确的界定。

1960年在哈佛商学院，安德鲁斯和克里斯滕使用单向法形成了战略规划的基本理论体系，其基本步骤包括资料的收集与分析、战略制定、评估、选择与实施。这种方法的实质是认为战略乃是如何匹配公司能力与其竞争环境的商机。当时的战略规划包括四步：

第一步是研究外部环境条件与趋势及公司内部的独特能力。外部环境的分析包括社区、国家与世界政治、经济、社会与技术等对公司经营有影响的相关因素。内部能力分析包括公司的财务、管理及组织方面的能力以及公司的声誉和历史。

第二步是外部机遇与风险及内部公司资源的优势与劣势并且把它们结合起来。

第三步是通过评估决定机遇与资源的最佳匹配。

第四步是做出战略选择。传统战略规划的致命弱点是它是一个单向过程。环境不断变化，规划同样也要不断修改调整，否则难以适应新环境，因此规划应是一个循环动态的过程而非单向静态的过程。

1965年，安索夫出版了一本有关战略的著作《公司战略》，他在研究多角化经营企业的基础上，也提出了"战略四要素"说，认为战略的构成要素应当包括产品与市场范围、增长向量、协同效应和竞争优势。安索夫《公司战略》一书的出版标志着计划学派的产生。计划学派认为，在制定战略时，必须首先明确企业的经营性质，这样，企业的战略才能一方面为企业的生产经营活动提供指导，另一方面为企业的发展提供空间。计划学派还认为，战略的形成是一个受到控制的、有意识的、规范化的过程，原则上主要由领导承担整个过程的责任，但在实践中则由计划人员负责实施，因此，企业战略应该详细、具体。《公司战略》已成为现代企业战略理论研究的起点，标志着企业战略理论的研究已经进入了一个新的阶段。

2. 各理论流派的发展

明茨伯格等在其《战略历程——纵览战略管理学派》一书中将战略管理分为 10 大学派，包括上述的设计学派、计划学派；此外还有把战略形成看成是一个分析过程的定位学派；把战略形成看成是一个预测过程的企业家学派；把战略形成看成是一个心理过程的认识学派；把战略形成看成是一个应急过程的学习学派；把战略形成看成是一个协商过程的权利学派；认为战略过程是一个集体思维过程的文化学派；把战略形成看成是企业对环境变化的反应的环境学派；把战略形成过程看成是一个转变过程的结构学派。

其中，环境学派理论在 20 世纪 70 年代大为流行。1970 年战略管理走向实证研究，这主要起源于第二次世界大战中的战争计划的经验在公司中的应用。按照战略规划的说法，一切都在意料之中，一切都在控制之下。1973 年的石油危机开始动摇战略规划的垄断地位，企业发现战略规划无法应对现实中普遍出现的环境巨变与激烈国际竞争，最根本的一点是未来无法预测。现实的战略往往是不断试错的结果。战略家越来越把环境的不确定性作为战略研究的重要内容，更多地关注企业如何适应环境。战略研究假设各种不同的市场环境，从而设计出各种不同的对策来应付这些变化。

环境学派主要存在两种不同的发展方向。一种称作"权变理论"，它侧重于研究企业在特别的环境条件下和面临有限的战略选择时所做的预期反应；权变理论要求企业发挥主观能动性，因为企业可以在一定的环境条件下，对环境的变化采取相应的对策以影响和作用于环境，争取企业经营的主动权。另一种称作"规制理论"，它强调的是企业必须适应环境，因为企业所处的环境往往是企业难以把握和控制的。企业战略的制定必须充分考虑环境的变化，了解和把握环境变化的特点。只有如此，企业才能在适应环境的过程中找到自己的生存空间，并获得进一步的发展。

三、竞争战略理论阶段

在企业战略理论的发展过程中，古典战略理论各流派都曾在一定时期内发挥过一定作用。但随着企业战略理论和企业经营实践的发展，企业战略理论的研究重点逐步转移到企业竞争方面。特别是 20 世纪 80 年代以来，西方经济学界和管理学界一直将企业竞争战略理论（Competitive Strategy Theories）置于学术研究的前沿地位，从而有力地推动了企业竞争战略理论的发展。回顾近 20 年来的发展历程，企业竞争战略理论涌现出了三大主要战略学派：行业结构学派、核心能力学派和战略资源学派。

1. 行业结构学派

该学派的主要代表是波特，波特将产业组织理论引入战略研究，将重点放在行业特征分析上，强调市场力量对获利能力的影响。后来，交易成本理论、信息经济学、博弈论等纷纷被引进到战略理论。1980 年许多研究重点放在了跨国企业经营管理上。在过去的 30 余年，五个概念对传统经济理论产生巨大冲击。它们是不确定性、信息不对称性、有限理性、机会主义与资产专用性。交易成本理论被用来解释企业的边界和企业的组织形式。1980 年还诞生了两本重要杂志：《战略管理杂志》和《业务战略杂志》。目前这两份杂志是表达战略管理新思想的重要喉舌。

1980 年初波特通过对美国、欧洲与日本制造业的实践提出了自己的竞争战略理论学说。他的竞争战略理论认为企业要通过产业结构的分析来选择有吸引力的产业，然后通过寻找价值链上的有利环节，利用成本领先或性能差异来取得竞争优势。波特对竞争环境结构作了研究，认为五种竞争力量决定某一行业的吸引力。波特总结了通用的企业竞争战略，即成本领先、差异化与专一化战略。波特认为公司必须从三种策略中选择一种以赢得竞争优势。要么把成本控制到比竞争者更低的程度，要么提供与竞争者不同的产品或服务，让顾客感觉得到了比竞争者更高的价值。专一化战略要求企业致力于服务某一特定的市场区间，某一特定的产品种类或某一特定的地理范围。

波特致力于将产业化组织理论应用于企业竞争战略的研究，实现了产业组织理论与企业竞争战略理论的创新性兼容，并达成了战略制定和实施这两个过程的有机统一。他认为构成企业环境的关键部分就是企业投入竞争的一个或几个行业，行业结构极大地影响着竞争规则的确立以及可供企业选择的竞争战略。为此，行业结构分析是确立竞争战略的基石。

2. 核心能力学派

该学派以普拉哈拉德和汉默尔为代表。该学派认为所谓核心能力，就是所有能力中最根本的部分，它可以通过向外辐射作用于其他各种能力，影响其他能力的发挥和效果。20 世纪 80 年代后期人们越来越认识到，竞争无常规，没有通用战略，也没有万能灵丹。人们无法单独通过通用战略与公司特征来解释企业的优异表现，人们转向寻找企业竞争优势的源泉。竞争优势是促成企业比竞争者更成功的因素，而且这些因素无法被竞争者轻易模仿。现代市场竞争与其说是基于产品的竞争，不如说是基于核心能力的竞争。企业的经营能否成功已经不再取决于企业的产品、市场的结构，而取决于其行动反应能力，即对市场趋势的预测相对变化中的顾客需求的快速反应。因此，企业战略的目标就在于识别和开发竞争对手难以模仿的核心能力。只有具备了这种核心能力，企业才能快速适应市场的变化，满足顾客的需求，才能让顾客在心中将企业与竞争对手区分开来。

3. 战略资源学派

该学派认为，企业战略的主要内容是如何培育企业独特的战略资源并最大限度地优化配置这种战略资源的能力。核心能力理论强调现实中企业的战略大多是两者的结合：选择有吸引力的行业，同时培养别人无法模仿的核心能力。

在企业竞争实践中，每个企业的资源和能力是各不相同的。这样，企业战略资源和运用这种战略资源的能力方面的差异，就成为企业竞争优势的源泉，20世纪80年代，库尔和申德尔通过对若干个制药企业的研究，进一步确定了企业的特殊能力是造成它们业绩差异的重要原因。1990年，普拉哈拉德和汉默尔在对世界优秀公司的经验进行研究的基础上提出，竞争优势的真正源泉在于"管理层将公司范围内的技术和生产技能合并为使各业务可以迅速适应变化机会的能力"。战略资源学派认为每个组织都是独特的资源和能力的结合体，这一结合体形成了企业竞争战略的基础。因此，企业竞争战略的选择必须最大限度地有利于培植和发展企业的战略资源，而战略管理的主要工作就是培植和发展企业对自身拥有的战略资源的独特运用能力，即核心能力。在传统的安索夫—安东尼—安德鲁斯范式中认为战略的核心就是企业内部独特的资源与外部环境的合理匹配。资源基础论的进步主要在于企业不只是利用现有的资源与能力，而且要有意地培育企业独特的能力。核心能力的形成需要企业不断地积累战略制定所需的各种资源，需要企业不断学习、不断创新、不断超越，才能拥有对顾客有价值、稀缺的、对手难以模仿的资源，才能获得和保持持续的竞争能力。

四、企业战略理论新发展

1. 战略生态理论

20世纪90年代中期以来，企业所处的环境日趋复杂，企业面临的竞争也越来越激烈。为了应对市场的变化性及难以预测性，企业认识到如果想要获取长远的发展，仅依靠企业自身的力量是不够的，企业应当与其他组织联合起来，共同创造消费者感兴趣的新价值，培养以发展为导向的协作性经济群体。而与之相适应的一种新的企业战略理论也应运而生，即战略生态理论。

战略生态理论是生态学与企业管理理论相结合的结晶。1993年，詹姆斯·穆尔（James F. Moore）发表了《捕食者与被捕食者：一种新的竞争生态学》，在文中提出了企业生态系统的发展演化理论。企业生态系统理论强调企业不是孤立存在的，而是处于一个由供应商、生产者、竞争者、消费者以及其他利益相关者等共同构成的生态系统之中。企业在该生态系统中的竞争优势主要来源于企业在生态系统中的领导地位。1997年，詹姆斯·穆尔出版了专著《竞争的衰亡：商业生态系统时代的领导与战略》，该书将现代生态学与商业活动相融合，提出了"商业生态系统"这一新概念，同时对企业生态的共生和进化进行了进一步的研究，强调商业活动中的共同进化比竞争或合作更为重要。1997年，欧文·拉兹洛（Ervin Laszlo）在著作《管理的新思维》中将广义进化论的思想应用于企业管理，并提出了"进化重构"的思想和方法。1998年，肯·巴斯金（Ken Baskin）将自然科学的一些最新见解以及关于动荡和复杂问题的最新研究成果融入现实战略管理中，提出了"市场生态"的概念。同时，理查德·L·达夫特则在其著作《组织理论与设计精要》中利用种群生态学的概念论述了有关组织间冲突与协作、"组织生态系统"演化以及正在出现的学习型组织等许多新的观点和方法，使得企业战略生态理论得到了进一步的发展和完善。

战略生态系统指的是以企业所处的战略环境为依托，由企业战略群及战略群之间的相互关系共同组成的一个集合，其目的是实现企业战略并且推动系统内各元素的共生和进化。战略生态系统与其他社会系统最大的区别在于战略生态系统是一个虚拟的系统，而非物理系统。构成战略生态的要素包括与内部要素和外部要素，其中内部要素包括企业自身、消费者、市场中介和供应商等行业内部要素，外部要素则包括与企业生存和发展紧密联系的外部环境，包括政府部门和立法者、行业协会以及制定标准的机构、竞争者等要素。战略生态系统与自然生态系统存在一定的相似之处，其产生是由企业同周围环境相互影响、相互制约、为谋求共生而逐渐形成的有自己的发展和演化规律。战略生态管理是指对一个系统的管理，不仅包括企业自身将采取的战略，而且还包括对整个战略生态系统的识别、规划、实施、评价和自我更新等进化过程的管理。对于战略生态系统的研究主要包括战略生态的结构、同态、稳定与平衡以及战略生态的互动关系和在企业战略规划实施中战略生态的有效嵌入等基本问题，采用生态流、生态位、共同进化和生态演替等原则。

2. 动态竞争战略理论

动态竞争理论是进入21世纪以来，管理学者们在企业战略领域的一个新的关注点。新世纪以来，随着经济的迅速发展以及国际化进程的加速，企业所面临竞争越来越激烈，为了更好地满足新的竞争环境下企业战略管理决策的需要，学者们提出了一种新的战略管理理论，也就是动态竞争战略理论。该理论由动态能力理论（Dynamic Capability Theories）和竞争动力学方法构成。

（1）动态能力理论。学者Teece等在1994年首次提出了"动态能力"这一概念，他在研究中指出动态能力就是企业整合、建立以及重构企业内外能力以适应快速变化的环境的能力。随后在1997年，Teece等进一步提出了由位置、过程及路径三大要素共同构成的动态能力分析框架。动态能力论主要是针对基于创新的竞争、价格/行为竞争、增加回报以及打破现有的竞争格局等领域的竞争进行的，该理论试图解释企业的成功和失败，建立关于企业行为的更好的理论，并指导管理实践。动态能力理论强调了在过去的战略理论中未曾受到重视的两个方面：第一，"动态"的概念是指企业重塑竞争力以使其与变化的经营环境保持一致的能力。当市场的时间效应和速度成为关键，技术变化的速度加快，未来竞争和市场的实质难以确定时，就需要企业有特定的、对创新的反应。第二，"能力"这一概念强调的是战略管理适当地使用、整合和再造企业内外部的资源和能力以满足环境变化需要。该理论研究的重点在于企业用以积累影响学习与研究进程的概率和方向的机制上。它秉承了熊彼特的创造性毁灭的思想，认为企业只有通过其动态能力的不断创新，才能获得持久的竞争优势。

（2）竞争动力学方法。竞争动力学方法是在竞争力模式理论、企业能力理论和企业资源理论的基础上，通过对企业内、外部影响企业经营绩效的主要因素，包括企业之间的相互作用、参与竞争的企业质量、企业的竞争速度和灵活性三大因素进行分析，来回答在动态的竞争环境条件下，企业应怎样制定和实施战略管理决策，才能获得超过平均水平的收益和维持竞争优势。竞争动力学的研究重点包括三个方面：第一，它研究处于竞争状态的企业之间的竞争作用，包括这种竞争作用产生的原因以及竞争作用发生的可能性；第二，它研究和分析影响企业竞争或对竞争进行反应的能力要素；第三，它还对不同条件下的企业的竞争结果进行分析和对比，以便得出影响企业竞争的有效因素。近年来，竞争动力学的研究和分析在国外受到越来越多的关注，而且有关这方面的研究成果被普遍地应用在战略管理的实践中。

第三节　企业战略管理理论体系的基本构架

企业战略管理理论体系包含制定企业战略目标，实施企业战略管理过程，运用企业战略管理的理论方法，进行企业战略管理业绩评价，这几个部分构成相互联系的整体，最终实现企业的目标。

一、企业战略目标体系

企业战略目标（Strategic Objectives）是在企业战略思想指导下，根据企业外部环境与内部条件的实际与变化趋势，制定出的较长时期中要达到的结果。它是企业使命的具体化，决定着战略步骤、战略重点和战略对策的要求和走向，是企业追求的较大的目标。

1. 按层次划分

企业的战略目标构成了一个多层次的完整体系。战略目标的层次首先表现在目标所涉及的广度上，这种目标的层次是和企业的组织层次相联系的。在这个意义上，也可以把企业使命理解为广义的目标。涉及整个企业的是企业整体目标，由此派生出来的涉及企业各项事业的是战略经营单位的目标，再往下派生出来的涉及企业职能部门的则是职能部门的目标等，以此类推，直至每个成员的个人目标。

2. 按时间划分

表现在目标时间的跨度上，战略目标是企业在一定的时期内，为实现其使命所要达到的长期结果。如果把目标分成长期、中期和近期，则长期目标通常指3年以上的目标，中期目标指1~3年的目标，而近期目标则指1年以下的目标。也有把长、中期目标统称为长期目标的，但这种时限上的区分并不是绝对的，它还取决于行业特点和环境条件。由于近期目标是执行型的，其时限在1年或1年以下是不言而喻的。至于长期目标的时限则往往与产品的生命周期、工艺技术的生命周期、设备的更新周期有关，在各行业间会有较大的差异，不能一概而论。

3. 按内容划分

企业战略目标是多元化的，既包括经济性目标，也包括非经济性目标。具体来说，包括利润目标、产品目标、市场目标、竞争目标、发展目标、职工福利目标、社会责任目标等。企业战略目标具体包括以下内容：

（1）盈利能力。长期经营成功的企业，无疑具有一个恰当的盈利水平。盈利为企业的发展、所有者的投资报酬以及企业成员的物质待遇的改善提供财源。

（2）生产效率。企业的发展通常与其生产率的提高有直接联系。生产效率指的是单位时间的产出或单位投入的产出。它通常以年产量、资金产值率、单位产品成本和劳动生产率等来表示。

（3）竞争地位。企业在市场上的相对竞争地位是衡量企业经营成效的重要标志之一。特别是一些大企业常把市场竞争地位列为一个重要目标，以测定其在发展和盈利方面的实力。一个企业如何确定其在市场竞争地位上的目标，往往标志着它在长期经营中雄心的大小。它通常以总销售额和市场占有率来表示。

（4）技术领先程度。一个企业的技术水平关系到企业在市场上的竞争地位与未来发展。企业的技术领先程度与企业的研究开发工作有着直接的联系。企业提出的目标可以是争取技术上的领先地位，也可以是只保持某种技术上的追随地位，运用得当都可以取得经营的成功。

（5）组织变革。包括企业产品种类的增加或淘汰，各类产品生产能力的扩大或压缩，相应的物质设施的增添和紧缩，企业的兼并与重组，经营领域的进入与退出以及组织机构的变革，等等。

（6）人力资源。企业的发展在很大程度上取决于其成员的素质和积极性。为企业成员提供培训和发展机会，保持旺盛的士气，造就和吸引人才，是企业战略目标的主要内容之一。它通常以人员流动率、培训人数、各类人员的培训时间等来表示。

（7）社会责任。企业必须认识到自己对社会负有的责任，应该积极参与社会公益活动，守法经营，爱护环境、改善环境。根据企业所应承担的社会责任的性质，规定相应的目标，如提供资助金额、满足环境改善的要求等。

按层次和时间对战略目标进行划分并非是相互排斥的，一般来说涉及面广的、综合性的企业整体目标往往也是企业的长期目标；而涉及面窄的部门目标，往往也是执行型的近期目标。但是，两者之间也有交叉，一个部门也会有一些长期目标，而企业整体也会有一些近期目标。

由于企业的长远利益和当前利益、整体利益和局部（部门或个人）利益总是存在这样或那样的矛盾，企业的长期目标和近期目标、整体目标和部门目标之间也总是需要协调的。而从根本上来说，它们之间是统一的；近期的、部门的目标不仅是对长期、整体目标的支持，而且使之成为分段的、具体的和可操作的。而无论是企业近期的、部门的目标还是长期、整体目标其必须包含以上战略的基本内容。

正确合理的企业战略目标体系能指明企业在一定时期内的经营目标和方向，能将企业各部门的活动联结为一个整体，从而提高管理效率和经营成果；能改进企业的组织结构和职责分工，把职工的具体工作与实现企业总目标联系起来，提高职工的积极性、主动性和创造性。

二、企业战略管理过程

企业战略管理过程包括战略分析（Strategic Analysis）、战略制定（Strategic Formulation）、战略实施（Strategic Implementation）以及战略控制（Strategic Control）四个环节。这四个环节是相互联系、循环反复、不断完善的一个过程。

1. 战略分析

企业战略分析是指对影响企业现在和未来生存和发展的一些关键因素进行分析，这是企业战略管理的第一步。对企业的战略环境进行分析、评价，并预测这些环境未来发展的趋势以及这些趋势可能对企业造成的影响及影响方向，以便在制定和选择战略中能够利用外部条件所提供的机会而避开对企业的威胁因素。企业战略分析主要包括外部环境分析和内部环境分析。

（1）外部环境分析主要包括外部宏观环境、产业环境、竞争环境三个方面的分析，通过外部环境分析企业能够深入分析所处外部环境的现状以及变化趋势，从而发现外部环境中存在的机会，辨识外部环境中存在的威胁。

（2）内部环境分析主要包括企业资源分析、企业能力分析及企业核心竞争力分析，通过内部环境分析，企业能够明确自身目前所处的位置，并且发现自身的优势和劣势。

2. 战略制定

战略分析明确了企业所处的位置，而战略制定就是帮助企业明确企业未来该往哪个方向发展，该怎样发展。战略的制定分为三个层次战略的制定：公司战略、竞争战略和职能战略。根据企业自身的发展情况，在每一个层次的战略上，企业都有很多不同的战略选择，企业具体选择何种战略因企业的状况不同而不同，不能一概而论。企业在每个战略层次上可以选择的战略具体如图 1-2 所示。

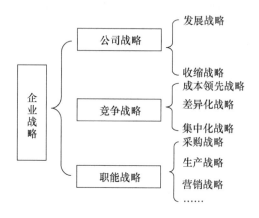

图 1-2　企业战略选择类型

企业战略制定的具体流程如下：

（1）制定备选战略方案。为了尽可能地使企业战略与企业所处的环境以及企业的实际能力相符，企业可以在确定战略之前尽可能多地设计几套战略方案，在战略方案制定完毕后，再根据相应的选择标准，进行择优选择。在制定战略备选方案的过程中，按照不同层次管理人员在战略制定中的参与程度，可以将战略的制定方法分为以下三种：

第一，自上而下的方法。自上而下的战略制定方法强调最高层次管理者在战略制定中的领导作用，首先由最高层次管理者制定出企业的总体战略，在总体战略的指导下，下属各个层次的管理人员将总体目标进行分解，从而制定出与本层次相适应的战略。这种战略制定方法有很强的集权性，有助于企业高层管理者对企业的控制，但是缺乏一定的灵活性和创新性。

第二，自下而上的方法。自下而上的战略制定方法强调各层次管理人员在战略制定过程中的主动性和创新性。在战略制定时，企业最高层管理者不会对战略的制定做出明确的规定，而由下属各层次的管理人员结合各层次的实际情况制定各层次的战略，然后企业高层管理者在各层次管理人员提交的战略方案的基础上，进行协调和平衡，对各部门的战略方案进行调整后最终确认。这种方法最大的优点就是能够最大限度地发挥各层管理人员的主动性和创新能力，但是一定程度上加大了企业的控制难度。

第三，上下结合的方法。这是一种集权与分权相结合的战略制定方法，在战略制定的过程中，企业最高层管理者与下属各层次管理人员共同参与，通过上下级管理人员的沟通协调，最终制定出适合企业总体及各层次、各部门的战略。

（2）评估备选战略方案。在多种备选战略方案制定完成后，企业必须按照相应的评估标准对所有的备选战略方案进行评估，而评估的关键就是评估标准的制定。一般而言，企业可以选用以下三大标准对企业所有的备选战略方案进行评价：

第一，适宜性标准。适宜性标准是指企业战略必须与企业的外部环境和企业的内部环境相适宜，只有与企业内外部环境相适宜的企业战略才能指导企业充分挖掘外部环境中的机会、避免外部环境中的威胁，同时又能最大限度地利用企业自身的优势而避免企业的劣势。

第二，可接受标准。企业战略关系到企业未来的发展方向和发展方式，战略的确定与企业利益相关者的利益是息息相关的。企业在对战略方案进行评估时必须考虑到这种战略是否会与利益相关者的利益严重冲突，是否能被利益相关者所接受，利益相关者对企业战略的接受和支持是企业战略顺利实施的重要保证。

第三，可行性标准。可行性标准是衡量企业战略方案好坏的关键，一个战略方案无论设计得多么完美，一旦该战略不具有可行性，那么一切都只能是空想。判断战略方案的可行性需要从以下几个方面进行考虑：企业是否具有实施战略方案的能力？方案在实施过程中会遇到哪些风险？企业是否具有克服风险的能力？战略实施需要多大的成本？战略收益能否弥补战略成本？战略方案在财务上是否可行？

（3）选择战略方案。在对所有的备选战略方案进行评估之后，接下来就要进行战略制定过程中十分重要的一个环节，即战略方案的选择，也就是确定企业最终的战略方案。在战略方案选择的过程中，主要有以下几大影响因素：

第一，企业原有战略的影响。企业的战略变革分为渐进性变革和革命性变革，渐进性变革是企业战略调整的主要模式，只有当企业的经营环境发生巨大变化而企业现有战略完全失效时，企业才会进行革命性战略变革。渐进性战略变革是在原有战略的基础上，根据市场环境的变化进行的改变和调整，因此企业在进行战略选择时会受到原有战略的影响。

第二，管理者对于风险的态度。风险是企业生存和发展中不可避免的，管理者对于风险的态度往往会对企业战略的选择产生一定的影响。如果管理者属于风险偏好型，愿意为了获取利益而承担风险，那么在战略选择上会倾向于选择发展型战略；如果管理者属于风险厌恶型，那么在战略选择上则倾向于选择稳定性或者采用多元化战略以分散市场风险。

第三，企业中的权力关系。实践证明，企业中的权力关系会对企业战略的选择产生一定的影响。在战略选择过程中，如果一个权力很大的高层管理者支持某一战略方案，通常它就会成为企业选择的战略，并且会得到一致的拥护。因而，权力关系的存在会对权力选择产生影响。

在选择战略方案时，企业可以通过以下几种方法进行选择：

第一，根据企业使命选择企业战略。企业使命是企业一切经营和管理活动的最高指引，企业可以根据企业的使命选择最有利于企业使命实现的战略方案。

第二，提交上层管理部门审批。在企业内部战略选择过程中，下一层次的战略选择可以提交上一层次的管理者进行选择和审批，以使所选战略方案能更好地适应企业发展。

第三，聘请外部专业机构进行选择。当企业内部管理人员对于企业战略选择存在很大的疑惑和不确定性时，企业可从外部聘请有经验的专家为企业战略选择提供合理建议。

3. 战略实施

战略实施是保证战略目标实现的关键，再完美的战略方案都需要实施才能变为现实，因此战略实施是战略管理过程中非常重要的一环。企业在战略实施过程中需要解决以下几大关键问题：

（1）建立与战略实施相适应的组织结构。组织结构是组织为实现共同目标而进行的各种分工和协调的系统，科学合理的组织结构有助于企业战略的顺利实施。在组织结构的设计上，企业需要考虑以下问题：选择集权式还是分权式的组织结构？选择扁平型还是高长型的组织结构？怎样使组织结构与企业战略相适应？

（2）培养与企业使命相一致的企业文化。企业文化是企业十分重要的无形资源之一，培养良好的企业文化有利于企业战略的实施并帮助企业建立竞争优势。企业文化是否能够帮助企业建立竞争优势，主要有以下三特判别标准：企业文化是否能够促进企业的发展？企业的文化是否具有独特性？企业文化是否难以模仿？

（3）加强人员的培训及管理。战略实施的主体是企业全体员工，因此加强对人员的培训及管理也是不可忽略的。战略失效当中有一种失效称为前期失效，前期失效的原因主要是在战略实施前期企业员工对企业战略缺乏全面而深刻的认识，导致其企业战略实施受阻，执行不利，最终使得战略方案失效。解决这一问题的一种方法就是在战略制定过程中加强对员工的培训，使员工深刻了解企业战略的意义及内涵，尽可能消除抵触情绪。

（4）重视公司政治的力量。企业内部各种团体有其各自的目标和要求，而许多要求是相互冲突的，因而公司政治活动是企业的一部分。这种利益冲突会导致各种争斗和结盟，在企业战略管理过程中发挥一定作用。

4. 战略控制

战略控制就是监督战略实施进程，及时纠正偏差，确保战略有效实施，是战略实施结果符合预期战略目标的必要手段。如果没有达到既定的目标，控制的意向应当是修改企业战略或更好地实施该战略以使企业实现目标的能力能够得到提高。战略控制的具体流程如下：

（1）执行策略检查。

（2）根据企业的使命和目标，识别各阶段的战略目标，对于市场份额、顾客满意度、产品质量等指标进行定性与定量相结合的战略目标设定。

（3）设定目标的实现层次。各层次目标设定不需要专门定量，但必须合理准确，应该包括实现战略目标的具体建议和对策。

（4）对战略过程进行正式监控。在监控的过程中要根据实际监控状况提供监控报告。

（5）对于有效实现战略目标的业绩给予奖励。

（6）当实际执行与预期目标有偏差时，应当采取有效的措施进行纠正和调整。

三、战略管理业绩评价

战略的业绩评价实际上就是结合企业战略来动态地衡量战略目标的完成程度并及时反馈信息的过程。从性质上来讲，业绩评价属于战略控制的组成部分。但是，业绩评价指标体系设计是在战略规划过程中完成的。在战略实施与战略控制阶段进行的业绩评价包括两个方面：一方面是过程评价；另一方面是结果评价。根据设定的业绩评价指标体系，对战略实施过程进行适时的监控；在战略实施之后，根据实际结果与目标业绩进行对比分析，修正结果，进行运用。

1. 业绩评价指标体系

在战略规划过程中，通过环境分析明确实现战略目标的关键成功因素，设计出计量这些关键因素的业绩指标，确定业绩评价标准，并将业绩评价指标分解到部门或个人，最终，设计出业绩评价指标体系。业绩评价指标体系通常由财务指标和非财务指标共同构成，财务指标主要通过相应的财务指标衡量企业的盈利能力、偿债能力、营运能力以及发展能力等，而非财务指标则是从非财务角度衡量企业的业绩，主要从人力资源、市场营销、研究开发等方面来评价企业的发展状况。对于每一评价领域评价指标的选取并没有一个统一的标准，企业需要根据其所处的行业及自身在行业中所处的位置进行指标的调整和选择。下面举例说明业绩评价指标体系的构建，具体如表1-1所示。

表1-1　业绩评价指标体系表

业绩评价指标体系		
指标类型	衡量的领域	评价指标
财务指标	盈利能力	总资产报酬率
		净资产收益率
		每股市盈率
	营运能力	总资产周转率
		存货周转率
		应收账款周转率
	偿债能力	资产负债率
		流动比率
		速动比率
	发展能力	销售增长率
		可持续增长率
		现金满足投资比率
非财务指标	人力资源	员工培训时间
		员工流失比率
		员工周转率
	市场营销	客户满意度
		客户投诉率
		客户保持率
	研发与创新	研究开发费用率
		新产品投资回报率
		新产品利润率

2. 平衡计分卡

在业绩评价和战略管理领域，平衡计分卡（Blanced Score Card，BSC）被越来越多的管理者和研究者所运用。平衡计分卡是由学者卡普兰和诺顿提出的一种新型的平衡了四个不同角度的衡量企业业绩的方法。平衡计分卡表明了企业员工需要什么样的知识技能和系统，分配创新和建立适当的财务战略优势和效率，使企业能够把特定的价值带给市场，从而最终实现更高的股东价值。

平衡计分卡从四个角度出发，平衡了企业短期与长期业绩、外部与内部业绩、财务与非财务业绩以及不同利益相关者之间的业绩。平衡计分卡的四个角度分别如下：

（1）财务角度（我们怎样满足股东）。企业经营的直接结果是使股东获得财务回报，有了良好的财务状况，企业才能更好地发展。平衡计分卡将财务目标作为所有目标的焦点。

（2）顾客角度（顾客如何看待我们）。顾客关心时间、质量、性能、服务和成本等，从顾客的角度给企业设定目标，就能够保证企业的工作有成效。向顾客提供产品和服务，满足顾客的需求，企业才得以生存。

（3）内部流程角度（我们必须在哪方面做得更好）。为了满足顾客不断变化的需求，企业必须在运作流程中开发出符合要求的新产品。只有把这方面做好了，企业的运作才有价值，才能够得到顾客的回报。

（4）创新与学习角度（我们能否持续提升并创造价值）。反映企业的可持续发展能力，包括人员、信息系统和企业组织三个方面。企业必须不断地学习和创新，以应对不断变化的环境，并自觉推动企业的发展。

平衡计分卡四个维度的具体评价指标体系如图1－3所示。

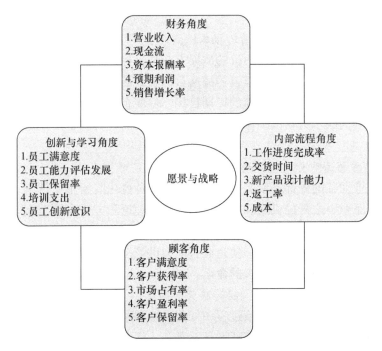

图1－3 平衡计分卡评价体系图

可以说，整个平衡计分卡的理论是围绕着企业的战略来构建的。从企业管理实践来看，平衡计分卡实施要求企业的目标应该是可以计量的，只要有可能，目标就应该用定量指标描述。通过目标的分解，企业的整体目标被转换为每一级单位的具体目标，即从企业整体目标到部门目标，再到个人目标。这一过程可借助"目标管理"的方法来予以实现。一个企业选择的业绩评价系统必须能够支持和增强该企业的战略，帮助管理者实现企业的目标。业绩评价不能代替战略，它捕捉到的只是战略的结果，为经营决策提供信息支持。

第四节　企业战略管理的意义和作用

企业战略管理是企业对有关全局性、长远性、纲领性目标的谋划和决策。通过有效地实施企业战略管理，可以保证企业长期、稳定和持续地获得高于市场平均收益水平的发展。企业战略管理是企业持续发展的根本保证，是我国目前最为流行的管理理念之一，企业家也纷纷表示了对战略管理的认可和渴望。

一、企业战略管理的意义

1. 战略管理是企业经营成功的根本保证

战略管理可以为企业提出明确的发展方向和目标，企业管理者可以运用战略管理的理论和方法，确定企业经营的战略目标和发展方向，制定实施战略目标的战术计划，从而可排斥企业管理的短期目标，促使企业在全面了解预期的结果之后，采取准确的战术行动以确保在取得短期业绩的同时实现企业原定的战略目标和发展方向。

2. 战略管理为企业迎接一切机遇和挑战创造良好的条件

现代企业面临的外部环境是变化无穷的，这种变化既给企业带来了压力，又给企业带来了意料之外的机遇和挑战。战略管理理论和方法有助于企业高层管理者集中精力迎接这种机遇和挑战，分析和预测目前和将来的外部环境，采取积极行动优化企业在环境中的处境，使企业有能力迅速抓住机遇，减少与环境挑战有关的风险，更好地把握企业未来的命运。

3. 战略管理有助于企业重大战略决策的制定

战略管理可以将企业的决策过程和外部环境联系起来，使决策更加科学化和规律化。现代企业所面临的外部环境日益复杂，任何企业都要采取一定的措施来适应。非战略管理的企业，只能采取被动型防御决策，仅在环境发生变动之后才采取选择，显得十分被动，成效有限。而战略管理的企业则可采取进攻兼防御决策，通过预测未来的环境，避免可能发生的问题，使企业更好地适应外部环境的变化，更好地掌握自己的命运。

总之，企业的战略规定了企业在一定时期内基本的发展目标以及实现这一目标的基本途径，能起到指导和激励企业职工为实现企业战略目标而努力的作用。若企业缺失明确的战略指导，则容易在发展过程中失去方向，达不到短期利益和长期利益的协调统一，企业也就失去了长远发展的潜力。

二、企业战略管理的作用

1. 明确企业发展目标

企业的战略目标可以分为三个层次，即公司战略目标、竞争战略目标、职能战略目标。公司战略目标主要是确定经营方向和业务范围方面的目标。竞争战略目标主要研究的是产品和服务在市场上竞争的目标问题，需要回答以下几个基本问题：企业应有哪些市场竞争？要与哪些产品竞争？如何实现可持续的竞争优势？其竞争目标是成本领先还是差异化？是保持较高的竞争地位还是可持续的竞争优势？职能战略目标所要明确的是，在实施竞争战略的过程中，公司各个部门或各种职能应该发挥什么作用，达到什么目标。

2. 加强成本控制与管理

成本控制是企业对投资立项、研究开发与设计、生产、销售进行全方位监控的过程。有效的战略管理可以从战略的角度来研究影响成本的各个环节，从而进一步找出降低成本的途径，以避免企业在经营过程中可能出现的大量成本浪费问题。一般来说，企业可以通过采取适度的投资规模、市场调研、合理的研究开发策略等途径来降低战略成本。

3. 改进经营投资决策

战略管理能够为企业提供各种相关、可靠信息。它在提供与经营投资决策有关的信息的过程中，可以克服传统管理方法中存在的短期性和简单化的缺陷，以战略的眼光提供全局性和长远性的与决策相关的有用信息。

4. 强化风险管理意识

企业的任何一项行为都带有一定的风险。企业在高风险行为中可能获取超额利润，也可能招致巨额损失。一般而言，报酬与风险是共存的，报酬越大，风险也越大，风险增加到一定程度，就会威胁企业的生存。由于战略管理着重研究企业全局性的、长远性的战略问题，因此，它首要考虑风险因素。其对风险的管理主要是在经营与投资管理中采用一定的方法，如投资组合、资产重组、并购与联营等方式分散风险。

此外，有效的战略管理还可以对产业和市场竞争规律进行批判性的继承、深化和拓展，为企业战略决策及发展打下良好基础，能够有效提高企业的市场竞争能力。使企业管理者对企业竞争优势的来源和应用范围有明晰的认识和理解，为企业战略目标、企业发展模式的制定以及核心能力的培养和实施，提供有效的保证。

【本章小结】

企业战略的思想是随着西方企业管理理论的发展而逐渐形成的。通常企业战略是指企业对有关全局性、长远性、纲领性目标的谋划和决策，它指明企业行动的方向，规定其行动方针，是企业经营的行动纲领，企业的生产经营活动围绕其战略而展开。企业战略分为三个层次，分别为公司战略、竞争战略和职能战略。公司战略是企业最高层次的战略，它通常涉及整个企业的财务结构和组织结构方面的问题，常见的公司战略类型有发展战略、稳定战略和收缩战略。竞争战略是企业各事业部门以及子公司的战略，常见的战略类型包括成本领先战略、差异化战略和集中化战略。职能战略是指企业内部各职能部门的战略，包括生产战略、财务战略、营销战略等。企业战略管理是企业为了实现战略目标，分析战略环境、制定战略方案、实施战略方案、控制战略实施再到评估实施绩效的一个循环发展过程。企业战略管理是企业管理十分重要的组成部分。有效的战略管理可以为企业提出明确的发展方向和目标，是企业成功的根本保证；可以为企业迎接一切机遇和挑战创造良好的条件，使企业抓住机遇，减少与环境挑战有关的风险，更好地把握企业未来的命运；可以将企业的决策过程和外部环境联系起来，使决策更加科学化和规律化，从而有助于企业重大战略决策的制定。

企业战略理论的产生与发展大致经历了四个阶段，即早期战略思想阶段、古典战略理论阶段、竞争战略理论阶段以及企业战略理论的新发展阶段。在早期战略思想阶段，萌发了三种具有代表性的关于企业战略思想观点；在古典战略理论阶段形成了对企业战略理论与实践产生深远影响的十大战略学派；在竞争战略理论阶段产生了以竞争优势为研究焦点的三大战略流派。在企业战略理论的新发展阶段形成了以战略生态理论和动态战略竞争理论为代表的企业战略新思想。战略生态理论的主要观点是企业战略管理并不仅仅是对企业个体战略的管理，而是对由企业本身及其内外部因素共同组成的生态系统的管理，而动态竞争理论的主要观点则是企业只有通过其动态能力的不断创新，才能获得持久的竞争优势。

企业的战略管理理论体系包含制定企业战略目标，实施企业战略管理的过程，运用战略管理的理论方法，最终进行企业战略管理业绩评价等内容。企业要实施其战略，必须拥有将战略设想转化为现实的必要资源，以及推进战略实施的具体行动。企业战略依据层次、时间和内容对其目标可以进行不同的划分。战略管理过程包括战略分析、战略制定、战略实施以及战略控制四个环节，这四个环节是相互联系、循环反复、不断完善的一个过程。战略的业绩评价实际上就是结合企业战略来动态地衡量战略目标的完成程度并及时反馈信息的过程。业绩评价指标体系是常用的评价绩效的方法之一，该指标体系分别从财务与非财务角度对企业的业绩进行评价。平衡计分卡是一种衡量企业绩效的新型方式，它分别从财务角度、内部流程角度、顾客角度以及创新与学习四个角度对企业的绩效进行评价。

【本章关键词】

战略	Strategy
企业战略	Enterprise Strategy
企业战略管理	Enterprise Strategy Management
战略分析	Strategic Analysis
战略制定	Strategic Formulation
战略实施	Strategic Implementation
战略控制	Strategic Control
古典战略理论	Classic Strategy Theories
竞争战略理论	Competitive Strategy Theories
动态能力理论	Dynamic Capability Theories
战略体系	Strategic System
战略目标	Strategic Objectives
公司战略	Company Strategy
竞争战略	Competitive Strategy
职能战略	Functional Strategy
战略资源	Strategic Resources
战略目标	Strategic Objectives
平衡计分卡	Blanced Score Card

【本章思考题】

1. 什么是企业战略？企业战略的基本特征有哪些？
2. 企业战略由哪些层次构成？各层次之间有什么关联？
3. 什么是战略管理？企业应当如何进行战略管理？
4. 简要回答企业战略管理与企业经营管理的区别与联系。

5. 企业战略理论经历了怎样的演进历程?

6. 选择一家你所熟悉的企业,分析其是如何进行战略管理的? 分析企业在制定战略的过程中需要哪些信息?

7. 根据所学知识,选择一家企业,为其业绩评价建立平衡计分卡评价体系。

8. 为什么企业战略管理在当今社会是如此重要? 评价其意义和作用。

【本章案例】

沃尔玛的电商之路

传统零售行业蜂拥触网的事例已是屡见不鲜,在美国,传统零售巨头沃尔玛早于 1996 年正式上线,目前在美国电子商务排名第三。直到 2011 年,沃尔玛首次将全球电子商务提升到战略目标中,并启动了 @Walmart Labs 项目,同时开始并购一些社交网站和移动技术领域的杰出者,通过对社交网络数据的深度挖掘,使 walmart.com 与实体零售店和移动应用整合起来,构成协同效应。从研究结果看,沃尔玛意图通过拓展中国市场和投资新兴领域来赢得零售业的下一波机会点,这个路数跟国内多家互联网公司的思维如出一辙。

1. 沃尔玛电商之路

沃尔玛创始于 1950 年,山姆·沃尔顿在小镇开设了第一家特价商店。1962 年,第一家以"WalMart"命名的折扣店正式营业,此后沃尔玛进入了大举扩张阶段,并发展迅速。1972 年,沃尔玛在纽交所挂牌上市。截至 2012 年,沃尔玛市值超过 2005 亿美元,市盈率为 13 倍。同年,其净销售额高达 4439 亿美元,为亚马逊的 9 倍之多,创造净利润 158 亿美元。从业态来看,沃尔玛经历了由杂货店到折扣零售店再到购物广场,仓储俱乐部、社区店、便利店、电子商务等多种业态共同发展的阶段。在沃尔玛的财报里,我们发现其将零售业务分为沃尔玛美国门店、国际业务和山姆俱乐部,其中,沃尔玛美国门店包括沃尔玛折扣店、购物广场、社区店和 walmart.com。在线下,沃尔玛无疑是全球零售的王者,但其在线零售业务却走得有点磕磕绊绊。

1996 年,沃尔玛就上线了自己的网上购物网站 www.walmart.com,在线业务的总部设在本顿维尔。然而,此次尝试的结果远没有达到预期。1999 年,沃尔玛就遭遇了圣诞"灾难",节日前夕,由于无法承受海量的配送任务,沃尔玛不得不宣布取消圣诞前夕的全部订单。之后,沃尔玛重整旗鼓,于 2000 年 1 月将在线业务重新上线,并宣布与风险投资公司 Accel Partner 合作,将公司在线零售作为一个独立新兴互联网创业公司加以运营,并将其总部设在硅谷,以便更好地吸引网络和技术人才。刚触网那年，沃尔玛网上出售的商品数量非常有限，主要是大件产品。2000 年公司网站改版后，网上商品分 24 类，包括器具、宠物、玩具、旅游等 50 多万种商品，但却一直饱受批评。而当时，零售巨头亚马逊也正在大力拓展产品和服务种类，新增了厨房家具、照相摄影和保健等品类，同时推出第三方平台业务。2000 年是美国电商行业重新洗牌的一年，电商经历了互联网热潮的冲击后，重新排位。当年，沃尔玛凭借其线下零售的优势，在线上取得了较好的成绩，第二季度的网上收入为 15.96 亿美元，而当时的亚马逊仅为 5.77 亿美元。2003 年，沃尔玛在线只能提供部分商品（不销售 5 美元以下的商品），但商品种类在不断增加，且包含一些在实体商店没有的商品（如床垫等），服务也开始全方位完善，可提供在线购物、订单查询和跟踪退换货、特惠信息等全方位服务。2004 年，沃尔玛在线开始以 88 美分/首的价格销售音乐，与 Apple 公司的 iTune 展开竞争。

2. 总体战略：从综合超市转身食品专业超市

在过去 20 年中，沃尔玛成功将自己从综合超市转型为全美最大的食品超市。1997 年，沃尔玛的食品销售额还只占整体营收的 17%，之后它开始提高食品销售占比，直到 2011 年，该比值已超过 50%。在食品市场份额急剧扩大的同时，在沃尔玛供应链体系中占有重要作用的仓储中心在 1997～2007 年，足足增长了 3 倍之多。2012 年沃尔玛在全球拥有 133 个仓储配送中心，其中食品类的仓储中心占据多数，而亚马逊在全球只有 69 座仓储物流运营中心。这反映了沃尔玛的供应链体系正向"护城河"最高的食品品类转移，因为食品属性决定其存货周转率更快，对供应链的要求更高，因此沃尔玛大幅提高食品品类的占比。从数据来看，目前食品销售仍然占到沃尔玛销售额的一半以上，占美国 1 万亿食品市场近 1/4 的份额。但挑战仍然并存，在互联网繁荣时期的 20 世纪 90 年代末，投资者向许多在线食品杂货店投入了巨额资金。例如，Webvan 公司曾宣布了一个雄心勃勃的计划：投资 10 亿美元建设一个仓储网络。但是，在 2001 年网络泡沫破灭之后，这家公司破产了。之后，少数在线食品杂货店幸存下来。另一方面，线上零售巨头亚马逊的侵略性举动一直不断。2006 年，亚马逊开始在其网站上销售食品杂货，销售范围限于不易腐烂、保质期较长的食品，如谷物食品、面食和听装汤等，但其后开始不断扩充品类，并向生鲜进军。

通过对比沃尔玛美国线上和线下营业收入，作者发现其线上销售额增速远超过线下，这与沃尔玛门店业态趋于饱和有关。近几年，沃尔玛门店在美国零售市场上的份额逐渐饱和，新开门店对原有门店的同店增速造成负面影响，沃尔玛门店的同店增速一度为负，因此沃尔玛需要寻求美国市场新的业态机会。而其在线商店业绩则一直保持稳定增长，增速为 15% 以上。2011 年沃尔玛美国线上销售额为 50 亿美元，占其总营收 3.8%，同比增长 20%。2010 年沃尔玛成立了全球电子商务总部，进行全球电子商务战略的统筹规划，开发技术和应用平台，这表明电子商务将是沃尔玛未来新的增长点。目前，沃尔玛已经进入 15 个国家建立在线商品展示，为其电子商务在海外拓展奠定了基础。

3. 竞争战略：供应链管理打造成本领先优势

沃尔玛向食品专业超市方向转变后，供应链变得更为专业，效率更高，其现金周转周期明显地表明了这一趋势，在同一周期内持续加快，其存货周转天数从平均 80 天系统性下降至平均 40 天，同时，其库存占销售额的比例在同类和百货商店中都是最低。其竞争对手亚马逊近几年库存周转天数也维持在 40 天以下。谈到沃尔玛的库存系统，让其引以为豪的当属它的配送设施。沃尔玛采用的是交叉配送的独特作业方式，即货品不进行入库储存与分拣作业就直接发往各地门店。强大的配送队伍也是沃尔玛快速补货提高效率的关键，其拥有超过 3500 辆卡车为配送中心提供运输服务，专有的车队保证沃尔玛两天内完成从配送中心到门店的配送任务。沃尔玛每天至少送货一次，而其竞争对手每五天配送一次。这样的配送方式，也让沃尔玛达到零库存的状态。另外，沃尔玛实行无缝链接式的运转物流策略，在供应商那里进行分拣，将拣货直接发往门店，使配送流程更有效率。这种运作体系不仅缩短了商品搬运和库存时间，提高周转率，还可以减少商店或者零售店的库存，使得零售场地和人力管理成本都大大降低。除了庞大的配送队伍，沃尔玛还是全球首家实现集团内部 24 小时计算机物流网络化监控的公司，并建立了全球第一个物流数据处理中心，使采购、库存、订货、配送和销售呈现一体化。早在 1987 年，沃尔玛就投资 4 亿美元发射了一颗商用卫星，实现了全球联网，在全球 4000 多家门店中，通过全球网络，沃尔玛在 1 小时之内就可对每种商品的库存、上架、销量全部盘点一遍，可随时通知司机最新路况，调整更新车辆送货的最佳路线。20 世纪 80 年代末，沃尔玛开始利用电子交换系统 EDI 与供应商建立自动订货系统，通过网络向供应商提供商业文件、发出采购指令、获取收据和装运清单等。沃尔玛还利用更先进的快速反应系统代替采购指令，真正实现了自动订货。凭借先进的电子信息手段，沃尔玛做到了商店的销售与配送同步，配送中心与供应商运转一致，提高了效率，降低了成本，使得沃尔玛所售货物在价格上占有绝对优势。

4. 沃尔玛中国调整战略方向

沃尔玛中国的销售在国际业务当中占到接近 10% 的比例，增加电子商务渠道被认为是沃尔玛在华业务增长的重要突破点。这几年来，沃尔玛在电子商务领域的动作极为密集。继 2006 年试水中国电子商务无疾而终后，2010 年，沃尔玛再次低调进军中国电子商务市场，这次试水引起业界强烈的关注。业内人士认为，沃尔玛拥有强大的全球采购体系、供应链整合能力和价格优势，极有可能改变国内电子商务市场的格局。沃尔玛在中国试水电子商务将依托深圳的山姆会员店，该店可为线上业务提供仓储服务，同时共用仓库，服务范围仅限深圳。山姆会员店是会员制仓储式大卖场连锁店，所有商品只面向会员，该店商品比市场价格平均优惠8%以上，顾客只需一年在山姆买1800元的商品，节省的价钱已经可以支付他的会费。可以说，买得越多，省得越多。这种业态模式下，顾客忠诚度是相对较高的。对国内传统电子商务企业来说，从采购到仓储等整条供应链的整合一直是个难题，而沃尔玛却具有天然的优势。首先，大部分知名的供应商是沃尔玛的合作伙伴；其次，沃尔玛可以拿到最低的价格，而且在仓储、商品管理上已有成熟的体系。以网上山姆会员为切入口在中国试水电子商务，可见沃尔玛发展电子商务之小心谨慎。截至目前，沃尔玛在中国总共开设了8家山姆会员商店，会员人数累计超过103万。会员只要购满指定金额即可享受市内指定范围免费送货，可选择网上支付或货到付款。对沃尔玛来说，选择山姆会员店一方面可通过低价优势吸引更多人加入会员；另一方面，一定的会员基础保证了其用户忠诚度，与线下实体店是相辅相成的双赢策略。与此同时，沃尔玛也企图利用投资来进入中国市场。2012年，沃尔玛宣布增加对中国电子商务网站1号店的投资，将其股份从原先的20%增至近51%，达到对1号店的控股，表明沃尔玛正在借助资本之手加快在中国的电子商务布局速度。中国零售市场极其复杂，地方性龙头企业垄断店面位置、本地供应链等现象屡见不鲜，特别是在中国广阔的二三线甚至四五线市场，这让沃尔玛很难依靠地面做到全面覆盖。另外，对于北京、上海等中心城市，由于沃尔玛进入时间稍晚，在实体店位置选择以及租金上沃尔玛其实并不占优势。但这些城市正是电子商务基础设施发达区域，对于沃尔玛来说，1号店的线上服务正好可以弥补其实体店的不足。

(资料来源:《中国商报》整理)

【思考题】

1. 结合沃尔玛的案例，谈谈总体战略的内容包括哪些，总体战略有何作用？

2. 结合沃尔玛的案例，谈谈竞争战略有哪几种选择方案，每种选择方案各有哪些优缺点？

3. 请列举企业战略中常见的职能战略包括哪些，上述案例中涉及了哪些职能战略？

4. 试分析成本领先战略的优势和劣势，并针对劣势提出改善措施。

5. 结合上述案例，并联系我国市场现状为沃尔玛中国的总体战略、业务单位战略以及相关职能战略提出合理化建议。

第二章 企业财务战略管理的概念框架

【导入案例】2012 年 10 月 12 日，南航 A380 正式启动国际航线。这也是南航因 A380 而陷入财务僵局后的首个"大动作"。南航半年财报显示企业净利润 4.49 亿元，尽管整体尚无亏损，但南航董秘谢兵坦言："A380 上半年亏损在 1 个亿以内。"目前，这条从中国广东飞往美国洛杉矶航线的成功与否，正是南航 A380 摆脱亏损的关键。

据了解，在投入航线的前两个星期，A380 当仁不让地为南航取得了财务开门红，平均客座率分别达到 80% 以上。短短几个月，风光无限的巨无霸 A380 却让南航陷入了财务尴尬中。东北财经大学会计学院副院长吴大军分析："像 A380 这样的大型机，一次航班的飞行成本就比普通飞机高出许多。这也意味着每次飞行都对客源数量及航行里程有了明确的要求。"一位不愿意透露姓名的国航财务人士告诉记者，南航当时引进 A380 时，就是看准了中国航空运输市场未来的发展前景。A380 有 500 个座位，平均座位油耗比普通飞机减少了 15%，客座率达到 65% 即可盈利，从财务成本角度分析 A380 的大方向对企业是利好的。但是，之前南航为 A380 设置的航线为北京—广州及北京—香港，这两条航线的距离并没有凸显出 A380 的优势。虽然有热门航线，但频繁地起降，并不充足的客源及持续疯长的原油价格都增加了 A380 成本。通过财务数字及时调整战略方向是眼下南航的当务之急。

"对于 A380 这样的机型来说，只有国际航线才能有效凸显它的优势和价值。从管理会计的角度考虑，南航应该采用成本会计中的成本控制方法，通过增加航程、减小起降、降低成本为自身寻找突破。"上海交通大学会计系研究员刘浩认为。事实上，广州—洛杉矶航线是南航最早开启且历史客座率最高的国际航线之一，南航这次是选择了最热门的国际航线为 A380 的未来运营铺路。据记者了解，目前，国航和南航也已经达成初步意向，双方将在北京—巴黎航线上合作，由国航提供每一班的航权时刻，由南航的 A380 飞机飞行，模式为合资联营，成本共担。刘浩表示，南航在力图改变成本发生的基础条件，不仅开通国际航线，还通过和同行业共享资源达成共赢，这些作为影响成本的深层次原因也是企业应该考虑的因素。对此，吴大军强调，企业在取得竞争优势时采取相关战略措施，通常是需要成本管理予以配合的，不要只看到短期内出现的财务数字波动，而应看到财务发展的大方向。

记者算了一笔账，南航 A380 北京—广州航线全部 8 个豪华头等舱的票价收入还没有汉莎航空北京—法兰克福航线头等舱单座的往返票价收入多。可见，开通国际航线提高财务竞争力对于南航来说意义重大。吴大军认为，目前，航空企业要想谋求发展，制定出符合自身特点的财务战略不仅是行之有效的，而且将会成为企业创立竞争优势的主导力量。刘浩也有类似看法，他认为，财务战略关注的焦点是企业的资金流动，以确保企业资金均衡有效地流动并最终实现总体战略。而南航正是通过有效的财务分析后找到了国际航线的方向，帮助企业逐步树立起财务竞争力。

据了解，南航对于 A380 客舱的布局也显示出其财务战略方向，南航为 A380 设计了 8 个豪华头等舱、70 个头等舱和 428 个经济舱，与其他航空公司青睐经济舱完全不同。"高端客人所带来的头等舱及商务舱收入对航空公司最为重要，我们一般认为两舱客人如果能达到 75%，再加上货物，一架飞机的成本问题就可以解决。"上述财务人士坦言。吴大军分析，这正是财务竞争力中的差异化战略，同时，整合多项财务能力可以产生出"1＋1＞2"的协同效应。

第一节　财务战略的基本框架

一、财务战略的涵义

财务战略是战略理论在财务管理中的应用与发展。因此，财务战略既具有一般战略的某些共性，又具有自己的特殊性。科学的财务战略定义，应该既能反映它的战略属性，又能体现它的财务属性。前者是其共性，后者则是其特殊性。通过前一章的学习，我们对战略的共性已有了一定的认识，本节将重点讨论财务战略的特殊性。财务战略的特殊性源于财务管理的对象——资金运动的特殊性。下面对此作简要的分析。

拥有一定数额的资金，是企业开展生产经营活动的必要条件。企业的资金处于不断的运动之中。企业的生产经营过程，一方面表现为物化运动，另一方面则表现为资金运动（或价值运动），二者是一体两面的关系。财务管理正是从价值的角度对企业的生产经营活动进行控制。企业资金均衡、有效地流动是其生存和发展的重要前提，因此，财务管理的核心内容就是如何保持企业资金均衡地流动以及如何确保公司资本的保值增值。而资金流动的起点和终点是现金，其他的资产只是现金在流动过程中的转化形式，因此资金流动的本质即是现金流动，实现资金均衡、有效地流动，实质上就是实现现金均衡、有效地流动。所谓现金的均衡流动，主要是指现金流入与流出之间适当的匹配。当企业出现现金需求时，必须有足够数量的现金流入以供使用，否则，就会出现资金流转链条的中断，企业的赢利、发展乃至存续便会受到威胁。另外，当企业有大量闲置的现金时，应及时为这些现金寻找增值的渠道，否则，就会出现资金时间价值的损失，影响企业的盈利能力。由此可见，企业要生存，要发展，就必须实现现金流转上的均衡——现金流入等于现金流出。美国著名战略管理专家 W. H. 纽曼（W. H. Newman）也曾指出，在制定资本运用和来源战略时，最需要关注的是现金流动。而实现资本的保值增值，是资本属性的要求，是企业存在的根本目的，也是财务管理的基本目标。如果不能实现资本的增值，则企业必将在资本市场上失去投资者的信任，在产品市场上失去竞争力，上述两者都会影响到企业的存亡。所以资本的保值增值，同现金的均衡流动一样，都具有关系到企业生死存亡的战略意义。然而，现金均衡地流动以及资本的保值增值并不能轻而易举地实现。由于企业受到外部和内部许多环境因素的影响，如经济周期、金融市场状况、竞争状况、政治法律状况、技术发展、消费者行为等因素，要保持现金均衡地流动以及资本的保值增值，就必须运用战略思想，努力增强公司的财务活动对未来环境的适应性。由此可见，财务战略关注的焦点应该是其现金流转及资本增值，尤其是关注在环境复杂多变的条件下，如何从整体上和长期上实现这一目标。

综合以上分析以及此前关于战略概念的共识，我们可把财务战略定义为：在公司战略的统筹下，在分析内、外部环境对公司价值创造活动影响的基础上，为谋求公司现金均衡地流动并最终实现公司长期财务价值的最大化，而对企公司现金流转和资本运作所进行的全局性、长期性和创造性的筹划。

需要指出的是，为了与公司战略的概念保持一致，此处的财务战略是从战略方案角度进行定义的，即主要是指财务战略的制定。

二、财务战略的特征

财务战略的特征主要表现在以下几个方面：

（一）支持性

财务战略的支持性，首先表现在它是公司整体战略的一个组成部分，其次表现在财务战略是公司战略的执行与保障体系。公司战略是全局性的战略，它以对竞争对手的分析为出发点，以谋求公司竞争优势为目标，凭借公司所拥有的技术优势、产品差别优势、成本优势等实现上述目标。因此，公司战略指导着财务战略以及其他职能战略的制定。财务战略通过合理地安排公司的财务资源规模、期限、成本和结构，提高资金运转效率，建立健全风险与危机预警系统，从而为公司整体战略目标的实现提供良好的财务环境保障基础。

（二）相对独立性

公司战略具有多元结构特征。也就是说，公司战略不仅包括公司整体意义上的战略，而且也应该包括事业部层次和职能层次上的战略。财务战略是公司诸方面职能战略之一。然而，财务战略与其他职能战略的区分往往并不是那么绝对。从公司战略的角度看，财务战略的相对独立性取决于以下两个基本事实：第一，财务管理使财务战略具有相对独立的内容。在现代市场经济条件下，财务管理不再是公司生产经营过程的附属职能，而是具有其自身特定的内容，主要包括投资管理、融资管理与股利分配。第二，财务战略与其他职能战略间既相对独立又密切联系。由于资金的筹集取决于公司发展和生产经营的需要，资金的投放和使用更是与公司的生产过程不可分割。即便是股利分配，也绝不是单一、纯粹的财务问题，而是在一定程度上取决于公司内部融资的需要。所以，公司财务活动的实际过程总是与企业活动的其他方面相互联系的，财务战略与公司战略其他方面的关系亦然。

（三）动态性

财务战略必须保持动态的调整。一般认为战略立足于长期规划，从而具有超前性。但战略是环境分析的结果，环境变动是经常的，因此战略的作用在于以变制变。这种以变制变的结果表现在：当环境出现较小变动时，一切行动必须按战略行事，体现战略对行动的指导性；当环境出现较大变动并影响全局时，公司战略必须做出相应调整，从而财务战略也应随之调整。

（四）综合性

所谓综合性是指公司财务战略以统一的价值尺度综合反映公司在战略期间供、产、销对资金的需求、资金的使用方向、资金的耗费水平以及公司生产经营预期产生的效果总目标。公司财务战略的综合性是由财务管理的对象——资金运动的综合性所决定的。

（五）全员性

尽管财务战略的制定和实施主要是由财务职能部门来完成的，但并不意味着公司中的其他管理层次在财务战略的制定与实施中不起作用。公司财务战略的全员性是由其综合性决定的。从纵向看，财务战略的制定与实施是公司高层主管、公司财务部门主管、事业部财务及下属子公司财务多位一体的管理过程。从横向看，财务战略必须与其他职能战略相互配合，并依据公司的发展阶段与发展方向来确定各职能战略的主次，同时，财务战略意识要渗透到横向职能的各个层次，并最终由公司财务部门负责协调。财务战略的全员性，意味着财务战略管理是以公司经营战略为主导、以财务职能战略为核心、以其他部门的协调为依托所进行的全员管理。

三、财务战略的类型

从不同角度对财务战略进行分类，不仅能加深我们对财务战略内涵的理解，而且能为财务战略的制定提供一个基本的框架。按照不同的标准，可以将财务战略作如下分类：

（一）基于企业的生命周期

生命周期是指从引入到退出经济活动所经历的过程。企业生命周期分析首先需借助于行业生命周期来考虑。一般认为，行业生命周期分为投入期、成长期、成熟期和衰退期四个阶段，且不同的阶段有不同的特点。识别一个行业处于哪一个阶段，主要取决于市场增长率、需求增长率、产品品种、竞争者数量以及进入或退出壁垒等。行业周期在很大程度上决定了企业生命周期。不过，企业生命周期又在很大程度上取决于企业管理自身。正如人们所说的，"只有夕阳行业，没有夕阳企业"。同行业生命周期一样，企业的生命周期也分为四个阶段，即初创期、成长期、成熟期和衰退期。基于此，公司财务战略可分为初创期财务战略、成长期财务战略、成熟期财务战略和衰退期财务战略四种类型。由于不同时期有着不同的经营风险，从财务战略对公司战略的支持性以及经营风险与财务风险的互逆性来看，各个时期财务战略的重点是有所不同的。

（二）基于与公司战略的匹配

作为公司战略下属的一个职能战略，财务战略的制定应考虑对公司战略的支持，实现与公司战略的匹配。相应地，本书将财务战略划分为扩张型财务战略、稳定型财务战略以及收缩型财务战略。

1. 扩张型财务战略

此种类型的财务战略是为了实现与公司战略中的成长战略相匹配。这一战略模式的确定有赖于对以下重大决策事项的判断：①扩张的方式。是实现自我积累式发展还是对外实施兼并或收购。前者是内涵式扩张，后者则是外延式扩张。②扩张的方向。是实施一体化扩张还是实施多元化扩张，前者又进一步分为纵向一体化扩张与横向一体化扩张。③扩张的速度。是实现低速、适度还是高速扩张。财务战略必须确保公司扩张之路的财务稳健性。④扩张的资本来源。是采用债务融资还是采用股权资本融资。公司财务战略必须在风险与收益之间做出权衡。

2. 稳定型财务战略

此种类型的财务战略是为了实现与公司战略中的稳定战略相匹配。稳定型财务战略的基本特征主要表现在：第一，根据公司自身经营状况来确定最佳发展速度，不急于冒进；第二，从财务上追求稳健，如控制负债额度与负债比率、强调税后利润的留存，并正确处理好内部积累与股利发放的关系；第三，慎重从事企业并购，并确定拟进入领域的财务要求与标准，如资本报酬率的"底线"等；第四，慎重进入与公司核心能力或核心业务经营并不相关的领域，走专业化、规模化的发展战略；第五，根据公司发展规模与市场变化，对组织结构进行微调，而不进行大的变革，以保持管理上的连续性。

3. 收缩型财务战略

此种类型的财务战略是为了实现与公司战略中的收缩战略相匹配。收缩型财务战略主要应用于财务状况不佳、运营效率低下时的公司。实现战略性收缩的财务方式主要有资产剥离、回购股份以及出售子公司等。

（三）基于公司财务的具体领域

投资管理、筹资管理与股利分配管理是公司财务的三个具体领域。基于此，本书将财务战略按照本标准划分为投资战略、筹资战略、股利分配战略。

1. 投资战略

投资战略是有关投资方向确定与投资组合、投资决策标准、投资所需资本筹集、资本预算、并购行动与管理等一系列的方略，它是公司步入成长期、成熟期乃至衰退期的战略重点，投资战略是公司财务战略的永恒主题。同样，投资决策权的划分是保证公司投资战略是否正常落实的重要基础。

2. 筹资战略

筹资战略是公司初创期和成长期的战略重点，它包括筹资总量的确定、资本结构的决策、筹资方式的选择等一系列内容。

3. 股利分配战略

股利分配战略可以是从属性的，但有时也是主动性的。从属性是指股利分配在很大程度是筹资及投资管理的补充，如剩余股利政策即强调股利分配多少与潜在投资机会有关，从而与筹资战略有关。另外，它又是主动性的，这是因为当公司分配政策有利于协调生产经营时，公司壮大的速度就快；反之则相反。由此可见，股利分配战略不再是单一的股利分配政策的确定，而是站在公司发展的高度对公司各利益相关关系的协调与处理。

到此为止，本书将财务战略的分类情况进行归纳，如图 2 – 1 所示。需要强调的是，上述三种分类方法并非彼此孤立的；相反，它们之间存在密切的内部关联，这种关联主要表现在：企业所处的生命周期阶段决定着财务战略与公司战略的匹配方式，而这一匹配方式又进一步决定了投资战略、筹资战略以及股利分配战略的具体内容。

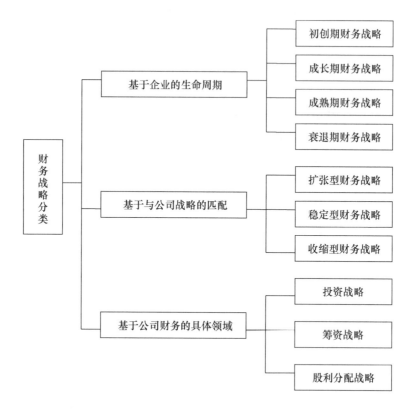

图 2-1　财务战略的分类

四、财务战略与公司战略的关系

公司的战略体系是一个多层次的结构，从战略涉及的公司组织层级来看，公司的战略通常包括以下三个层次：公司战略、经营战略、职能战略。其中，公司战略反映了公司总的发展方向，它主要涉及公司在增长、多种业务和产品种类的管理等方面的态度。公司战略包括总方向、组合分析和紧急战略三个具体方面。经营战略通常发生在事业部或产品层次上，它重点强调公司产品或服务在某个产业或事业部所处的细分市场中竞争地位的提高。经营战略包括竞争战略与合作战略两个方面。职能战略为营销、财务等职能领域所采用，它们通过最大化资源产出率来实现公司和事业部的目标和战略。

由此可见，企业战略体系的三个层次之间具有明晰的驾驭包含关系，其中，公司战略层级最高，涉及面最广，它在公司战略体系中具有主导性地位；经营战略是基于公司战略所制定的子战略，换言之，经营战略必须服从和服务于公司战略，它是公司战略实现的重要保障；进一步地，职能战略又是经营战略下的产物，经营战略是职能战略产生的前提和基础，而职能战略又是经营战略实现的重要保障。事实上，公司三类战略之间的相互关系如图 2 - 2 所示。

图 2 - 2　公司战略体系的内在关系

在这个体系中，公司财务战略属于部门职能战略之一，它关注的是公司战略实施所依赖的关键资源——财务资本。从图 2 - 2 中可看出，财务战略与公司战略之间是整体与部分、主战略与子战略的关系。财务战略虽然只是公司整体战略的一部分，然而由于财务资本是决定公司生存发展的最重要的驱动因素，财务战略也就构成公司战略的核心。对于这一认识，可从以下几方面来理解：

（1）公司战略是整个公司的一元化指导方针。公司战略与财务战略之间并不是相互平行、相互独立的关系，公司战略居于主导地位，对财务战略具有指导作用；而财务战略则处于从属地位，它的制定与实施必须服务于公司战略的总体要求。制定并实施财务战略的根本目的是支持和完成公司总体战略和经营战略，这是公司战略获得成功的必然要求。

（2）在公司战略体系中，财务战略对公司的其他职能战略起着支持和促进的作用。因为其他职能战略事实上都离不开资金。财务战略除了要贯彻公司战略的总体要求外，还必须考虑其他职能战略对资金方面的具体要求，即在制定财务战略时还必须确保财务战略与各职能战略的一致性。只有充分反映这些要求，财务战略才会真正对公司战略的各项职能战略的成功起到支持和促进作用。

（3）公司财务战略并不仅仅是单纯执行公司战略的要求，或被动地支持其他职能战略，它也具有自己的相对独立性，对公司战略及其他职能战略具有不可忽视的反作用。首先，财务战略对公司战略及其他职能战略具有制约作用。在战略的制定过程中，必须首先检验其在资金上的可行性。如果战略所需的资金无法得到满足，则该项战略就必须修改。同时，公司战略及其他职能战略在制定时，也要考虑到资金运动规律的要求，使资金能够保持均衡的流动。其次，对于一个成长型的公司来说，从金融市场上筹集外部资金几乎是必需的。因此，金融市场的特点、惯例和标准等以及由此产生的公司内部资金管理的特点、规则等因素，都会对公司其他方面的运营产生重大影响。公司在制定战略时，必须充分考虑这些方面的因素，研究新战略与它们之间如何协调的问题。这样，制定出的战略才会比较容易获得资金支持，才是可行的。再次，公司战略的目标中，必须包含有关公司资金效益方面的指标，因为对资金增值的要求是企业的本质特征。所以，制定公司战略时必须注意与财务战略目标的协调性。最后，财务战略是一个综合性的职能战略，是协调其他职能战略的有力工具，这是财务战略与其他职能战略最大的不同。

综上所述，公司战略与财务战略之间呈现为一种辩证关系，即一方面公司战略居于主导地位，对财务战略起着指导作用；另一方面，财务战略又具有一定的相对独立性，对公司战略以及其他职能战略起着制约和支持作用。

第二节 财务战略管理的基本框架

一、财务战略管理的涵义

财务战略管理，或称战略财务管理，指的是对公司财务战略或战略性财务活动的管理，它既是公司战略管理的一个不可或缺的组成部分，也是公司财务管理的一个重要方面。因此，公司财务战略管理具有战略管理和公司财务的双重属性，是它们二者相融合的产物，是财务管理为适应新形势下的企业战略管理模式的进一步发展。公司财务战略管理是围绕公司财务战略的制定、实施、控制和评价而展开的。

财务战略管理具有以下几个方面的基本特征：

第一，财务战略管理的逻辑起点应该是企业目标和财务目标的确立。每一个企业客观上都应该有一个明确的经营目标以及相应的财务目标，以此来明确企业的总体发展方向，为企业的财务管理提供具体的行为准则。只有明确了企业目标和财务目标，才可以界定财务战略方案选择的边界，将财务战略管理尤其是财务战略形成过程限定在一个合理的框架之内，选择适合企业自身的财务战略。

第二，财务战略管理以环境分析为管理重点。分析战略环境是制定财务战略的客观基础，需要通过企业内外部环境分析，找出关键战略要素。企业制定战略以外部经营环境的不确定性为前提，企业必须关注外部环境的变化，同时结合公司内部环境如财务资源、组织结构、企业文化等，根据变化调整战略部署或采取有效的战略方案，充分利用有限的经济资源，保证企业在动荡的环境中生存和发展。

第三，财务战略管理是一个连续不断的过程。与企业战略管理的其他方面一样，财务战略管理也并非仅指财务战略管理方案的形成，也包括财务战略方案实施、控制与评价。广义的财务战略形成过程已经包含了财务战略评价，因此，财务战略管理是一个具有持续性的动态过程。

二、财务战略管理的主要内容

现代企业财务管理的主要内容包括筹资、投资及收益分配。筹集资金是企业财务活动的起点，投资使用资金是财务活动的关键，回收和分配资金是财务活动的归宿。基于此，企业财务战略管理的主要内容包括筹资战略管理、投资战略管理及收益分配战略管理。

（一）筹资战略管理

筹资战略管理主要是明确企业筹资的指导思想，制定筹资战略目标，确立筹资规模、渠道和方式的战略选择，安排优化资本结构的战略方案，并制定为实现筹资战略目标所采取的相应对策并进行风险控制。

筹资战略管理重点关注资本结构优化战略。资本结构是决定企业整体资本成本的主要因素和反映企业财务风险程度的主要尺度。科学地进行资本结构优化决策，可使各种资金来源和资本配比保持合理的比例，达到资本结构平衡，如资金规模、财务人员配备、财务机构的协调平衡，自有资金和借入资金的动态平衡，资本总额中流动资金占用的平衡和固定资本中各种固定资产的资金占用的平衡，财务指标体系各指标数值之间的平衡等，从而保证财务系统长期良性运行和企业可持续发展。

此外，在战略筹资风险控制方面，企业应总体防范和控制负债经营风险。正确认识、客观评价负债经营的利弊，根据市场需求和经济环境的发展变化，结合企业生产经营对资本的实际需要和财务状况，把握负债经营的适度性，有效实施负债经营战略，是成功运作资本，持续稳定发展企业的关键；企业还应阶段性控制筹资风险，包括事前控制，即做好财务预测和计划、确定资本结构；事中控制，即持有合理的现金储备、强化存货管理、提升存货周转率、加速货币资金回笼；事后控制，即分析筹资过程，为日后筹资活动提供指导意见。

与传统筹资管理相比，现代企业筹资战略管理具有以下两个方面的突出特点：

第一，其指导思想除了筹集日常经营业务正常的资源需要外，重点确保并最大限度满足企业培育与提升核心竞争力所需资源的种类与数量，这就使得战略筹资行为更具针对性、实效性和长远性。

第二，战略筹资的对象从以传统筹资为主转向以资本筹资和无形资产筹集为主，战略筹资的方向和渠道应从以国内市场为主过渡到以国内市场和国际市场并重，这样更有利于筹集并运用各类资源来培育与提升核心竞争力。

（二）投资战略管理

投资战略管理主要明确战略投资总规模、总方向、结构搭配、战略投资效益评价标准以及实现战略投资目标的主要途径，是企业的资源配置战略。

投资战略管理重点关注资本投资战略。资本投资战略决定着企业能否把有限的资金和资源合理配置并有效利用。主要包括：固定资产投资方向、企业规模和资本规模的确定；用于外延扩大投资，还是用于内涵扩大投资；用于老产品改造，还是用于新产品开发投资；自主经营，还是引进外资联合投资；自有资金投资，还是贷款负债投资；固定资产与流动资产投资比例决策；有风险条件的投资战略决策；通货膨胀条件下的投资战略决策等。资本投资战略主要是投资的经济规模和投资收益性。规模投资、规模经济、规模效益三者之间是相辅相成的，是一个循环的经营活动过程。企业在制定投资规模的财务战略时，要研究和应用规模经济原理，综合运用最佳生产曲线成本函数、市场需求函数、最佳收益函数等现代经济理论模型，探索最佳的企业投资规模，取得最佳的投资效益。

与传统投资管理相比，现代企业投资战略管理具有以下两个方面的突出特点：

第一，投资方向明确，主要投向有利于提高企业核心竞争力的项目。

第二，将人力资源、无形资产、风险投资作为重点，而不像传统投资以固定资产投资、金融投资和营运资本管理为重点。在知识经济时代，加大对以知识和技术为基础的专利权、商标权、商誉、软件等无形资产和以人才开发和引进为主的人力资源的投入力度是企业增强核心竞争力的有力保障。此类无形资产投资属风险投资范畴，风险投资具有风险大、投资回收期长的特点，因此，战略投资也应将风险投资作为管理的重点之一。

（三）收益分配战略管理

主要研究解决战略期间内企业收益如何分配的重大方针政策等问题。如股利战略目标、是否发放股利、发放多少股利以及何时发放股利等重大问题。与传统收益分配管理相比，现代企业收益分配战略管理具有以下两个方面突出的特点：

第一，收益分配战略的制定以投资战略和筹资战略为依据，最大限度地满足企业培育与提升核心竞争力对权益资本的需要。

第二，积极探索知识、技术、专利、管理等要素参与收益分配的有效办法，制定有利于引进人才和人尽其才的收益分配政策。

三、财务战略管理的基本过程

公司战略运行过程是由一系列在时间上和逻辑上相互连接的环节构成。战略管理就是用科学的方法组织和指导每个环节的工作。一般而言，战略管理包含四个基本模块：环境分析、战略制定、战略实施、评估与控制。财务战略作为公司战略的一个组成部分，在其实施的过程中必须考虑公司战略的总体要求，即企业战略是财务战略的基本决定因素，因而后者也应该采用与公司战略类似的程序。据此，可将财务战略管理的基本过程表示如图 2-3 表示。

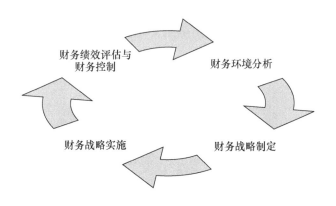

图 2-3　财务战略管理过程

（一）财务环境分析

环境分析是从外部与内部环境中监测、评估和提取信息，交给公司的关键人员。外部环境包括机会与威胁的变量，它们存在于公司外部，而且，一般说来，公司高层管理者在短期内无法控制。这些变量组成了公司的理财环境，包括政治法律环境、社会技术环境、经济生态环境等。公司内部环境也包括优势和劣势的变量，它们存在于公司内部，通常是公司高层管理者在短期内无法控制的。这些变量组成了公司的工作环境。它们包括公司的财务资源、产业及价值链、组织结构以及企业文化等。

环境分析是财务战略管理的重心和难点。任何财务管理都离不开一定的环境分析,不适应环境要求的财务管理难以取得真正的成功。然而,对于公司财务战略管理而言,环境分析的重要性非同一般。具体表现在:首先,财务战略管理的环境分析不是针对"过去"和现在,而是面向未来,且往往需要尽可能延伸到较为长远的未来。作为社会的一个微观主体,公司对未来环境的分析和预测是颇具挑战性的。其次,从公司顺利发展的愿望出发,公司战略以及公司财务战略需要保持相对稳定,然而,环境的多变性又会迫使公司动态地调整财务战略。所以如何恰当地处理环境的多变性与财务战略的相对稳定性之间的关系,是公司财务战略管理环境分析的又一难题。再次,公司财务战略管理中的环境分析不可能只是单项环境分析,还必须是综合环境分析;不仅要分诸如政治、法律、社会文化、经济等宏观环境,而且还必须认真分析产业、供应商、客户、竞争者以及公司内部因素等微观环境。最后,财务战略管理环境分析应特别强调动态分析。它虽然也关心某一特定"时点"的环境特征,但更为关心的是这些环境因素的动态变化趋势。如果缺乏动态分析,公司财务战略方案的调整将变得十分被动。

上文论述表明,企业财务环境是由若干环境要素构成的一个有机系统(如图2-4所示),财务环境分析过程中应该综合考察该系统的各个构成要素,只有这样才能对企业所面临的理财环境做出全面、科学的判断。

图2-4 财务环境分析体系

(二) 财务战略制定

本步骤通常包括两项工作内容:目标体系的建立与财务战略的制定。

1. 目标体系的建立

财务战略管理的基本目标是实现股东价值最大化(或企业价值最大化)。为了切实实现这一基本目标，就有必要将其予以具体化，从而增加该目标的可操作性。这一基本目标具体化的表现形式就是一个完整的目标体系，该体系由一系列的指标组成。该目标体系构成了财务战略制定的直接依据。

目标体系的建立必须解决两个问题：其一，目标体系的内部结构；其二，具体指标的选择与优化。所谓目标体系的内部结构，是指目标体系中不同性质指标的具体构成。根据指标的不同性质，可以将指标分为两类：滞后指标与前置指标。滞后指标反映的是过去行为的结果，财务指标属于滞后指标。前置指标反映的是企业未来绩效的动因，这一类指标有顾客满意度、市场占有率、员工满意度、信息的可用性及协调等。财务指标用来衡量企业财务业绩，而财务业绩体现着企业价值的创造。但是，财务指标也存在局限性，它在描述企业未来走向时无能为力。因此，在财务目标体系中，财务指标是必不可少的，但同时，仅有财务指标又是不够的。为了将企业短期价值的创造与长期价值的创造有机地结合起来，就有必要将反映企业未来绩效动因的前置指标添加到财务目标体系之中。因此，财务目标体系由滞后指标（财务指标）和前置指标共同组成。

在财务目标体系的结构方面，平衡计分卡提供了一个有效的框架。平衡计分卡是一个根据企业的战略要求而精心设计的指标体系。平衡计分卡用未来绩效动因或前置指标来补充财务指标或滞后指标。这些指标均来自企业的战略。围绕企业的远景与战略，平衡计分卡包括四个维度：顾客维度、内部业务流程维度、学习与成长维度以及财务维度。不同的维度对应着不同的指标。借助于平衡计分卡工具，可以将指导财务战略制定与实施的目标体系划分为四个子系：顾客维度系、业务流程维度系、学习与成长维度系以及财务维度系。每个子系又由一系列的指标构成，这些指标最终构成一个完整的目标体系。在这一目标体系中，财务维度指标系（财务指标）是企业的最终目标，财务维度的指标为另外三个维度指标的选择奠定基础。在设计顾客、内部业务流程和员工学习与成长维度的指标时，必须确保这些纳入的指标有助于改善财务成果和实施财务战略。由于不同企业管理者有着不同的管理哲学，因此，不同的企业可能会形成形式各异的目标体系。现实中，一个基本的目标体系通常应包括图 2-5 中的指标。

2. 财务战略制定的方式

财务战略目标体系一旦被确立，下一步的工作便是财务战略的制定。不同的公司及其管理者制定战略计划的方式不尽相同。在小型企业，战略制定通常并不规范，往往来自管理者个人的经验、观点和看法、口头的交流和辩论。不过，大型公司往往会制定更正式更详尽的战略计划。在制定战略时，通常收集大量的数据，进行大量的形势分析，对特定的问题做深入的研究，最终制定出战略计划。

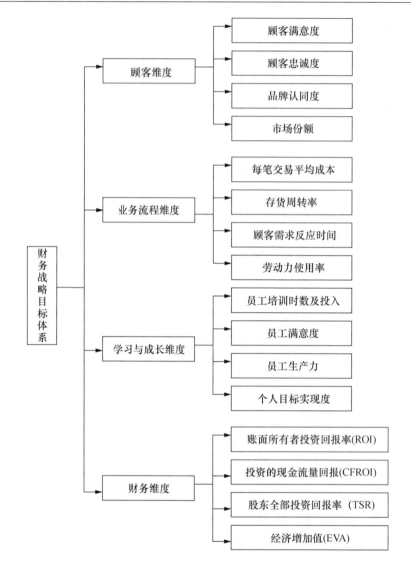

图 2－5　财务战略目标体系

　　管理者使用的基本战略制定方式大致有以下四种，这四种战略制定方式同样也适用于财务战略的制定。

　　（1）卓越战略家方式。在这种方式下，高层管理者充当首要战略家和首要企业家的角色，对形势的评价、待探索的战略选择以及战略细节等方面施加强大的影响。但是，这并不意味着该管理者承担了其中的所有工作，事实上，该管理者个人成为战略的首席"工程师"，发挥前摄性作用，规划出战略的部分或全部层面。

（2）"委任他人"的方式。在这种情况下，负责的管理者往往将战略制定的部分或全部任务委任"他人"——可能是一个由其下属组成的小组，可能是一个跨职能部门的任务小组，也可能是一个对某一具体过程或职能有权力的自治工作小组。然后，管理者个人则跟踪战略审查的进度，在恰当的时候提供指导。虽然在这种方式下，战略委托人可能对递呈上来等待批复的战略提议中的各个层面几乎不施加什么个人影响，但是他还必须做一项综合的工作，将"别人"制定的各个独立的战略要素协调整合起来，制定战略中没有委托的部分，还必须对下属的战略制定工作的有效性负最后的责任。这种战略制定方式可以吸引公司人员的广泛参与，汲取众多管理者的智慧，同时，它还使管理者在选择来自公司底层的战略观点时保持部分灵活性。

（3）合作方式。这是一个中间道路，管理者在制定战略时获得同仁及下属的帮助和支持，最后得到的战略是参与者联合工作的结果。合作方式最适合下列情形：战略问题涉及多个传统的职能领域和部门组织，必须从有不同背景、技能和观点的人身上充分挖掘出战略观点和解决问题的技巧，战略制定时让尽可能多的人员参与并赢得他们对战略执行全力支持的承诺。担负制定战略责任的人可以让担负实施战略责任的人来充当，让战略实施责任人参与战略的制定，可使战略的实施更有效率。

（4）支持方式。在这种方式下，管理者所感兴趣的既不是亲自参与战略制定的各个细节，也不是担任一个费时的角色——通过参与式的"集体智慧"的方式来制定战略。支持方式鼓励组织的个人和团队通过自己的努力制定、支持并宣传及实施组织的战略。在这种方式下，公司战略的许多重要部分都来自"做的人"和"快速跟踪者"。执行经理人员扮演评判员的角色，他们对那些需要得到他们批准的战略提出建议并进行评审。这种方式在那些大型的多元化经营公司很有效，因为在这种公司中，公司的首席执行官不可能对各个业务部门制定出来的战略部分亲自进行协助。总部的执行经理要想利用组织中那些能够洞察出他们所不能洞察出的战略机会的人员，他们就必须把制定战略的一些主动性下放给业务层次的管理者，总公司层次的管理者可以清晰地阐述一般战略主题作为战略思维的指导原则，但是卓越的战略制定工作关键是激励并奖励热情的支持者所洞悉出来的各种全新的战略行动。他们或许会深深地了解某个机会，认为必须要追寻这个机会。在这种方式下，总战略最后会成为组织中支持被宣扬的战略行动的集合，并且得到组织上层经理人员的批准。

3. 财务战略制定的"四因素"模型

公司管理者所采用的上述四种战略制定的基本方式都有优点和缺点，它们分别适用于不同的情形。但是，不论运用哪种方式制定财务战略，都必须同时考虑到四种约束力量：企业的生命周期、公司战略、公司财务领域以及财务战略目标。只有同时考虑上面四个因素之后制定的财务战略才可能是科学的、可行的。本书将这一战略制定模式称为财务战略制定的"四因素模型"（如图 2-6 所示）。

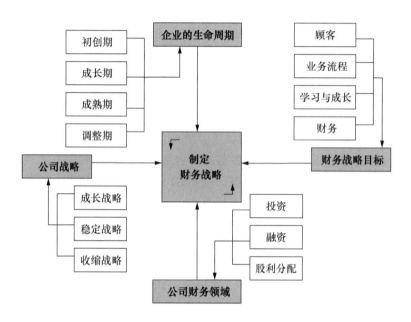

图 2-6 财务战略制定的"四因素"模型

4. 财务战略生成矩阵

根据上面财务战略制定的"四因素"模型，在制定财务战略时，必须明确区分企业发展的各个阶段，并将各阶段财务战略的制定与本阶段的特征相联系。企业生命周期与公司战略存在着明显的对应关系，具体情况如表 2-1 所示。

表 2-1 表明，公司战略与企业生命周期阶段存在内在的对应性，一般而言，企业战略必须与企业所处的生命周期阶段相适应，否则，相关战略是很难推行的，事实上，这正是战略环境适应性的内在要求及其现实表现。与此类似，公司的财务战略也必须与企业生命周期阶段相适应，通过将公司财务战略与公司战略予以匹配，便可以揭示企业生命周期阶段与其投资战略之间的对应关系（如表 2-2 所示）。

表 2 - 1　企业生命周期与公司战略

企业生命周期阶段	公司战略
初创期	稳定战略
成长期	成长战略
成熟期	稳定战略
衰退期	成长战略或收缩型投资战略

表 2 - 2　企业生命周期与公司投资战略的匹配

企业生命周期阶段	投资战略
初创期	稳定型投资战略
成长期	扩张型投资战略
成熟期	稳定型投资战略
衰退期	扩张性投资战略或收缩战略

　　筹资战略和股利分配战略同样受到企业生命周期的影响。具体而言，筹资战略和股利分配战略的制定必须考虑到企业生命周期不同阶段的风险特征。其中，企业生命周期与经营风险之间的相互关系如表 2 - 3 所示。

表 2 - 3　企业生命周期与经营风险

企业生命周期阶段	经营风险程度
初创期	非常高
成长期	高
成熟期	中等
衰退期	低

　　既然在产品的整个生命周期里，经营风险在不断降低，如果没有公司股东和债权人完全不能接受的综合风险产生的话，随着经营风险的降低，企业的财务风险必然会相应增加，这就是"经营风险和财务风险反向搭配的原理"。根据这一原理，企业生命周期与财务风险之间的关系如表 2 - 4 所示。

表2-4　企业生命周期与财务风险

企业生命周期阶段	经营风险程度	财务风险程度
初创期	非常高	非常低
成长期	高	低
成熟期	中等	中等
衰退期	低	高

上述关系反映了一个重要的事实，即企业生命周期的不同阶段将透过不同的财务风险程度对公司筹资战略和股利分配战略的制定产生重要影响。

在企业的初创期，由于经营风险很高，所要求的财务风险自然便很低。因为权益融资具有低风险特征，因此可望通过向专业投资者发行股票的方式融资，因为他们了解公司所面临的高经营风险。这类资金在国外通常被称为"风险资本"。敏锐的风险投资家会建立一个专门向新兴产业投资的投资组合，他们要求每项投资都能够带来尽可能高的回报。这一类型的投资战略仍然集中于高风险项目，只是分散了单个项目的风险，它允许在产品生命周期的最初阶段向这些新崛起的公司投资，尽管投资可能完全失败。只要总的风险投资比例合理，就会为他们带来高回报，从而投资组合的整体回报率也会令人满意。换句话说，风险投资者要求的高回报只是由这类投资的高经营风险替换而来的。在本阶段，由于企业的现金净流量为负数，因此股东完全不可能期望从公司分配股利。如果公司这么做，那也是将股东的资本返还给股东自己而已。所以，那些新崛起的、由风险资本建立起来的公司股利分配率可能为零。所有的高期望回报都是以资本增值形式回报股东的。在现实生活中，公司要支付股利有一个简单的限制条件，公司必须有现金和可供分配的利润。而在初创期，公司的账面可能亏损，因此也就没有可供分配的利润来分配股利。

在企业的成长期，公司的现金流量最多只能维持平衡。由于风险投资所具有的固有特点，即一旦产品成功推向市场，风险投资者就着手准备新的风险投资计划，从而转向高风险投资，追求高额回报，因此，此时公司必须找到其他适宜的外部融资来源以取代原始注入资本，并为公司下一个阶段的发展提供资本储备。产品在高速成长阶段，经营风险仍然很高，相对的财务风险很低。这就是说，新的替代资本和增资融入仍然应通过发行股票融资。与风险投资者相比，这些股票投资者承担的风险要小一些，相应地，他们的投资回报就低一些。风险投资者为了成功地实现资本退出，即从原来的投资项目中抽出资本，最好的方法就是让初创的企业进入股票市场公开上市，股市上已有大量投资者正持币等待。在本阶段，由于现金净流量最多也只能保持平衡。因此，仍然不可能采取高股利支付政策，如果进一步考虑到这一阶段的扩张型投资战略，这一点就更明确了。当市场在快速扩张时，公司也试图提高其市场份额。理性的投资者希望公司能抓住现有的快速成长机会，但是如果把现有的利润当作股利分配的话，做到这一点就很难了。

当企业进入成熟期时，企业的融资来源就会发生巨大变化。在这个时期，经营风险相应降低使公司可以承担中等财务风险。同时，也开始出现大量正的现金流量。这一系列的变化使公司开始可以举债经营而不单单使用权益融资。从理性投资者的角度考虑，他们认为，产品进入成熟期后能产生大量正的现金流量，因此这一阶段是最有吸引力的。所以投资者愿意向公司注入大量权益资金以谋求产品的进一步改良，从而扩大整个市场规模又提高公司自身的市场份额。不过，追加权益资金唯一合理的来源是运用公司取得的部分利润进行再投资。

一旦公司进入成熟期，股利政策就会发生变动。此时，公司的现金净流量为正值，而且数额巨大，但公司明智的融资选择主要还是债务融资。账上利润也很高并且相对稳定，完全能够支持公司采取高股利政策。但是，股利分配率提高了，而公司对其目前可盈利的项目进行再投资的机会却减少了。由于再投资增量水平降低，报酬递减规律很可能就起作用了。如果公司不能以股东要求的报酬水平将这些资本进行再投资，而是将这些资本留存于公司，那么股东财富就会受损。当可获利的再投资机会因为公司缺乏成长性而减少时，公司就把这些"多余"的资本当作股利分给股东，从而使股东财富最大化。

当企业进入衰退期时，强劲的现金净流量会减弱，利润会减少。但此时公司的自由现金流量可能会超过公司披露的利润。在成熟期，公司利润水平很高，现金净流量很高，从中可以支付高比例的股利。股利收入将占股东期望总回报的大部分比例，因为股价上涨期望相对较低。然而，一旦进入衰退期，未来公司会呈现负增长态势，结果公司不想进行再投资，只想保持现有规模，所以折旧费没有必要再用来重置公司正在消耗殆尽的固定资产。因此，公司的自由现金流量增加，从而就能向股东支付股利了。

需要指出的是，筹资战略和股利分配战略的制定除了受企业生命周期影响之外，它还同时受到与公司战略相匹配的投资战略的影响。综合上述因素，本书可以描绘出财务战略生成矩阵（如表2-5所示）。

由表2-5可以看出，对一般意义上的盈利型企业而言，其财务战略是企业生命周期阶段以及公司战略的产物。换言之，公司财务战略必须适应和服从于其公司战略，而公司战略又必须与企业生命周期相适应。只有在此环境条件约束下，企业的财务战略才具有切实可行性。企业的财务战略应该包括筹资战略、投资战略、股利分配战略三个战略子单元，表2-5表明，在不同生命周期阶段和公司战略环境下，企业的财务战略是有显著差异的，任何盈利型公司的财务战略制定都必须与表2-5的矩阵安排相适应，这是被众多企业财务战略实践所印证了的科学安排。

表2-5　公司财务战略生成矩阵

财务战略 ╲ 公司战略 ╲ 生命周期	稳定战略	成长战略	收缩战略
初创期	• 稳定型投资战略 • 风险资本筹资战略 • 零股利分配战略		
成长期		• 扩张型投资战略 • 权益性筹资战略 • 剩余股利分配战略	
成熟期	• 稳定型投资战略 • 债务与权益（含留存收益）筹资战略 • 高比率的股利分配战略		
衰退期		• 扩张型投资战略 • 债务筹资战略 • 剩余股利分配战略	• 收缩型投资战略 • 债务筹资战略 • 100%股利分配战略

（三）财务战略实施

财务战略实施是通过财务政策的制定、行动计划与预算的编制把财务战略推向行动之中。

1. 财务政策的制定

政策是把战略制定与战略实施连接起来指导决策的指南。公司运用财务政策确保所有的财务决策与行动支持公司的财务目标与战略。财务政策包括投资政策、融资政策以及股利分配政策。投资政策是公司管理层基于公司战略发展结构规划而对公司的投资及其管理行为所确立的基本规范与判断取向标准，包括投资领域、投资方式、投资质量标准、投资财务标准等基本内容。融资政策是公司高层基于公司战略发展结构的总体规划，它能确保投资政策及其目标的贯彻与实现，而确定的公司融资活动的基本规范与取向标准，主要包括融资规划、融资质量标准与融资决策制度安排等。股利分配政策的最核心内容是在遵循股东财富与企业价值最大化目标的基础上，正确处理好税后利润在股利分配与留存收益之间的分割关系，主要包括剩余股利政策、固定股利政策、低定额加额外股利政策、固定股利支付率政策等。

2. 制订行动计划

行动计划是为了完成一个单项计划要进行的行动或步骤。它使财务战略转化为行动导向。财务行动计划重点包括投资计划、融资计划、购并计划以及公司重组计划等。比如，英特尔公司认识到，如果不能开发新一代的微处理器，公司便无法成长，于是，公司管理层决定执行一项战略行动计划：与惠普公司组成联盟，开发取代奔腾 Pro 的微处理器。

如何有效地聚合公司内部的财务资源，并使之成为一种强大的、秩序性的聚合力，以内部高度的有序化来应对外部茫然无序的市场环境，是财务战略发挥对公司总体战略的支持作用的关键。这种有序的管理活动称为计划管理，其核心内容是制订行动计划。

3. 将预算与战略挂钩

当行动计划以定量的方式表现出来时即转化为预算，通常由业务预算、资本预算及财务预算等构成。此处的"定量"包括"数量"与"金额"两个方面。其中，"数量"反映了公司预算活动的水平以及支持这种活动所需要的实物资源；"金额"部分则由预算的数量乘上相关的成本或价值取得，主要反映预算活动所需的财务资源和可能创造的财务资源。可见，预算就是将公司的决策目标及其资源配置规划加以量化并使之得以实现的具有战略性的内部管理活动或过程。

财务战略的实施促使管理者进入到制定预算的过程。公司的各个业务单元需要足够的预算以执行他们在财务战略计划中的任务；同时，增强现有能力和发展新能力也必须要有大量的资金，另外，各个业务单元，尤其是那些负责进行战略关键性活动的单元，将必然要配备足够多的合适人员，并被给予足够的运营资金以熟练地开展工作，并且还必须有足够的资金以投资需要的运营系统、装备与设施。战略的实施者必须审查下属对新资本项目和更大运营预算的要求，区分出哪些将会有好的结果，因而战略实施会带来成本方面的效益且能够增强公司的竞争能力。而且，战略的实施者必须向上级提供一份具有说服力的、有依据的方案报告，以说明实施公司战略以及财务战略中他们承担的部分时需增加何种资源和竞争性资产。

战略实施者将预算的分配与战略需求相联系既能促进也可能阻碍实施过程。过少的资金会减缓和阻碍公司战略计划中他们的任务执行能力，而过多的资金会造成公司资源的浪费并降低财务业绩。这两种情形都要求战略实施者深入地参与预算过程，仔细地检查公司内部战略关键性业务单元的计划和预算方案。

战略的变动几乎总是需要预算资金的重新分配，在旧的战略中具有重要性的业务单元现在可能是规模过大且占用过多资金，而现在影响更大、作用更关键的业务单元可能需要更多的人力、不同的支持系统、新的装备、额外的设施和高于平均水平的运营预算。战略实施者需要积极地转移资源，削减某些领域的规模，扩大另外一些领域的规模，并给予在新战略中承担关键角色的活动以足够的资金支持。新战略的资金需求必须主导资本的分配模式以及每一业务单元的运营预算，如果对取得战略成功非常关键的业务单元和活动的资金供给不足，将会导致整个实施过程的失败。

（四）绩效评估与财务控制

绩效评估与财务控制就是监测公司的活动与业绩，其目的是比较实际绩效与期望绩效。虽然评估与控制是财务战略管理过程的最后一个模块，但是，它能指出已执行战略规划的弱点，从而使整个战略管理的过程重新开始。评估与控制主要包括以下工作内容：①决定评估什么；②建立绩效标准；③测评实际绩效；④把实际绩效与标准绩效进行比较；⑤财务纠正措施。

（五）财务战略管理过程的具体化：财务战略决策的基本框架

与传统财务管理不同，战略管理的独特之处是它强调战略决策。与通常的财务决策相比，财务战略决策应对的是整个企业的未来，因而具有下列特征：①非常规性：财务战略决策不常有，一般也无先例可循；②重要性：财务战略决策的结果会支配大量的财务资源，所以需要大量的投入；③指导性：财务战略决策为整个企业内的低层次财务决策和未来财务行为设定先例。随着企业的成长和环境中的不确定性日益复杂，财务决策必将变得越来越复杂。一个财务战略决策框架的提出，显然有助于企业做出此类决策。

著名的战略管理学家提出了三种战略决策模式：企业家模式、适应模式以及规划模式。在企业家模式下，战略决策由一个"铁腕"人物制定，它关注的焦点是机遇，而问题是次要的。战略由公司创始人自己左右对未来发展的判断，并在一系列大胆的重要决策中展示出来。公司增长是其主导目标。所谓适应模式，就是"走一步，看一步"，这种决策模式的特点是响应现有问题，给出解决方案，而不是主动寻求新机会。决策中争论的焦点是目标的优先次序。战略是零碎的，推定公司小步往前走。至于规划模式，则是通过收集涉及用于环境分析的信息，总结出多种可行的战略方案，从中选择最合适的战略。这种模式既主动寻求新机会，也被动响应存在的问题。鉴于财务战略管理的特殊性，在大多数情况下，财务战略决策应采用规划模式。因为该模式包括了财务战略管理过程的基本模块，较为理性，能适应更复杂、变化更快的环境，从而能确保在大多数情况下做出更好的财务战略决策。财务战略决策过程具体包括以下步骤：

（1）评估当前业绩：①用投资收益率、营利性等评估当前业绩；②评估公司当前财务战略态势（财务目标、财务战略与财务政策等）。

（2）评价公司治理：也就是公司董事会和高层管理者的业绩。

（3）分析外部环境：找到显示出机会与威胁的财务战略因素。

（4）分析内部环境：找到决定优势与劣势的财务战略因素。

（5）综合分析战略因素（SWOT）：①指出问题所在的领域；②评价公司的财务目标，并按照需要进行修订。

（6）总结、评估并选择最佳战略方案：主动按照第5步的分析进行。

（7）执行所选择的财务战略方案：通过制定财务政策、编制财务计划和预算推动财务战略的实施。

（8）评估所执行的财务战略：通过反馈系统控制行为，以确保最小限度地偏离原战略。

事实上，财务战略决策框架是财务战略管理过程的具体化。该框架如图2-7所示。

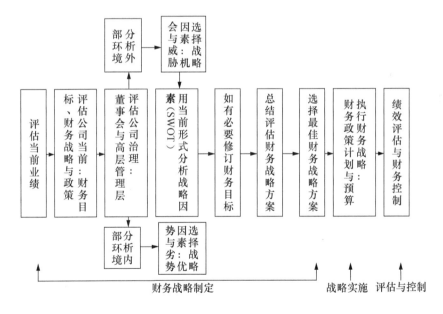

图2-7　财务战略决策框架图

四、财务战略管理的目标和关键

（一）财务战略管理的目标

财务战略管理目标在财务战略管理理论与方法体系中处于最高层次，它是决定财务战略管理的本质、对象、假设、原则、要素和方法的基础。财务战略管理目标可以分为两个层次——财务战略管理基本目标和财务战略管理具体目标。财务战略基本目标是指按照企业总体战略的要求，综合运用各种理财手段及财务资源降低融资成本，改善投资决策，合理赚取与管理利润，确保企业管理者目标与投资者目标的最佳平衡，实现企业整体价值最大化、长期化。简单地说，就是实现企业价值最大化。财务战略管理的具体目标是财务战略管理基本目标的具体化，具体包括投资战略目标、融资战略目标和股利分配目标等。

企业价值最大化目标与财务战略管理的关系如下：

第一，企业价值最大化与长期盈利能力具有相关性。首先，企业价值更能客观地反映企业的业绩。企业价值指标是基于现金流量的，不是基于权责发生制和历史成本原则确认的利润，避免了利润指标的主观性。其次，企业价值更能反映企业的长期状况。企业价值是企业在其未来经营期间内所获得的现金流量的现值总和。它计算的不是某一年或某几年的现金流量，而是从考察之日起在企业寿命之内的各年度现金流量的现值，有助于克服企业在追求利润上的短期行为，反映了企业长期的盈利能力。最后，企业价值更具有全面性。利润等财务绩效指标以产品市场为基础，计算中侧重考虑生产成本、管理费用等显性成本，忽视了资本成本，而且没有考虑风险因素和货币时间价值。而企业价值面向企业未来，利用加权平均资本成本和折现率来分别反映资本成本、风险和货币的时间价值，而且价值最大化充分尊重和满足了企业各相关利益主体的利益要求。在一定时期和一定环境下，某一利益集团可能会起主导作用，但从企业长远发展来看，不能只强调某一集团的利益，而置其他利益于不顾。所以，各利益集团的目标都可折衷为企业长期稳定的发展和企业总价值（财富）的不断增长，各个利益集团都可以借此来实现它们的最终目的。

第二，企业价值最大化与战略环境具有相关性。企业所处的战略环境包括外部环境和内部环境。就外部环境中的行业环境来讲，企业价值与行业环境具有相关性。处于初创期、成长期、成熟期和衰退期四个不同阶段的行业为企业提供的价值创造空间也不同。比如处于成长期的行业，行业市场需求的增长迅速，盈利能力不断增强，技术创新空间大，投资报酬率较高。企业如果选择在这类行业中经营，筹资比较容易，融资成本相对较低，能在一定的时间内获得较为可观的现金流量，因此具有较高的价值创造能力，进而能较快地提升企业价值。

第三，企业价值最大化与竞争优势具有相关性。财务战略管理的本质要求是建立竞争优势，获取竞争优势是企业价值增值的源泉。竞争优势通过成本领先、差异化以及速度优势增加企业的价值。财务战略管理强调的是一种基于企业整体发展战略的动态分析，它将企业内部财务活动和企业竞争战略结合起来进行价值创造管理。将成本控制和竞争优势有机地结合起来，有利于对企业价值创造的动态控制。企业可持续的竞争优势能够增加企业价值的竞争优势。

综上所述，企业价值与财务战略管理具有相关性。因此，现代企业财务战略管理是以价值管理为核心的财务战略管理体系，它以提升企业价值为切入点，贯穿于企业的财务活动和各种财务关系中，以企业价值的最大化为目标导向来加强财务战略管理。

企业价值最大化目标是通过企业财务战略管理的具体目标来实现的。投资战略目标是满意的投资报酬率和现金流量；融资战略目标是为投资的需要而源源不断地提供资金，并使资金成本最低；股利分配战略一方面要满足筹资的需要，另一方面要满足股东收益的需要。当投资报酬率小于或等于资本成本时，或仅仅是微利，则是竞争战略的结果；当企业所要求的投资报酬率必须大于资本成本时，往往是采取稳定战略的结果。财务战略管理的具体目标既规定财务战略行动的方向，又是制定理财策略的依据。财务战略具体目标制定得正确与否，直接关系到企业的财务成果和经营的兴衰成败。财务战略具体目标正确，就能取得筹资、投资的成功，增强盈利能力和积累能力，促进企业的发展；财务战略具体目标错误，可能使筹资、投资失败，恶化财务状况，丧失盈利能力，造成企业经营危机。

（二）财务战略管理的模式：股东价值驱动战略

企业价值，简单地说，就是公司的市值，即投资者购买公司股票时愿意支付的价钱，也就是股东财富。企业价值所反映的不仅是企业已经获得的利润水平，更是企业未来的、长期的、潜在的获利能力。投资者或者说资本的天性就是孜孜不倦地追逐私利。投资，实际上就是向经风险调整后收益率最高的资源供给资本的行为。投资者追求的目标就是让资本得到其所能得到的、经风险调整后的最高收益。尤其对于上市公司来自投资者的压力被完全市场化。因此，从这个意义上说，企业价值最大化也可以认为就是股东价值最大化。企业经营者要想获得资金，就必须将实现股东财富利益作为诸任务中的重中之重，在战略导向上，财务战略管理应被确立为"股东价值驱动战略"。股东价值驱动战略的特征如图 2 - 8 所示。

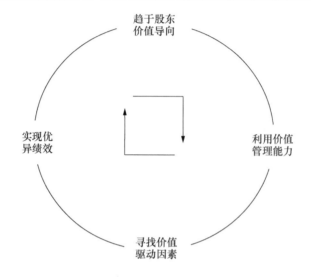

图 2 - 8 股东价值驱动战略的特征

1. 趋于股东价值导向

以股东价值为导向是财务战略管理最基本的属性。然而，股东价值对于就业、社会责任、环境等的重要性，历来是并且仍然是人们激烈争论的话题。争论的焦点是：股东价值和利益相关人的价值，哪个更重要？就西方发达国家而言，美国和英国坚持这样的观点：股东是公司的所有者，董事是股东们选举出来的代表，公司的目标就是要使股东价值最大化。而欧洲大陆国家对企业目标有着不同的认识，比如，按照荷兰法律，大公司董事会的根本职责就是保证公司的生存，而不是代表股东追求价值最大化。德国的公司治理机制也有类似的规定。本书认为，有两个原因促使管理者应把重心放在股东价值的创造上：第一，在多数发达国家，股东的影响已经主宰了高层管理者的日常工作。第二，以股东为导向的经济体制比其他经济体制的绩效更好，其他利益相关人也不会因股东的利益而遭受损失；相反，从战略意义上看，他们的利益是一致的。

（1）股东价值日益重要。促使股东价值日益重要的因素有以下四个：

第一，许多管理团队无法对所在行业发生的重大变化做出有效反应，因而在20世纪80年代出现了活跃的公司控制权市场。1982年，美国经济在经过长期的高通货膨胀和低经济增长之后开始复苏。许多产业部门都需要进行重大重组。同时，养老基金和保险公司开始把越来越多的资金提供给新类型的投资者，从而导致杠杆收购的出现，并最终导致了公司控制权市场的产生。公司控制权市场产生的根本前提是：只要其他可能的管理团队使用其他可能的战略也不能极大地提高公司价值，目前的管理者就有权管理公司。相应地，若用股东价值作为衡量标准，公司绩效就会成为变革的主要驱动因素。

第二，在美国和许多欧洲国家，多数高层管理者的报酬中，基于股权的各种报酬形式越来越重要。在20世纪70年代中期的美国，人们日益担心管理者利益和股东利益之间的分歧。在一定程度上，这种担心反映了人们对不断下降的公司利润和停滞的股票价格的焦虑和不安。许多学者纷纷呼吁重新设计管理者薪酬激励机制，使之与股东利益的关系更为紧密。在美国，股票期权是多数高层经理报酬的一个组成部分。同一时期，对董事会的批评也增加了，人们批评他们忽略了代表股东利益的职责。于是就开展了一场这样的运动：要求非执行董事在所代表的公司投入一定的股本，以使他们更关注股东利益。20世纪90年代末，有48%的大中型公司向董事赠送股票或提供股票期权。股票期权的广泛运用，极大地提高了股东价值在衡量管理绩效中的重要性。不仅限于美国，在英国和法国，股票期权和股票赠送也成了管理者收入的重要组成部分。由于对管理人才的竞争已全球化，股票期权的使用在开放经济国家和地区会越来越普遍。

第三，1982年以来，美国股市和欧洲股市情况良好，因此家庭在股票上的投资比例有很大增加。20世纪80年代初以来，美国和欧洲股票市场表现非凡，不但促进了股票期权被广泛用做管理者报酬，而且增加了许多国家的家庭股票拥有量。事实表明，越来越多的人是通过共同基金和养老基金成为股东的。重要养老金机构的管理者是股东价值论的积极倡导者。欧洲许多国家也正在形成股东文化。最引人注目的是在德国开展的支持德国电信私有化的"德国：股票国家"运动。完成了私有化的公司的股票出现了强势，这就促进了这些国家股票投资的普及。在这种情况下，旧的劳资观念已经过时，股东也不再是其他什么人，而是我们自己。这样，引起股东价值与利益相关人价值之争的紧张心情也得以缓解。随着越来越多的人成为股东，支持将股东价值作为公司目标的呼声日益强劲。

第四，人们日益认识到，许多社会保障制度正面临危机，欧洲大陆国家和日本的情况更是如此。为了应对这一危机，有一个解决方案：把积累的养老基金提高到相当的程度，使之能产生足够的剩余用于再投资，积累资金和投资收益结合起来，以应对未来的养老金短缺。要拆除养老金这颗定时炸弹，私有部门必须维持相当的水准，最为重要的是能产生较高的投资收益并创造可以增加收益投入的机会。如果要让这种积累养老金的计划行得通，避免人口代与代之间的竞争，那么，不管是哪一个国家，都必须向公司施加压力，使它们创造更多的股东价值。

（2）以股东为核心的经济表现更佳。20世纪80年代中期以来，美国经济发展势头强劲。如果没有股东资本利益的约束，没有许多经济参与者对股东价值创造的日益重视，是否会出现这样的经济局面是值得怀疑的。美国公司重视股东价值，倾向于限制甚至撤消过时的战略投资，其重视程度超过其他任何价值管理模式。经济学家普遍认为，经济成败的衡量标准主要是人均 GDP。美国这个世界上最大的资本主义国家、股东价值的拥护者，人均国内生产总值比其他的经济大国高出 20%。1994~1997 年，麦肯锡全球研究所开展了一系列的研究，以分析美国和其他国家 GDP 的差别。研究的重点对象是美国、德国和日本。研究发现，美国之所以有这样的优势，是因为它的要素生产率尤其是资本生产率比其他国家高得多。1974~1993 年，美国公司创造的收益比德国和日本都高得多。

这不是说股东价值体系就一定公平，比如重组所带来的失业会毁坏人们的生活。但同时也可以这样说，创造工作机会的经济能力是衡量公平与否的更好尺度。而历史事实很好地证明了这样的结论：股东价值的创造并不是以牺牲利益相关者价值而取得的，能够创造更大价值的公司往往也能创造更多的工作机会。

2. 利用价值管理能力

只有具备价值管理能力才能成为真正的价值管理者。公司可以通过以下六个步骤建立其管理价值的能力：

（1）以价值创造为核心进行计划和绩效评估。对价值创造的重视是每一个高级管理者的职责，它可以避免公司陷入困境。在进行绩效评估时，必须明确强调股东价值；在制订计划时，务必对各种情况下经营的价值进行彻底分析。必须更好地了解公司的能力、资产及这些能力和资产在哪些业务中最为宝贵。更为重要的是，必须确保在围绕这些能力制订行动计划前，计划制定者要充分认识这些能力在提高利润率、增长率等方面的作用。在公司进入某项业务时必须清楚地认识到以什么方式、有什么理由能把该项业务开展好，为股东创造价值。

（2）确定以价值为核心的指标和绩效尺度。公司的管理者需要有明确的目标和绩效尺度，以衡量他们的工作进展。虽然股票价格是最根本的绩效指标，但它对管理者尤其是基层业务单元的管理者而言需要具体性和可操作性都更强的标准。至于净利润这样的会计指标，由于忽略了为取得利润而占用资本的机会成本，因而也不可取。另外，投入资本收益率指标忽视了价值创造的增长。能较好衡量股东价值创造的指标是经济利润，该指标既考虑了增长，又考虑了投入资本的收益。经济利润等于投入资本收益率与资本机会成本之差乘投入资本，即

经济利润 = 投入资本 × （投入资本收益率 - 机会资本成本）

由于未来经济利润的折现价值（加目前的投入资本额）等于折现现金流量，因此，可以通过使经济利润最大化而实现折现现金流量的最大化。由于基层管理者需要的是他们能直接施加影响的指标和绩效尺度，因此业务单元的经理必须为其基层管理者把经济利润指标转换成更为具体性、可操作性更强的绩效尺度。例如，生产经理的绩效可以用单位成本、质量以及是否能按时交货来衡量，销售经理的绩效可以用销售增长率、标价折扣率和销售成本占销售收入的比率来衡量。

除了经济利润指标外，也可以用经济增加值（EVA）这一指标来衡量股东价值的创造。

（3）改革公司的薪酬制度，培养员工重视创造股东价值的文化与观念。建立公司以价值创造为核心理念的一个最为有力的手段是薪酬制度。高层管理者的激励机制必须以价值创造为核心。为达到这一目的，传统的做法是将高层管理者的奖金与每股收益目标的实现情况相联系。但是，由于每股收益并不总是与价值创造相一致，因此，这一实践并不有效，有效的方法是加大股票期权在其报酬中所占的比例。对于业务单元管理者的传统激励方式是将其报酬与公司整体的绩效联系在一起，而与他们所在单位绩效的联系反倒不大。改进的方法是：人力资源经理可以考虑为每个部门设计虚拟股票，从而建立延期付酬制度，该制度应围绕公司实行的经济利润或EVA指标，根据特定价值驱动因素目标的完成情况发放报酬。

（4）评估战略投资决策时，要明确地考虑对价值的影响。多数公司对资本投资进行评估时运用的是折现现金流量分析法，但是这一方法有两个缺陷：第一，资本投资与公司的战略和经营计划的联系不够紧密，这样，资本投资方案就往往与公司战略和经营计划脱节，难以进行评估；第二，这一方法采用同一投资回报率下限来评估资本投资方案，事实上，由于公司每项业务的风险不同，就应该采用不同的投资回报率下限。为避免上述缺陷，公司应该把资本投资紧密地与公司的战略和经营计划结合起来，以使评估能从实际出发，具有更大的现实意义；同时，财务人员应制定适合于每个业务部门且能反映相应机会成本的投资回报率下限标准。

（5）就价值问题与投资者，尤其是战略投资者和证券分析师进行有效的沟通是至关重要的。这有两个原因：第一，可以确保市场随时取得足够的信息对公司进行评估；第二，由于市场是精明的，公司管理者可以从投资者对本公司和其他公司股票的评估中知道所在行业和竞争对手的动向。为了提高沟通战略的效果，应注意以下两点：其一，在与投资者以及证券分析师沟通时应重点宣传公司为提高股东价值到底在做些什么；其二，可以考虑在年度财务报告的附注中增加一个部分，题为"公司的价值前景"，讨论公司创造价值的战略。公司甚至可以公布其对价值创造的估算，但前提是必须将各种假定交代清楚。上述措施可以让投资者明白公司的经营方向和股东们的投资状况。

（6）重新规定财务总监的职能。公司建立以价值创造为核心的努力要取得成功，一大关键因素便是财务总监作用的提高。公司的经营战略和财务战略的关系越来越紧密，从定义上看，公司战略的目的就是在控制权市场和金融市场上为公司创造优势，而这与财务的方方面面有着千丝万缕的联系。传统意义上的财务总监主要忙于经费收支、财务报表的编制，但是，出于财务战略管理的需要，财务总监应同时担负起公司的战略和财务职责。财务总监应发挥桥梁作用，沟通业务部门主管的战略和经营工作与公司和投资者的投资要求。职能被强化后的财务总监可以被恰当地称为"战略和财务执行副总裁"。该职位应主导公司价值创造战略的制定。

3. 寻找价值驱动因素

要寻找股东价值驱动因素，就必须理解日常经营和重大投资决策中有哪些因素对价值的影响最大。确定价值驱动因素的过程如果做得好，将在以下三个方面对管理者有巨大的帮助：其一，有助于业务单元的管理者和员工理解价值是怎样创造的以及怎样使价值最大化；其二，有助于安排驱动因素的优先顺序，确定该把资源用在何处，或把资源从何处撤走；其三，有助于业务单元管理者和员工在应优先考虑的驱动因素方面形成共识。

与价值驱动因素相关的各种标准被称作绩效指标，这些指标既可以用来确定财务战略目标，又可以用来评估绩效。要确定好价值驱动因素，必须遵循以下三项原则：

第一，价值驱动因素应与整个公司的股东价值创造直接联系起来。把价值驱动因素与股东价值创造的总目标联系起来有两个方面的好处：其一，可以使公司的所有层次都把目标集中在这个方面。当第一线的员工和业务单元的管理者都认识到他们的行为对全局的价值创造的影响时，他们就会协调他们的目标和措施，避免目标上的分歧。其二，可以使管理层客观地权衡和安排价值驱动因素、短期行为和长期行为的优先顺序。当决策遇到困难时，管理者可以用长期的价值创造作为标准做出决策，还可以把长期的价值创造作为向有疑虑的股东解释的理由。不过，值得注意的是，把股东价值作为核心并不排斥公司的其他目标，如公司的安全以及环境考虑等，这些因素也可以被包括在价值驱动因素中。但是，重要的是要明确规定这些目标在何时才能优先于股东价值最大化的目标以及怎样优先，以使股东价值核心不至于被分散。

第二，价值驱动因素的确定和衡量应使用财务和经营两方面的主要绩效指标。仅仅用财务指标作为股东价值驱动因素的衡量是不够的。这是因为管理层无法直接影响财务比率，只有通过影响公司经营因素才能做到这一点。比如，一家零售企业想分析提高税前利润的途径，就得首先把税前利润分解成几部分：毛利、仓储成本、送货成本以及销售费用、管理费用，然后分解驱动这些成本的因素。这样，送货成本就可以分解成以下因素：每笔交易的送货次数、每次送货成本和交易数。管理者了解了这个层次的经营细节，就可以分析具体的改进措施。可见，经营数字作为主要指标是特别有用的，它能弥补财务指标的不足。

第三，价值驱动因素除了包括经营绩效外，还应涵盖长期成长。虽然许多公司都把注意力集中在目前的经营上，但是随着业务的成熟和萎缩，公司要想成功就得找到业务增长的途径。因此，价值驱动因素分析除了要注意那些能提高今天投入资本收益的因素，也要关注那些收益率超过资本成本的因素。

值得注意的是，在运用上述原则确定价值驱动因素时，必须明确公司每个业务单元应该有自己的主要价值驱动因素和主要绩效指标。例如，经营业绩突出、利润率高的业务单元应把重点放在与增长相关的主要绩效指标上，而利润率低的业务单元应把重点放在与成本相关的有关绩效指标上。另外需要注意的是，业务单元应限制绩效指标的数量。根据经验，5~10个绩效指标就够了，上限为20个。因为如果绩效指标过多的话，可能会管理层很难决定到底把重点放在哪些指标之上。

最后，平衡计分卡为股东价值驱动因素的分析提供了一个通用框架。根据平衡计分卡，股东价值驱动因素应从顾客、业务流程、学习与成长以及财务四个方面寻找。

4. 实现优异绩效

一旦确定了价值驱动因素，则优异绩效的实现有赖于对公司的业务绩效和个人绩效进行管理。其中，业务绩效评估是以公司或公司内部的业务单元为客体，而个人绩效评估则是以管理者或员工为评估对象。

（1）管理业务绩效。公司一旦知道了该怎样通过对每项业务价值驱动因素的影响来创造价值，面临的下一个问题就是怎样对每项业务单元进行管理使其结果与公司的各项目标相符。业务绩效管理过程中，要为业务单元确定目标，并经常根据这些目标检查其进展，以使公司的各个层次能紧密合作，提高绩效。业务绩效管理是价值管理的关键，因为要通过这个过程把价值标准、价值驱动因素和目标转换成日常决策和每天的行动。

如果业务绩效管理工作开展得好，将有助于公司各个层次间的坦率和有效的交流。尤其是有效的业务绩效管理可以极大地改善公司总部和业务单元间的对话。这给管理者以一定的管理空间，也使他们的上司相信他们能够达到约定的绩效水平。成功的业务绩效管理必须符合以下条件：

第一，业务单元必须要有明确的价值创造战略。制定业务单元战略，虽然不是业务绩效管理管理过程的一个组成部分，但它是保证该过程效率的一个前提。折现现金流量分析（即价值分析）有助于管理者选择业务单元战略。业务单元的战略制定过程如果不以价值创造为核心，所选战略就可能与目标不一致，绩效管理的意义就不大。把战略与价值评估直接联系起来的另一个好处是，能明确地把战略制定过程与促使价值实现的其他努力结合起来。

第二，业务单元应该确定与价值驱动因素紧密联系的指标。要把战略转换成具体的量化目标，就需要管理者确定与价值相联系的指标。相关指标的具体确定将在后文讨论，在这里仅指出在指标确定过程中应注意的几个问题：①指标体系的具体构成应随着外部环境的变化而不断调整，调整的原则是要在绩效评估期之前做出明确规定，以便有关各方了解其公正性。②要使指标体系确定得更为有效，需要公司总部和业务单元进行对话，这就使指标的确定过程成为一个反复的过程。这种做法虽然比简单地自上而下下达指标需要更多的时间和精力，但更能吸纳业务单元管理者的高见，更能使他们致力于这些指标的实现。③公司总部和业务单元在认可了指标后，就应正式地写入绩效合同中，合同因包括业务单元在经营期间预期的重要事件和准备达到的定量和定性目标。目标应非常明确，避免模棱两可，但也不要过于刻板，否则会约束管理者在其权限之内的行为。

第三，定期对绩效进行评估。决定绩效评估是否能成功的要素包括评估中所使用的信息、时间表的总体安排以及讨论的气氛。能为评估提供最佳信息的基本工具是平衡计分卡。平衡计分卡的内容包括价值目标和根据价值驱动因素分析确定的主要绩效指标，这些指标包括顾客、业务流程、学习与成长以及财务四个维度。如果说平衡计分卡说明评估些"什么"，则时间表说明"什么时候"评估。评估应该成为一项有组织的、周期性的活动，成为业务管理者们日程中一个不间断的项目。评估的周期长短应谨慎选择。虽然多数公司默认的周期是一年，但对于关键的绩效指标，最好根据每项业务的完成周期来确定其评估周期。在评估过程中，管理者应把绩效评估时间与其他的重要时间（如资本预算、个人绩效评估）协调起来。在进行业务绩效评估时，如果与公司正常事务相脱离，就会使其作用大打折扣。业务绩效评估的风格和气氛也影响其成败。要使评估能真正解决问题，就必须安排同层次管理人员定期会面。在这样的会面中，一个公司或一个业务单元在不同领域具有相似职责的经理们可以交流经验。

总之，业务绩效评估只要做得好，便能为经理们提供明确的目标，激励他们达到目标，并给他们达到目标的努力予以支持，从而节省他们的时间和精力。

（2）管理个人绩效。进行个人绩效管理，可以从以下两个方面促进价值创造：其一，将对管理者的奖励与创造股东价值的行为联系起来，使管理者能像所有者那样思考问题；其二，在知识经济社会里，管理人才本身就是一项重要的价值资源，通过个人绩效管理可以吸引人才，留住人才。因此，公司应建立一定的程序，把个人行为与价值创造的总体活动联系起来，也与报酬联系起来，以激励和奖励突出的个人，这便是个人绩效管理。

与业务绩效管理一样，个人绩效管理的过程也应该包括指标的确定和绩效评估。个人绩效指标应与其负责的主要业务绩效指标结合起来，以保证业务需要达到的水准与个人需要达到的水准相一致。个人绩效指标与管理职位的对应关系如图 2 - 9 所示。

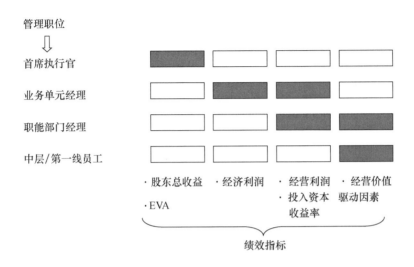

图 2 - 9　绩效指标与管理职位的对应关系

图 2 - 9 表明,个人绩效指标的设置应该与其职位层次相适应。个人绩效评估应定期开展,并向被考核者提供坦率的、具有挑战性的反馈。对绩效差的个人应迅速采取行动:再培训、调动、解雇或通过同事间的竞争将他们淘汰出去。如果员工的绩效达到或超过了期望指标,给予有形的奖励也同样重要。个人绩效管理将公司的价值创造总体目标个体化,在实施的过程中,若能把所有者的利益和管理者的利益结合起来,便能提高公司的长期绩效。

五、财务战略管理的历史演进

公司财务战略管理的产生与形成有着深刻的历史根源。从实践意义上考察,公司财务战略管理的演进和形成,大致经历了以下五个阶段:

(一) 财务计划与预算控制阶段

20 世纪初,计划与控制管理制度开始出现。科学管理创始人泰罗强调,要通过计划工作,挑选、培训和组织工人,以便增加产量。法约尔提出,计划与控制都是管理的重要职能。在此阶段,财务预算成为重要的计划与控制手段,公司内生产、销售、财务等部门分别制订年度预算计划。在财务预算的执行过程中,如果出现偏差,要找出原因,并采取必要的修正措施,以便实现既定的预算计划。这种管理制度的重点在于对财务预算的管理和对偏差的控制。

（二）筹资财务管理阶段

这一阶段又称为"传统财务管理阶段"，在这一阶段中，财务管理的主要职能是预测公司资金的需要和筹集公司所需要的资金。

20世纪初，资本主义发展到了帝国主义阶段，公司的大量出现和公司规模的不断扩大，急需大量资金作为保证。缺乏资金成为当时制约公司发展的关键因素，各公司都面临着如何筹集获取扩张发展所需要的资金的问题。为了解决这个矛盾，公司内部开始出现新的财务管理职能，即筹资的职能。在筹措资金方面，美国和西欧一些国家的主要做法是发行股票和公司债务。而日本由于积累率低，收益少，主要靠发行股票筹措公司需要的长期资金。当时股份公司纷纷成立，投资银行非常活跃，人们把这一时期形容为"证券万能"时代。

与筹措资金在公司财务管理中居于支配地位相适应，当时从事公司财务管理理论研究的学者，大都把研究重点放在公司资金的筹措上。这就形成了以研究公司筹措资金和证券资本为中心的"传统型公司财务论"学派。直到今天，虽然公司财务管理理论和实践都有很大的发展，但传统型公司财务论对财务管理还有一定的影响。

但是，传统型公司财务论未能深刻理解公司财务管理的职能和体系，对公司财务管理的研究内容和范围也不够全面，它们只着重研究了公司资本的筹措，却忽视了公司的日常资金周转和财务管理控制，也未研究出一套必要的财务管理和资金运用控制办法，所以即使筹措到资金也不一定能够发挥它们应有的作用，促使公司经营的良性运转和持续发展。

（三）内部控制财务管理阶段

这一阶段又称为"综合财务管理阶段"重要发展阶段。20世纪20年代末30年代初的全球性经济危机以后，特别是随着科学技术的迅速发展和市场竞争的加剧，西方公司的财务管理人员逐渐认识到，要在残酷的市场竞争中维持公司的生存和发展，避免出现"倒闭"，财务管理的核心问题不在于筹措资金，而在于用科学的方法控制、管理、使用好资金，如果公司不能有效地运用筹措到的资金发展业务，获得收益，也就没有达到筹措资金的目的。为此，很多公司纷纷建立了财务管理制度，加强了公司内部财务管理和控制机制，如实行预算管理，控制固定资金和流动资金的使用，保持公司财务资金收支平衡；强化成本意识，开展财务活动分析和考核投资经济效益等，力图通过严格的内部财务管理控制，提高资金使用效果，在竞争中取胜。在这一时期，公司内部的财务决策被认为公司财务管理人员的重要工作，而与资金筹措有关的事项已退居第二位，这样公司财务管理便进入了内部控制财务管理阶段。

经济形势的这种变化，要求在理论上对资金筹措和资金运用进行统一的研究，从而促使财务管理理论迅速从"传统型公司财务论"向"综合的财务管理论"转化。美国的洛夫在《公司财务》一书中首先提出了公司财务除了要筹集资金外，还要对资金周转进行公正有效的管理。以后，麦金西和格拉哈姆在合著的《财务管理论》一书中说，过去认为财务管理的重要内容是公司筹措资金的方法，现在认识到，公司是为了获得利润而筹措资金的，如果不能有效地运用这些资金，也就没有达到筹措资金的目的。英国学者罗斯在《公司内部财务论》一书中特别强调公司内部财务管理的重要性，他认为运用好公司筹措到的资金应是财务研究的中心内容。英国的希哈伯在《公司管理学》一书中，则更为系统地强调了财务管理对内与对外两部分的重要功能：对内的财务管理包括计划、调度、控制公司所需要的资金；对外的财务管理，则指公司资金的筹措与处理。也就是说，财务管理一方面在研究如何取得公司所需要的资金，另一方面在计划如何去适当地分配资金、运用资金、控制资金。所以财务管理就是研究公司资金筹措、分配、运用的方法，并进一步去做适当的策划与分配。财务管理，不管是对内抑或对外，其任务无非是使公司与财务能达到充裕、适时、经济的三大原则。

上述财务管理学家，既重视公司筹措资金，更重视资金的科学管理和运用，从理论上把公司财务管理向前推进了一步。

（四）现代财务管理阶段

这一阶段又称"投资财务管理阶段"，财务管理的主要职能是运用科学的管理方法分拆和制定投资决策。第二次世界大战以后，特别是 20 世纪 70 年代以后，世界经济形势发生了重大变化，资本主义经济危机不断发生，第三世界民族经济迅速发展和壮大，加之严重的通货膨胀和石油危机，市场竞争更加激烈，西方公司经营困难重重，资金运用日趋复杂。面对这种形势，公司经营者逐渐认识到，如果不采用现代化手段加强公司财务管理，即使采用现代化的科学技术，提高公司经营效果，这种成果也难以保持和扩大。他们已深切地认识到，缺乏资金、技术都可以从外部或国外引进，但管理只能靠自己的力量，必须使公司财务管理尽快实现现代化，才能适应经济形势变化的需要。这就促使西方公司财务管理又从内部控制财务管理阶段向现代财务管理阶段转化。

这一阶段的显著特点表现为公司普遍更加重视财务管理工作，财务管理成为公司管理活动的核心；公司财务主管的地位有了很大的提高；财务管理意识在公司中从上到下得到了加强。例如，美国的大公司普遍设立控制部，把以事后会计核算为主的财务管理发展为事前财务预测、决策与控制，同时，重视实际财务管理技术方法的运用，力求采用新的管理技术方法以实现财务决策的最优化。价值分析，量、本、利分析，变动成本法，边际分析法，作业管理，标准成本控制等被广泛地引入公司财务决策和管理，在全面预算控制、制定最优投资方案、提高投资效果、加速资金周转等方面起到了很好的作用。

与此相适应，财务管理理论也由"综合的财务管理论"发展为"新财务论"。新财务论也叫"投资财务论"。创建这种理论基础的是美国学者迪安和路蒂，他们在《资本领算》和《公司投资理论》两本书中指出，新财务论是在资本市场价格最高的前提下，研究公司成长与扩充、资本支出与分配、资本的筹措与结构之间的最优财务决策（我国经济理论界称为资本优化配置）。他们首次采用了"D. C. P"（贴现现金流量法或内含报酬率法），顺序测定资本支出计划的经济性和收益能力，研究借入资本利润率的作用与最低利润率目标的关系。美国的所罗门在《财务管理论》一书中指出，随着运用财务控制内部经营程序的开展，财务管理逐渐变成公司管理的一个日益重要的角色。在过去，财务管理仅被告知公司需要多少钱，然后被授予筹措这些资金的责任，在新体系下，财务管理面临着有关公司经营战略决策的一些财务新境界问题，诸如公司的规模应该有多大？它的成长应有多快？它应以何种形态掌握配置其资产与其负债之组成，投资组合应是如何？财务管理的焦点在于那些影响公司价值的决策与行动。

（五）财务战略管理阶段

从财务管理的发展可以看出，在近一个世纪的时间里，财务管理的理论与方法取得了异乎寻常的发展，成果显著。但不容忽视的是，公司经营环境的重大变化和战略管理的广泛推行，对公司财务管理所依据的理论与方法提出了新的要求与挑战，S. C. 梅厄（S. C. Myers）教授曾指出，尽管财务理论取得了很大的发展，但它对战略规划却几乎无影响。财务理论必须扩展以协调财务和战略分析。本书认为，在环境复杂多变并实行战略管理的条件下，传统财务管理理论与方法已不能适应当今公司战略管理的需要，无论从理论层面上还是从现实层面上看，以战略管理的思想方法为指导，对公司财务管理的理论与方法加以完善和提高，从而将之推进到财务战略管理的新阶段，都是一种历史和逻辑的必然发展。科学发展史证明，任何理论的发展都在很大程度上受与其密切相关的理论与学科发展状况的影响与制约，J. K. 山克（J. K. Shan）等在其《战略成本分析：从管理会计到战略会计的演进》一书中对于管理会计理论与方法的发展阶段的论述，对此是一个很好的说明。他们指出，历史地看，40年代盛行的成本会计未能把50年代已开始流行的决策分析框架纳入其体系中，因而缺乏决策相关性。这一原因导致管理会计取代成本会计成为一种新的决策框架。战略管理这一新的决策分析范式的蓬勃发展，使人们开始重新审视现行管理会计理论与方法，并普遍认为其缺乏战略相关性，不能为战略管理提供强有力的决策分析。因此，自20世纪80

年代开始，人们开始尝试把战略的因素引入管理会计的理论与方法中，从而将其逐步推向战略管理会计的新阶段。特别是 20 世纪 80 年代初，英国学者西蒙兹（Simons）提出了"战略管理会计"的概念，他指出，战略管理会计就是"提供与分析公司及其主要对手的财务数据，以构建公司战略"。

由上述情况可见，管理会计理论与方法的发展与管理决策理论与技术的发展密不可分，把战略因素引入管理会计分析体系，发展战略管理会计，是现代管理会计理论与方法的一个非常值得，同时又是非常自然和符合逻辑的扩展。

财务管理的状况与此类似。作为公司管理的一个重要职能，它的理论与方法必然要受到一般管理理论与方法的极大影响。在现代高度竞争，复杂多变的经营环境下，公司经营者如果仅仅依靠以往的经验已经无法面对新的环境和形势，公司对此做出的必然反应是把战略管理作为管理的中心问题。在这种情况下，财务管理当然不能无视战略管理的要求。公司要实施其战略，必须拥有将战略设想转化为现实的必要的资源，以及推进战略实施的具体行动。资金是一切公司战略实施所必不可少的关键资源之一，资金投放是推进公司战略实施的重要条件。所以，公司战略能否成功实现，在很大程度上依赖于整个战略期间内，是否具有与其协调一致的资金支持。日本许多公司的成长发展之路充分说明了这一点。日本经济高速成长时期，许多公司采取了以发展为首要目标，以大力扩大生产经营规模，迅速提高市场占有率为核心的公司发展战略。与此相适应，日本公司在财务管理方面则长期采取了竭力扩大设备投资，大量利用银行贷款筹集资金，少发或不发红利以增加公司内部资本积累等积极的措施，为公司的优先发展战略提供强有力的资金支持和保证。日本公司周密的产品规划和销售战略，加上其积极的财务战略，使日本公司如虎添翼，最终称雄天下。不难设想，如果没有这种有效的资金支持，日本公司的发展战略就很难实现，从而也就没有了它们今日在世界经济舞台上的辉煌。美国学者 J. C. 阿伯格伦（J. C. Abeglen）等在研究了日本公司的上述情况后深有感触地指出，这种把发展作为最优目标的积极的财务战略"才是比日本固有的社会条件更重要的竞争后盾"，认为是"产品（低成本、高质量）、资金、技术"这三件法宝，把日本公司推上了世界经济的顶峰。

由此可见，公司实行战略管理必然要求其财务管理要反映战略，能够支持、促进公司战略的实施，而不能与之相矛盾，更不能背道而驰。正如 W. O. 克里费雷（W. O. Cleverly）所指出的，如果在财务（资金）上不可行，一项战略计划就是无效的。而一项财务计划如果没有反映管理当局和董事会制定的战略决策，它就没有任何价值。

第三节　财务战略管理的范围界定

一、财务战略管理与企业管理的关系

（一）企业管理的内涵

企业管理是指企业的管理者及企业员工按照客观规律的要求，对企业的生产经营活动进行计划、组织、领导、激励和控制，以适应外界环境变化，充分利用各种资源，实现企业经营目标，创造社会经济效益的系列活动。

企业的全部经济活动可分为两大部分：一是以企业内部的生产组织为中心的生产活动；二是涉及企业外部联系的活动，即经营活动，如市场分析、企业目标与发展方向、产品研究与开发、各类资源的获得和供应、产品销售与服务等。因此，企业管理的主要内容也可相应分为生产管理和经营管理两大部分。生产管理要求利用企业内部条件，按预定计划把产品生产出来，因而生产管理具有内向性。其内容包括生产过程组织、劳动组织、生产计划、生产控制、物资管理、设备管理、质量管理等。经营活动具有外向性，它要求根据市场环境的变化来确定企业目标，保证企业取得最佳经济效益。因此，经营管理是企业管理的重心。经营管理的内容主要包括经营环境分析、经营战略、经营决策与计划、技术开发、市场营销、财务管理等。另外，企业的一切活动都离不开人，因此企业还必须进行人力资源管理。

（二）企业管理的发展过程

一般认为，企业管理在西方大体经历了传统管理、科学管理和现代管理三个阶段。

1. 传统管理阶段

18 世纪 80 年代工业革命以后，现代大工业代替了工场手工业，工厂成了资本主义工业生产的主要方式，从而引起了对工厂管理的需要随之便产生了资本主义企业管理。这一阶段的企业多为个体制或合伙制，这一阶段的管理，主要解决如何分工协作以保证生产正常进行；如何做好成本管理，以赚取更多的利润。它的特点是：第一，企业的经营管理者一般也是企业的资本所有者，所有者与经营者没有分离。第二，凭经验办事。工人凭自己的经验来操作，没有统一的操作规程；管理人员凭自己的经验来管理，没有统一的管理方法。第三，工人和管理人员的培养，都是采取师傅带徒弟，传授个人经验的办法进行。这种做法，还没有完全摆脱小生产的传统，因而人们把它称为传统管理。

2. 科学管理阶段

科学管理阶段大体上从 20 世纪初到 40 年代，经历了半个世纪左右。科学管理是随着自由资本主义向垄断资本主义过渡逐步形成的。随着资本主义社会生产力的发展，生产关系起了很大变化，生产的社会性与生产资料、劳动产品的私人占有之间的矛盾日益加深，因而迫切需要把以前积累的管理经验标准化、条理化，以便进一步指导管理实践，科学管理理论应运而生。

最先提出"科学管理"概念的是美国的泰勒，他根据多年试验研究的结果，于 1911 年出版了著名的《科学管理原理》一书，因而泰勒被称为"科学管理之父"。泰勒提出的科学管理理论的主要内容是：第一，把劳动方法标准化，把工人使用的工具、设备、材料以及作业环境标准化。第二，科学地利用工时，运用观测分析方法制定劳动定额。第三，实行差别计件工资制。第四，把计划职能和执行职能分开，用科学方法代替原来的经验工作方法。第五，为每一项工作挑选第一流的工人。

法约尔和韦伯等也为科学管理做出了重要贡献。法约尔 1918 年创办了管理研究所。他把企业管理划分为五个要素（职能）即计划、组织、指挥、控制、协调。韦伯的研究主要集中在组织理论方面，他提出了所谓理想的行政组织体系。

可以看出，科学管理阶段的特点主要是：以提高生产效率为主要目标；以科学求实的态度进行调查研究；强调以个人为研究对象，发挥个人主动性；强调规章制度的作用。

3. 现代管理阶段

现代管理阶段从 20 世纪 40 年代开始，直到现在。第二次世界大战以后，出现了许多新的变化。如科学技术的发展日新月异，生产过程自动化、连续化程度空前提高，技术更新的周期大大缩短，企业规模急剧扩大（出现了许多大规模的跨国公司），企业间的竞争更加激烈，生产社会化程度迅速提高，许多复杂的产品和工程需要组织极大规模的分工协作，需要极其复杂的管理和控制。这些都对企业管理提出了许多新的要求。现代自然科学、技术科学和社会科学的新成就，包括运筹学、系统工程学、电子计算机技术和行为科学等，运用于管理，从而出现了现代管理的新阶段。资本主义现代管理学派很多，如行为科学学派、社会系统学派、决策理论学派、经验管理学派、权变理论学派、管理科学学派等。

与科学管理相比，资本主义现代企业管理有了很大变化，具有以下几个特点：以人为中心的管理；突出经营决策；实行生产专业化和经营多样化；实行系统管理，集权和分权相结合；广泛运用现代科学新成果和现代管理工具。

（三）财务战略管理：企业管理的重中之重

财务战略管理既是企业战略管理不可缺少的一个重要组成部分，也是现代企业管理的一个重要方面，以财务战略管理为中心，包含了企业整个经济活动，能使企业上下将权责结合，促进企业管理水平的提高。

（1）企业的本质决定了财务战略管理的重要地位。财务战略隶属于企业战略，并在企业战略中居于核心地位，这是因为现代企业本质上是资本企业，资本是决定企业生存发展的最重要的驱动因素，追求资本增值是所有者和经营者的基本目的。企业价值最大化是企业的宗旨，也是财务战略管理的目标，企业的一切工作都是围绕企业的宗旨展开的。因此，应将财务战略管理作为加强企业管理，构建企业核心竞争力，取得竞争优势的重要手段。

（2）市场经济的发展要求把财务战略管理作为企业管理的一个重要内容。市场经济条件下，是以市场为导向作为资源配置的，市场价格作为指示器调整着企业的经济活动。现代企业管理的主导思想应该围绕以下几个方面：优化企业资金配置，充分占领市场，高效运行，争取最大经济效益。这就要求企业管理从过去的生产导向模式、利润导向模式转变为财务导向模式。如果企业不是以财务为中心，而以产量、规模或其他目标为中心，就可能造成市场机制失灵，资源配置不符合规律；造成盲目扩建、产品积压、资金流向和产业结构失衡，导致社会资源的浪费。

（3）构筑以财务战略管理为核心的企业管理系统是建立现代企业制度的客观需要。企业要建立现代企业制度，就必须做到"产权清晰、权责明确、政企分开、管理科学"，就必须将工作的重点转移到企业的内部管理上来，以财务战略管理为核心带动整个企业的全面科学管理，充分发挥其综合性管理功能。

二、财务战略管理与一般财务管理的关系

（一）财务战略管理与传统财务管理的区别

（1）财务战略管理以实现长期利润和获得竞争优势为目标。传统财务管理以实现成本与费用最小化、公司利润最大化为目标，并将这一目标贯穿到财务预测、决策、计划和预算管理之中。战略财务管理则更具有战略眼光，它关注公司的未来发展，重视公司在市场竞争中的地位。因此，它以公司扩大市场份额、实现长期获利、获得竞争优势为目标。这是财务战略的一个重要特点。公司财务管理的直接目的是获取资本最大增值盈利，但是在不同的经营理财观念下，衡量利润的标准是不同的。在传统理财观念下，衡量公司经济效益的一个唯一标准是利润，这实际上是一种短期的发展战略。财务战略管理强调企业的长期发展，不注重每一笔交易都赚钱，在评价财务战略管理成果中也不是只用利润这一衡量标准，而是以产品的市场地位、市场占有率、投资收益率来全面地衡量产品满足顾客需求的程度，衡量公司的获利能力。就是说，公司贯彻长期利润观念，按照战略财务导向从事资本经营，必须具有高瞻远瞩的敏锐目光，树立长期、全面的财务战略目标，不计较一时的利润得失，而注重公司在一个较长时期内的平均利润；不是追求最高的投资利润率，而是追求能伴随公司良好发展的适度的利润率；不能通过单纯地追求销售量来获取利润，尤其不能从追求短期的销售量来获取利润。

（2）实行产品全寿命周期成本管理。财务战略管理将成本涵盖到生产经营的全过程进行管理，即产品全寿命周期成本管理，包括：①生产经营成本。它是实现目标利润所限定的目标成本；②用户购物成本。用户购物成本不单是购物的货币支出，还包括购物的时间耗费、体力和精神耗费以及风险承担（指用户可能承担的因购买到质价不符或假冒伪劣产品而带来的损失）。值得注意的是，近年来出现了一种新的定价思维。以往公司对于产品价格的思维模式是"成本＋适当利润＝适当价格"，财务战略管理的思维模式则是"消费者可以接受的价格－适当的利润＝成本上限"。也就是说，企业界对于产品的价格定义，已从过去的由厂商的"指示"价格，转变成了顾客"可接受"价格。本书把这看作是一场定价思维的革命。新的定价模式将用户可接受的价格列为决定性因素，公司要想不断追求销售增长最大化、销售收入最大化或销售利润最大化，就必须想方设法降低成本。

（3）以外部情况为管理重点。传统财务管理以公司内部情况为管理重点，提供的信息一般仅限于一个财务主体内部，如净现值、现金流量、成本差异等。财务战略管理则以公司获得竞争优势为目的，把视野扩展到公司外部，密切关注整个市场和竞争对手的动向，提供金融市场和资本市场动态变化情况、利率、价格、市场占有率、销售和服务网络、顾客满意度、市场购买力、宏观经济发展趋势、宏观经济政策等信息，分析和预测市场变化的趋势，通过与竞争对手的比较分析来发现问题，找出差距，以调整和改变自己的竞争战略，做到知己知彼，百战不殆。

（4）提供更多的非财务信息。传统财务管理提供的信息基本上都是财务信息，以货币为计量尺度。财务战略管理提供的信息不仅包括财务信息，如竞争对手的价格、成本等，更要提供有助于实现公司战略目标的非财务信息，如市场需求量、市场占有率、产品质量、销售和服务网络等，而且非财务信息占有更为重要的地位。提供多样化的非财务信息，既能适应公司战略管理和决策的需要，也改变了传统财务比较单一的计量手段模式，正因如此，有人提出"财务战略管理已不是财务"的观点。

（5）运用新的业绩评价方法。传统财务管理的业绩评价指标一般采用投资报酬率指标，只重结果，不重过程，忽略了相对竞争地位在业绩评价中的作用。而财务战略管理主要从提高竞争地位的角度来评价业绩，将业绩评价指标与战略管理相结合，根据不同的战略，确定不同的业绩评价标准。为了更好地在公司内部从上到下传达公司的战略和目标，财务战略管理的业绩评价需要在财务指标和非财务指标之间求得均衡，既要肯定内部业绩的改进，又要借助外部标准衡量公司的竞争能力，既要比较公司战略的执行结果与最初目标，又要评价取得这一结果的过程。

（6）以战略目标为预算编制的起点。传统财务管理的预算编制着眼于初期的内部规划和运作，以目标成本、费用、利润作为编制预算的起点，所编制的销售、生产、采购、费用等预算与战略目标没有任何关系，有时甚至与战略目标背道而驰。战略财务管理则围绕战略目标编制预算，以最终取得竞争优势。反映顾客、竞争对手和其他战略性因素，其预算所涉及的范围也不局限于反映顾客、竞争对手和其他战略性因素，及其供、产、销等基本活动，而要把人力资源管理、技术管理、物流服务等供应链、价值链活动都纳入预算管理体系之中。

（二）财务战略管理是一般财务管理的发展

近百年来，财务管理作为一门独立学科，在企业管理中始终扮演着重要角色。虽然财务管理的理论与方法一直不断发展，并取得了一定的成果。但不容忽视的是，现代企业经营环境的重大变化和战略管理的广泛推行，对企业财务管理所依据的理论与方法提出了新的要求与挑战，传统财务管理理论与方法已不能适应当今企业战略管理的需要。因此，无论从理论层面还是从现实层面来看，跳出固有财务管理思维模式，顺应战略管理的发展动态，对企业财务管理的理论与方法加以完善和提高，从而上升到财务战略管理的新阶段，都是一种历史和逻辑的必然发展，是战略理论、财务管理理论和企业理财环境综合发展与共同作用的必然结果。

我国企业的发展，经历了从粗放式管理到精细化管理的过程。为了与企业的每一个发展阶段的实际相适应，财务管理的重心和特点都不一样，基本上可以划分为资金收支性财务管理、效益性财务管理和治理性财务管理三个阶段。三个财务管理的发展阶段都是与企业的实际发展情况紧密相联的，对当时企业的发展做出了贡献。但这三种财务管理模式都只是从专业角度来看待财务管理工作，而没有将财务管理放在整个企业发展的大局来看。

企业的内外环境是企业财务管理活动赖以进行的基础和条件，财务管理不可避免地要受到企业环境的影响和制约。无论是企业外部的政治、经济、法律、社会、生态、技术等方面的变化，还是企业内部的生产、组织、人员等方面的变化，都对企业财务管理有着直接或间接的有时甚至是非常严重的影响。能否把握住环境变化的趋势，趋利避害，已成为企业财务管理成败的关键。因此，企业财务管理要善于审时度势，以弄清企业环境的状况和变化趋势为出发点，把提高财务管理工作对环境的适应能力、应变能力和利用能力放在首要位置，从战略的高度重新认识财务管理，以战略的眼光进行财务管理工作。许多企业之所以陷入资金周转不灵、经济效益不佳的境地，就是因为对环境变化所产生的威胁不够重视，不能及时应变。

财务战略管理是一般财务管理的重大突破，是公司财务管理的最高阶段（从目前情况来看），它的本质特征是用战略思维和战略视角来开展财务管理工作。现在，西方工业国家的公司财务管理都进入到了战略管理阶段，而我国的财务管理从理论到实践都远远落后于西方经济发达国家。随着市场经济的建立和改革开放，我国经济同国际经济接轨，公司财务战略管理理论与实务有待于加强和提高。

三、财务战略管理与公司治理的关系

（一）公司治理的概念

1. 公司治理问题的提出

公司治理已经成为当前国内外理论界和实务界研究的一个实际性的课题。这一问题的提出是在 20 世纪 80 年代前后，而作为公司治理要探讨的诸如公司是谁的、谁控制公司等基本问题一直存在于经济和管理实践中，只不过在这之前，它们是被放在狭隘的"所有与控制"的框架中进行探讨和实践的。20 世纪 30 年代美国学者伯利和米恩斯在《现代公司和私有产权》的论著中，在对大量实证材料进行分析的基础上得出结论：现代公司的所有权与控制权实现了分离，控制权由所有者转移到支薪经理手中，而支薪经理的利益经常背离股东的利益。钱德勒1997 年在《看得见的手——美国企业管理革命》一书中通过分析部门、行业的具体案例，进一步描述了现代公司两权分离的历史演进过程。60 年代前后，鲍莫尔、马瑞斯和威廉姆森等分别提出了各自的模型，从不同的角度揭示了掌握控制权的管理者与拥有所有权的股东之间的利益目标差异，从而提出了现代公司制企业中如何激励、约束管理者追求股东利益目标的问题。

进入 80 年代，西方学者提出并掀起了公司治理研究的高潮。在界定了"利害相关者"、"说明责任"等反映企业变化新趋势概念的基础上提出的公司治理，突破了传统的"所有与控制"的框架。例如，由单一的所有主体扩展为多元的利害相关者，由单纯的控制转变为说明责任的双向互动。进入 90 年代，国外公司治理的研究主要集中在机构投资者的兴起、公司的社会责任、跨国公司的治理

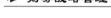

及知识经济下的公司治理等前沿问题上。

国内关于公司治理的研究在90年代刚刚开始。在中国经济体制向市场经济体制转型的过程中，建立现代企业制度已经成为中国国有企业改革的目标选择，中国企业的治理要实现从"行政型治理"到"经济型治理"的制度转型，建立起真正体现市场经济内涵的现代企业制度。对公司治理问题的重视源于把建立现代企业制度作为国有企业改革目标的最终确立，而现代企业制度的内涵，大多数观点认为与现代公司治理含义相同。

2. 公司治理问题产生的背景

20世纪80年代开始，主要由英美学者提出的公司治理研究之所以扩展为世界性的课题，其直接的实践背景存在于以下几个方面：

（1）经理人员高薪引发不满。在英美国家，自20世纪50年代以来，人们普遍对与日俱增的经理人员的报酬感到不满。据统计，1957年整个美国只有13个公司的首席执行官年薪达到40万美元；到1970年，幸福500家大公司的CEO平均年薪是40万美元；而80年代初，美国大公司CEO年薪超过百万元的比比皆是；1985年，美国营业收入在50亿美元以上的大公司，所有执行董事的年薪都在40万~67万美元。这些高薪支付的辩护者说，支付给经理人员这样的高薪表明经理们为股东做出了卓越的贡献。但是，其他参与公司治理问题讨论的人却反对这种观点。他们认为，不断膨胀的高额薪金支付表明总经理已经处于失控之中，而股份企业中曾被推断为促使经理为投资者和其他参与者卓有成效工作的制度早已垮掉。

（2）敌意接管的出现。20世纪80年代，美国企业的国际竞争力下降，而日本的泡沫经济正在膨胀。美国许多公司在设备更新、产品开发与市场占有等方面，明显落后于日本和德国。继而出现的是遍及全美的兼并浪潮，在这一浪潮中，公司敌意接管、杠杆收购和公司重组的事件大量出现。批评者认为接管的发生表明金融市场的短期压力促使公司经理人员对最大化短期回报充满幻想，甚至不惜牺牲长期业绩。而接管的主张者则争辩，接管是惩罚懒惰和无效经营管理的一种手段。为了对抗敌意接管，公司经理人员采取了诸多反收购措施，使众多的接管战略和接管防护措施得到发展。探讨股东的权利、特定接管保护的适用性、董事的作用以及他们对一系列不同公司"选民"应负的责任等也就成为这一时期公司治理研究的主要内容。

（3）股东诉讼案件的增加。在英美等发达市场经济国家，不仅执行董事及高级经理人员的报酬越来越高，独立董事获得的津贴数额也在大幅度地增加。一些职业独立董事因在多个董事会兼职，收入更高。更高的报酬意味着更大的责任，独立董事们发现他们不再是无所事事，只担负荣誉性、象征性的工作了。他们必须专注于他们的工作，必须为公司创造价值。否则，一旦他们被确认失职，将面临股东的诉讼，将不得不向股东赔偿损失。据美国 WYATT 公司的调查，幸福 1000 家大公司中，20 世纪初没有一家涉及股东诉讼赔偿案。1978 年，有 1/11 的公司董事和经理人员卷入了股东诉讼；1979 年有 1/9 的公司董事卷入了古董诉讼；1985 年有 1/6 的公司董事卷入了股东诉讼赔偿案。

（4）机构投资者的兴起。20 世纪 80 年代以来，进一步法人化和机构化的趋势使得英美等发达国家中股东高度分散的情况发生了很大的变化。这一情况被德鲁克称为"看不见的革命"。如果说 70 年代机构投资者具有明显的被动性、短视性和较高的流动性的话，那么 80 年代之后则发生了较大的变化。由于机构投资者，如退休基金、保险基金等迅速兴起，在不到 20 年的时间里，使得美国公司的股权结构发生了很大的变化，机构投资者所占的股份份额由 20% 迅速上升到 80% 左右，而分散的个人股东仅占 20%。这一变化使得机构投资者无法"用脚投票"来漠视公司经营状况，而是被迫用手来投票，基金的所有者也意识到自己不单是股票投机家。因为手中握有中等规模以上的基金由于持有额过大，已经不能够容易地卖出了，只有当基金希望买入时，交易才能实现。而在企业经营不景气的情况下，希望其他的机构投资者来接受如此庞大的股份是困难的，因为，机构投资者的行为具有趋同性。即使他们不愿意持有巨额股份而部分卖出，也会导致股价的下跌和股市的恐慌，从而遭受更为严重的损失。因此，他们不希望成为但也不得不成为所有者，从而关心并积极参与公司活动。这种"看不见的革命"的进展，正在改变着机构股东不安定的性质。这种趋势同时也提出了恢复与经营者主权相对的所有者主权的主张，要求经营者主权重新回到股东手中。

（5）来自利益相关者的呼声。早期的观点认为，股东是所有者，经理必须为股东的利益服务，公司的目标是保证股东利益的最大化。但是，这种观念正在发生变化。自 20 世纪 80 年代至今，美国已有 29 个州修改了《公司法》，新的《公司法》要求经理不仅是为股东的利益服务，而且也应该为更广泛的利益相关者的利益服务。其主要原因也在于 20 世纪 80 年代出现的收购与兼并浪潮，股东为了自己的短期利益接受收购，从而损害了公司利害相关人的利益，这与公司的长期利益相悖。因此，《公司法》的修改，赋予了公司经理拒绝"恶意收购"的法律权利，限制了股东的投票权，维护了公司利害相关人的利益。利害相关者的观点实际上对传统公司目标提出了挑战，即公司目标不应仅限于股东利益的最大化，也应考虑股东之外的利害相关人，如债权人、雇员、顾客、社区和政府等多方面的利益关系，因为他们都是特殊资源的拥有者，而这些资源对公司来说同样重要。公司可视为物质资源和非物资资源的联合体。因此，公司所有利害相关者的利益最大化才是公司的经营目标。这样公司治理也就受到公司利害相关人的广泛关注。

（6）转轨经济国家的"内部人控制"。开始于20世纪90年代的国内公司治理研究，与国有企业改革过程中出现的"内部人控制"现象有密切的关系。在国有企业向现代企业制度的转轨过程中，随着企业和经营者自主权的扩大，内部人控制现象大量出现。内部人控制导致国有资产大量流失，企业领导人腐败问题日渐突出，为国有企业改革的深入推进设置了巨大的障碍。实践的需要呼唤理论的创新，国内学者由此开始关注并推动公司治理的研究热潮，在诸如转轨经济中国有企业法人治理结构的建立、银行治理作用的完善、控制"内部控制"等方面取得了一些突破性的研究成果。

3. 公司治理的定义

近些年来，国内外许多学者对公司治理所涉及的问题进行了比较深入的研究，出现了大量的文献和研究成果。但对于公司治理的概念并没有达成一致的认识，而是从不同的角度或方面回答了什么是公司治理这一问题。比较有代表性的公司治理定义是从制度安排角度阐发的。英国牛津大学管理学院院长柯林·梅耶在他的《市场经济和过渡经济的企业治理机制》一文中，把公司治理定义为："公司赖以代表和服务于它的投资者的一种组织安排。它包括从公司董事会到执行经理人员激励计划的一切东西。公司治理的需求随市场经济中现代股份有限公司所有权和控制权相分离而产生。"斯坦福大学的钱颖一教授也支持制度安排的观点。他认为："在经济学家看来，公司治理结构是一套制度安排，用以支配若干在企业中有重大利益关系的团体——投资者、经理人员、职工之间的关系，并从这种联盟中实现经济利益。公司治理结构包括：①如何配置和行使控制权；②如何监督和评价董事会、经理人员和职工；③如何设计和实施激励机制。"上述两个定义可以被看作对公司治理内涵的权威界定。

根据上述公司治理的定义，作者发现公司治理具有两个基本功能：第一，保证公司管理行为符合国家法律法规、政府政策、企业的规章制度，如章程等，保证公司信息记录的正确真实，保证各契约当事人对公司经营状况有一个全面真实的了解；第二，促使经营者（代理人）在守法经营的前提下要努力工作，建立经营者决策的监督机制和经营者的考核撤换制度从而实现对公司价值最大化的追求。

要完整理解公司治理的概念，需要转变以下两个方面的观念：

第一，从权利制衡到科学决策。传统的公司治理所要解决的主要问题是所有权和经营权分离条件下的代理问题。通过建立一套既分权又能相互制衡的制度来降低代理成本和代理风险，防止经营着对所有者的利益背离，从而达到保护所有者的目的。这一制度通常称为公司治理结构，它主要由公司股东会、董事会、监事会等公司机关所构成。公司治理结构建立的基础是公司的权利配置，无论是所有者还是经营者都以其法律赋予的权利承担相应的责任。股东以其投入公司的财产对公司拥有终极所有权并承担有限责任，因此，法律意义上的公司是股东的，他们对公司拥有无可争议的剩余索取权。经营者则作为代理人拥有公司的法人财产的运营权而非所有权，但他直接控制着公司，拥有公司事实上的剩余控制权。由于公司的法人财产权和终极所有权的不一致性，从而导致经营者和所有者在公司的利益不一致。因此，以权力配置为基础的公司治理结构对于维护各方权力的存在和实施是十分必要的。

但是，公司治理并不是为制衡而制衡，而且，制衡并不是保证各方利益最大化的最有效途径。笔者认为，衡量一个治理结构的标准应该是如何使公司最有效地运行，如何保证各方的公司参与人的利益得到维护和满足。因此，科学的公司决策不仅是公司的核心，而且也是公司治理的核心。公司各方的利益都体现在公司实体中，只有理顺各个方面的权责关系，才能保证公司有效运作，而公司有效运行的前提是决策科学化。因此，公司治理的目的不是相互制衡，至少，最终目的不是制衡，而是保证公司科学决策的方式和途径。由此可见，健全的公司治理对于公司财务战略管理的有效推行意义重大。

第二，从治理结构到治理机制。传统的公司治理大多基于分权与制衡而停留在公司治理结构的层面上，较多地注重对公司股东会、董事会、监事会和管理者之间的制衡关系的研究。因此，公司治理可以说侧重于公司的内部治理结构方面。但从科学决策的角度来看，治理结构远不能解决公司治理的所有问题，建立在决策科学观念上的公司治理不仅需要一套完备有效的治理结构，更需要治理机制的有效运作。公司的有效运行和决策科学不仅需要通过股东会、董事会、监事会发挥作用的内部监督机制，而且需要一系列通过证券市场、产品市场和经理市场来发挥作用的外部治理机制，如《公司法》、《证券法》、信息披露、会计准则、社会审计和社会舆论等。

（二）公司治理：财务战略管理的组织与制度基础

公司的目标将公司治理与公司财务战略联系起来。公司治理产生的基本前提是试图解决管理层在实现公司目标过程中可能存在的逆向选择以及道德风险问题，而作为价值驱动型战略模式的公司财务战略的根本目的便是试图实现公司股东长期价值的最大化。由此可以得出结论：健全有效的公司治理结构是财务战略管理取得成功的组织与制度基础。

首先，从股份公司治理结构的形成过程来看，董事会、股东会和经营者三者之间的联系表现为，公司为制定和实施长期战略目标和计划，需要经营者和董事会一道进行规划和决策。一旦这些战略目标和决策确定后，就需要经营者负责具体的、日常的生产经营活动，使有限的生产资源发挥最大的效用。尽管股东会与董事会的直接联系甚少，但相互间的联系是必然的。如果董事会不称职，需要全体股东通过股东会的形式重新界定董事会的职权，罢免某些董事或使不称职的董事落选。因此，公司治理结构是公司战略决策制定的重要制度基础，无疑也是公司战略财务的制度基础。

其次，从公司的目标函数来看，公司的目标是实现股东价值的最大化。在所有者和经营者的分离公司里，经营者做出的投资、筹资决策却有可能偏离股东的目标函数。公司治理的一个重要内容是使管理者的行为符合所有者的目标。从这个意义上讲，本书认为公司治理结构是财务战略的制度基础。但也要认识到，公司制定的这些战略决策又会反作用于公司的治理结构，影响公司的治理效率。因此，公司财务战略管理与公司治理结构是紧密相连的。

最后，就公司战略导向而言，公司治理在其中扮演着重要角色。这是因为：第一，公司的目标是股东财富或公司价值最大化，这也是公司战略及财务战略的终极目标。如果公司存在强有力的内部治理机制，如董事会职责定位清晰、管理者的报酬计划的刺激作用强烈、股权及股东结构中存在"强所有者"而非"弱所有者"现象等，这些在一定程度上能保证管理者的管理定位与战略定位尽可能地与所有者的利益目标一致，从而保证战略导向沿着正确的目标发展。同样的道理，外部治理机制作用有力，如经理人员市场完善、股市理性且股权交易行为活跃，也会在一定程度上制约经理人行为。第二，高层经理人员的持股，将所有权与控制权合二为一，会使管理者的利益导向引向"利我"与"利他"行为的合一，这样也能促使战略导向的正确执行。

总之，有效的公司财务战略管理必须建立在健全的公司治理机制的基础之上。从这个意义上讲，对公司治理机制的分析乃至优化应是构成公司财务战略管理系统的一个重要组成部分。

【本章小结】

财务战略是在公司战略统筹下，在分析内、外部环境对公司价值创造活动影响的基础上，为谋求公司现金均衡流动并最终实现公司长期财务价值最大化目标而对公司现金流转和资本运作所进行的全局性、长期性和创造性筹划。在公司战略体系中，财务战略属于职能战略层次，它对公司战略以及业务战略具有支撑作用。财务战略具有支持性、相对独立性、动态性、综合性和全员性特征。按照不同分类标准可以对财务战略做不同分类，基于企业生命周期可以将财务战略分为初创期财务战略、成长期财务战略、成熟期财务战略和衰退期财务战略；基于与公司战略的匹配性可以分为扩张型财务战略、稳定型财务战略和收缩型财务战略；基于公司财务战略的具体领域可以分为投资战略、筹资战略、股利分配战略。

财务战略管理是对公司财务战略或战略性财务活动的管理，它既是公司战略管理的一个不可或缺的组成部分，也是公司财务管理的一个重要方面。财务战略管理始于战略目标的确立，它是一个以环境分析为重点的连续性过程。财务战略管理包括财务环境分析、财务战略制定、财务战略实施、绩效评估与财务控制四个基本环节。财务战略管理的基本目标是实现企业价值最大化，财务战略管理的具体目标是财务战略管理基本目标的具体化，包括投资战略目标、筹资战略目标和股利分配战略目标。

公司财务战略管理的基本模式是股东价值驱动战略，这一价值驱动战略的基本逻辑包括趋于股东价值导向、利用价值管理能力、寻找价值驱动因素以及实现优异财务绩效。历史地看，财务战略管理的发展经历了五个主要阶段：财务计划与预算控制阶段、筹资财务管理阶段、内部控制财务管理阶段、现代财务管理阶段、战略财务管理阶段。

财务战略管理与企业管理之间具有包含与被包含关系，前者既是后者的主要构成要素，也是实现后者目标的关键性举措。财务战略管理是一般财务管理的发展和高级化，与后者相比，财务战略管理更侧重于对长远性、全局性财务问题的谋划；财务战略管理与公司治理具有密切的关联性，有效的财务战略管理必须以健全的公司治理作为基础。

【本章关键词】

财务战略	Financial Strategy
财务战略分类	Classification of Financial Strategy
公司战略	Corporate Strategy
职能战略	Functional Strategy
财务战略管理	Financial Strategic Management
财务环境	Financial Environment
财务战略制定	Financial Strategy Formulation
财务战略实施	Financial Strategy Implementation
财务战略管理的范围	The Scope of Financial Strategy Management
企业管理	The Enterprise Management
传统财务管理	The Traditional Financial Management
环境分析	Environmental Scanning
外部环境	External Environment

内部环境	External Environment
公司治理	Corporation Governance
财务控制	Financial Control

【本章思考题】

1. 什么是财务战略？财务战略有哪些主要特征？

2. 财务战略的主要分类标准有哪些？按照不同的标准各自可以分为哪些类型？

3. 财务战略与公司战略之间是什么关系？

4. 财务战略管理的基本过程是怎样的？

5. 股东价值驱动战略管理模式的内涵是什么？它有哪些基本特征？

6. 请简要论述财务战略管理发展演进的历史过程。

7. 财务战略管理与企业管理、财务战略管理与一般财务管理，财务战略管理与公司治理之间是何种关系？

【本章案例】

海信电器——稳健财务战略助发展

1. 公司简介

海信电器的前身是青岛无线电二厂，1979 年更名为青岛电视机厂，五年后引进松下的彩电生产设备和技术。1994 年，青岛电视机厂改名为青岛海信电器公司，并于 1997 年在上海证券交易所上市，组建股份有限公司——青岛海信电器股份有限公司。公司首次以募集发行的方式向社会公众发行 7000 万股股份，其中 6300 万股 A 股份在上海证券交易所上市，其余 700 万股内部股于同年 10 月上市。1998 年公司通过配股方式新增 2100 万股上市流通，1999 年，通过每 10 股送 4 股的方式，使公司的总股本增至 41449.15 万股。2006 年公司进行股权分置改革，流通股股东每 10 股赠 2.5 股，总股本为 49376.78 万股。2009 年末，公司非公开发行 8400 万股 A 股，总股本增至 57776.78。截止到 2010 年末，公司的总股本 57776.78 万股，其中有限售条件的流通股 12600 万股，股东总数 98890 户。根据数据显示，2011 年，海信电视的销售量和销售额双双高居行业榜首，它已经连续数年取得这个荣誉。在全球市场，海信生产的电视已进入 80 多个国家和地区的家庭中，并且在质量和名气方面享誉全球。公司上市后经过近十几年的发展，到 2011 年 9 月总资产达 136 亿多元，净资产为 61.7 亿元。

2. 稳健财务战略思想的建立

1993年，随着改革开放和国家开始由计划经济向市场经济转型，企业的生产和销售不再受国家统一控制，企业的管理者开始决定企业的产出。这时为追求规模效益，各个企业不断通过贷款扩大产量，海信也是如此。此时，海信的资产负债率高达84%。在这一年，海信对其财务制度改革，开始关注其过高的资产负债率，并努力提高应收款项和存货周转速度以加快资金的流动速度。这是海信对财务进行改革的开始。然而海信确立其"稳健财务"系统还是在1998年，当时席卷东南亚的金融风暴波及韩国、日本，直接促使韩国大宇、日本八百伴等国际知名企业相继崩溃，证明了以政府扶持和银行贷款为基础的"高负债高成长"的模式是行不通的。而当时海信就是靠这种模式发展，每年翻番的增长速度和70%左右的资产负债率就能说明问题，此时海尔执行得也是扩张型财务战略，资产负债率较高，规模扩张得也很快。为此海信的管理层开了整整两天的会，反思过去企业的快速增长方式，最后大家一致决定在经济过剩的情况下，如果企业依旧只重视发展的数量而非质量，那最终企业将变成"空壳"，于是海信的管理层毅然将当年销售额增长100%的目标降到50%。而后海信严格控制资产负债率，一直将其控制在50%左右，并对代理商一律不再赊账，不允许使用应收账款，严格控制各个子公司的大额贷款，这些措施使企业逐步恢复了财务的健康状况，并彻底消灭了可能存在的财务危机。同时周厚健亲自兼任海信集团的财务中心主任一职，自学财务方面的知识，并在各种场合反复强调健康财务的重要性，他对子公司一把手任职的基本要求就是必须懂财务。这一年，虽然海信的增长速度只达到50%，但其期末存货和应收账款余额下降幅度均超过30%，资产负债率下降到42.69%，资产周转率达到1.03，提高了1倍，企业发展的质量大大提高，财务风险大大降低了。至此，海信确立了"以财务健康为原则，稳健经营"的财务战略管理思想。

3. 稳健财务战略的实施

（1）稳健投资战略。海信电器在投资之前先对拟投资企业进行充分的调查研究，将规避投资风险放在首位，先考虑投资带来的财务风险，然后选择恰当的投资方式。如海信1999年放弃了南方一家彩电公司，虽然该公司的地产价值高，但是财务状况不透明，法律纠纷很多，财务风险较大。其次，海信电器倡导先将主业做强，然后寻找相关领域进行多元化的投资，以降低财务风险。回顾海信的投资，20世纪90年代，主要先围绕彩电行业进行收购、兼并，以增加彩电的供应，达到规模效应，先后通过控股收购了淄博电视机厂、贵阳华日电器、辽宁金凤电视机厂；通过债转股的方式收购了临沂的山东电讯厂等。进入21世纪，在海信电视的市场占有率逐步稳定的条件下，开始围绕家电行业最先进的技术进行相关多元化投资，以分散经营风险，实现国有资产的增值保值。在相关多元化投资的过程中，海信主要通过技术上的合作进入新的领域（如海信与日本三洋合作而进军空调的生产、海信与惠而浦的合作等），以便更好利用它们的先进技术和经验，降低新产品的生产成本，保证投资资金快速收回，降低投资风险和财务风险。此外，海信也谨慎地投资一些非相关多元化的领域，如海信的房地产企业。最后海信注重低成本扩张，多年来通过极少量的资金控制了大量的资产。

（2）稳健筹资战略。从总体上看，海信电器主要通过权益来筹资。相对来说，这种筹资方式不会产生大额的利息费用，且筹资的资金没有偿还期限，可以长期使用。同时权益筹资有利于保持企业的财务健康，降低财务风险。从历史数据中可以看到，近三年，海信电器的股本由 2009 年的 4.9 亿多股增长到 2011 年的 8.69 亿股。这部分股票的增发，给海信电器筹集了巨大的资金。在负债融资方面，海信电器严格控制银行贷款的规模，只通过少量的短期、长期贷款来补充企业所需资金，这十几年海信电器银行贷款总规模约占负债的 4.5%。同时 2007 年之后，在集团财务公司的有效资金运作下，海信电器不再进行短期银行贷款，这大大降低了支付的利息。另外，海信电器合理利用商业信用。据数据显示，海信电器 80% 的负债是由采购过程中的应付款项形成的，这也体现了管理层的高明之处。在货款到期日时支付，可以使企业在信用期内免费使用这部分资金，既取得了企业发展所需的资金，又不必支付利息或股利费用。

（3）营运资金战略。"加速资金周转，降低资金占用"是海信稳健财务战略中重要思想。众所周知，资金周转的速度越快，企业的盈利和偿债能力就越强，企业的财务风险就越小；而资金周转迟缓，不仅会占用大量的资金，导致资金使用效率低下，也会掩盖运作过程中出现的种种问题。①重视对存货的管理。将存货占用的资金细分为储备占用的资金、生产占用的资金、完工产成品占用的资金，然后通过周转时间分析方法，严格控制各环节资金占用时间，并尽可能地压缩每一环节的时间占用，以加快存货的周转速度，降低存货占用的资金，努力实现零库存。②重视对应收账款的管理。海信非常谨慎地选择经销商，严格控制客户的信用额度，不对零售商赊账，销售上基本以应收票据取代应收款项来结算，这样有利于资金的及时收回。③对应付账款及时支付。降低资金成本里的一条重要原则就是加快收款和尽量延缓付款，而海信认为拖欠货款就是造假，并以制度保证及时付款。这虽不是具体数字的造假，但却虚假反映了企业的规模和能力，造成事实上的整体假象，比数字造假更严重，会给企业未来埋下巨大的隐患。同时及时支付供应商的货款，不仅加速资金周转速度，同时提高企业在供应商眼中的信誉，有利于维护与供应商的合作关系，更好地对采购进行管理。

总之，只有坚持稳健的财务战略，企业的经营才能安全，才能取信于投资者。海信电器一直把财务的健康作为企业培育的核心竞争力之一。海信电器财务管理体系的稳健与健康，保证了海信电器合理的资产负债率水平、较高的资金运营能力，保持了良好的财务状况。也就是说，海信在财务管理上追求两个重要指标：一是合理的资产负债率；二是极高的资金周转率。宁可牺牲规模速度，也要保持财务健康。

（资料来源：丛志皓：《稳健财务战略在海信电器中的应用研究》）

【思考题】

1. 结合案例分析，企业财务战略分为哪几种？

2. 结合案例分析，稳健型财务战略有何特点，有哪些适用条件？

3. 结合案例，分别分析稳健型投资战略、稳健型筹资战略以及稳健型资金营运战略的实施要点。

4. 试分析，在未来的经营中，海信电器还适合继续采用稳健型财务战略吗？

第三章　企业财务战略制定的环境分析

【导入案例】2013 年，传统家电企业和互联网企业玩"跨界合作"算是如鱼得水。光是 9 月单月就有数家企业联手加速智能家电时代的全面到来。2013 年 9 月 3 日，"TCL"联合"爱奇艺"推出 48 英寸智能电视"TV＋"；9 月 10 日，创维集团和阿里巴巴集团在北京共同发布三款互联网电视"酷开"；最新的动作便是，9 月 23 日，海信空调携手新浪微博在北京发布了首台"互联网智能空调"。

智能家居一直是家电企业竞相争夺的焦点。一方面，智能家居进入相对快速的发展阶段；另一方面，智能家居领域协议与技术标准开始主动互通与融合，跨界合作逐渐成为产业发展新趋势。

随着市场竞争的日益激烈，家电企业在没有国家政策刺激的情况下，为了寻求新的市场增长点，纷纷选择跨界合作。跨界合作成了产业发展的新趋势，在合作的同时，互联网企业和家电企业各自利用自己的优势，共同打造更多的市场。电视企业"TCL"和"创维"都选择了与互联网企业合作，利用互联网的内容优势，为用户提供更多的服务，同时也利用自己在制造、渠道上的优势，率先实现跨界合作。当然，随着互联网技术的发展，智能家居已经不再是一个促销噱头，如何更加方便地为消费者服务是企业应该考虑的。9 月 23 日，海信空调携手新浪微博在北京发布了首台"互联网智能空调"，是社交平台与家电厂商的首个跨界合作案例，也为智能家居领域带来了新的发展思路。空调和微博，看似两个毫不相干的东西为何走到了一起？海信空调首席科学家王志刚向中国商报记者直言："空调属于传统的制造业，面临着一个很大的问题就是，全世界 85% 的空调是在中国设计和制造的，但是中国品牌在全世界只有不到 10%。我们的产品很多，而且高端产品很多，但是没有自主品牌。从产业角度来讲，怎样才能走到全世界领先的范围内，怎样能把 5% 的量转变为 5% 的话语权，这也是整个家电产业包括主流企业要思考的问题。"

此外，王志刚还表示："空调的目的是给大家创造良好的生活和工作环境。但遗憾的是，空调是机电一体化的产品，碍于技术上的局限性，比如消费者希望房间马上凉下来，但是很遗憾做不到，要做到必须提前开机。再有，空调是半成品，需要安装，安装就需要技术力量。在技术力量不充裕的情况下，问题解决起来就很繁琐。"在王志刚看来，以上问题对传统空调业提出了很大挑战。"智能时代到来以后，信息技术、物联网技术给我们带来了解决问题的技术手段"。

值得一提的是，本次合作中，新浪微博为每台智能空调设计了微博页面，用户可以通过简单的操作实现微博账号与空调设备的绑定，绑定成功后，就可以直接通过发送私信对空调进行操作，当出现不良操作的时候，空调会主动发私信通知用户。而对拥有超过 5 亿用户的新浪微博而言，与家电厂商联手发力物联网是其强化平台服务价值的重要举措。

据中国商报记者了解，2013 年上半年，新浪微博已经在物联网服务领域进行布局。2013GMIC 大会上，新浪微博展示了一款名为"气象站"的硬件产品，该产品可检测空气的温度和湿度等信息；用户也可以通过微博私信对"气象站"进行控制，查询实时空气情况。继"气象站"之后，新浪微博曝光了另一款物联网产品"路况实时信息"，通过特定的指令，让相关产品实现每隔 20 分钟自动拍照并且发微博。不仅是新浪微博，微信也开始做类似的尝试。据了解，目前在国内个别大型家电企业的实验室中，已经有比较完善的"微信智能家居"解决方案。

战略管理的本质问题是保持企业能力与环境机会的动态匹配，所有企业经营的成功与失败，无不与这个问题相关。20 世纪 90 年代，巨人集团面临着有利的市场机会，但错误地估计了自己的能力，陷入了经营危机，而同期的同行——联想公司，利用已有的能力培育了渠道营销能力，抓住市场机会，迅速壮大。三株公司虽然抓住了市场机会，但忽视了能力与机会的匹配，结果在一场官司下就倒下了。海尔用了七年的时间专心打造品牌，在培育了战略性资源后，逐步扩展市场，获得了巨大的成功；相反，三九集团不顾自己的能力，过度地进入多个产业，并没有取得很好的成就。顺驰房地产公司抓住了市场的机会，却在超常规发展中发生危机。万科房地产公司却以成熟的管理模式驾驭着不断变化的市场机会。

企业财务战略制定的环境分析（EnvironmentAnalysis）就是企业通过采取各种方法，对所处的外部环境与企业内部资源和能力进行分析评估，识别市场的机会与威胁，确定企业的优势和劣势，从而为企业制定财务战略提供依据的一系列活动。企业环境分析是企业制定财务战略的关键环节，在战略管理过程中，不但要求知彼，即客观地分析企业的外部环境，而且要求知己，即对企业内部的资源进行系统的分析。通过研究外部环境，可以找出外部环境为企业发展所提供的机会以及外部环境对企业发展所构成的威胁，确定"企业可能会选择做什么"；通过研究内部环境，可以了解企业自身所存在的优势和劣势，并以此作为财务战略制定的出发点，确定"企业能做什么"。

第一节 企业环境的构成与特征

一、企业环境的构成

企业的环境由外部环境和内部环境共同构成。图 3-1 是企业的环境分析图，它将企业的环境分为四个部分，其中最内圈代表企业的内部环境；最外圈代表宏观环境，跟企业关系较为间接；第二圈代表产业环境，它是企业直接赖以生存的环境，也称为企业的微观外部环境；第三圈代表竞争对手环境，跟企业关系较为直接。图中的宏观环境、产业环境和竞争对手环境共同构成企业的外部环境。

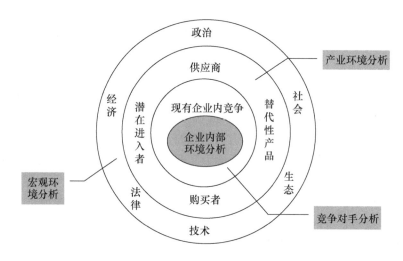

图 3-1 企业环境分析图

二、企业外部环境的特征

企业外部环境作为一种客观制约企业的力量，在与企业经营活动的相互作用与影响下形成了以下特征：

1. 企业外部环境的复杂性

外部环境的复杂性是指环境因素数量巨大、性质复杂，且各因素间彼此相互关联，往往牵一发而动全身。这种复杂多样性不仅表现在环境因素数量的多寡上，而且还表现在环境因素种类的多样化方面。随着时代的发展，企业作为一个动态开放的系统，其外部环境因素也将随着时代的发展而发展，因而企业所面临的外部环境会变得更加复杂多样。特别是我国加入世界贸易组织以后，我国企业不可避免地面临来自外部市场严峻的挑战。

2. 企业外部环境的多变性

企业的外部环境总是处于不断变化的状态之中，有些变化是可预测的，是渐进式的；而有些变化是不可预测的、突发性的。外部环境的多变性，要求企业的外部环境分析应该是一个与企业环境变化相适应的动态分析过程。财务战略的选择也应依据外部环境的变化做出修正或调整。

3. 企业外部环境的相对唯一性

两个同处于某一产业的竞争企业，由于它们本身的特点和眼界不同，对环境的认识和理解是不同的，因而对每个企业来说，它面对着自己唯一的外部条件，也就是说企业面临相对单一的外部环境。环境相对唯一性的特点，要求企业的外部环境分析必须要具体情况具体分析。不但要把握住企业所处环境的共性，也要抓住其个性。同时，企业的财务战略选择不能套用现成的战略模式，而应该根据自身的特点，形成独特的财务战略风格。

4. 企业外部环境的相对稳定性

企业外部环境的相对稳定性是指在企业生产经营的一段时期内，企业在产业中的位置、法律条例、经济政策等外部环境具有一定的连续性，在此期间不会出现巨大变化。稳定性高的环境，企业可以用过去的经验、知识处理经营中的问题；面对稳定程度低的环境，企业就无法仅用过去的知识、经验去处理经营中的问题。随着环境稳定程度的降低，环境的可预测性随之降低，不可预测性则逐渐提高。

三、企业内部环境的特征

财务战略制定的企业内部环境主要包括其财务状况、产品线及竞争地位、生产设备状况、研发能力、营销能力、人力资源状况、组织结构、企业既往确定的财务战略目标和曾经采用过的财务战略等。人们往往注意到企业外部环境的诸多特征，而忽视了企业的内部环境特征。企业内部环境的主要特征如下：

1. 企业内部环境的差异性

企业所拥有的资源状况构成了企业的内部环境，由于企业所拥有资源的种类、数量的不同造成了企业与企业之间是各不相同的，即使是位于同一产业中的企业，它们彼此之间也存在差异，即企业有异质性的特征。这种差异性导致了内部环境分析的必要性，要想了解一个企业所拥有的优势和劣势，必须从内部环境分析入手。

2. 企业内部环境的复杂性

与外部环境一样，企业内部环境也具有复杂性。复杂性一方面来自资源具体表现形式的多样性，另一方面是由于有些资源难以辨识、难以量化，这种复杂性成为企业相互模仿的壁垒。难以模仿的企业优势资源成为企业获取持久竞争优势的源泉。因此，要想辨识企业的核心竞争能力，进而做出恰当的财务战略，企业内部环境分析是重要的基础。

四、企业内部环境与外部环境的联系

企业在制定财务战略时，其内部和外部环境之间存在着密切的联系。一方面，企业外部环境对企业内部环境有制约作用；另一方面，改善企业内部环境包括理财条件、组织关系、生产运作和营销管理等，可以增强企业实力，又对外部环境起反作用。全面了解企业内外部环境是确定企业财务战略目标并保证其顺利实施的重要先决条件。分析和评价这些因素的作用，是企业制定财务战略的出发点和重要依据。

第二节 企业外部环境分析

企业分析外部环境的目的是收集信息，识别出市场的机会与威胁，从而帮助企业选择正确的财务战略。机会指的是在企业外部宏观环境、产业环境以及竞争对手环境中可以促进企业利用自身力量实现愿景的那些情境和条件。威胁指的是在企业外部宏观环境、产业环境以及竞争对手环境中可能阻碍企业获得竞争优势或使用核心能力的那些情形和条件。企业要对宏观环境的未来发展趋势进行预测，对影响企业在产业内发展的竞争力量进行评估，还要对竞争对手加以分析，从而识别出企业所面临的机会与威胁。

一、宏观环境（PESTEL）分析

企业的宏观环境主要包括政治、经济、社会、技术、生态、法律等外部细分环境。这些宏观因素或多或少都对企业的经营和发展具有战略性影响。宏观环境与企业之间的关系，通常被称为 PESTEL 模型。PESTEL 是六个主要环境因素，即政治（Political）、经济（Economic）、社会（Social）、技术（Technological）、生态

（Environmental）和法律（Legal）英文字母的首字母。PESTEL 分析是战略分析阶段用来帮助企业检阅其外部宏观环境影响因素的一种实用方法，如表 3-1 所示。

表 3-1　典型 PESTEL 分析表

政治 Political	经济 Economic	社会 Social	技术 Technological	生态 Environmental	法律 Legal
政府管制	经济转型与 GDP 变化趋势	企业或产业的特殊利益集团	政府研究开支	企业概况	世界性公约、条款
政府采购	可支配收入水平	人口变化	产业技术关注	对相关产业影响	基本法
特种关税	利润规模经济	生活方式	新型发明与技术发展	对非产业环境影响	劳动保护法
专利数量	消费模式与趋向	公众道德观念	技术转让率	媒体关注程度	公司法和合同法
财政和货币政策的变化	财政政策与欧共体政策	地区性趣味和偏好评价	技术更新速度与生命周期	可持续发展空间	产业竞争法
特殊的地方和产业规定	劳动生产率水平、劳动力与资本输出	对售后服务的态度	能源利用与成本	全球相关产业发展	环境保护法
世界原油、货币及劳动力市场	通货膨胀率、利率与汇率	价值观、审美观	信息技术变革	生态赤字	消费者权益保护法
进出口限制	股票市场趋势	对环境污染的态度	互联网变革	企业公众形象	产业公约
他国政治条件	进出口因素	收入差距	移动技术变革	厂区选址	税法、会计法
政府的预算规模	财政预算赤字	社会责任	技术资源	环保理念	垄断法、食品安全法

以上罗列的是一些主要的宏观环境因素，不同产业和企业根据自身特点和经营需要，分析的具体内容及深度会有所差异。

1. 政治因素（P）

政治因素是指一个国家或地区的社会制度、政治结构、政府政策与倾向、政治团体和政治形势等方面。这些因素常常制约和影响企业的经营行为，尤其是影响企业较长期的投资行为，且对企业来说大都属于不可控因素。政治环境分析的

·91·

内容主要包括以下四个方面：①企业所在地区和国家的政局稳定状况；②政府行为对企业的影响，政府如何拥有国家土地、自然资源及其储备都会影响一些企业财务战略；③政府的基本经济政策，如产业政策、税收政策、进出口限制等的取向以及这些政策的连续性和稳定性；④各政治利益集团对企业活动产生的影响等。深入了解政府的基本经济政策，有助于企业对一国的经济增长前景产生合理预期，并按照这种预期规划自己的长远发展财务战略以及进行资源的优化配置。一般来说，一些政治因素对企业行为有直接影响。例如，政府订货对军事工业、航空、航天等工业及其关联产业有直接的重大影响。企业在制定财务战略目标和进行财务战略选择时，必须充分考虑到所在国或地区的政治环境。

2. 经济因素（E）

经济因素是指构成企业生存和发展的社会经济状况和国家经济政策。社会经济状况包括经济要素的性质、水平、结构、变动趋势等多方面的内容。涉及国家、社会、市场及自然等多个领域。国家经济政策是国家履行经济管理职能，调控国家宏观经济水平、结构，实施国家经济发展战略的指导方针，对企业经济环境有着重要的影响。

在分析经济因素时，首先要考虑宏观经济的总体状况，包括社会经济结构（其中最重要的是产业结构）、经济发展水平（如国家经济发展的规模、速度和水平）、经济体制、宏观经济政策、当前经济状况等。整体来看，宏观经济的总体状况通常受到政府财政赤字水平以及中央银行货币政策这两个因素的重大影响。偏紧的货币政策或过于保守的财政政策都不利于宏观经济的健康、高速发展；反之亦然。

除宏观经济总体状况以外，企业还应该分析的经济因素包括利息率、汇率、失业率、国民经济增长率和通货膨胀率等。这些因素将对企业的投资决策、融资决策等产生影响。例如，当利率上升时，企业扩张所需的资金会变得更加昂贵或难以取得，同时，消费者对非必需品的需求下降，进而影响企业的投资决策。通过经济环境分析，找到上述因素对产业的敏感性，是确定企业财务战略的重要依据。

3. 社会因素（S）

社会因素是指组织所在社会中成员的民族特征、文化传统、价值观念、宗教信仰、教育水平以及风俗习惯等因素的总和。变化中的社会因素影响社会对企业产品或劳务的需要，也能改变企业的财务战略选择。从影响企业财务战略制定的角度来看，社会环境可分解为社会文化、公众价值观念和人口统计等方面。

社会文化是人们的价值观、思想、态度、社会行为等的综合体。文化因素强烈地影响着人们的购买决策和企业的经营行为。不同的国家有着不同的主导文化传统，也有着不同的亚文化群、社会习俗和道德观念。从而会影响人们的消费方式和购买喜好，进而影响着企业的经营方式。因此企业必须了解社会产业准则、社会习俗、社会道德观念等文化因素的变化对企业的影响。

公众的价值观念是随着时代的变迁而变化的，它具体表现为人们对于婚姻、生活方式、工作、道德、性别角色、公正、教育、退休等方面的态度和意见。这些价值观念同人们的工作态度一起对企业的工作安排、作业组织、管理行为以及报酬制度等产生很大的影响。

人口统计特征是社会环境中的另一重要因素，它包括人口数量、人口密度、年龄结构的分布及其增长、地区分布、民族构成、职业构成、宗教信仰构成、家庭规模、家庭寿命周期的构成及发展趋势、收入水平、教育程度等。人口因素对企业投资战略的制定有重大影响。例如，人口总数直接影响着社会生产总规模；人口的地理分布影响着企业厂址的选择；家庭户数及其结构的变化与耐用消费品的需求和变化趋势密切相关，因而也就影响到耐用消费品的生产规模等。据统计，由于我国实行计划生育政策，从 20 世纪初开始，人口结构将趋于老龄化，青壮年劳动力供应则相对紧张，从而影响企业劳动力的补充。但是，人口结构的老龄化又出现了一个老年人的市场，这就为生产老年人用品和提供老年人服务的企业提供了一个生产和服务的市场，进而也为它们提供了一个发展机会。

4. 技术因素（T）

技术因素主要包括国家科技体制、科技政策、科技水平以及科技发展趋势等。技术因素主要在以下五个方面对财务战略产生影响：①基本技术的进步能使企业对市场和客户进行更有效的分析；②新技术的出现使企业可以扩大经营范围或开辟新市场，产生大量全新的和改进的产品或服务，致使现有市场上产品和服务过时，改变企业相对竞争成本地位；③技术进步使得企业可以利用新的生产方法、新的工艺过程或新的材料生产出质量更高、性能更好的产品，同时减少或消除企业间的成本壁垒，创造竞争优势；④技术进步使现有产品被淘汰或生命周期缩短，造成熟练技术员工的缺乏，并导致雇员、管理人员和顾客的价值观和预期发生变化；⑤新技术使企业关注环保、社会责任和可持续增长。在财务战略制定过程中必须考虑技术因素所带来的机会与威胁，尤其是高科技产业，关键技术机会与威胁的识别和评估是战略管理中非常重要的部分。

5. 生态因素（E）

生态因素指一个组织的活动、产品或服务中能与环境发生相互作用的要素，主要指"绿色环保"问题。生态因素对企业的影响主要体现在成本、企业公众形象和厂区选址等方面。一家建在菊花园旁的养蜂者与一家建在一条严重污染的河流旁的渔场，生态因素产生的外部效应是完全不同的。在当前食品安全问题频发，环境污染愈发严重，人们越来越注重养生的背景下，生态因素对企业形象的影响也越来越大，一家重视环保的企业会得到公众的尊重、政府的支持，从而间接促进企业的长远发展，而一家以污染环境为代价谋取短期经济利益的企业会引起公众的不满、政府的管制以及环境保护组织的抗议。生态因素对企业的选址也至关重要，尤其是对一些对周围环境有严格要求的产业来说尤其如此，如酒厂、芯片生产厂等。

随着全球化、工业化、城镇化和市场化进程的加快，全球生态环境不容乐观，为了节约资源，保护环境，实现可持续发展，中国提出了改变以生产要素的高投入、资源的高消耗为主的经济增长方式，并制定了节能减排规划：2010年能耗将比2005年下降20%左右，主要排放物排放总量减少10%；到2020年单位国内生产总值二氧化碳的排放比2005年下降40%~45%。"十八大"也将生态文明建设与经济建设、政治建设、文化建设、社会建设并列，构成中国特色社会主义"五位一体"的总战略布局。然而，2013年，全国华北、黄淮、江淮、江南等地区中度雾霾，局部地区达到重度雾霾程度。"美丽中国"在刚刚过去的冬天里，遇到严重的雾霾侵袭。大范围的雾霾中，含有大量的含氧有机颗粒物，成分复杂危害极大。一次次的灰霾天气，更加倒逼经济结构的转型，严厉的减排措施愈加紧迫。在这样的背景下，生态因素对企业的影响越来越重要，企业在确定投资方向、产品改进与革新等重大经营、财务决策问题时必须考虑环境保护与生态平衡状况。

6. 法律因素（L）

市场经济是法治经济。依法治国，营造良好的法律环境和法律氛围是经济发展的客观需要，也是社会文明进步的重要标志，更是企业改革和发展的基本保障。企业的经营活动必须以法律为基础。法律因素指组织外部的法律、法规、司法状况和公民法律意识所组成的综合系统，主要包括国家和地方的法律法规、国家司法、行政执法机关等。法律法规，特别是和企业经营密切相关的经济法律法规，如我国的《公司法》、《合同法》、《中外合资经营企业法》等，以及国际法律规定的国际法律环境和目标国的国内法律环境，如国际条约、两国或多国之间的相关协定和协议等，都规范和制约并引导着企业。

一般法律法规会间接影响企业的活动。如中国政府通过补贴、减免税务等优惠政策对新能源汽车产业进行保护和扶持，给汽车产业的发展带来了积极影响；各种环境保护条例和法规的出台，在无形之中限制了很多企业的快速发展。

二、产业环境分析

企业所处的外部环境中最为关键的就是产业环境（Industry Environment）。产业环境分析的主要内容是本产业中的竞争格局以及本产业和其他产业的关系。产业的结构及竞争性决定产业的竞争原则和企业可能采取的财务战略,因此产业环境分析是企业制定财务战略最主要的基础。

企业产业环境分析主要包括两个方面:一方面是产业竞争的性质和该产业所具有的潜在利润;另一方面是该产业内部企业之间在经营上的差异以及这些差异与它们的财务战略地位的关系。对于前者常使用的分析工具是波特的五种竞争力分析模型,对于后者常使用的分析工具是战略群组分析。

1. 波特的"五力模型"

"五力模型"(The Five Competitive Forces Model)是迈克尔·波特(Michael Porter)于 20 世纪 80 年代初提出,对企业战略制定产生了全球性的深远影响。"五力模型"将大量不同的因素汇集在一个简便的模型中,以此分析一个行业的基本竞争态势。如图 3 – 2 所示,波特认为,在每一个产业中都存在五种基本竞争力量,即潜在进入者、替代产品、购买者、供应商与现有竞争者间的抗衡,这五种力量共同决定产业竞争的强度以及产业利润率,最强的一种或几种力量占据着统治地位并且从财务战略形成角度来看起着关键性作用,产业中众多经济技术特征对于每种竞争力的强弱和潜在的盈利能力都是至关重要的。

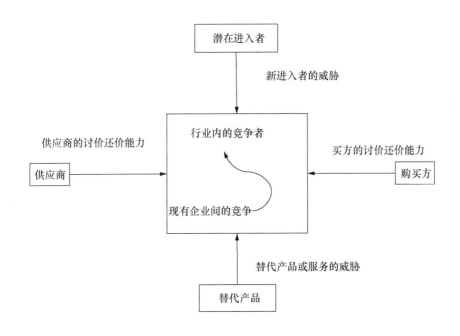

图 3 – 2　迈克尔·波特的"五力模型"图

（1）五种竞争力分析。

①潜在进入者的威胁。产业新加入者是产业的重要竞争力量，它会给原产业带来很大的威胁，这种威胁称为进入威胁，主要表现为：一是新来者的加入，增加了产业的总产能，给现有企业带来压力，除非市场对这种产品的需求不断增长，否则将导致现有企业的竞争加剧；二是新加入者会稀释原有企业的市场占有率。进入威胁的大小取决于进入壁垒以及现有企业的反击，它们统称为进入障碍（Entry Barriers），前者称为"结构性障碍"，后者称为"行为性障碍"。

结构性障碍是指要进入一个产业或目标市场所需克服的障碍和需付出的代价。波特指出存在七种主要障碍：规模经济、产品差异、资本需求、转换成本、分销渠道、其他优势及政府政策。如果按照贝恩的分类，这七种主要障碍又可归纳为三种主要进入障碍。

第一，规模经济。大规模生产导致的经济效益简称规模经济，是指在一定的产量范围内，随着产量的增加，平均成本不断降低的事实。当产业规模经济很显著时，新进入者必须达到最小有效规模才可能和现有企业相抗衡，对其产生威胁。所以，很多潜在进入者为获得一定的资本需要量将不得不支付比现有企业更高的融资成本。

第二，现有企业对关键资源的控制。一般表现为对资金、专利或专有技术、原材料供应、分销渠道、学习曲线等资源及资源使用方法的积累与控制。如果现有企业控制了生产经营所必需的某种资源，那么它就会受到保护而不被进入者侵犯。

第三，现有企业的市场优势。现有企业的市场优势主要表现在品牌优势上，这是产品差异化的结果。产品差异化是指由于顾客或用户对企业产品的质量或商标信誉的忠实程度不同，而形成的产品之间的差别。

行为性障碍是指现有企业对进入者实施报复手段所形成的进入障碍。报复手段主要有限制进入定价和进入对方领域。限制进入定价往往是在位大企业报复进入者的一个重要武器。它通过在位厂商的当前价格策略来影响潜在厂商对进入市场后利润水平的预期，从而影响潜在厂商的进入决策。限制性价格是一种让进入者失望或阻止它们进入的价格。在位企业试图通过低价来告诉进入者自己是低成本的，进入将是无利可图的。例如，以生产空调为主的"美的"集团准备进入微波炉领域时，微波炉产业中的龙头老大"格兰仕"集团大幅度降低价格，阻止"美的"进入。进入对方领域是寡头垄断市场上常见的一种报复行为，其目的在于抵消进入者首先采取行动可能带来的优势，避免对方的行动给自己带来的威胁。

②替代品的替代威胁。替代品是指那些与本企业产品具有相同或类似功能的产品。在许多产业中，企业同其他产业中的替代品生产商进行激烈的竞争。例

如，玻璃容器生产商与塑料、纸板和铝制容器生产商之间的竞争，眼镜和隐形眼镜生产商与激光眼科手术之间的竞争，砂糖生产商与人造甜味剂生产商之间的竞争等。替代品压力越大，对现有企业的威胁就越大。决定替代品压力大小的主要因素有替代品的盈利能力、替代品生产企业的经营策略、消费者的转换成本等。

③购买方、供应商讨价还价的能力。"五力模型"的水平方向反映的是产品或服务从获取原材料开始到最终产品的分配和销售过程，它是对产业价值链的描述。购买者和供应商讨价还价的主要内容围绕价值增值的两个方面：功能与成本。讨价还价的双方都力求在交易中便自己获得更多的价值增值。供应者讨价还价能力的决定因素包括：投入的差异化、产业内供应者与企业的转换成本、投入替代品的存在、供应者的集中程度、批量大小对供应者的重要程度、与产业里购买总量有关的成本、投入对成本或差异化的影响、产业里企业前向整合与后向整合的比较等。购买者讨价还价能力的决定因素包括：购买者集中程度与企业集中程度、购买者的购买量、相对于企业的转换成本而言的购买者的转换成本；购买者的信息、购买者后向整合的能力、替代品、转危为安、价格或购买总量、产品差异、品牌认同、对质量或绩效的影响、购买者的利润、决策者的动力等。

④产业内竞争者的威胁。产业内现有企业的竞争是指一个产业内的企业为市场占有率而进行的竞争。产业内竞争企业之间的对抗通常是五种竞争因素中最强大的。竞争企业的威胁主要表现为价格竞争、广告战、产品引进以及增加对消费者的服务方式，如提高质量、增加特色、提供服务、延长保修期等。决定企业间竞争激烈程度的主要因素有：竞争者的多寡及力量对比、市场增长率、消费者的品牌依赖程度、固定成本和库存成本、产品差异性及转换成本、产业生产能力的增加幅度、退出壁垒等。

根据上面对于五种竞争力量的讨论，企业可以采取尽可能地将自身的经营与竞争力量隔绝开来、努力从自身利益需求出发影响产业竞争规则、先占领有利的市场地位再发起进攻性竞争行动等手段来对付这五种竞争力量，以增强自己的市场地位与竞争实力。

（2）第六个要素——互动互补作用力。哈佛商学院教授大卫·亚非在波特教授研究的基础上，根据企业全球化经营的特点，提出了第六个要素，即互动互补作用力，进一步丰富了五种竞争力理论的框架。

亚非认为，任何一个产业内部都存在不同程度的互补互动（指相互配合一起使用）的产品或服务业务。例如，对于房地产企业来说，交通、家具、电器、学校、汽车、物业管理、银行贷款、有关保险、社区、家庭服务等会对住房建设产生影响，进而影响到房地产业的结构。

根据亚非教授提出的互补互动作用理论，在产业发展初期阶段，企业在进行经营战略定位时，可以考虑控制部分互补品的供应，这样有助于改善整个行业结构，包括提高产业、企业、产品、服务的整体形象，提高行业进入壁垒，降低现有企业之间的竞争程度。企业认真识别具有战略意义的互补互动品，并采取适当的战略，会使企业获得重要的竞争优势。适当的战略包括控制互补品、捆绑式经营或交叉补贴销售。随着产业的发展，企业应有意识地帮助和促进互补行业的健康发展，如为中介代理行业提供培训、共享信息等。

2. 战略群组

战略群组（Strategic Group）是指某一产业中在某一战略方面采用相同或相似战略，或具有相同战略特征的一组企业。波特"五力模型"中的五种力量，对于产业中不同类型企业的影响相差较大。战略群组分析是介于产业整体分析方法和单个企业分析方法之间的一种方法，它将产业中的企业分成不同特征不同群体加以研究，分析产业结构及产业中企业的竞争格局，可以避免"以大代小"或"以小代大"的缺陷，有助于企业更准确地把握产业中的竞争方向和实质。

波特认为要确定这样一个战略群组，一般要通过分析两三组作为竞争基础的关键因素来进行。也有很多著作建议用不同的考察因素来帮助辨认不同产业中的战略群组。这些考察的关键因素主要有：产品或服务的多样化程度；销售渠道；地理覆盖程度；品牌数目；产品或服务的质量；技术领先程度；研究开发能力；成本地位；生产能力利用率；产品或服务的价格；所有制结构；组织规模等。这些因素中究竟哪些与某特定行业相关，需要根据该行业发展的历史及其发展现状、在现实环境中真正起作用的力量和企业的竞争活动等来辨别。

另外，由于在不同的战略群组，波特"五力模型"中的五种竞争力量存在较大的差异。因此，不同战略群组的竞争结构是不一样的，其中某些战略群组可能会比其他战略群组具有更大的获利能力和吸引力。这时企业就会面临究竟应该在哪一战略群组进行竞争的选择，或者说应该制定怎样的发展战略。

战略群组是产业与个别企业之间的一个连接点，战略群组分析可以用来确定自己在竞争中的地位，确定谁是主要竞争对手，在这里，与企业处于同一战略群组或相近战略群组的企业才是该企业的主要竞争对手，而与企业距离较远的群组则不是主要竞争对手。战略群组分析有助于企业了解战略群组间的竞争状况，主动发现近处、远处的竞争者，有助于企业了解战略群组间的移动壁垒以及所在战略群组内各个竞争对手的优势、劣势和战略方向，从而更好地把握整个产业竞争结构，还可以预测市场变化或发现战略机会。

三、竞争对手分析

当今企业处在一个激烈竞争的环境中，新的竞争对手不断地进入，产业内整合不断地加剧。在这样一个瞬息万变的市场环境中，谁能掌握市场的先机，谁能及时把握竞争对手的动态，谁就在竞争中掌握了主动。竞争对手是企业经营行为最直接的影响者和被影响者，所以对竞争对手进行分析就显得尤其重要。竞争对手分析（Competitor Analysis）是外部环境分析的一个主要内容，特别是一个行业中竞争对手比较少时，分析竞争对手更为重要。因为行业内的企业很少，任何一个企业的重大举措都会对整个行业以及行业中的其他企业产生重大影响。有效的竞争对手分析有助于企业了解、解读和预测竞争对手的行为和反应，理解竞争对手的行为，显然对企业在行业内实现成功的竞争有所帮助。在制定财务战略时，对竞争对手分析主要是确定自己与竞争对手的相对位置，长处与短处，能否超过竞争对手或是被竞争对手赶上，进而确定自己的财务战略，尤其是投资战略。

竞争对手分析主要有四个方面的内容，即竞争对手的未来目标、假设、当前战略和潜在能力，如图 3 – 3 所示。

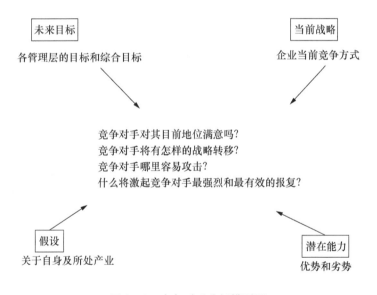

图 3 – 3 竞争对手分析模型图

1. 未来目标

对竞争对手未来目标的分析和了解，有利于预测竞争对手对其目前的市场地位以及财务状况的满意程度，从而推断其改变当前战略的可能性以及对其他企业战略行为的敏感性，还能帮助企业避免那些可能威胁到竞争对手达到其主要目标从而引发激烈竞争的行动。

对竞争对手未来目标的分析主要从以下问题入手：

（1）竞争对手已公开与未公开的财务目标是什么？

（2）竞争对手对风险持何种态度？如果财务目标本质上由利润率、市场占有率、增长率和风险期望水平组成，竞争对手是如何平衡这些要素的？

（3）竞争对手是否有对其目标有重大影响的经济性或非经济性组织价值观或信念？

（4）竞争对手组织结构如何（职能结构情况、是否设置产品经理、是否设置独立的研究开发部门等）？

（5）现有何种控制与激励系统，主管人员报酬如何？销售人员报酬如何？

（6）现有何种会计系统和规范？竞争对手如何评估库存？如何分配成本？如何计算通货膨胀？

（7）竞争对手的领导团队由哪些人构成，特别是谁出任首席执行官？他们的背景和经历如何？什么样的经理将受到奖励，他们显著强调的是什么？

（8）领导团队对未来发展方向表现出多大的一致性？领导团队内的各派别是否主张不同的目标？

（9）董事会组成人员如何？是否有足够产业外人员并带来行之有效的旁观者意见？他们代表何方利益？

（10）什么样的合同义务可能限制企业的选择余地？

（11）对企业的行为是否存在任何条例、反托拉斯法案或其他政府或社会限制？

2. 竞争对手的假设

竞争对手的假设包括竞争对手对自身企业的评价和所处产业以及其他企业的评价。假设往往是企业各种行为取向的根本动因。所以了解竞争对手假设有利于正确判断竞争对手的战略意图。

波特指出，对下列问题的研究可以弄清竞争对手的假设以及其假设的不完全现实之处。

（1）从竞争对手的公开言论、领导层和销售队伍的宣称及其他暗示中，竞争对手对其在成本、产品质量、技术的尖端性及产品的其他主要方面相对地位有何种认识？把什么看成优势，把什么看成劣势？这些看法正确吗？

（2）竞争对手在某些特定产品、特定职能性方针政策上是否有很强的历史或感情上的渊源？在诸如产品设计方法、产品质量要求、制造场所、推销方法、分销渠道等方面，他们强烈坚持哪些方面？

（3）是否存在影响竞争对手对事物认识程度和重视程度的文化性、地区性和国家性差别？

（4）是否存在已根深蒂固的或影响观察事物方法的组织价值观或准则？企

业奠基人十分相信的某些方针是否仍旧影响该企业？

（5）竞争对手表现出的对产品未来需求和产业趋势显著性的看法是怎样的，他们是否因毫无根据地对需求缺乏信心而不愿增加生产能力，抑或为相反的原因过度增强了生产能力？他是否容易错误估计某种趋势的重要性？例如，是否以为产业正在集中而事实并非如此？这些都是可围绕之制定战略的契机。

（6）竞争对手表现出来对其竞争者们的目标和能力的看法如何？是否会高估或低估他们？

（7）竞争对手是否表现出相信产业"传统思路"或相信历史经验以及产业中流行的方式，而这些却没有反映新的市场情况？

（8）竞争对手的假设可能反映在当前战略里并受到当前战略的微妙影响。它可能从过去和当前环境出发看待产业中的新事件，而这并不一定客观。

3. 竞争对手的当前战略

获取竞争对手当前所用战略的信息有助于企业预测对手的行为，如竞争对手正在做什么，能够做什么。主要包括以下四个方面：

（1）竞争对手的市场占有率如何？产品在市场上是如何分布的？有什么特殊的分销渠道和营销策略？

（2）竞争对手的研发能力如何？投入资源如何？

（3）竞争对手的产品如何制定价格？在产品设计、要素成本、劳动生产率等因素中哪些因素对产品成本影响较大？

（4）采取的一般战略如何？属于成本领先战略、差异化战略还是集中差异化战略？

4. 竞争对手的潜在能力

对竞争对手潜在能力进行实事求是的评估是竞争对手分析中最后的考察步骤。竞争对手的目标、假设和当前战略会影响它反击的可能性、时间、性质及强烈程度。而通过分析竞争对手的潜在能力，可以了解竞争对手的优势和劣势，研判与本企业在竞争中的互动策略，可以及时了解竞争对手的大致情况，警示竞争对手给本企业发展造成的威胁，还可以取其之长补己之短，同时，通过分析竞争对手的劣势及原因，可以为本企业经营提供教训。竞争对手的潜在能力主要分析竞争对手以下几个方面的能力：

（1）核心能力。

①竞争对手在各职能领域中的能力如何？最强之处是什么？最弱之处在哪里？

②竞争对手在其战略一致性检测方面表现怎样？

③随着竞争对手的成熟，这些方面的能力是否可能发生变化？随着时间的延

长会增长还是减弱？

（2）成长能力。

①如果竞争对手有所成长，其能力是增大还是减小？在哪些领域？

②在人员、技能和工厂能力方面竞争对手发展壮大的能力如何？

③从财务角度看，竞争对手在哪些方面能持续增长？

（3）快速反应能力。竞争对手对其他企业的行动做出迅速反应的能力如何？这将由下述因素决定：自由现金储备、留存借贷能力、厂房设备的余力、定型的但尚未推出的新产品。

（4）适应变化能力。

①竞争对手的固定成本对可变成本的情况如何？尚未使用能力的成本？这些将影响其对变化的可能反应。

②竞争对手适应各职能领域条件变化和对之做出反应的能力如何？

③竞争对手能否对外部事件做出反应，诸如：持续的高通货膨胀？技术革命引起对现有厂房设备的淘汰？经济衰退？工资率上升？最有可能出现的会影响该业务的政府条例？

④竞争对手是否面临退出壁垒？这将促使它避免削减规模或对该业务进行收缩。

⑤竞争对手是否与母公司的其他业务单位共用生产设施备或人员？

（5）持久力。竞争对手支撑住可能对其收入或现金流造成压力的持久战的能力有多大？这将由如下因素决定：现金储备、管理人员的协调统一、财务目标上的长远眼光、是否受到来自股票市场的压力。

四、其他外部环境分析方法

1. 外部因素评价矩阵（EFE）

外部因素评价矩阵（External Factor Evaluation Matrix，EFE），是一种对外部环境进行分析的工具，其做法是从外部的机会和威胁两个方面找出影响企业未来发展的关键因素，根据各个因素影响程度的大小确定权数，再按企业对各关键因素的有效反应程度对各关键因素进行评分，最后算出企业的总加权分数。

建立 EFE 矩阵的步骤如下：

（1）列出在外部分析过程中确认的外部因素，包括影响企业和其所在产业的各种机会与威胁。

（2）赋予每个因素以权重。权重标志着该因素对于企业在产业中取得成功的影响的相对大小，"机会"往往比"威胁"得到更高的权重，但当"威胁"因素特别严重时也可得到高权重。

（3）按照企业当前战略对各关键因素的有效反应程度为各关键因素进行评分，范围为 1~4 分，"4"代表反应很好，"3"代表反应超过平均水平，"2"代表反应为平均水平，而"1"则代表反应很差。

（4）用每个因素的权重乘以其评分，得到每个因素的加权分数。

（5）最后将所有因素的加权分数相加，得到企业的总加权分数。

无论 EFE 矩阵包含多少因素，总加权分数的范围都是从最低的 1.0 到最高的 4.0，如果总加权分数偏高，则说明企业有效利用了产业中的机会，并将外部威胁的潜在不利影响降至最小；如果总加权分数偏低，则说明企业没能利用外部资源或回避风险。

2. 竞争态势矩阵（CPM）

竞争态势矩阵（Competitive Profile Matrix，CPM）用于确认企业的主要竞争对手及相对于该企业的战略地位，以及主要竞争对手的特定优势与劣势。CPM 矩阵与 EFE 矩阵的权重和总加权分数的涵义相同，编制矩阵的方法也一样。但是，CPM 矩阵中的因素包括外部和内部两个方面的问题，评分则表示优势和劣势。

建立竞争态势矩阵的步骤：

（1）确定产业竞争的关键战略因素；

（2）根据每个因素对在该产业中成功经营的相对重要程度，确定每个因素的权重，权重和为 1；

（3）筛选出关键竞争对手，按每个因素对企业进行评分，分析各自的优势所在及其优势大小；

（4）将各评价值与相应的权重相乘，得出各竞争者各因素的加权评分值；

（5）加总得到企业的总加权分，在总体上判断企业的竞争力。

第三节　企业内部环境分析

企业内部环境分析是指企业对自身的条件，主要是内部资源和能力的现状及其变动趋势进行分析。通过分析找出影响企业未来发展的优势和劣势，扬长避短，抓住发展机遇，谋求企业的成长和壮大。

内部分析模型如图 3-4 所示，其内容包括：检查企业当前所拥有的资源和能力；使用价值链分析方法详细分析整个公司，确定真正特殊的资源和增值活动，为可持续竞争优势提供基础；使用内部因素评价矩阵，评价各职能领域的主要优势与劣势；使用业务组合分析和 SWOT 分析，为企业创造财务战略竞争力。

这些分析的结果可作为建议一个企业选择何种类型的财务战略途径的依据，从而发挥资源和活动的杠杆效应，还引导企业选择进入什么类型的产业或业务。在新的形势下成功执行这些财务战略途径，将帮助企业最终获得超额利润。

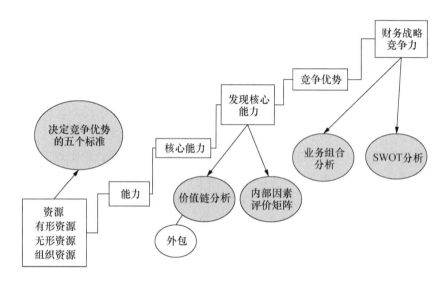

图 3-4   企业内部环境分析图

一、企业资源与能力分析

优势是指使企业完成重要任务的资源和能力；劣势则是指企业在资源和能力方面的不足，会导致任务难以完成。因而分析企业的资源和能力非常重要。

1. 企业资源

企业资源分析是指公司对所拥有的资源进行识别和评价的过程，目的在于识别企业的资源状况、企业资源方面所表现出来的优势和劣势以及对未来财务战略目标的制定和实施的影响如何。

（1）企业资源的主要类型。企业资源是企业拥有或控制的有效因素的总和，包括资产、生产或其他作业程序技能和知识等。企业资源主要分为有形资源、无形资源和组织资源。有形资源是指可见的、能用货币直接计量的资源，主要包括物质资源和财务资源。无形资源是指企业长期积累的、没有实物形态的甚至无法用货币精确度量的资源，通常包括品牌、商誉、技术、专利、商标、企业文化和组织经验等。组织资源是指企业协调、配置各种资源的能力，它将企业有形资源或无形资源整合在一起，以实现投入向产出的转换。

（2）决定企业竞争优势的企业资源判断标准。在分析一个企业拥有的资源时，必须知道哪些资源是有价值的，可以使企业获得竞争优势。其主要判断标准如下：

第一，资源具有价值。资源的价值性主要表现在创造客户需求、增加企业盈利或减少企业成本上。只有那些有能力为企业创造客户需求的资源才可能为企业创造竞争优势。资源如何为企业创造价值呢？方法有：产品或者服务的成本低于竞争对手；在价格和成本与竞争对手持平的情况下，为顾客提供更多实惠的产品或者服务；在成本增加的情况下，增加收入，以此抵消成本增加额，甚至产生盈余；更加有效地与目标客户接触，或者比竞争对手吸引更多的客户。

第二，资源的稀缺性。如果企业取得了处于短缺供应状态的资源，而其他竞争对手又不能获取这种资源，那么，拥有这种资源的企业便能获得竞争优势。如果企业能够持久地拥有这种资源，则企业从这种稀缺性资源获得的竞争优势也是可持续的。如果企业具备的资源只是有价值的，而非稀有的，那么企业只是拥有了实现平等竞争的力量来源，而不是发展竞争优势的力量源泉。如可口可乐公司和百事可乐公司，这两家公司都拥有一种同样的重要资源——全球分销渠道和相关业务实践。虽然这种能力是有价值的，但不是稀有的，因为两家都能够利用自己的这种能力在全球分销方面形成核心竞争力。

第三，资源的不可模仿性。资源的不可模仿性是竞争优势的来源，也是价值创造的核心。资源的不可模仿性主要有以下四种形式：①物理上独特的资源，如企业所拥有的房地产处于极佳的地理位置，拥有矿物开采权或拥有法律保护的专利技术等；②具有路径依赖的资源，指那些必须经过长期积累才能获得的资源；③具有因果含糊性的资源，如独特而有价值的组织文化和品牌，这种资源是组织中最常见的一种资源，难以被竞争对手模仿；④具有经济制约性的资源，如企业在市场上处于领导者的地位，其战略是在特定的市场上投入大量资本，这个特定市场可能会由于空间太小，不能支撑两个竞争者同时盈利，企业竞争对手再有能力，也只好放弃竞争。

第四，资源的不可替代性。具有不可替代性的资源是指不具有战略对等性的资源。企业资源如果能够很轻易地被替代，那么即使竞争对手不能拥有或模仿企业的资源，他们也能通过获取替代资源而改变企业的竞争地位。亚马逊公司首创了"点击购买"模式，并申请了专利，然而，其他销售商也可以开发出类似的系统让消费者实现网上即时购物。

第五，资源的可持续性。资源的贬值速度越慢，就越有利于形成核心竞争力。一般来说，有形资源往往都有自己的损耗周期，而无形资产和组织资源则很难确定其贬值速度。

一般来说，仅仅是资源本身并不能带来竞争优势，事实上，一种竞争优势通常要以几种资源的独特组合作为建立的基础。亚马逊网站就是将各项服务资源和销售渠道资源结合在一起来发展自己的竞争优势的。最初，"亚马逊"把自己定位为在线图书销售商，通过直销方式把图书送到顾客手中。此后，"亚马逊"迅速发展起来，并建立了一个独立的分销网络，有了这个网络，"亚马逊"就能够"将成千上万种不同的产品送到成千上万名不同的顾客手中"。对于实体图书销售商来说，由于缺少"亚马逊"拥有的资源组合，他们很难建立起一个有效的在线分销网络。这些困难迫使有些销售商不得不与"亚马逊"建立合作关系。凭借这些组织安排，"亚马逊"如今掌握着一个最为庞大的在线销售系统，为多家企业配送商品。

2. 企业能力

企业能力是指企业配置资源，发挥其生产和竞争作用的能力。资源不等于能力，虽然资源有重要价值，但仍然不是能力。比如说某一物流企业拥有为数众多的仓库和配送中心，而另一家物流企业仅有几个仓库和配送中心，但是这家物流公司有强大的物流信息系统作支持，在这种情况下就不能贸然断定拥有众多仓库和配送中心的物流公司的服务能力要强于另外一家。企业能力来源于企业有形资源、无形资源和组织资源的整合，是企业各种资源有机组合的结果。企业能力主要由研发能力、生产管理能力、营销能力、财务能力和组织管理能力等组成。

（1）研发能力。研发能力是保持企业竞争活力的关键因素。企业的研发能力主要从研发计划、研发组织、研发过程和研发效果几个方面衡量。

（2）生产管理能力。生产，是指将投入转化为产品或服务并为消费者创造效用的活动，生产活动是企业最基本的活动，生产管理能力主要涉及五个方面，即生产过程、生产能力、库存管理、人力管理和质量管理。

（3）营销能力。企业营销能力分析包括对市场环境、产品竞争能力、销售活动能力、新产品开发能力的分析。企业营销能力的高低和财务战略的实现息息相关。对企业营销能力的分析以及相关的业务数据的收集，对于分析企业的财务状况及经营水平以及发展变化情况有很重要的意义。其中，市场环境分析主要包括产业动向分析、消费者行为分析和企业形象分析三个方面；产品竞争能力分析主要用五个指标来衡量，即产品的市场地位、收益性、成长性、竞争性与结构性；销售活动能力分析主要分为销售组织分析和销售绩效分析；新产品开发能力分析主要包括分析企业获得新产品的方式以及对企业开发新产品的过程分析。

（4）财务能力。财务状况是企业生存和发展的最重要的基础。财务战略管理中的财务状况主要是通过对财务指标体系的分析，对企业的价值状态进行评估，以此作为经营决策的依据。企业的财务能力主要涉及企业成长能力、筹集资金的能力以及使用和管理所筹集资金的能力。成长能力可以通过销售增长率、市场份额增长率、无形资产增加值、销售总额中新产品的比例、新客户的比例来衡量；筹集资金的能力主要通过短期风险相关财务比率（流动比率和速动比率等）和长期风险相关财务比率（资产负债率、产权比率、有形资产债务率、已获利息保障倍数等）来衡量；使用和管理所筹集资金的能力可以用投资回报率、销售利润率和资产周转率等指标来衡量。

（5）组织管理能力。组织管理能力主要从以下几个方面进行衡量：职能管理体系的任务分工、岗位责任、集权和分权的情况、组织结构、管理层次和管理范围的匹配。

3. 企业核心能力

（1）企业核心能力的内涵。核心能力（Core Competence）在企业财务战略的研究中具有重要意义，所谓核心能力，是指企业独有的、能为顾客带来特殊效用、使企业在某一市场上长期具有竞争优势的内在能力。企业要形成和保持竞争优势，只拥有一般的资源和能力还不行，必须形成超出竞争对手的特殊技能和能力。它是企业在发展过程中逐渐积累起来的知识、技能及其他资源相结合而形成的一种体系（或者说是一组技能和技术的集合），是企业拥有的最主要的资源或资产。每个企业所具有的核心能力都是不同的，一个公司不可能只有一种核心能力，也很少同时具有多种核心能力。

核心能力可以是技术，如 INTEL 的 CPU 技术，波音公司的航空技术，本田的发动机技术，英特尔公司的芯片制造技术，佳能公司的光学镜片成像技术和微处理技术；也可以是管理和业务流程，如全球规模最大、利润最高的零售商"沃尔玛"公司的"过站式"物流管理模式，联邦快递公司能保证及时运送的后勤管理，宝洁公司、百事可乐优秀的品牌管理与促销，丰田公司的精益生产能力等；还可以是技术、经营、管理等一系列的结合，如海尔的技术开发能力、质量保证能力和营销能力所构成的核心能力。但核心能力不等于核心技术，核心能力也不等于核心业务。

在这里有一个小例子可以帮助我们理解核心能力。这是一个关于"考奇"公司的小例子。在美国五大私营公司之一的考奇工业公司，公司展望的实现和战略形成要经过对公司能力和生产能力的分析，决定如何将这些能力和生产能力与存在的市场机遇相匹配。一个官员发现，"我们曾认为自己的专长是在石油的经营领域中，但后来发现我们真正的专长是在采集、运输、加工和贸易领域"。伴随公司在原油的采集、提炼、运输和贸易方面的能力的发展，管理层认识到了公司的真正能力是什么，并将其扩展到液化气产品，继而又进入到气体的采集、运输、加工和贸易领域。对气体类产品的经营使考奇进入到与石油业务的联系比服务加油站更加密切的氨的运输和贸易领域。最近的多项并购则使考奇的核心生产能力转移到谷物采集和牛饲料供给等领域，发挥其在采集、运输、加工和贸易方面的特长。"考奇"的例子告诉我们，只有真正认识到自己的核心能力，才有可能不受所处行业的限制。

核心能力的储备状况决定了企业的经营范围，特别是企业多角化经营的广度和深度。从总体上来讲，核心能力的产生是企业中各种单个资源整合的结果。这种核心能力深深地根植于企业的各种技巧、知识和人的能力之中，对企业的竞争力起着至关重要的作用。如果把企业比作一棵大树，核心能力就相当于树根，核心产品相当于树干，树上的树叶、花、果相当于最终产品。通过培育和发展核心能力，企业可以源源不断地繁衍出最终产品去创造市场、引导消费。因此，培育企业的核心能力是一种厚积薄发、有利于企业永续经营的战略选择。企业有了核心能力，才能创造竞争优势；有了竞争优势，才能扩大市场份额，才能获取更多的利润；有了丰厚利润的支撑，又能进一步强化企业的核心能力，才能使企业可持续发展，基业长青。因此，核心能力是企业长期竞争优势的源泉，企业必须不断地培育和发展自身的核心能力。

（2）企业核心能力的判别。能力应同时满足以下三个关键测试才可称为核心能力：

第一，它对顾客是否有价值？核心能力能够通过利用机会或者降低威胁为顾客创造价值。

第二，它与企业竞争对手相比是否有优势？

第三，它是否很难被模仿或复制？如果企业具有与竞争对手相比更有优势的能力，但这种能力能够被模仿或复制，则不能给企业带来长期竞争优势。例如，"唯品会"是国内特卖模式经营最好的电子商务。在众多电商企业为规模、市场份额提升而不惜"赔本赚吆喝"的同时，"唯品会"已经在细分市场上悄悄实现盈利。因此，其模式被市场、被各电商企业所认可。但尽管"唯品会"目前在"网络闪购"领域拥有绝对的优势，但如果京东等大电商也立意构建自营平台，选择和"唯品会"同样的自营模式，其成熟的供应链管理经验和迅速的物流配送效率等都将对"唯品会"造成很大的威胁。

企业的核心能力就其本质来讲非常复杂和微妙，因而很难识别，但还是存在以下几种方法：

第一，功能分析。考察企业功能是识别企业核心竞争力常用的方法，这种方法虽然比较有效，但可能只能识别出具有特定功能的核心能力。

第二，资源分析。分析实物资源比较容易，例如，企业商厦所处的区域、生产设备以及机器的质量等，而分析像商标或者商誉这类无形资源则较困难。

第三，过程系统分析。过程涉及企业多种活动从而形成系统。这种方法涉及比较复杂的过程系统，但只有对整个系统进行分析才能很好地判断企业的经营情况。

（3）企业核心能力的评价。企业的核心能力与本章"SWOT 分析"中的优势是不同的。只有当企业的核心能力不仅仅是企业的优势，而且这种能力很难被模仿时，这种优势对于企业来讲才具有战略价值。评价核心能力的方法有：

第一，企业的自我评价。该方法主要是企业在内部收集信息。

第二，产业内部比较。通过收集市场份额、成本结构、关键成本、客户满意度等企业间的数据，可以告诉企业是否强于竞争对手，但无法告诉其导致该结果的原因。

第三，基准分析。最理想的方法是把企业和一流企业相比，无论它们是否处在同一产业。基准对象的不同决定了不同的基准类型，基准类型主要包括内部基准、竞争性基准、过程或活动基准、一般基准、顾客基准五种类型。越来越多的企业选择过程或活动基准进行分析，由于基准对象不是直接的竞争对手，因而更容易获取相关的信息，从而有利于企业发现不足之处或创新点。

第四，成本驱动法和作业成本法。使用该种方法与传统的成本会计方法相比能够提供更有用的信息。为了简便，可以找出对顾客无价值但投入较多，以及对顾客有价值但投入不够的活动。

第五，收集竞争对手的信息。收集竞争对手信息的方法有：对竞争对手实地考察，分析竞争对手的产品，与顾客沟通，与供应商、代理人、发行人以及产业分析师沟通等。

二、价值链分析（VCA）

1. 价值链的内涵

价值链分析原理是由美国哈佛商学院著名战略管理学家波特提出来的。他认为企业的每项生产经营活动都是其创造价值的经济活动，企业所有的互不相同但又相互联系的生产经营活动便构成了创造价值的一个动态过程，即价值链（Value Chain）。价值链很好地描述了一家公司的业务，总收入减去所有用于开发及营销产品或服务的活动的总成本，便得出价值。如果企业所创造的价值超过其成本，企业便有盈利；如果盈利超过竞争对手，企业便有更多的竞争优势。价值链分析（Value Chain Analysis，VCA）指的是公司确定与从购买原材料到生产及营销产品的活动有关的成本的过程，旨在识别从原材料到客户服务活动的整个价值链中存在低成本优势或劣势的环节。VCA 能使一个公司更好地识别自身的优势与劣势，特别是与竞争对手的价值链分析及自身以前数据相比较时。

2. 价值链分析的内容

价值链将企业的生产经营活动分为基本活动和支持活动两大类。基本活动包括产品的实物生产、销售、配送以及售后服务。支持活动则是为基本活动提供必要的支持。

（1）基本活动。基本活动可分为：

第一，内部后勤，指与原材料接收、存储和分配相关联的各种活动。

第二，生产经营，指与将各种投入转化为最终产品相关联的各种活动。

第三，外部后勤，指与最终产品集中、仓储和将最终产品发送给买方相关联的各种活动。

第四，市场营销，指与提供一种买方购买产品的方式和引导他们进行购买相关联的各种活动。

第五，售后服务，指因购买产品而向顾客提供的、能使产品保值增值的各种服务，如安装、维修、零部件供应等。

在不同的产业情况中，上述各种活动对企业的重要程度有差别。对批发商而言，进货和发货的内部后勤最为重要；对像旅游业中的旅行社而言，外部后勤可能在很大程度上根本不存在，而经营则是关键；对于一个致力于向企业提供贷款的银行而言，市场和销售通过其收款人的工作效率和贷款人的包装与定价的方式对竞争优势起到至关重要的作用；对于一个高速复印机生产企业而言，服务则成为竞争优势的核心来源。

（2）支持活动。虽然支持活动对于价值创造的作用是间接的，但依然很重要。

第一，采购活动，指购买用于企业价值链各种投入的活动，而不是外购活动本身；不仅包括内部后勤的采购活动，也包括各项活动所需原材料、易耗品、机器设备、办公设备和建筑物等。

第二，技术开发，每项价值活动都包含着技术成分，无论是技术诀窍、程序，还是在工艺设备中所体现的技术。技术开发由一定范围的各项活动组成，这些活动可以被广泛地分为改善产品和工艺的各种努力，技术开发可以发生在企业中的许多部门中。

第三，人力资源管理，指与各种人员的招聘、培训、员工评价以及工资、福利相关联的各种活动。它不仅对单个辅助活动起作用，而且支撑着整个价值链。

第四，企业基础设施，企业基础设施由大量活动组成，包括总体管理、计划、财务、会计、法律、政治事务和质量管理等。它与其他支持活动不同，它不是通过单个活动而是通过整个价值链起支持作用。

支持活动具有必要性，在企业凭借主要业务为顾客创造价值的过程中发挥着重要作用。现如今，新技术突飞猛进，一些主要业务和辅助业务可以经由更加有效的途径得以实现。比如，企业可以通过互联网与顾客沟通，追踪送货，尤其是可以随时了解顾客需求。

如图 3-5 所示，企业所有有效的价值活动都提供了增值产品或服务，因而都能够产生边际利润。但企业也存在无效活动和非增值环节，这些活动或环节不可能提高客户价值却浪费了企业资源，提高了经营成本，从而减少了边际利润。因此，价值链分析的一个重要任务就是识别并尽量减少和消除那些无效活动和非增值环节，优化价值活动，创造更大的价值和边际利润。

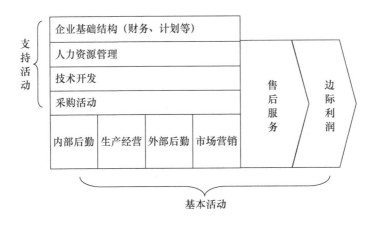

图 3-5 价值链分析图

对于以上每一项活动，都需要认清：①这项活动在创造价值过程中起着什么作用？它重要吗？②这项活动花费了多少费用？为什么？③现在完成这项活动的方式是否恰当？有无更合理的方式，更先进的技术？竞争对手又是如何做的？

在实施价值分析的过程中，需要很好的判断力，因为价值链上的不同方面可能会对其他方面产生积极或消极的影响，因此内部关系极为复杂。在生产及营销产品或服务的过程中，可能有上百个创造价值的活动，每一项活动都可能为企业带来竞争优势或劣势。企业价值链中各项活动的综合成本决定着该企业商业活动的成本。企业应当确定自己的价值链相对于竞争对手的价值链出现成本优势和劣势的环节。

通过以上价值链分析，企业能得出五个重要的结果：第一，企业很好地理解完整的价值创造活动，这些活动诠释了向消费者提供产品或服务的路线和步骤；第二，价值链分析有助于阐明各职能领域的活动如何同步支持一个共同的战略方针，或者各司其职；第三，强大的价值链分析将确定无形的支持活动贡献如何，以及在部门间协调这些无形活动的重要性；第四，指出提高公司价值创造和捕获价值的能力以及降低成本但不牺牲价值的方法和环节；第五，在一定程度上可以提供可行性活动信息，旨在帮助识别并转向竞争环境中出现的机会。

不同产业或企业的价值链相去甚远，然而所有企业都应该利用价值链分析，识别和评估价值链活动，使价值链的各个环节更加有效率，并开发和培养核心能力，从而取得或维持持续竞争优势。例如，"沃尔玛"通过极其严格的库存控制、产品的批量采购和模范性的客户取得了极大的价值优势。

3. 外包

外包（Outsourcing）是指企业动态地配置自身和其他企业的功能和服务，并利用企业外部的资源为企业内部的生产和经营服务。外包是一个战略管理模型，在讲究专业分工的20世纪末，企业为维持组织竞争核心能力，在组织人力不足的情况下，可将组织的非核心业务委托给外部的专业公司，以降低营运成本，提高品质，集中人力资源，提高顾客满意度。

有效的外包可以使企业提高灵活性，降低风险，并减少资本投资量。如果企业的主要活动和支持活动都不能创造价值，它就要考虑外包。在如今的全球经济中，外包得到了广泛的采用。外包业务主要包括信息技术，其次是人力资源、采购、物流、财务和会计。通常情况下，企业只能选择那些无法通过自身的力量从中创造价值的业务活动，或者是与竞争对手相比具有明显劣势的业务活动进行外包。此外，企业还必须不断确定有没有把自身能够创造价值的活动外包出去。

外包之所以有效的一个主要原因是，极少有企业在所有的主要和辅助活动中都一并拥有实现竞争优势所需的一切资源和能力。通过少数几种核心竞争力的开发，企业就可以提高其建立竞争优势的可能性，因为企业不会过度分散自己的资源。同样，将企业自身缺少竞争能力的一些业务活动外包出去，企业就可以完全专注于那些能够创造价值的核心业务。除此之外，外包还会带来一些其他问题。在大多数情况下，这些问题都与企业创新能力的缺失和工作职位的减少有关，因为企业必须把原本由自身承担的一部分生产活动外包给其他企业。因而，创新和技术的不确定性就成为企业在制定外包决策时必须考虑到的两个重要问题。

三、内部因素评价矩阵（IFE）

内部因素评价矩阵（Internal Factor Evaluation Matrix，IFE），是一种对内部因素进行分析的工具。IFE矩阵可以较好地总结和评价企业在各职能领域的主要优势与劣势，还可以为识别和评价各个职能领域之间的关系奠定基础。在建立IFE矩阵的过程中，对矩阵包含的各个因素的透彻理解往往比其中的实际数字更为重要。因此，企业应将数据分析和直觉判断进行适当结合。

IFE矩阵其做法是从优势和劣势两个方面找出影响企业未来发展的关键因素，根据各个因素影响程度的大小确定权数，再按企业对各关键因素的有效反应程度对各关键因素进行评分，最后算出企业的总加权分数。通过IFE，企业就可以把自己所面临的优势与劣势汇总，来刻画出企业的全部引力。IFE 矩阵可以按如下五个步骤来建立：

（1）列出在内部分析过程中确定的关键因素。采用 10～20 个内部因素，包括优势和弱点两方面的。首先列出优势，然后列出弱点。要尽可能具体，要采用百分比、比率和比较数字表示。

（2）给每个因素以权重，其数值范围由 0.0（不重要）到 1.0（非常重要）。权重标志着各因素对于企业在产业中成败的影响的相对大小。无论关键因素是内部优势还是弱点，对企业绩效有较大影响的因素就应当得到较高的权重。所有权重之和等于 1.0。

（3）为各因素进行评分。1 分代表重要弱点；2 分代表次要弱点；3 分代表次要优势；4 分代表重要优势。值得注意的是，优势的评分必须为 4 或 3，弱点的评分必须为 1 或 2。评分以公司为基准，而权重则以产业为基准。

（4）用每个因素的权重乘以它的评分，即得到每个因素的加权分数。

（5）将所有因素的加权分数相加，得到企业的总加权分数。

无论 IFE 矩阵包含多少因素，总加权分数的范围都是从最低的 1.0 到最高的 4.0，平均分为 2.5。总加权分数大大低于 2.5 的企业内部状况处于弱势，分数大大高于 2.5 的企业内部状况则处于强势。IFE 矩阵应包含 10～20 个关键因素，因素数不影响总加权分数的范围，因为权重总和永远等于 1。

四、业务组合分析

价值链分析有助于对企业能力进行考察，这种能力来源于单一的产品、服务或业务单位。但是，对于多元化经营的公司来说，还需要将企业的资源和能力作为一个整体来考虑。因此，公司财务战略能力分析的另一重要部分就是对公司业务组合进行分析，对业务组合的分析是公司投资战略的基础。业务组合分析的主要工具有波士顿矩阵与通用矩阵。

1. 波士顿矩阵

波士顿矩阵（BCG Matrix：Boston Consulting Group，BCG）又称市场增长率—相对市场份额矩阵、波士顿咨询集团法、四象限分析法、产品系列结构管理法等。这种方法的核心在于，要解决如何使企业的产品品种及其结构适合市场需求的变化，只有这样，企业的生产才有意义。同时，如何将企业有限的资源有效地分配到合理的产品结构中去，以保证企业收益，是企业在激烈竞争中能够取胜的关键。

波士顿矩阵认为一般决定产品结构的基本因素有两个，即市场引力与企业实力。市场引力包括企业销售量（额）增长率、目标市场容量、竞争对手强弱及利润高低等。其中最主要的是反映市场引力的综合指标——销售增长率，这是决定企业产品结构是否合理的外在因素。企业实力包括市场占有率，技术、设备、资金利用能力等，其中市场占有率是决定企业产品结构的内在要素，它直接显示出企业的竞争实力。销售增长率与市场占有率既相互影响，又互为条件：市场引力大，市场占有高，可以显示产品发展的良好前景，企业也具备相应的适应能力，实力较强；如果仅有市场引力大，而没有相应的高市场占有率，则说明企业尚无足够实力，则该种产品也无法顺利发展。相反，企业实力强，而市场引力小的产品也预示了该产品的市场前景不佳。

如图 3-6 所示，通过以上两个因素相互作用，会出现四种不同性质的产品类型，形成不同的产品发展前景：①产业增长率和市场相对份额"双高"的产品群（明星类产品）；②产业增长率和市场相对份额"双低"的产品群（瘦狗类产品）；③产业增长率高、市场相对份额低的产品群（问题类产品）；④产业增长率低、市场相对份额高的产品群（现金牛类产品）。企业应根据所处的不同领域，选择不同的财务战略。

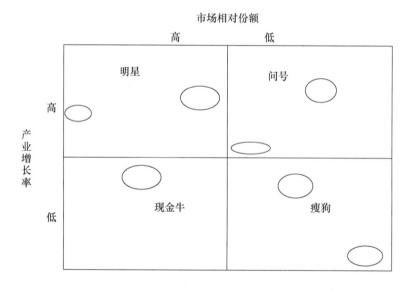

图 3-6 波士顿矩阵分析图

2. 通用矩阵

通用矩阵法（GE Matrix，GE）又称为产业吸引力矩阵、九象限评价法，是美国通用电气公司（GE）设计的一种投资组合分析方法。相对于 BCG 法，通用矩阵法有较大的改进，通用矩阵的纵坐标用产业吸引力代替了波士顿矩阵的产业成长率，横坐标用企业实力代替了波士顿矩阵的相对市场份额，并在两个坐标轴上增加了中间等级，增加了分析考虑因素。通用矩阵分析法不仅能适用于波士顿矩阵所能适用的范围，而且对需求、技术生命周期曲线的各个阶段以及不同的竞争环境都可以适用。

建立通用矩阵就是找出影响市场吸引力的产业增长率、市场价格、市场规模、获利能力、市场结构、竞争结构、技术及社会政治等因素，以及影响企业实力的相对市场份额、市场增长率、买方增长率、产品差异化、生产技术、生产能力、管理水平等因素，然后对各因素加权，得出衡量企业内部实力因素的市场吸引力外部因素的标准，采用产业吸引力分析方法和内部评价矩阵，对市场吸引力和企业实力进行评价。按加权平均的总分划分为大（强）、中、小（弱），从而形成9种组合方格以及3个区域（如图3-7所示）。

	企业实力		
	强	中	弱
大	投资发展	选择重点投资发展	区别对待
行业吸引力 中	选择重点投资发展	区别对待	利用/退出
小	区别对待	利用/退出	退出

图3-7 通用矩阵分析图

通用矩阵对于不同产业，可以根据产业特点来选取不同的影响因素。处于GE矩阵上不同区域的经营单位，应选择对应的财务战略。从矩阵图9个方格的分布来看，左上方三个方格最适于采取增长与发展战略，应优先分配资源。处于右下方三个方格，一般要采取停止、转移、撤退战略。处于对角线三个方格，应采取维持或有选择地发展的战略，保护原有的发展规模，同时调整其发展方向。

五、SWOT分析

1. SWOT分析基本原理

SWOT分析方法，是指对企业的优势、劣势、机会和威胁进行分析，是一个众所周知的分析工具，有效概括了企业内外部各方面的内容。SWOT中的S代表企业的长处或劣势（Strengths）；W 代表企业的弱点或劣势（Weaknesses）；O 代表企业外部环境中存在的机会（Opportunities）；T 代表企业外部环境所构成的威胁（Threats）。

如表 3-2 所示，优势和劣势分析主要着眼于企业自身的实力及其与竞争对手的比较，而机会和威胁分析则将注意力放在外部环境的变化及对企业可能的影响上。通过 SWOT 分析可集中企业自身的优劣势，与竞争者展开对比，然后关注企业外部环境的变化，利用外部的力量对企业内部诸因素评估分析，认清产业面临的形势，发挥优势，克服劣势，利用机会，挑战威胁，实现资源最优利用。

表 3-2　SWOT 的内涵

	内部优势 S	内部劣势 W
内部环境	知识产权	竞争劣势
	成本优势	设备老化
	竞争优势	战略方向不明
	特殊能力	竞争地位恶化
	产品创新	产品线范围太窄
	具有规模效应	技术开发滞后
	良好的财务资源	营销水平低于同行业其他企业
	高素质的管理人员	管理不善
	公认的行业领先者	战略实施的历史记录不佳
	客户的良好印象	不明原因导致的利润率下降
	适应力强的经营战略	资金周转困难
	其他	相对于竞争对手成本过高及其他
	外部威胁 T	外部机会 O
外部环境	市场增长缓慢	纵向一体化
	产业成本水平高	市场增长迅速
	竞争压力增大	互补产品销量增加
	新的竞争者进入行业	新的消费者进入
	替代品销售额正逐步上升	有开拓市场的机会
	用户讨价还价能力增强	有合并或重组的机会
	用户偏好逐步改变	在同产业中竞争业绩良好
	通货膨胀的影响	拓展产品线以满足用户需求

（1）优势与劣势。优势指能给企业带来重要竞争优势的积极因素或独特能力。劣势是限制企业发展且有待改正的消极方面。企业的优势和劣势主要表现在企业的资金、技术设备、员工素质、产品、市场、管理技能等方面。判断企业内部优势和劣势一般有两项标准：一是单项的优势和劣势。例如，企业资金雄厚，

则在资金上占有优势；市场占有率低，则在市场上处于劣势。二是综合的优势与劣势。为了评估企业的综合优势与劣势，应选定一些重要因素，加以评价打分，然后根据其重要程度按加权平均法加以确定。

（2）机会与威胁。机会指随着企业外部环境的改变而产生的有利于企业的时机。如政府支持、高新技术的应用、良好的购买者和供应者关系等。而威胁是随着企业外部环境的改变而产生的不利于企业的时机。如新竞争对手的出现、市场增长缓慢、购买者和供应者讨价还价能力增强、技术老化等。

2. SWOT 分析的应用

SWOT 分析中核心的部分是评价企业的优势和劣势、判断企业所面临的机会和威胁并做出决策，即在企业现有的内外部环境下，如何最优地运用拥有的资源，并且考虑监理公司未来的资源。

进行 SWOT 分析的一般步骤为：

（1）确认当前的战略是什么？

（2）确认企业外部环境的变化（五力模型或者 PESTEL 分析）。

（3）根据企业资源组合情况，确认企业的关键能力和关键限制。

（4）按照通用矩阵或类似的方式打分评价。把识别出的所有优势分成两组，分的时候以两个原则为基础：它们是与产业中潜在的机会有关，还是与潜在的威胁有关。用同样的办法把所有的劣势分成两组，一组与机会有关，另一组与威胁有关。

（5）将结果在 SWOT 分析图上定位，将刚才的优势和劣势按机会和威胁分别填入表格。

（6）战略分析。

如图 3－8 所示，对于每一种外部环境和企业内部条件的组合，企业可能采取的战略有：

第一，优势—机会（SO）。这种情况下，企业应采取增长型战略。增长型战略是一种发现企业内部优势与利用外部机会的理想的战略模式。当企业具有特定方面的优势，而外部环境又为发挥这种优势提供有利机会时，可以采取这种战略，凭借企业的长处和资源来最大限度地利用外部环境所提供的发展机会。例如，华为技术有限公司在大力发展通信产业的时代背景下，敏锐把握通信产业的发展态势和市场空间，大力拓展通信产业的市场，经营业务遍布全球，取得了惊人的业绩。

第二，劣势—机会（WO）。这种情况下，环境提供的机会与企业内部劣势资源不相适应，或者不能相互重叠，企业应采取扭转型战略，提供和追加某种资源，以促进内部劣势向优势转化，从而迎合或适应外部机会。如果不采取任何行动，等于将机会拱手让给了竞争对手。

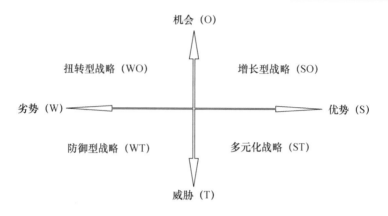

图 3 – 8 SWOT 分析图

第三，劣势—威胁（WT）。在这种情况下，企业应采取防御型战略，减少内部劣势，回避外部环境威胁。当企业存在内忧外患时，往往面临生存危机，应进行业务调整，设法避开威胁和消除劣势。

第四，优势—威胁（ST）。在这种情况下，企业可采取多元化战略，可扬长避短、避实就虚，回避或减轻外部威胁所造成的影响，以发挥优势。如近年来迅速成长的国产手机生产商，相比国外生产商，具有熟悉国内市场、更便捷的融资渠道、更丰富的销售经验和渠道脉络、更完备的售后服务体系等优势，但同时国产手机生产商的劣势也十分明显：人才匮乏、核心技术下降、品牌缺失、通信技术领域产业积累不足等。很多国产手机生产商意识到自身缺乏与高端市场竞争的实力，便专注于进军低端细分市场，同时加快发展核心技术，在智能手机时代到来之际，国内智能手机紧紧把握机遇，HTC、中兴、华为、小米等智能手机生产商都抓住时间节点，把握关键技术，降低硬件成本，抢占市场先机，推进国内智能手机市场来临。

SWOT 分析方法形成以来，由于具有直观、使用简单等优点，广泛应用于企业战略研究与竞争分析。但在 SWOT 分析中要注意：外部环境因素是通过改变竞争双方的优、劣势对比，从而对研究对象产生一定机会或威胁，这是 SWOT 分析的基本结构；SWOT 分析不仅应包含静态分析，还应包含动态分析，既要分析对象与其竞争对手现实的优、劣势及其对比，还要预测现实优劣势在未来可能发生的变化；SWOT 分析不是孤立的，要与价值链分析等相结合；要确立对优劣正确的态度，如果某一劣势阻碍了财务战略目标的实现，就应该弥补这一劣势，而不是回避，只有当劣势在战略所覆盖的未来一段时间内难以改变时，才采取避开的态度；分析的结果应与应用其他竞争环境分析模型结果综合对比以确定企业应采取的最佳财务战略。

例如，表3－3反映了"沃尔玛"SWOT环境分析的情况。

表3－3　"沃尔玛"SWOT分析表

	优势	威胁
内部 外部	作为国家机关，拥有公众的信任 顾客对邮政服务的高度亲近感与信任感 拥有全国范围的物流网（几万家邮政局） 具有众多的人力资源 具有创造邮政/金融 synergy 的可能性	上门取件相关人力及车辆不足 市场及物流专家不足 组织、预算、费用等方面的灵活性不大 包裹破损的可能性很大 追踪查询服务不太完善
机会	SO	WO
随着电子商务的普及，寄件的需求增加（年平均增加38%） 能够确保应对市场开放的事业自由度 物流及 IT 等关键技术的飞跃性的发展	以邮政网络为基础，积极进入"宅送"市场 进入 Shopping Mall 配送 市场 EPOST 活性化 开发灵活运用关键技术的多样化邮政服务	构成邮寄包裹专门组织 对实物与信息的统一化 进行实时追踪及物流控制 将增值服务及一般服务差别化的价格体系的制定及服务内容的再整理
风险	ST	WT
通信技术发展后，对邮政的需求可能减少 现有"宅送"企业的设备投资及代理增多 WTO 邮政服务市场开放压力 国外"宅送"企业进入国内市场	灵活运用范围宽广的邮政物流网络，树立积极的市场战略 通过与全球性的物流企业进行战略联盟；国外邮件的收益性及服务 为了确保企业顾客，树立积极的市场战略	根据服务的特性，对包裹详情单与包裹运送分别运营 对已经确定的邮政物流营运提高效率，由此提高市场竞争力

【本章小结】

企业环境分析是企业制定财务战略的关键环节，在战略管理过程中，不但要求知彼，即客观地分析企业的外部环境，而且要求知己，即对企业内部的资源进行系统的分析。通过研究外部环境，找出外部环境为企业发展所提供的机会以及外部环境对企业发展所构成的威胁，确定"企业可能会选择做什么"；通过研究内部环境，了解企业自身所存在的优势和劣势，并以此作为财务战略制定的出发点，确定"企业能做什么"。

企业的环境由外部环境和内部环境共同构成，外部环境包括宏观环境、产业环境和竞争对手环境，内部环境主要指企业的资源和能力。企业外部环境具有复杂性、多变性、相对唯一性和相对稳定性，内部环境具有差异性和复杂性，外部环境可制约和改善内部环境，内部环境对外部环境也有反作用。全面了解企业内外部环境是确定企业财务战略目标并保证其顺利实施的重要先决条件。

宏观环境与企业之间的关系，通常被称为 PESTEL 模型，包括政治环境、经济环境、社会环境、技术环境、生态环境和法律环境。企业产业环境分析主要包括两个方面：一个是产业竞争的性质和该产业所具有的潜在利润；另一个是该产业内部企业之间在经营上的差异以及这些差异与它们的财务战略地位的关系。对于前者常使用的分析工具是五种竞争力分析模型，对于后者常使用的分析工具是战略群组分析。

按照波特教授的观点，一个产业中的竞争存在 5 种基本的竞争力量，即潜在进入者的威胁、替代品的威胁、现有企业的竞争、供应商的讨价还价能力和购买者的讨价还价能力。这 5 种基本竞争力量的状况和综合强度，决定了产业的竞争激烈程度和产业的潜在利润，也决定了企业可能采取的财务战略。

战略群组是指某一产业在某一战略方面采用相同或相似战略，或具有相同战略特征的一组企业。战略群组分析有助于企业了解战略群组间的竞争状况，确定企业在竞争中的地位以及企业的主要竞争对手，有助于了解战略群组间的移动壁垒，有助于了解所在战略群组内各个竞争对手的优势、劣势和战略方向，还可以预测市场变化或发现战略机会。

竞争对手分析是外部环境分析中的一个重要内容。对竞争对手的分析主要是确定自己与竞争对手的相对位置，长处与短处，能否超过竞争对手，或是被竞争对手赶上，进而确定自己的投资战略。对竞争对手的分析包括竞争对手的未来目标、假设、当前战略和潜在能力。对竞争对手未来目标的分析和了解，有利于推断其改变当前战略的可能性以及对其他企业战略行为的敏感性，还能帮助企业避免那些可能威胁到竞争对手达到其主要目标从而引发激烈竞争的行动。了解竞争对手假设有利于正确判断竞争对手的战略意图。对竞争对手的当前战略的分析，旨在揭示竞争对手正在做什么，能够做什么。对竞争对手能力的分析主要从核心能力、成长能力、快速反应能力、适应变化的能力、持久力等方面进行。

还有其他一些外部环境分析方法，如外部因素评价矩阵（EFE 矩阵）和竞争态势矩阵（CPM 矩阵）。EFE 矩阵其做法是从外部机会和威胁两个方面找出影响企业未来发展的关键因素，根据各个因素影响程度的大小确定权数，再按企业对各关键因素的有效反应程度对各关键因素进行评分，最后算出企业的总加权分数。CPM 矩阵用于确认企业的主要竞争对手及相对于该企业的战略地位，以及主要竞争对手的特定优势与弱点。CPM 矩阵与 EFE 矩阵的权重和总加权分数的涵义相同。编制矩阵的方法也一样。但是，CPM 矩阵中的因素包括外部和内部两个方面的问题，评分则表示优势和弱点。

企业内部环境分析是指企业对自身的条件主要是内部资源和能力的现状及其变动趋势进行分析。内部分析模型包括：检查企业当前所拥有的资源和能力；使用价值链分析方法详细分析整个公司，确定真正特殊的资源和增值活动，为可持续竞争优势提供基础；使用内部因素评价矩阵（IFE 矩阵），评价各职能领域的主要优势与劣势；使用业务组合分析和 SWOT 分析，为企业创造财务战略竞争力。这些分析的结果可作为一个企业选择何种类型的财务战略途径的依据，从而发挥资源和活动的杠杆效应，还会引导企业选择进入什么类型的产业或业务。在新的形势下成功执行这些财务战略途径，将帮助企业最终获得超额利润。

企业资源包括有形资源、无形资源和组织资源。企业能力来源于企业有形资源、无形资源和组织资源的整合，是企业各种资源有机组合的结果。核心能力指企业在具有重要竞争意义的经营活动中能够比竞争对手做得更好的能力。企业的核心能力是竞争优势、市场份额和利润的真正来源。

价值链将企业的生产经营活动分为基本活动和支持活动两大类。价值链分析的一个重要任务就是识别并尽量减少和消除那些无效活动和非增值环节，优化价值活动，创造更大的价值和边际利润。如果企业的主要活动和支持活动都不能创造价值，它就要考虑外包。

波士顿矩阵（BCG 矩阵）的核心在于，要解决如何使企业的产品品种及其结构适合市场需求的变化，只有这样，企业的生产才有意义。同时，如何将企业有限的资源有效地分配到合理的产品结构中去，以保证企业收益，是企业在激烈竞争中能否取胜的关键。BCG 矩阵认为一般决定产品结构的基本因素有两个：市场引力与企业实力。通用矩阵（GE 矩阵）在 BCG 矩阵基础上，在两个坐标轴上增加了中间等级，并增加了分析考虑因素。GE 矩阵分析法不仅能适用于 BCG 矩阵所能适用的范围，而且对需求、技术生命周期曲线的各个阶段以及不同的竞争环境都可以适用。

SWOT 分析方法，是指对企业的优劣势、机会和威胁进行分析，是一个众所周知的分析工具，有效概括了企业内外部各方面的内容。通过 SWOT 分析可集中企业自身的优劣势，与竞争者展开对比，然后关注企业外部环境的变化，利用外部的力量对企业内部诸因素评估分析，认清产业面临的形势，发挥优势，克服劣势，利用机会，挑战威胁，实现资源最优利用。

【本章关键词】

环境分析	Environment Analysis
产业环境	Industry Environment
五力模型	The Five Competitive Forces Model
进入障碍	Entry Barriers
战略群组	Strategic Group
竞争对手分析	Competitor Analysis
外部因素评价矩阵	External Factor Evaluation Matrix
竞争态势矩阵	Competitive Profile Matrix
核心能力	Core Competence
价值链	Value Chain
内部因素评价矩阵	Internal Factor Evaluation Matrix
波士顿矩阵	Boston Matrix
通用矩阵	GE Matrix
SWOT 分析法	SWOT Analysis

【本章思考题】

1. 企业环境分析包括哪几个方面的内容？
2. PESTEL 模型的主要内容是什么？举一个具体产业的例子进行说明。
3. 政治环境是如何影响企业财务战略决策的？
4. 阐明波特"五力模型"的主要内容。
5. 请分析轿车制造业的结构性障碍有哪些？
6. 以手机产业为例，试述如何进行竞争对手分析。
7. 什么是企业资源？决定企业竞争优势的企业资源判断标准有哪些？
8. 什么是价值链？试述价值活动的分类与构成？
9. 什么是 SWOT 分析法？如何加以运用？

【本章案例】

"养子"离去后的加多宝

由香港鸿道集团在中国内地注册成立的全资子公司加多宝集团，1995 年从王老吉凉茶创始人后裔暨王老吉商标海外持有人那里获得凉茶配方的独家使用授权，设计红罐包装，并在国内生产和销售王老吉凉茶。1997年鸿道集团与中国大陆王老吉商标持有者广州药业集团签订王老吉商标独家租赁使用合同。加多宝集团在中国饮料市场上苦心经营10多年，成功地将原本用于"下火"的中药凉茶王老吉转变为全国畅销的饮料，王老吉凉茶年销售额由2002年的1.8亿元增加到2011年的180亿元（其中，加多宝出品的红罐王老吉销售额为160亿元，广州药业出品的绿盒王老吉销售额为20亿元），王老吉商标的无形资产价值也因此达到1080亿元。然而，2012年5月9日，中国国际经济贸易仲裁委员会做出裁决，加多宝集团停止使用王老吉商标。失去王老吉商标使用权的加多宝集团如何在凉茶市场上生存？人们不禁为之捏一把汗。

广州药业集团收回了王老吉商标，加多宝集团失去了凉茶市场上最宝贵的一项消费者心智资源。但是，原来属于王老吉品牌无形资产的重要组成部分的许多优势资源是广州药业集团无法拿走的，如产品配方、制造工艺、生产基地和设备、渠道网络、销售团队、媒体资源、品牌运营能力等。还有，作为凉茶品牌的王老吉与加多宝集团之间的历史联系是客观存在的，谁也无法否认。这就决定了，一方面，加多宝能够在今后的凉茶生产中保证产品的配方、品质、口味和生产能力；另一方面，可以借助王老吉及其多年的销售业绩为加多宝凉茶进行品牌背书，以便完成消费者品牌认知的转换。加多宝集团本着未雨绸缪、扬长避短、避实击虚、集中优势兵力等原则，策划和实施了以推广"加多宝"品牌凉茶为核心的营销战。

面对"养子"离去的必然结局，加多宝集团从2011年就开始为加多宝凉茶品牌的推广进行备战。为了迎接失去王老吉商标之后的营销竞争和市场挑战，加多宝集团在供应链管理等多个环节提前做好准备：备足原料和商品库存、控制生产环节和分销渠道、加强销售管理和销售队伍建设。加多宝集团还提前调整了包装、广告等营销策略。先是为红罐王老吉凉茶进行包装改良，推出"双面红罐凉茶"——红罐包装的一面是"王老吉"三个竖排金色大字，另一面是"加多宝"三个竖排金色大字，让购买和饮用红罐王老吉凉茶的消费者注意和记住：一直以来，红罐王老吉凉茶的真正制造者是加多宝集团。从2011年底开始到2012年5月，人们在全国各大超市、餐馆酒店和娱乐场所见到的红罐凉茶都是这种"双面王老吉"。接着调整广告策略。人们发现，"怕上火，喝正宗凉茶"、"正宗凉茶，加多宝出品"的广告开始遍布各种场合。

加多宝新品牌凉茶的营销传播有三个特点：一是利用一切机会让消费者知道王老吉与加多宝之间的历史联系；二是在电视台和商场广告液晶屏等主要传媒上密集播放广告片；三是大手笔赞助有全国影响力的电视节目。

从2012年5月10日开始，在全国各大电视台、超市多媒体视频等主要传播媒体上，加多宝凉茶广告密集轰炸，如雷贯耳。2012 年由加多宝冠名、浙江卫视制作和播出的大型系列音乐节目《中国好声音》红遍全中国，获得了最高收视率，为加多宝凉茶品牌的推广再添一把旺火。全国数亿电视观众在"正宗好凉茶，中国好声音"的主持人开场白引导下和电视画面上的红罐加多宝凉茶图片的提示下，享受了一场震撼人心的高水平的通俗音乐盛宴。此外，在与广州药业集团围绕王老吉商标之法律纠纷的口水战中，"加多宝"始终做到有理、有利、有节，吸引了广大媒体对加多宝的大量正面报道，并获得了消费者的同情与支持，这相当于为加多宝凉茶的品牌推广做了大量的免费广告。借助各种形式的营销传播，加多宝凉茶"既赚吆喝，又赚买卖"，在 2012 年饮料销售旺季，实现销售同比增长超过 50% 的佳绩。据第三方市场调查机构的调查，截至 2012 年 8 月，加多宝凉茶的品牌知名度已达到 74%，而在凉茶消费者中的知名度更是达到 90% 以上。

（资料来源：《王老吉化背景下的加多宝凉茶竞争战略及其启示》）

【思考题】

1. 加多宝的成功主要取决于哪些内部环境要素？
2. 加多宝的核心能力是什么？
3. 试用 SWOT 对加多宝内外部环境进行分析。

第四章　企业生命周期财务战略管理

【导入案例】杭州娃哈哈集团有限公司创建于 1987 年，为中国最大全球第五的食品饮料生产企业，在资产规模、产量、销售收入、利润、利税等指标上已连续 11 年位居中国饮料行业首位，成为目前中国最大、效益最好、最具发展潜力的食品饮料企业。2010 年，全国民营企业 500 强排名第 8 位。

2013 年 9 月，作为总资产超过 320 亿元的娃哈哈集团唯一的家族继承人，宗馥莉在接受媒体采访谈及公司的管理与业务时直言娃哈哈目前已经处于比较危险的时期，"如果它能够上去就上去，如果下来就没有了"。她还表示目前让其备感头疼的是要花费太多精力去"跟政府打交道"，并爽快表示未来并非没有可能把企业搬到国外。作为已经坐拥饮料行业龙头老大的位置多年的娃哈哈，尽管其近三年的发展速度仍在保持平稳增长，但已开始呈现出放缓的趋势。数据显示，2012 年，娃哈哈的总营收为 636.31 亿元，同比负增长 6.23%；完成净利润 80.58 亿元，同比增长 16.93%，成长性"瓶颈"已成为娃哈哈面临的迫切问题。

早在 2013 年 4 月，宗庆后在接受专访谈及娃哈哈所遭遇的成长"瓶颈"时便坦言目前娃哈哈开发新产品的难度越来越大。性格强势而又率真的宗馥莉在谈及公司遇到的问题时，也直言曾引以为豪的经销商体系现已成为娃哈哈的弱势，另外，长线产品的缺失和多元化业务的泛滥都成为娃哈哈目前遇到的较为严重的问题。正如宗馥莉所言，娃哈哈多年来始终能够保持增长速度的原因在于不断地推出新品，而由此带来的问题便是缺乏长线产品。目前占据娃哈哈营业额较大份额的营养快线产品从市场表现上来看也已即将到达其产品周期。

对于目前娃哈哈每年都要推出的各种品类，宗馥莉并不看好。事实上，一款新产品的成长周期不到 7 个月，一旦未推广成功，新产品就很容易湮没。从目前娃哈哈旗下拥有的十大类产品不难看出，在其多达 150 种的总产品品类中，其"明星"产品已不多见。例如，其销量最佳的营养快线销售额在 2009 年已超过 100 亿元，常年占据娃哈哈总销售额的 1/4 左右。近两年，在娃哈哈推出的新品类中，除了"格瓦斯"和"启力"，其他能够随处可见的产品也屈指可数。

事实上，娃哈哈的近况与全球饮料界第一品牌可口可乐40年前的境遇颇有几分相似。不同在于，时任可口可乐CEO的保罗·奥斯汀将目光投向了国际市场，到了1981年，可口可乐在国际市场的销售量已占据其整个软饮料业务的六成。对于目前同样在国内拥有霸主地位和充裕现金流的娃哈哈而言，宗庆后则把目光首先瞄准了零售业，为此，他亲自走访欧洲多个市场考察。然而，对于由其父亲目前亲自力推、被视作娃哈哈集团多元化最主要方向的零售业务，宗馥莉明确表示"并不支持他这么做"。这位有着国外8年求学经验、在娃哈哈的元老们眼里的"小宗总"，有着与父亲宗庆后截然不同的商业思维，"她的思维更加国际化，想做的事情完全与父亲不同"。但是就娃哈哈来说，短期内，这依然会是宗庆后一个人的"王国"，他的每一个决定，至今公司内部没人说"不"。

对于宗馥莉所言"可能将娃哈哈搬出去"，媒体也曾多方解读这种不可行性，但对于宗馥莉来说，国际化是娃哈哈必须要走的方向。去年9月，由宗馥莉亲自给浙江大学捐赠7000万元人民币成立的馥莉食品研究院曾引发外界各种猜测，与其说是为国内食品行业培养顶尖的人才，不如看做是为娃哈哈培养更为国际化的人才做准备。这些年，宗馥莉频频出国，参加大量国际展会，目的是将娃哈哈产品推向世界。结合国际市场，她认为娃哈哈的产品外包装较为"老土"，为此，她还亲自带领团队更改、设计外包装，使得娃哈哈在国外的产品包装更为国际化、时尚化。

种种迹象表明，娃哈哈的发展已经到了一个战略转折阶段，它急需对自身财务战略进行高效管理。为了发展与突围，娃哈哈已经到了应当采用不同财务战略的时候了。

第一节 企业生命周期理论

一、企业生命周期的涵义

企业是有机的生命体，其生命内涵可以从两个角度来分析：空间上，企业是由各种要素、资源或能力在结构上的不同安排，即构成企业有机体的那些物质的、社会的、文化的要素的有机结合；时间上，企业总是遵循着自身的规律，在开放的环境中通过投入产出不断地与外部进行物质能量交换，从而实现自身的目标。只有将企业存在的空间因素和时间因素相结合，才能形成企业这个有机的生命体。

英国经济学家马歇尔认为，一个产业就像一片森林，大大小小的企业犹如森林中参差不齐的树木，都有生存和发展的机会，也都会面临凋零枯萎的命运。这也就是说，企业就像生物有机体一样具有生命，并且存在着一个相对稳定的生命周期，即所有企业都会经历一个从低级到高级、由幼稚到成熟的生命规律，它们都有自己的初创、成长、成熟和衰退的不同阶段，每个阶段之间紧密相连，从而构成了企业完整的生命变化过程。这种企业初创、成长、成熟、衰退的过程就是企业的生命周期。

然而企业并不是真正的生物体，而是一个人造的有机体系统。生物体的生命是有限的，但企业是个人工系统，它的成长不一定遵从生物体自身的生命周期规律，体内也不存在使其必然死亡的固有因素。无论外部环境如何变化，生物体的寿命都不能突破其遗传基础所决定的潜在极限。而企业的生命周期既决定于企业内部因素，如核心能力，又决定于企业外部条件，如市场结构，是多种因素共同作用的结果。尽管绝大多数企业最终要死亡，但这并不意味着每个企业都具有死亡的必然性，因为企业还有许多非生物特性，可以通过各种方式来延缓死亡过程，保持其与环境的适应性，使其具有永续性，实现企业的可持续发展。

二、企业生命周期理论的发展历程

20 世纪 50 年代以来，许多学者开始关注企业生命周期理论，并从不同视角对其进行了考察和研究，其发展历程大致可归纳为以下几个阶段：

1. 企业生命周期理论的萌芽阶段（20 世纪 50 年代至 60 年代）

在 1960 年以前，关于企业生命周期的论述几乎是凤毛麟角，对企业生命周期的研究刚刚起步。在这一阶段，马森·海尔瑞（Mason Haire，1959）首先提出可以用生物学中的"生命周期"观点来看待企业，认为企业的发展也符合生物学中的成长曲线。在此基础上，他进一步提出企业发展过程中会出现停滞、消亡等现象，并指出导致这些现象出现的原因是企业在管理上的不足，即一个企业在管理上的局限性可能成为其发展的障碍。

2. 企业生命周期理论的系统研究阶段（20 世纪 60 年代至 70 年代）

20 世纪 60 年代开始，学者们对于企业生命周期理论的研究比前一阶段更为深入，对企业生命周期的特性进行了系统研究，主要代表人物有哥德纳和斯坦梅茨。

哥德纳（J. W. Gardner，1965）指出，企业和人及其他生物一样，也有一个生命周期。但与生物学中的生命周期相比，企业的生命周期有其特殊性，主要表现在：第一，企业的发展具有不可预期性。一个企业由年轻迈向年老可能会经历 20 ~ 30 年时间，也可能会经历好几个世纪的时间。第二，企业的发展过程中可能会出现一个既不明显上升也不明显下降的停滞阶段，这是生物生命周期所没有的。第三，企业的消亡也并非是不可避免的，企业完全可以通过变革实现再生，从而开始一个新的生命周期。

斯坦梅茨（Steinmetz L. L.，1969）系统地研究了企业成长过程，发现企业成长过程呈 S 形曲线，一般可划分为直接控制、指挥管理、间接控制及部门化组织四个阶段。

3. 企业生命周期理论的模型描述阶段（20 世纪 70 年代至 80 年代）

在 20 世纪 70 年代到 80 年代中，学者们在对企业生命周期理论研究的基础上，纷纷提出了一些企业成长模型，开始注重用模型来研究企业的生命周期，主要代表人物有邱吉尔、刘易斯、葛雷纳以及伊查克·爱迪思。

邱吉尔和刘易斯（Churchill N. C. and Lewis V. L.，1983）从企业规模和管理因素两个维度描述了企业各个发展阶段的特征，提出了一个五阶段成长模型，即企业生命周期包括初创阶段、生存阶段、发展阶段、起飞阶段和成熟阶段。根据这个模型，企业整体发展一般会呈现"暂时或永久维持现状"、"持续增长"、"战略性转变"和"出售或破产歇业"等典型特征。

葛雷纳（L. E. Greiner，1985）认为，企业通过演变和变革而不断交替向前发展，企业的历史比外界力量更能决定企业的未来。他以销售收入和雇员人数为指标，根据它们在组织规模和年龄两方面的不同表现组合成一个五阶段成长模型：初创阶段、指导阶段、分权阶段、协调阶段和合作阶段。该模型突出了初创者或经营者在企业成长过程中的决策方式和管理机制构建的变化过程，认为企业的每个成长阶段都由前期的演进和后期的变革或危机组成，而这些变革能否顺利进行直接关系到企业的持续成长问题。

伊查克·爱迪思（Adizes，1989）可以算是企业生命周期理论中最有代表性的人物之一。他在《企业生命周期》一书中，把企业成长过程分为孕育期、婴儿期、学步期、青春期、盛年期前期/后期、稳定期、贵族期、官僚初期、官僚期以及死亡期共十个阶段（如图 4 - 1 所示）。

他认为企业成长的每个阶段都可以通过灵活性和可控性两个指标来体现：当企业初建或年轻时，充满灵活性，做出变革相对容易，但可控性较差，行为难以预测；当企业进入老化期，企业对行为的控制力较强，但缺乏灵活性，直到最终走向死亡。在本阶段里，西方学者们已经将企业生命周期理论研究得比较深入和完善了，因此这一阶段是企业生命周期理论研究的繁荣阶段。

4. 企业生命周期理论的改进修正阶段（20 世纪 90 年代至 20 世纪末）

在西方学者对企业生命周期研究的基础上，我国学者对此又进行了修正和改进，主要代表人物有陈佳贵和李业。

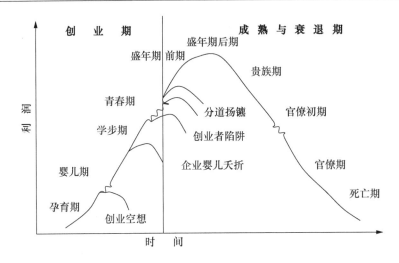

图 4-1　企业生命周期的十个阶段

陈佳贵（1995）对企业生命周期进行了重新划分，他将企业生命周期分为孕育期、求生存期、高速发展期、成熟期、衰退期和蜕变期。这不同于以往以衰退期为结束企业生命周期的研究，而是在企业衰退期后加入了蜕变期，这个关键阶段对企业可持续发展具有重要意义。

李业（2000）在此基础上又提出了企业生命周期的修正模型，他不同于陈佳贵将企业规模大小作为企业生命周期模型的变量，而将销售额作为变量，以销售额作为纵坐标，其原因在于销售额反映了企业的产品和服务在市场上实现的价值，销售额的增加也必须以企业生产经营规模的扩大和竞争力的增强为支持，它基本上能反映企业成长的状况。他指出企业生命的各阶段均应以企业生命过程中的不同状态来界定。因此，他将企业生命周期依次分为孕育期、初生期、发展期、成熟期和衰退期。

5. 企业生命周期理论的延伸拓展阶段（21 世纪初期）

目前，企业界和理论界的研究重点开始从原有的企业生命周期研究转向对企业寿命的研究，即如何保持和提高企业的成长性，从而延长企业寿命。

历史上没有一家企业的生命是超过 1000 年的，也没有一家企业是超过 500 年的，甚至连超过 300 年的企业也很难找到。美国波士顿咨询公司对《幸福》杂志中世界 500 强企业的研究显示：20 世纪 50 年代《幸福》杂志所列的世界 500 强企业，近一半在 90 年代《幸福》杂志所列的世界 500 强企业的名单中消失；70 年代《幸福》杂志所列的世界 500 强企业，近 1/3 在 90 年代《幸福》杂志所列的世界 500 强企业的名单中消失。

到 2000 年为止，我国已经破产的企业达到 25000 家，注册资本在 50 万元以下的民营企业平均寿命只有 1.8 年，高新技术园区 5000 家企业中能坚持 3 年的大约为 5%，能坚持 8 年的只有 3%。

因此，企业可持续发展的背后是企业对稳定利润的追逐。一个企业也只有做到可持续发展，不断地从战略转型中成长蜕变，才能不断延长企业的寿命，扩大企业的成长空间，真正实现企业价值最大化。

三、企业生命周期的阶段划分及其特点

企业像生命有机体一样具有寿命。如果企业只生产一种产品，那么这个企业必然有着和其产品一样的生命周期曲线。在以上众多的企业生命周期研究中，学者们一般都是按照企业的生存和发展阶段以及每个阶段伴随的特征及规律来进行研究。尽管不同的学者对于企业生命周期阶段划分的数目并不相同，但其内容论述却都表明企业的生存与发展总是有着大致相同的模式，即将企业的生命周期划分为四个阶段，依次为初创期、成长期、成熟期和衰退期（如图 4-2 所示）。

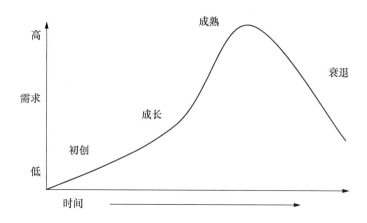

图 4-2 企业的生命周期阶段

1. 初创期

企业处于初创阶段时，知名度不高，资金不充裕，整个生产经营活动过程中出现的任何差错都可能导致企业的夭折。新产品开发的成败以及未来企业现金流量的大小都具有较高的不确定性，因此经营风险非常高。在这一阶段，初创者满怀抱负，组织系统虽不完善但具有活力，创造性和冒险精神充足，初创者之间团结一致，凝聚力强，但企业资本实力弱，产品品种少，生产规模小，盈利水平低，企业形象尚未树立。

2. 成长期

成长期企业的产品逐渐被市场所接受，销售能力增强，生产规模扩大，业务迅速增长，发展速度加快。但企业的经营风险仍然比较大，这主要是由于企业的市场营销费用增加，企业需要募集大量资金进行项目投资，但企业的现金流量却仍然是不确定的，且市场环境是多变的。因此，企业需要不断完善企业的管理制度、更新企业未来发展规划，提高企业对市场的应变能力，以保证企业的快速成长。在这一阶段，企业开始由小到大，实力逐步增强，企业的经济增长让初创者看到了希望，因而企业的组织活力、创造性和凝聚力不减，初创者也愿意为企业的未来发展冒一定的风险；企业注意重点发展有前途的产品，虽然盈利不多但增长速度较快，企业开始设法树立自身的形象。

3. 成熟期

企业的主要业务已经稳定下来，产品销售额保持稳定的水平，增长速度开始减慢。企业步入正轨，现金流量比较稳定，经营风险相对下降，管理制度趋于完善，企业价值不断增加。成熟期时企业利润的高低及其实现程度并不是取决于产品的价格，而是取决于产品的成本。因此，企业在成熟期时的成本控制极为重要。企业进入成熟期的切入点往往是几种重点产品成功地占据了市场甚至获取了优势地位，这时企业的形象得以树立，生产规模得以扩大，盈利水平达到高峰但增长速度放慢；企业逐步设立各种部门，组织体系趋于完备，但组织系统内的初创者之间开始产生矛盾，组织系统凝聚力被削弱；守成思想开始出现，企业创造力和冒险精神减退，因而组织活力显得不足。

4. 衰退期

由于竞争加剧，企业创新能力减弱，原有产品逐渐被市场所淘汰，销售额下降，而新产品却很难推出，企业业务发生萎缩，竞争能力下降。企业潜在的投资项目又尚未确定，因此企业容易走向破产。在这一阶段，企业走向衰老和消亡，企业资本虽多但资本负债率高，生产规模虽大但包袱沉重，产品品种虽多但前途暗淡，规章制度虽多但组织矛盾突出，企业形象虽在但已成明日黄花。

第二节 初创期企业的财务战略管理

一、初创期企业的风险及特征

企业在初创期时会面临很多风险，由于技术、工艺不成熟，产品质量不稳定，销售渠道不完善，与供应商的合作关系不稳定，企业及产品在社会上没有知名度，市场份额不高，企业在生产及销售方面都会面临较大的困难。因此处于初创期的企业抗风险能力很弱。

从企业的生命周期来看，处于初创阶段的企业大多属于中小企业。经营中小企业并非是单纯的管理问题，而是一种战略、一种崭新事物的创造。中小企业的生命力取决于社会对其产品和服务的需要过程及其自身满足需要的能力，同时，中小企业满足社会需要的能力又取决于其对社会需求的认识能力、从社会中获取资源的能力以及组织利用资源的能力。由此，要提高中小企业的生命力，就必须使中小企业提高内部的这些能力。也就是说，中小企业的生存和发展首先依赖于资金的投入，即为企业生产顾客预期将要购买的商品而预先垫付的资本投入，而且企业的资金期望能够也应该能够从将来的销售收入之中得到补偿。但问题是，在企业先行投入而垫付了资本、生产出产品之后，顾客或者消费者是否能购买企业的产品还是个未知数，在市场竞争激烈的今天，这就存在着非常大的不确定性，所以，资本的投入要靠消费者的认可才会得到补偿。正如德鲁克所指出的那样，有关企业的使命只有一个，就是创造顾客。即对处于初创期的企业来说，持续地创造顾客是企业生存和发展的关键。因此，一般而言，处于初创期的企业生存与发展要依赖自身内部经营能力及外部环境。

1. 处于初创期的企业抵御外部环境变化的风险弱

初创阶段的企业受环境变化的影响程度更大，对环境因素的控制能力更弱。因为外部环境中有机会是企业创建的主要依据，企业处于初创期，生产经营活动具有较强的灵活性，一旦环境中出现好的盈利机会和生存条件，处于初创期的企业就会大量出现。创建企业需要投入的生产要素各企业之间并无实质性的差异，但结果却可能相差很大，一个重要原因是初创环境不同。处于初创期的企业在经营时间、经验及承受风险能力方面都比不上大企业，因此初创环境的选择对处于初创期的企业影响更大。相对于大企业来说，处于初创期的企业遭遇风险损失的概率要高得多，风险产生的直接原因是企业内、外部环境都不确定，但其初创者的冒险精神和行动是处于初创期的企业相对于大企业的一种优势。但也必然会由此而遇到较大的风险。由此可见，环境对处于初创期的企业竞争力的影响是直接的，环境变化更容易给处于初创期的企业的生产活动带来威胁，甚至造成企业破产。企业面临的风险环境有制度性因素也有非制度性因素。从制度性的因素分析来看，第一，宏观政策对企业的发展有较大的影响。在经济高速增长时期，投资需求和消费需求旺盛，企业无论规模大小都有较好的机会，从而刺激处于初创期的企业盲目扩大生产规模，不注重提高产品的技术与质量水平，不注重降低成本。一旦这种高速度的增长难以为继，政府采取紧缩的宏观政策时，行业生产能力就会明显过剩，从而使行业内企业遭到较大的冲击，承受各方面压力的能力都比较薄弱的初创期企业更是首当其冲，导致部分企业难以生存下去。第二，金融机构投资不足是影响企业生存发展的又一重要制约因素。与大企业相比，处于初创期的企业的成长之所以经常处于困难的状况，主要制约因素之一就是金融机构的投资倾向。一般而言，金融机构都希望它们贷出的资金有资产担保，到期能够收回本金并能按照一定的利率收取利息。金融机构通常希望企业获得贷款后不久就能开始付息，由此，利息总是借款企业的重要现金支出。而一般处于初创阶段的企业不可能马上获得利润，这就使这些企业很难从金融机构获得资金支持。另外，金融机构之所以倾向投资于大企业，不愿给予处于初创期的企业资金支持也在于处于初创期的企业高死亡率所导致的企业财务信誉不稳定，这也是金融机构最为担心的问题。所以，与大企业相比，处于初创期的企业缺乏负债能力，负债筹资成本较高，迫使处于初创期的企业必须从别处获得资金。同时，处于初创期的企业不但向金融机构取得资金比较困难，而且还不能利用通常只有大企业才可能利用的长期资本市场。因此，当宏观经济紧缩的时候，处于初创期的企业发生财务危机的概率远远高于大企业。影响处于初创期的企业经营困难的非体制性原因是生产力发展的客观所致。比如，产业结构的剧烈变动经常给产业内企业经营造成影响。产业结构性调整是许多国家工业化进程中都不可避免的，并有其客观规律性。在经过一段较高增长时期之后，传统产业便面临结构调整，而调整幅度较大的产业往往又是陷入困境的传统产业，其先后顺序是煤炭行业、纺织行业、冶金行业、传统机械行业等，这些产业中的大企业可以依靠多年经营积累下来的资金通过转产及多角化经营战略渡过产业调整波动期，而处于初创期的企业则要受到较大的冲击。

2. 处于初创期的企业自身经营能力明显不足

第一，处于初创期的企业缺乏关键的管理人员。处于初创期的企业由于受其规模所限，分工较粗，企业大多由初创者本人经营，缺乏必要的经营管理经验、风险识别和处理是非程序化的工作，仅仅依靠经营者个人决策，这是比较危险的。又因为企业在初创阶段受实力及信誉的限制，难以吸引受过良好职业教育、拥有丰富经验的职业经营管理人才，人才缺乏的结果是企业的管理水平跟不上企业成长的速度。这种情况也是处于初创期的企业高死亡率的重要因素。

第二，处于初创期的企业缺乏市场营销能力。受企业本身能力的限制，处于初创期的企业市场反馈渠道非常狭窄，不能及时获得市场需求变化的信息，因此，往往陷入寻找顾客的困惑之中。

第三，处于初创期的企业由于缺乏必要的资金，不能及时采用先进技术和先进设备，及时开发新产品。因此，处于初创期的企业不可能凭借资金等一般性的经营实力与大企业抗衡。

处于初创阶段的企业面临着巨大的经营风险，在没有做好充分准备的情况下，企业往往就会失去生存的机会。因此，新创企业必须警惕风险。

3. 从财务角度看，处于初创期的企业明显资金不足

处于初创期的企业在其生产经营过程中面临的最大困难是资金短缺，这一点对任何国家或任何产业中的企业都是如此。正如前面所述，小企业难以获得资金的主要原因在于其"小"上，一方面处于初创期的企业因其小而资产少，缺少资产抵押品；另一方面，处于初创期的企业多数处于初创阶段，经营时间不长，加上企业往往关心的是企业的生存及发展问题，忽视企业经营资料的积累，经常不存在详细的序列化的经营绩效记录，因此包括银行在内的众多投资主体难以衡量其经营状况，从而给人以投资风险大的印象。同时，从宏观形势来看，在经济不景气的情况下，人们的投资行为比较谨慎，处于初创期的企业难以获得资金；而在经济高涨时期，社会资金总体需求旺盛，往往超过资金的总体供给，处于初创期的企业也不容易获得资金。因此，处于初创阶段的企业资金短缺问题是全方位的。

第一，企业初创之时初始资本投入不足。初创伊始企业初创者所能开发的筹资渠道非常有限，资金来源主要依赖其个人资本力量，又大多数采取独资或合伙的组织形式，因而企业在初创之初资本投入明显不够充足。

第二，资本积累能力差。企业成立之后，由于产品及市场等因素，处于初创期的企业一般来说收益水平低于大企业，再加上初始投资资本不足，规模较小，故资本增值无论就速度还是绝对额来讲都受到了限制。

第三，缺乏流动资金周转计划。新初创的企业只有在相当规模的顾客购买发生后才会有资金回流。由于处于初创期的企业缺乏专业管理人才，资金使用随意性大，又没有制定有关库存管理与资金结算方面的必要的内部控制制度，与此相关的资金周转效率不高，往往缺乏严密的资金调度计划。这种忽视内部财务管理的结果往往导致企业资金周转困难。

一般而言，企业在成功地初创之后，随着销售规模的变化，现金流要经过四个不同阶段。第一阶段是"入门"阶段，合同、顾客及企业声誉缓慢增长，销售增长率不高；第二阶段是早期成长阶段，这一阶段销售额增长率速度开始加快，要垫付大量资金；第三阶段是"成长"阶段，垫付资金开始流回企业，经过相当长的时间之后，累计现金余额才会消除赤字；第四阶段是"成熟"阶段，只有那些能渡过早期资金危机生存下来的企业才能达到这一阶段，这一阶段的特点是企业现金流充沛，销售水平开始稳定，企业进一步走向强大。

二、初创期企业的财务战略取向

初创阶段的企业要想成功地生存并得以发展会遇到极大的风险。正因为它往往是在十分不利的条件下发展起来的，因而能够取得成功的企业倍加引人注目。对于处于初创期的企业失败，可能许多人将其归为资金不足，但根据上面的分析，实际上应归为缺乏企业经营能力及管理经验。资本不足的确是新创企业普遍具有的财务特征，但由于企业在初创过程中要经历一段收益低下的困难时期，才会有资本补偿的不及时，导致企业因资本枯竭而失败。所以，如果通过适当的财务安排，企业能够承受这段困难时期中较低的收益能力，就可以胜利地渡过这一难关。因此，这一时期主要焦点不是财务风险，而是经营风险。企业不能既要面对较大的经营风险，又要承担较大的财务风险。初创阶段的企业财务战略安排的原则应是关注企业的经营风险，不应再让企业承担较大的财务风险。

1. 投资战略取向

投资是企业为获得未来经济利益和竞争优势而将筹集来的资金投入到一定的事业或经营活动中的行为。企业根据总体战略对有关投资活动所做的全局性谋划就是企业的投资战略。企业投资是求得企业生存和发展的基本保证，又是实现企业总体经营战略的重要手段。从某种角度上说，企业战略的实质就是通过调整企业本身资金投入与配置状况来迎合外部环境所提供的各种机会。因此，投资是企业战略意图的一种重要表达形式，它的意义不仅在于使企业未来若干年内能获得更多的经济利益，更重要的是要体现企业的战略思想，注重企业长期竞争优势的培植和巩固。企业的投资行为必须具备战略思想，要能与企业的内外部环境状况和发展趋势相协调，使投资与企业整体战略的要求相一致。

（1）企业总体成长战略的模式。企业作为一个生物体，其成长所依据的基本条件是其内部力量的积聚。企业内部力量的积聚是企业投资的主要动因，企业投资活动实质上就是企业内部力量释放的一种表现形式。由于企业的内部力量是有限的，并且这种力量的积聚需要一个过程，所以，相对来说，企业拥有的力量往往具有相对稳定性，这就为企业针对自己特定的成长阶段制定长远成长战略提供了可能，使得企业能够根据自己的能力去制定成长战略。一般来说，企业在其成长过程中适用的战略模式是：集中战略、一体化战略、多样化战略、合资战略、国际化战略、紧缩战略、退出和清算战略。其中，集中战略是企业通过内部获得发展的战略；一体化、多样化、合资和国际化战略是企业从外部获得发展的方法；而紧缩、退出和清算战略则是企业在不利的环境下避免更大损失的方法。

多数企业在其成长过程中基本上遵循的是这样的顺序：在企业初创初期采取

集中战略，因为初创阶段的企业注重的是生存和进行初步积累的问题，企业在市场中的权利处于空白，没有稳定的市场份额，因而需要开辟一个小范围的根据地市场。这个市场，或者是一个大市场中的一个细分市场，或者是一个小市场中的一块领域。企业在该市场中增加其主要业务的销售量，提高市场占有率，培养顾客对自己的感情。同时，企业还要不断地扩大经营地域范围，由细分市场逐步扩大到全国市场。当企业已不满足于单一业务结构时，其会选择一体化战略，以延长企业的价值链或扩大企业的规模，并实现企业的规模经济。但企业规模扩大到一定阶段，其力量的积聚需要通过各种途径予以释放的时候，企业会采取多角化经营战略，以实现企业的持续成长。上述八种战略是指导企业成长的主要战略模式。企业在不同成长阶段应适当选择其中的一种或几种战略。

（2）处于初创期的企业集中化投资战略的实现途径。集中战略是主攻某个特定的顾客群、某产品系列的一个细分区域或某一地区市场，重点投资于特定目标。以此，企业能够以更高的效率、更好的效果为某一狭窄的战略对象服务，并争取获得一种优势地位。采用该战略，能使企业专注于一项业务，企业目标、方向清楚明了，要求投入的资金有限，可以最大限度地发挥企业的能力，发挥资金效益，使企业获得稳定的发展。因此，该战略可以用来指导处于初创阶段企业的投资方向。所以，企业的投资取向是：

第一，开拓市场。初创阶段的企业采用集中战略首先应研究企业的市场在哪里，研究企业究竟应投资于何种目标市场。可供处于初创期的企业选择的市场投资战略是选择大企业无力染指或不愿染指的市场中某一夹缝市场。这样的市场必须满足的条件是：该市场有足够的规模和购买力，从而使涉足其间的新创企业有利可图；该市场有成长潜力并被大企业所忽视；涉及该市场的处于初创期的企业拥有其需要的技能和资源，可有效地为之服务。

夹缝市场的投资基点包括以下几个方面：一是依靠地区资源形成企业优势。初创阶段的企业可依靠本地区不适宜大企业发展需要的资源条件而求得生存和发展，地区资源包括本地区的自然资源、劳动力资源和资金资源，如依靠本地人力资源优势可以投资于资金需求较少的劳动密集型企业，通过不断扩大生产规模来实现企业的发展。二是根据产业结构变动寻求企业生长点。初创阶段的企业可以根据产业结构变动及当前产业结构某一方面的薄弱之处，投资于产业空缺或薄弱之处，使本企业成为产业联系中不可缺少的一部分，并以此形成局部优势，从而得到稳定的发展。三是依附于大企业以求寄生创市。大企业因为其雄厚实力和良好声誉，在市场中形成了产品偏好或品牌偏好，以致垄断了某些市场，新创企业无法与之抗衡。但大企业无论实力如何雄厚，这种实力是在专业化基础上实现的。因此，处于初创期的企业可以利用大企业的优势，顺势而为，投资能够与大企业进行专业化协作的生产开发领域，使企业得到相对稳定的供销渠道，发挥自己的专长，从而在一定程度上避开市场竞争的压力，突破自己在人才、管理、资金和设备等方面的制约。但要注意的是，选择了依附型寄生创市投资的战略，应注意"依附"与企业"成长"的关系，不能将生存方式理解为成长战略，要在依附企业的环境中又不失自身发展的主动权，要在适当时机转换生存发展战略，才能使企业得以成长。

第二，产品定位。初创阶段的企业采用了集中化投资战略之后就将市场锁定在特殊的顾客群体上，企业产品开发投资的重点就是任何能满足特定细分市场顾客需要的产品。集中战略的产品概念是具备特色的产品，企业应该了解自己锁定的顾客群所需的产品在哪个层次上，企业的产品及服务如何能满足他们的这些需要。产品投资的目标一定是将产品的特色转换为顾客需要，这样，企业的产品才能吸引顾客。因此，企业一旦选定了目标市场，就要在目标市场上进行产品市场定位，以根据顾客对产品某种特征或属性的偏好，强有力地塑造出本企业产品与众不同的个性或形象，并将这种形象生动地传递给顾客，以便确定企业产品在市场中的适当位置。

若使产品具有特色的市场形象，初创阶段的企业产品投资应注重四个方面：一是使产品实体具有特色，如在产品形状、成分、构造、性能等方面投资，树立产品的新特征，如我国有些酒业生产商在酒中加入一些药剂成分使酒具有保健功能，就是使产品具有特色的例子；二是从顾客消费心理上体现产品的特色，如根据企业目标顾客群的特征将产品定位于豪华、朴素、时髦、典雅等；三是在价格水平上实施产品定位；四是形成产品的质量差别，如服装制造商要做出其产品定位是高档时装还是普通服装，或者两者兼而有之的投资决策。企业在进行具体产品投资时，要注意了解同一细分市场内竞争对手的产品具有什么特色，还要注意研究顾客对企业产品的兴趣，然后对这两个方面进行分析，最后选定企业产品特色市场形象，从而完成产品的市场特征定位，为产品投资确定战略方向。

初创阶段的企业产品定位应该采取的方式是：首先，要避开强劲的竞争对手，不与大企业正面交锋，这样能够使自己迅速在市场上站稳脚跟，并能在特定顾客心目中迅速树立起某种独特形象，因而经营风险较小，成功率高。如在计算机巨人IBM的阴影下，微软公司选择软件的研制开发，英特尔公司选择计算机芯片，苹果电脑公司选择个人计算机作为切入点。这些领域当时对市场领先者IBM的利益并不重要，因此未引起IBM的关注。如今这些公司都已成长起来，几乎能与IBM并驾齐驱。其次，若企业初次投放市场中的产品销路不畅，市场反应平淡，就应将产品重新定位，以摆脱困境，重新寻找产品新的增长点。再次，企业对产品进入市场的时机选择也非常重要。若企业依靠自己的能力进行产品投资开发而研制出具有特色的产品，并以此作为创建企业的基础，企业就应在该产品的市场处于空白之时抢先将其引入市场，这样比较容易抢占市场份额，获得价格优势，可以达到据此壮大企业的目的。反之，企业为了避免产品在引进阶段进入市场所需的大量研究开发投资和失败的风险，可将产品投资定位于模仿战略，即在市场已有产品的基础上通过创造性模仿和功能嫁接等投资方式生产出独具特色的产品，以满足细分市场的顾客需要。这种后发制人的产品投资方式最好选择最先进的技术、产品及管理经验，否则不仅影响自己的起点高度，还影响到今后的发展水平。因此，企业应以现在最先进的产品为借鉴，经过吸收消化、创新，发展成为自己具有独特性能的产品。一般说来，起点越高，越有利于自己发展。日本现代工业的起飞就是以瑞士的手表、德国的照相机、荷兰的收录机和美国的汽车等为模仿对象，取得了巨大的成功。而韩国、中国香港、中国台湾、新加坡等新兴工业国家、地区的崛起，又大多是模仿日本所获得的成功。

第三，创新发展。创新理论是由熊彼特首先提出的。他认为，创新包括五种情况：一是采用一种新的产品——也就是消费者还不熟悉的产品或某种产品的一种新的特征；二是采用一种新的生产方法，也就是在制造部门中尚未经过检验鉴定的方法，这种新的方法不需要建立在科学新发现的基础上，它可以存在于商业上处理一种产品的新的方式之中；三是开辟一个新的市场，也就是在有关国家的某一制造部门以前不曾进入的市场，不管这个市场以前是否存在过；四是掠取和控制原材料或半成品的一种新的供应来源，也不问这种来源是已经存在的，还是第一次创造出来的；五是实现任何一种工业的新的组织。德鲁克也十分重视企业的创新活动，他认为不能创新的公司是注定要衰落和灭亡的，并指出，"企业有两大基本职能，一是创新，二是市场营销"。德鲁克认为创新活动主要有三种形式：一是技术创新，如产品创新和生产技术创新等；二是用途创新，如通过开拓新的市场使产品在不进行任何改进的情况下扩大用途、扩大市场；三是社会观念创新。所以，创新是任何企业增强竞争力的重要途径，对于处于初创期的企业来说，创新更是用以战胜大企业、谋求发展的战略手段。同时，和大企业相比，处于初创期的企业创新绩效要优于大企业，这可从一些文献资料研究成果中体现出来。资料表明，20世纪的许多重大发明与创新成果来自于小企业和发明家个人，而不是大企业。如20世纪61项重要发明和创新的成果中，小企业和发明家所占的比例为50%以上。美国钢铁业的7项重要创新成果全部是由小企业和发明家所完成的，包括空调、直升机、柯达彩色胶卷等都是小企业及发明家的成果。同时，小企业在高新技术产业化、市场化方面比大企业做得更好。统计数据表明，小企业最新科研成果产业化的生产周期为1~2年，而大企业则需要4~5年的时间，说明小企业的创新效率也高于大企业。因此，处于初创期的企业投资于创新活动是其生存及快速成长的重要手段。

虽说处于初创期的企业在市场营销方面的机动灵活性，经营者具有旺盛的创新意识及企业内部沟通效率高等是其创新的明显优势所在，但在技术人才、外界联系、管理技能、资金等方面又具有明显的劣势。这些创新方面的优、劣势决定了初创阶段的企业不可能从事那些需要大量的资金投入和风险大的创新活动（如基础研究与发明、基本工序创新等），而主要从事那些风险较小的创新活动（如产品创新的仿造、产品或工艺的修正、小的技术改进等）和基于个人智慧的发明创造。因此，企业的创新活动投资应集中在那些创新活动活跃的行业，在这些行业中，处于初创期的企业创新绩效优于大企业。

2. 筹资战略取向

资金筹集是企业生存和发展的前提条件。一个企业在初创之时必须有一定的资金，在拥有资金的基础上，企业才能实现各种生产要素的有机结合，进而生产出市场需要的产品，借以取得收益。没有足够的资金支持，企业就难以按照企业战略的要求进行投资活动，导致企业资金匮乏，形成恶性循环。因此，企业能否发展下去，除了必须使产品满足市场需要外，还必须在资金市场上取得成功，即筹集到企业经营与发展所必需的资金。企业投资战略确定下来之后，接下来的工作便是制定企业筹资战略。筹资的目的是投资和发展企业，所以，企业筹资战略必须以企业战略和投资战略为依据，充分反映企业战略与投资战略的要求。但是，制定企业主体战略和投资战略时，也必须考虑企业的资金能力，要量力而行。

作为企业的初创者，其面临的比较棘手的问题就是如何获得开办和经营企业的足够资金。处于初创期的企业所有者可以直接控制企业的发展，控制企业内部资产重组、市场营销、产品开发等战略的实施，但是成功地筹措企业长期发展的资金却是另一回事。在很大程度上，资金筹措要依赖外部力量，比如宏观经济状况、金融市场的行情等，还有投资人和贷款人的意愿、企业未来的预期等更是对企业资金筹措有直接的影响。由于初创阶段的中小企业财务战略关注的焦点是经营风险，企业管理者要尽量降低财务风险，以保证企业有个稳健的生存条件。所以，企业筹资战略的原则应是：①实行稳健的财务杠杆比率。在企业初创阶段，负债筹资的风险很大，或者说债权人出贷资本要以较高的风险溢酬为前提条件，从而使企业的筹资成本很高。因此，最好的办法不是负债筹资，而是采用股权资本筹资方式。对于股权资本筹资，由于这一时期企业的盈利能力不是很高，甚至是负数，因此风险投资者将在其中起很大作用。风险投资者之所以愿意将资本投资于企业，不是想看到它现在的负收益，而是想看到其未来的高增长。从财务上考虑，由于这一阶段企业并无或者只有很少的应税收益，因此，即使利用负债经营也不能从中得到任何税收上的好处（无节税功能）。②建立自由现金储备。也就是说，企业必须建立牢固的财务基础，尽可能地增强企业的流动性，并进而提高企业的灵活性，这是保证企业生存和未来成长的重要战略措施。

3. 收益分配战略取向

从利润分配战略上看，企业在初创期的收益较低且不稳定，风险高，融资渠道不畅，资金成本高，留存收益对某些企业来说可能是唯一的资金来源，而留存收益的多少直接取决于企业的利润分配政策。因此，初创期企业多采取不分配利润的政策。若非派发股利不可，也应主要考虑股票股利方式。

三、初创期企业财务战略管理的重点

1. 低财务风险战略

财务风险是指企业采用债务融资后要比无债务时引起股东收益（净利润）大幅波动的可能性。企业债务融资越多，财务风险越大。由于企业资产基本报酬率随市场等不确定因素变化而变化，而支付给债权人的利息是固定的，因此，当资产基本报酬率大于债务利率时，企业举债越多，企业从资产基本报酬支付固定利息后的剩余收益即利润将大幅增加，这也称为财务杠杆效应；当资产基本报酬率小于债务利率时，企业举债越多，企业从资产基本报酬支付固定利息后的净利润将大幅减少。企业债务融资后净利润的波动幅度比无债务时波动放大的倍数称为财务杠杆，财务杠杆越大表明企业财务风险越大。一般企业尤其是成熟期的企业通过适度举债产生的财务杠杆来提高股东收益率是必需的，但对于高经营风险的初创企业来说，大幅举债势必增加财务风险，使企业总风险更高，因此初创企业的负债经营将不利于企业稳健发展。

从外界风险投资者角度看，负债融资将增加企业的违约风险，导致初创企业出现财务危机，从而减少初创企业的投资价值，降低对风险投资者的吸引力。有时即使少量的负债也会导致初创企业严重的财务危机，最终造成经营失败，这是风险投资者所不愿意看到的。

从债权人角度看，初创企业的高经营风险，要么转嫁给债权人，使债权人望而却步；要么增加很高的风险溢价，以高利率贷给初创企业；要么干脆"惜贷"。从企业角度看，债务利率已经很高，尽管债务利息可以税前进入成本，但由于初创企业大都处于亏损之中，抵税作用几乎无法发挥，所以，债务融资的资本成本与吸收风险投资的权益资本成本不相上下，低资本成本的债务融资优点在初创企业中已基本丧失殆尽。可见初创企业应采用低财务风险战略，尽可能采用权益融资方式。

2. 零股利分配战略

初创企业由于处在创业阶段，在研究与开发、生产、市场开拓等方面都需要大量资金投入以维持企业现金流的正常运转，加快发展步伐是初创企业经营管理的重点，初创企业即使有利润也不向投资者进行利润分配。股利回报对于期望高收益的风险投资者来说，没有吸引力。

初创企业需要不断的资金投入，这些资金主要通过权益融资取得。企业在吸收风险投资时，需要花费大量时间、经营者精力以及筹资费用，交易成本比较高，但如果使用内部融资方式，将企业净利润留存下来，可节省大量交易成本、时间，且使用更加灵活，因此，初创企业大多选择零股利分配策略。股利分配还受到有关法律的影响，我国《公司法》规定，企业必须有可供分配的净利润才可进行股利分配，处在亏损中的初创企业不能分配清算股利。有时股利所得与资本利得的纳税差异也是初创企业不进行股利分配的另一原因。此外，初创企业的经营者都拥有股权或股权期权，如果过多派发股利会降低股权价值，使经营者的期权收益受到影响。

总之初创企业资金需求量大，企业在融资时应优先考虑内部融资方式即净利润留存方式，采取零股利分配战略，然后进行外部融资。外部融资又主要考虑权益融资方式即吸收风险投资，采取低财务风险战略，以与初创企业的高经营风险相匹配，即"低负债、低收益、不分配"的稳定成长型财务战略。

第三节　成长期企业的财务战略管理

一、成长期企业的风险与特征

当企业步入成长期时，产品的定位与市场渗透程度都已大大提高，但是企业仍然面临较大的经营风险和财务压力。其原因主要存在于以下几个方面：

（1）不能敏锐地抓住进入一个发展前景更好的行业机会，或者不能集中力量，加快成长速度，在已进入的市场迅速扩大市场份额，从而丧失成长的良机。

（2）快速成长的企业容易掉入多头投资的陷阱。中小企业在其初创阶段能够生存与发展就在于其"小"的特征，但许多企业都希望能够扩大企业规模，实行多样化生产，致使企业盲目追求多角化投资，忽视自己核心能力的培育，结果导致其从成长跌入失败。

（3）未能很好地控制企业发展的规模，盲目贪大，使企业迈入"成长即意味着扩大规模"的误区，导致企业发展模式难以为继。

（4）快速发展的企业面临巨大的现金需求。由于新增项目的增加，各部门对项目的投资冲动，以及大量营销费用（如广告费）的增加，企业面临较大的资本需求。但从供应角度看，由于此时企业集团处于产品的市场开拓期，大量营销并没有带来大量的回款，应收账款被他人占用，从而形成巨大的现金缺口。

（5）技术开发和巨额的资本投入形成大量的固定资产，并计提大量的折旧，因此会计的账面收益能力不是很高，企业也很难利用负债筹资来达到节税目的。

企业进入成长期后的财务战略管理，必须全面地、客观地分析和掌握外部环境的变化和企业内部条件的优劣，把握企业成长期的特点。企业成长期的财务战略具有以下特点：

（1）长期性。企业财务战略是站在企业全局高度，以长远目标来谋划企业的财务活动，着眼点是企业长期、稳定的发展，其制定和实施应从资金方面保证提高企业的竞争力。因此，企业财务战略的长期性意味着它在较长时期会对企业资金运作产生重要的影响，对企业各种重大理财活动具有长期方向性的指导作用。

（2）综合性。首先，企业财务战略的制定和实施要综合考虑影响企业财务活动的内部、外部因素，主观、客观因素，以实现战略目标。其次，企业财务战略要以资金为工具，综合地反映企业预期生产经营结果，把企业的资金运动看作一个系统，从企业整体战略角度协调好系统内部的关系。

（3）风险性。处于成长期的企业，一方面需要扩大生产，另一方面需要加强营销管理，开拓产品市场。因为产品的销量、价格等市场因素对企业收益影响极大。尽管此时企业已经有一定的资金回笼，但企业要不断扩大生产规模，对资金需要量仍很大，企业需要加强经营管理保证资金流正常运转。企业成长期财务战略应注重企业发展过程中的各种风险因素，强调在不确定环境下企业的适应能力和发展能力，有助于企业抓住机遇，避开经营陷阱。

（4）导向性。财务战略应具有鲜明的导向作用，企业的一切财务活动都应紧紧围绕财务战略实施和开展。财务战略是企业一切财务战术决策的指南。如企业资本结构问题，其战略决策应使企业在经营风险较大时保持相对较低的负债率，从而降低财务风险。因此，财务战略的目标定位必须依托企业整体战略发展结构规划，以谋求竞争优势和实现整体价值最大化目标。

二、成长期企业的财务战略选择

成功地度过初创阶段的企业通过初创期的积累，形成了初步规模，有了一定的周转资金，在没有强大企业介入的细分市场中建立了较大的竞争优势，组建了一批员工队伍，拥有了一定的融资能力，为进入扩张阶段积蓄了力量。因此，如果说初创阶段企业是为了寻找或开辟一块生存领域的话，那么企业只有进入扩张成长阶段，才算是真正步入了企业成长的主干道。

1. 投资战略

企业扩张阶段的战略任务，就是谋求在市场中取得领先地位，由一个地方性或小行业内的企业，提升到强势企业的规模水平，拥有巨大的市场权势与影响，使企业的市场地位根基牢固，进而迈向大型企业的行列。为此，企业战略投资的重点如下：

（1）培育企业的核心竞争能力。企业扩张就是要投身到市场竞争的大舞台中，扩展自己的能力。在市场竞争这个舞台上，所谓竞争优势就是参与竞争的企业在某些方面显示其高人一筹的能力，展示那些独特的、别人难以在短期内模仿或赶超的比较优势，正是这些比较优势，使一部分企业能在竞争中脱颖而出。企业寻求利润的新成长点，基本上有两种途径，即把资源配置到更有吸引力的新的行业中去，或把资源更多投到自己有基础的特长领域中以进一步建立竞争优势。企业只有在市场中占据突出的主动位置时，通过行业选择来争取利润的战略思路才是有效的，而对于需要进一步扩张成长的企业来说，企业战略应更强调通过充分利用资源和能力来确定竞争优势以赢得稳定利润增长，以此达到企业扩张成长的目的。因此，所谓企业核心竞争能力是企业开发独特产品、发展独特技术和发明独特营销手段的能力。也就是说，尽管企业的能力是多样化和多层次的，但市场竞争的导向让人们更多地重视企业的"核心能力"或"特殊能力"，只有充分发挥这种能力才能在与竞争对手的较量中取得优势。成长中的企业忽略核心能力的培育将会导致非常严重的后果，众所周知的巨人集团的兴衰就是很典型的例子。巨人集团曾凭借巨人汉卡在我国计算机行业中独领风骚，然而，由于其最高决策者忽略企业核心能力的培育，单纯地将企业视为不同业务的组合，多头投资，使得企业竞争优势缺乏持续性，很快就由高速成长跃入危机之中。

核心竞争能力其实就是资源配置问题。因此，企业首先要判断自己拥有的资源价值及哪些资源可以成为企业战略实施的基础，以期将资金重点投向能够构筑企业核心竞争能力的活动中。

（2）重视企业人力资源投资。企业核心竞争能力的形成在很大程度上是企业人力资源的配置问题。企业竞争能力的主要载体之一是企业员工，企业间的竞争实质上也就是人才的竞争，人力资本的巨大价值越来越为人们所重视。近年来，企业的扩张从物质资本的扩张转向以最新科学知识和科学成就为基础，以人的智能为主要特征的扩张，使社会经济基础从劳动密集型、资本密集型，转向知识、智能密集型，人类正由工业社会迈向信息社会、智能社会。现代经济正朝向以知识为基础、直接依赖于知识和信息的生产、应用和传播的知识经济发展。企业的发展已离不开现代技术知识经济基础，否则很难在未来竞争中获得先机。因而，企业进行专门的人力资本投资势在必行，对人力资本投资也就成为企业投资的一个重要领域。企业扩张阶段是企业发展的关键时期，在这一发展时期，企业的战略重点是抓住时机使企业获得快速健康的成长。因此，这一时期的一个关键环节是从初创期的注重对管理人员的人力资本投资转向有系统地对企业各类人才的培养。

企业人力资本投资是企业通过一定量的资金投入，增加与企业业务有关的人力资本投资客体的各种技能水平的一种投资活动。企业在资金的运作，投资的方向、方式、期限、时机等重大问题的决策上拥有独立的决策权并享有最终的收益权。企业人力资本投资在主体与客体之间以一种契约关系维系着。在企业主体进行投资，企业员工客体接受这种投资，然后将投资的结果转化为现实的生产结果，使企业投资主体受益这一系列活动中，始终贯穿着这种关系。这种契约关系，在一定程度上保证企业人力资本投资能够持久地进行——企业不会过多地担心员工接受人力资本投资之后另谋职位，不再为企业服务。也正是因为存在着这种契约关系，企业才有权利按本企业的战略目标有选择地对本企业员工进行人力资本投资。而对于企业外部人员，企业不可能完全按自身利益对其进行人力资本投资。因此，企业人力资本投资是建立在现代企业制度下的一种投资行为。

（3）采用一体化成长战略。企业若想比竞争对手成长得更快，必须具有独特的、竞争对手无法迅速仿制的核心能力。企业战略投资是针对企业战略核心能力的投资，这种投资不应该仅用传统的财务指标成本—利润标准来衡量。所以，任何企业都需要正确选择自己的成长道路，确定自身的成长战略。一般而言，由集中化战略发展起来的企业其成长战略首选是一体化战略。一体化战略是企业充分利用自己在产品、技术、市场上的优势，根据物资流动的方向，使企业在现有业务的基础上不断地向深度和广度发展的一种战略。一体化战略又包括两种模式：横向一体化和纵向一体化。其中，横向一体化是企业将活动扩展到处于同一生产经营阶段的企业中，以促进企业实现更高程度的规模经济和迅速发展的一种战略。这种战略可使企业增强生产能力，扩大市场份额，提高资本利用率，减轻竞争压力，使企业迅速扩大规模经济水平同时又不偏离企业原有的经营范围，因而不会带来管理上太多的困难。纵向一体化又分为前向一体化和后向一体化。物资从反方向移动，使企业新增加的业务涉及为企业原有业务提供投入物时称为后向一体化；物资从顺方向移动，使企业的业务活动更接近于最终消费者时称为前向一体化。

企业通过实施一体化投资战略建立和发展核心能力的途径有两种：一是采取

内部扩张投资战略，即在企业内部通过内部资源的合理配置、提高效率、更新改造等维持并发展企业竞争优势；二是采用外部资本扩张战略，通过吸纳外部资源，包括组建合营企业、吸收外来资本，长期融资，进行兼并收购等，推动企业迅速成长。

在一般情况下，企业的正常成长过程也是其核心能力的形成过程。企业在初创时，通过选择适当的技术和设备，以一定的资本结构生产特定的产品。在这一时期，由于企业投资回收期的影响，尽管有收益，总体收益一般较低。此后，逐步转入正常运行的企业，其收益可能得以快速增长，如不进行内部追加投资更新改造，企业在达到一定生产年限后，在产业内竞争、技术落后及设备老化等诸多因素的作用下，将会很快进入衰退期。除非企业不断进行内部挖潜、技术换代、设备更新改造，在原有技术基础上开发新产品，开拓新市场，调整企业规模，使企业在进入成熟期或衰退期之前获得新的资源，企业才能获得生命周期的延续。因此，企业依靠内部扩张战略避免了潜在的迅速衰退，使企业得以持续发展，然而，内部扩张战略只能使企业生产规模在特定范围内得以扩张，并且这种情形并不总能实现，如企业特定产品市场容量的限制、技术寿命的限制等，都制约了企业通过内部挖潜可能达到的扩张规模。尽管这种战略途径可以延长企业生命周期，在一定程度上促进了企业成长，但其作用和效果却是有限的，难以使企业达到长期持续发展。要想使企业获得持续成长，就必须突破限制企业扩张的制约因素，这不能仅依靠内部扩张战略。而企业利用外部资本扩张战略，开发新的市场，能够迅速培育起属于自己的更高层次的核心能力。对外资本扩张战略最普遍的运作形式就是企业兼并。企业的横向一体化战略只有以兼并方式才能实现，兼并也使企业迅速达到纵向一体化的战略目标。对外兼并是企业实现扩张的快车道。斯蒂格勒曾指出，综观美国著名大企业，几乎没有哪一家不是以某种方式，在某种程度上应用了兼并、收购而发展起来的。因此，对于步入扩张阶段的企业而言，兼并这种外部扩张战略不仅是谋求生存的方式，更是其实现"以小吃大"，迅速扩张成长，大幅度提高企业价值的有效手段。

2. 筹资战略

企业强烈的成长欲望与其资金限制形成了一对矛盾，企业在解决该矛盾过程中，往往操之过急，将营运资金用于固定资产等方面的投资，导致企业资金周转紧张。综观中外众多企业的实践，企业的营运资金要占到企业全部资金的40%，因此，企业在扩张中首先要考虑再生产过程中资金补偿的充分性。

在企业成长期，资本不足的矛盾仍然要通过以下途径解决：一是追加股东股权资本；二是提高税后收益留存比率。这两条途径都是权益资本型筹资战略的重要体现。当这两条途径均不能解决企业发展资金问题时，再考虑采用负债融资方式。在实际工作中，由于股东前期有较多投入，还没有充分享受投资回报，企业大多采用的是负债融资，包括短期融资和长期融资。可采用的方式有：商业信用、与银行间的周转信用借款、长期贷款项目以及对外公开发行债券。债务规模必须适度，必须与企业的发展速度相协调；同时，必须考虑调度的统一，以控制债务规模。

3. 收益分配战略

步入高速扩张成长阶段的企业发展前景良好，投资机会增多，收益率水平有所提高，但现金流量不稳定，财务风险较高。为了增强企业的筹资能力，企业不宜采用大量支付现金股利的政策。该时期的企业应倾向于零股利政策或剩余股利政策，在支付方式上，也宜以股票股利为主。

企业一定要保证有利于企业扩张成长的投资机会的资金支持，并据此制定企业最佳的投资预算。在该投资预算的基础上，建立企业最佳资本结构（负债与权益资金的比例）目标，推出企业所需的权益资金规模并尽可能地使用留存收益融资，以降低企业的财务风险及资金成本。在满足了企业投资所需的权益资金后如有剩余，企业才将其作为股利支付给所有者。

但由于资本市场效率的次强型特征及股利政策所传递的信息内容、投资者对当期收入的渴望等因素，企业长期采用剩余股利政策可能会影响到投资者及外部其他相关利益集团对企业的评价。企业可以在定期支付少量现金股利的基础上，采用股票股利的支付方式。这样，正如以前所述，管理当局比投资者知道更多的有关企业的有利信息，企业管理当局可以通过股票股利向外界阐明自己对企业未来发展前景的信心和信念。另外，由于股票的流通性较强，类似于现金，投资者也乐于接受。因此，将股票等有价证券作为股利发放给投资者是企业将留存收益的一部分予以资本化的一种方法，它既不减少企业现金，又可以使企业所有者分享利润，企业留住了现金以扩张业务，企业所有者如需现金又可以出售多余的股票，因而这种股利支付方式可以达到一举两得的效果。

三、成长期企业财务战略管理的重点

1. 企业成长期应实行扩张财务战略

扩张财务战略的目的是实现企业资产规模的快速扩张。在企业核心竞争力的成长期，由于收益的增长相对于资产的增长总是具有一定的滞后性，因此，快速扩张往往使企业的资产收益率在一个较长时期内表现为相对的低水平。为了满足企业核心竞争力成长的需要，企业不仅需要将绝大部分利润留存，还需大量筹措外部资金。从筹资战略上看，银行和其他金融机构都愿意提供资金，企业举债的资信能力得到提高，通常能贷到数额大、成本低、附有优惠条件的贷款。因此，

在融资方式上，企业相对于初创期更多地利用负债筹资。负债筹资既能为企业带来财务杠杆效应，又能防止净资产收益率和每股收益的稀释。因此，企业核心竞争力成长期采取的扩张财务战略一般会表现出"高负债、高股本扩张、低收益、少现金分红"的特征。

2. 成长期的企业财务战略管理的具体策略

企业扩展阶段社会总需求逐渐上升，商业企业定货增加，工业投资开始增长，闲置资源陆续投入使用，开工率升高，企业利润开始增长，各种经济水平逐渐达到最高峰。为此，企业的财务战略：一是要增加生产设备等固定资产投入，生产由劳动密集型向资本密集型转变。二是要完善库存管理制度，选择时机提高产品价格，扩大采购，减少库存的毁损和流失，加大库存量，确保生产供应。三是利用内部资金优势，扩大外部融资渠道，充分利用财务杠杆作用，在融资决策时，注意财务风险，采用合理的资本结构，避免盲目举债、过分投资导致的经营风险和财务风险，要有计划、有步骤地寻求新的投资领域，使企业的资金、人力、物力得到充分利用。四是随着企业经营业务的不断发展，同时也为了提高市场占有率，销售商品必须缩短库存周期，发挥"短、平、快"的优势，严格遵守"以销定产"原则，以提高市场占有率。对呆滞积压物资，应采取灵活多样的销售方式使其快速变现。同时，采取灵活的收款政策，尽量避免坏账损失。企业内部各环节必须以销售为核心，将各项非生产性开支压缩到最低限度，把资金用在刀刃上。通过加强资金管理，实现良性循环，逐渐实现扩大再生产的目标。

3. 成长期的企业财务战略的选择必须与企业经济增长方式相适应

企业经济增长方式客观上要求实现从粗放增长向集约增长的根本转变，为适应这种转变，企业财务战略需要从两方面进行调整。一方面，调整企业财务投资战略，加大基础项目的投资力度。企业真正的长期增长要求提高资源配置能力和效率，而资源配置能力和效率的提高取决于基础项目的发展。虽然基础项目在短期内难以带来较大的财务效益，但它为长期经济的发展提供了重要的基础。所以，企业在财务投资的规模和方向上，要实现基础项目相对于经济增长的超前发展。另一方面，加大财务制度创新力度，可以强化集约经营与技术创新的行为取向；可以通过明晰产权，从企业内部抑制掠夺性经营的冲动；可以通过以效益最大化和本金扩大化为目标的财务资源配置，限制高投入、低产出，实现企业的经营集约化。

第四节　成熟期企业的财务战略管理

一、成熟期企业的特征

纵观企业的成长历程，我们可以发现能够进入扩张成长期的企业已属不易，而能够顺利扩张进入成熟期得以生存下来的企业更是凤毛麟角。许多企业在成长过程中被淘汰出局，进入成熟期的企业大多都发展成为骨干大企业或较大企业。在成熟阶段，企业灵活性和控制性达到平衡，是企业发展的巅峰时期。这个阶段企业绩效最高，资金充盈，能力很强，企业能很好地满足顾客要求，制度和结构也很完善，决策能得到有效实施，是企业真正的黄金阶段。一般而言，成熟期企业有如下特征：

1. 企业现金流入量大于流出量，筹措资本的能力增强

企业初创阶段及成长阶段入不敷出的局面被相对宽裕的资金流所代替，经营杠杆比率下降，产生正的超量的现金流，财务状况大有改观。融资方式呈多元化特征，既可以取得银行贷款，也可以通过股票、债券、外债、票据等形式筹集到庞大的资本。因此，通过动员筹集起来的巨额资本能够经营需要大量资本的巨大规模业务。

2. 管理趋于模式化和成熟化，理财目标定位于企业价值最大化

企业的制度和组织结构完善并能充分发挥作用，即使制度或组织结构暂时或局部出现了问题，企业也有部分自协调机制。企业的创造力和开拓精神得到制度化保证。企业的产品销售量增长开始放慢，并逐步达到最高峰，然后销量会趋于平衡或出现轻微下降，产品销售利润也从成长期的最高点开始下降，市场已经饱和，市场发展空间基本达到最大值。

3. 调动各利益主体的积极性，注重协调各契约方利益

成熟期企业出现许多势均力敌的竞争者，需求也开始减少。由于在具有战略意义的市场区域内占据了领先地位，企业可以凭借其市场权利提高市场占有率，垄断市场，控制价格，避免追求利润上的短期行为。同时企业非常重视顾客需求、顾客满意度，一切以顾客至上为原则，既重视市场，又重视公司形象。

4. 看重企业可持续发展的潜力，注重未来的和潜在的获利能力

企业对未来趋势的判断能力突出，能做到排除市场风险和确切了解市场，投资重点向国际市场及多元化方向发展。企业的计划能得到不折不扣的执行，并且

完全能承受增长带来的压力。企业雇用众多员工，运用庞大的固定资产从事自动化操作；为经营其规模巨大的业务，建立起大规模组织结构，并将优秀人才吸引到组织中。

5. 搜集及处理各类有关信息的能力及应变能力加强，市场环境有不同程度的改善

企业利用日益增多的信息从事开发研究，有能力支撑起耗费巨资、需要较长周期的研究开发体系。决策者关注企业的发展，企业的财富大大增加。

6. 经营风险相对较低，风险投资开始退出

成熟阶段是风险投资的收获季节，风险投资家可以拿出丰厚的收益回报给投资者了。风险投资在这一阶段退出，不仅因为这一阶段对风险投资不再具有吸引力，还因为这一阶段对其他投资者，如银行、一般股东具有吸引力，风险投资可以以较好的价格退出，将企业的"接力棒"交给其他投资者。

从上述对成熟期企业特点的综合分析看，企业能够抵御一时的经济震荡、挫折及困难。虽然处于成熟期的企业在社会经济中扮演了举足轻重的角色，但由于企业外部环境的纷繁变化，激烈的市场竞争，使大企业未来同样也充满着风险。成熟期的企业由于规模扩大，企业组织层次的增多，使其组织具有官僚色彩。有些企业家满足于现状，创新精神衰退；部门之间责任不清，士气不高，企业应变能力减弱等症状在不知不觉中蔓延。由于企业发展缓慢或停滞不前，不仅自身的发展空间被迅速扩张的企业占据而丧失发展机会，而且已占据的市场迟早将被其他企业占领，最终导致企业自身衰退直至死亡。所以，"创业难，守业更难"。此时，企业财务管理更需要具备高瞻远瞩的战略眼光和战略思想，采取积极的"以攻为守"策略，不断创新，尽量回避成熟期的企业风险，实现企业的"二次创业"，从而使企业进入第二条生命曲线。

二、成熟期企业的财务战略选择

1. 投资战略

成熟期是企业日子最好过也是最难过的阶段。之所以好过，在于它有优势的核心业务或核心竞争能力为依托，有较为雄厚的营业现金净流量作保障，行业或业务领域没有市场竞争，压力比较小，一般不会产生经营风险、财务信用危机；之所以难过，是由于企业的未来走向需要从现在开始考虑，未来不确定因素需要总部最高决策当局进行分析、判断，以推动企业走向更高层次、拓展更大的发展空间。这就决定了成熟期的企业一方面必须继续保持既有核心业务的竞争优势，不断挖潜和巩固现有生产能力，走出一条以一元核心产品为依托的多样化发展道路。另一方面也需要探索新的业务领域及市场空间，前瞻性地为未来战略发展结

构作优化调整，并努力创造新的核心竞争能力。在探索新业务领域或投资方向的探索方面，西方国家的成功经验值得借鉴。西方国家的企业，在选择投资方向和行业或业务领域时，大都采用试错法。也就是说，当企业步入成熟期后，可以划拨出一笔较大数额的资本，然后根据市场分析与专家判断，对未来可能进入的细分行业或投资领域进行试探性投资，多个项目分别由专人负责，并分头进行。单一方面的投资刚开始时力度不大，只进行试探。经过一两年的投资及市场评价，最终锁定未来将要进入的行业或业务领域，同时果断舍弃其他未入选的行业或业务领域，并迅速让售或变卖，以便整合财务资源优势，加大入选行业或业务领域的投资力度，确保在新进行业或业务领域里迅速取得竞争优势。在上述实施过程中，切忌久拖不决，决而不果。时不我待，管理者必须具有果敢、创新与冒险的精神。

在企业的成熟期，为了避免行业进入成熟阶段后对企业发展速度的制约，企业一般会采取折衷的财务战略。在投资方面，企业多采用多元化的投资战略以避免将资本全部集中在一个行业可能产生的风险。另外，由于市场容量有限，企业需要转向其他行业，为快速成长阶段积累下来的未利用的剩余资源寻找新的增长点。同时，企业会继续采用兼并收购等资本运作的方式，巩固其规模经济效益，有效地整合内部及外部资源，扩大企业的盈利水平，提高企业的经营效率，优化社会资源配置。

2. 筹资战略

成熟期企业外部资金需求逐渐下降，前期借款也逐渐进入还款期。由于企业此时具有较为丰厚的盈余积累，在资金的使用上应以内部资金为主，以防止企业在战略调整过程中承受过重的利息负担。成熟期企业的筹资能力较强，并呈现多元化发展，抗风险能力也得到增强。为了优化资产负债结构，改善现金流状况，成熟期企业可以采用资产证券化的方式来进行筹资。这不仅可以增强发起人的资产流动性，而且风险较小，收益适中，有利于企业获得较高的资信评级，改善公司的财务状况和经营状况，使企业的运营进入良性循环状态。具体表现为：首先，资产证券化通过特殊的交易安排使缺乏流动性的企业资产快速变现为易流动的资产（现金），能有效地改善公司财务指标，增强企业的融资能力，提升公司经营水平。其次，资产证券化可以降低企业融资成本，即如果将企业的应收账款作为资产出卖，其信用评级只需单独考虑应收账款资产的状况，使企业获得较高的资信评级。另外，资产证券化对企业还有一些微观方面的益处，比如，相对于股权融资而言，资产证券化融资有不分散股权和控制权的好处；对发行企业债券的直接融资方式而言，资产证券化融资不会形成追索权，因而可以分散风险；财务指标的优化和低成本融资渠道的畅通能够使企业的日常经营具有更高的灵活性，可以采用积极的销售政策如赊销来提升经营业绩，从而使公司运营良性循环等。总之，这一阶段的财务战略一般采用"低负债、高收益、中分配"的稳健型财务战略。

3. 股利政策

成熟期企业倾向高比率、现金性股利政策。投资者的投资冲动来自于对收益的预期，而收益预期的实现反过来又推动新的投资热情。成熟期企业现金流量充足，投资者的收益期望强烈，因此适时制定高比率、现金性的股利政策利大于弊。原因在于：①激进的资本结构与负债融资使得内源式的积累冲动不再突出，现金流入量大；②现金净流量没有可供再投资的机会，也就是自由现金流量较大，剩余股利政策并不可行；③这一时期是股东收益期望的兑付期，如果不能在此时满足股东期望，资本投资收益期望永远也不会得到满足，股东对企业的投资积极性将受到影响，企业未来筹资能力也将受到影响。基于以上考虑，无论是从企业自身能力还是从市场期望来看，高股利支付政策都是可行的。同时，在支付方式上可更多地采用现金股利。

对于成熟期的企业而言，其筹资能力较强，能随时筹集到经营所需的资金，其资金积累规模较大，具备了较强的股利支付能力，因此，应当采取稳定的股利分配政策。在实务中，将这种政策称为稳定的或稳定增长的股利政策。

稳定的或稳定增长的股利政策是指企业将每年发放的每股股利保持在某一特定的水平上，并在一段时间里维持不变。只有当企业认为未来盈余的增加足以使它能够将股利维持到一个更高的水平时，企业才会提高年度每股股利的发放额，并在新的水平上保持稳定。该股利政策坚持一个重要原则，就是要保持年度股利发放额的稳定，不能使其低于前期的数额。该股利政策还考虑到通货膨胀对企业盈利增长的影响，因而企业在采用稳定的股利支付政策的基础上，实施稳定增长的股利政策。通货膨胀会导致企业盈余水平的上升，如果采取稳定的股利支付政策，企业实际上就降低了股利支付水平，所以，企业首先要制定一个股利支付的目标增长率。比如每年每股股利支付增长率为3%，然后再依据此目标来确定每年股利的支付额。这种股利分配政策比较适用。如 IBM 公司自 1930 年起股利支付率仅维持在 1% ~2% 的水平上，同期它的销售增长率及盈利率均达到 20% 以上。但自从 1975 年以后，该公司逐渐进入成熟期，高收益率的投资机会减少，并有大量的现金盈余，为此它在 1977 年、1978 年两年中以 14 亿美元购回自己公司的部分股票，这实质是以现金支付股利的一种手段。到了 1988 年，IBM 公司现金股利支付率已达 54%。

三、成熟期企业财务发展方向

成熟期是指技术成熟和产品进入大工业生产的阶段，这一阶段的资金称作成熟资本（Mature Capital）。成熟阶段是企业生命历程中最为理想的阶段，在这一阶段，企业的灵活性、成长性及竞争性达到了均衡状态。

企业进入成熟期，既是企业在现有环境和要素、结构下的一种状态，也是外界与企业自身的一种心态使然。企业进入成熟期后，其发展通常存在以下三种方向：

（1）经过短暂的繁荣后进入老化阶段，这是企业最不愿意看到的。成熟期意味着市场增长潜力不大，产品的均衡价格也已经形成，市场竞争不再是企业间的价格战，而是内部成本管理效率战。在价格稳定的前提下，实现盈利的唯一途径是降低成本，因此，成本管理成为成熟期企业财务管理的核心。

（2）企业领导始终保持清醒的头脑，不断对企业内部进行微调，尽可能延长企业的成熟期，巩固市场成熟产品是企业理想的产品，是企业利润的主要来源。因此，延长产品的成熟期是该阶段的主要任务。延长产品成熟期的策略可以从以下三个方面考虑：首先，发展产品的新用途，使产品转入新的成长期；其次，开辟新的市场，提高产品的销售量和利润率；再次，改良产品的特性、质量和形态，以满足日新月异的消费需求。

（3）企业上下始终保持清醒的头脑，积极而稳妥地推进企业内部变革。企业变革不仅能推迟企业进入老化期的时点，而且可使企业以此作为新的发展平台，进入新一轮增长期。在这个阶段，企业资产收益水平较高，加之现金净流入量较大，企业财务风险抗御能力增强，有足够的实力进行负债融资，以便充分利用财务杠杆作用达到节税与提高股权资本报酬率双重目的。尽可能使繁荣期延长并力争使企业进入到一个新的增长期，企业变革已成为制定企业发展战略的关键。在这一阶段，股东或出资者对企业具有较高的收益回报期望，因此高股利也成为这一时期的必然。

第五节　衰退期企业的财务战略管理

一、衰退期企业的风险与特征

当原有的产业或市场领域进入衰退期或夕阳阶段，企业的经营战略需要做一些调整。企业步入衰退期，产品需求持续减少，销售量急剧下降，利润也随之减少甚至出现亏损，大量竞争者退出市场，企业设备和工艺老化，各种企业病开始出现，思想僵化，创新意识缺乏。由于竞争压力、消费者喜好改变或宏观政策等诸多原因，企业产品逐渐丧失其市场地位和知名度。进入衰退期的企业，首要工作是加强调整经营方向，通过新产品开发与新产业进入而推迟步入衰退期。这意味着：一方面，需要退出某些行业或经营领域，需要进入另外某些行业或领域，即进行产业重构；另一方面，伴随着内部经营衰退，需要实施组织再造与管理更新。衰退阶段是企业生命周期的衰落阶段，此时企业内部缺乏创新，少有活力和动力，没有了创业期的冒险精神，这都预示着危机的到来。一般而言，衰退期企业具有如下特征：

（1）企业增长乏力，竞争能力和获利能力全面下降，资金紧张，既缺乏成长性，又缺乏灵活性，更缺乏竞争性。

（2）企业内部人多，一般人员严重冗余，核心人才流失严重，官僚风气浓厚，制度繁多，却缺乏有效执行，互相推脱责任的情况经常发生。

（3）企业员工自保意识不断增强，做事越来越拘泥于传统、注重于形式，只想维持现状，求得稳定，与顾客的距离越来越远，体现企业活力的行为减少甚至消失。

（4）企业市场占有率下降，产品竞争力减弱，赢利能力全面下降，危机开始出现。企业战略管理的核心是寻求企业重整和再造，使企业获得新生。

（5）企业向心力减弱，离心力增强，风险加大。进入衰退期的企业，其经营风险可从两方面来考虑：一是对于现有产品的经营，其经营风险并不大，尽管面临市场负增长，但原来的市场份额并没有变化，已有利润点及贡献能力并未失去；二是对将要进入的新领域，要考虑可能存在极大的经营风险，这同初创期的经营状况一样，但与初创期不同的是，此时的企业已有比较雄厚的资本实力与市场地位，其融资能力也大大增强，因此具有初创期不可比拟的财务优势与管理优势。

从财务上看，只要利用资产所产生的现金流超过该资产的变卖价值，都应尽量延长其使用寿命。对于处于调整期的企业，由于它所产生的现金流可能大于财务报告所确认的利润额（如因折旧而产生大量现金留存），也可能是相反（如因递延纳税而引起的现金流出等），因此，如何确定部门或资产的留存价值要关注该资产所产生的现金流大小，并将此作为价值判断的财务标准。

二、衰退期企业的财务战略选择

1. 投资战略

衰退期企业应采用一体化集权式投资战略。企业在此阶段所面临的最大问题是，由于在管理上采用分权策略，从而使得在需要集中财力进行衰退时，由于财务资源的分散而导致财力难以集中控制与调配。面对这一情形，本着战略衰退的需要，在财务上要进行分权上的再集权。从资源配置角度看，集中财权主要用于以下两方面：一是对不符合企业整体目标的现有部门或子公司，利用财权适时抽回在外投资的股权，或者完全变卖其股权，从而集聚财务资源；二是对需要进入的投资领域，利用集中的财权与财力进行重点投资，调配资源，以保证企业的再生与发展。

2. 筹资战略

衰退期企业应采用高负债率筹资战略。进入衰退期，企业还可以维持较高的负债率而不必调整其激进型的资本结构，其主要有以下两方面的理由：

（1）衰退期是企业新活力的孕育期，从某种程度上说它充满了风险。在资本市场相对发达的情况下，如果新进行业的增长性及市场潜力巨大，高负债率即意味着高报酬率，则理性投资者会甘愿冒险；如果新进行业市场并不理想，投资者会对未来投资进行自我判断。理性投资者及债权人完全有能力通过对企业未来前景的评价来判断其资产清算价值是否超过其债务面值。因此，这种市场环境为企业采用高负债政策提供了客观的条件。

（2）衰退期的企业并不是没有财务实力，它的未来经营充满各种危险，当然也充满再生机会，因此以其现有产业做后盾，高负债战略对企业自身而言是可行的，也是有能力这样做的。

3. 股利政策

出于经营结构衰退的需要，加之未来股权结构变动与衰退的可能，衰退期企业必须考虑对现有股东提供必要的回报。这种回报既作为对现有股东投资机会成本的补偿，也作为对其初创期与成长期"高风险—低报酬"的一种补偿。但高回报具有一定的限度，它应以不损害企业未来发展为前提，因此，可采用类似于剩余股利政策同样效果的高支付率的股利分配战略。

衰退期的营销策略：面对现实，见好就收。处于衰退期的产品常采取立刻放弃策略、逐步放弃策略和自然淘汰策略，但有的企业也常常运用一些方法延长其衰退期。如唐山自行车总厂，其生产的燕山牌加重自行车在各城市滞销后，该厂采取撤出城市、转战农村的策略，为该厂产品重新找到了出路。

三、衰退期企业的财务竞争策略

在经济衰退时期，每个商家都只想着一件事——生存。然而当所有人都为生存而绞尽脑汁的时候，只有极个别富有革新精神的人才能把握住稍纵即逝的机会，做出正确的决策，最终安全度过萧条期，微笑迎接经济复苏的到来。要想以强有力的战略地位度过衰退时期，关键之一是抓住转折时期的机遇，采取有效的措施。在衰退期，企业通常会采取如下竞争策略：

1. 全面认清公司的使命和目标

在行业衰退期，要迅速认清行业的衰退状况，然后根据企业自身的内部条件，选择最有力的竞争战略，获取尽可能多的利益，避免对企业今后发展带来不利的影响。此阶段，最有价值的资本是企业的核心价值观和对公司使命及目标的感知。领导必须重拾已遭破坏的员工信任感，使公司和员工在危机时期同舟共济！将商业的压力化为动力，更好地运用团体拥有的知识，成功地树立目标，按照要求对实现目标的进程进行评估，并在需要时做出合理的决策。

2. 不断驱动革新，引导公司从衰退期进入到新一轮的创新和成长循环

分析并控制生产成本、提高生产效率。通过广泛重组实现成本削减和资本激活，兼并竞争对手，以减少竞争压力，提高市场占有率，降低成本，取得高于行业平均水平的获利能力。

3. 逐步退出战略

指企业有计划地从经营中回收投资，尽可能地挖掘过去投资的潜力，逐步退出现有行业。在逐步退出的过程中，要求企业能够保持比较稳定的需求或者延缓衰退的细分市场，以使其获得相对高的收益。

4. 迅速放弃战略

指企业在衰退过程中尽早清理投资，迅速回收现金来弥补损失。衰退期的特征提醒我们，采用以现金流为起点的理财目标可能是最合适的。这是因为，在经营上，该时期企业所拥有的市场份额稳定但市场总量下降，销售出现负增长；在财务上，大量应收账款将在本期收回，而潜在的投资项目并未确定，自由现金大量闲置，并可能被个人效用最大化心理日益膨胀的经营者滥用。因此，在该阶段，尽快回收现金并保证其有效利用，就成为企业财务管理的重点。迅速放弃以体现企业整体发展战略的要求，从而延长企业的生命周期，保障其可持续发展，这不失为一种较好的策略。例如，把某项业务卖掉以换回现金，投资于利润较高的行业。

5. 有效地利用知识管理，收集、分析大量数据，得到能辅助决策的准确信息

让从事具体业务的人员能够很容易地接触到企业信息，可以为企业实时提供公司的各种性能指标，了解到自己所处的位置和面临的问题。这样，整个机构将成为一个有机的整体，就像一个能独立思考的巨人，迅速准确地对市场变化做出反应，让企业在经济衰退期也能够保持成长。只有这样，资源才不会被浪费，企业才不会在竞争中一团糟并因方向不明错失机会，从而及时、准确地预测和掌握未来的趋势。

总之，需要注意的是，在衰退期，企业要尽早确定自身的战略选择并实施，

迟疑不决的最终选择只能是被迫放弃，会造成更大的损失。

【本章小结】

企业生命周期分为初创期、成长期、成熟期和衰退期四个阶段。每一阶段都有其不同的特征。处于初创期的企业市场增长率较高，需求增长较快，技术变动较大，企业在行业中主要致力于开辟新用户、占领市场，但此时技术上有很大的不确定性，在产品、市场、服务等策略的选择上有很大的空间，对行业特点、行业竞争状况、用户特点等方面的信息掌握不多，企业进入壁垒较低。企业处于成长期时，市场增长率很高，需求高速增长，技术渐趋定型，企业竞争状况及用户特点已比较明朗，新企业进入壁垒提高，产品增加及竞争者数量增多。企业处于成熟期时，市场增长率不高，需求增长不旺，技术上已经成熟，企业竞争状况及用户特点非常清楚且稳定，买方市场形成，企业盈利能力下降，新产品和产品的新用途开发更为困难，新企业进入壁垒很高。企业处于衰退期时，市场增长率下降，需求下降，产品品种及竞争者数目减少。企业生命周期四个不同阶段都有着不同的财务战略给予支撑，在企业不同的生命周期阶段中，其财务战略的重点也不尽相同。一般而言，生产战略应成为进入初创期的企业战略管理重点；步入成长期的企业，营销战略将取代生产战略而成为企业战略管理的核心；当企业步入成熟期和衰退期时或企业处于转型时期中，企业所处的市场环境与财务状况会凸显财务战略对企业战略的全面支持作用，财务战略及其管理则成为企业管理的中心。总之，如何保持企业原有的市场收益能力，并随环境的变化而调整自身的财务战略，是企业在任何一个生命周期阶段都必须考虑的问题。

【本章关键词】

企业生命周期	Enterprise Life Cycle
初创期	Foundation Period
成长期	Development Period
成熟期	Mature Period
衰退期	Decline Period
财务战略选择	Financial Strategy Choice
风险特征	Risk Features
财务竞争策略	Financial Competition Strategy
生命周期阶段	Life Cycle Phase
投资战略	Investment Strategy
筹资战略	Financing Strategy

收益分配战略　　Income Distribution Strategy

【本章思考题】

1. 什么叫企业的生命周期？请简述企业生命周期理论的发展历程？

2. 处于初创期的企业应该如何实施集中化投资战略？

3. 处于成长期的企业财务战略具有哪些显著特点？此阶段企业战略投资的重点是什么？

4. 成熟期企业具有哪些特征？成熟期企业财务发展方向主要有哪些？

5. 处于衰退期的企业具有哪些特征？衰退期企业有哪些主要的竞争方法？

【本章案例】

伊利衰退阶段的财务战略

1. 伊利乳业简介

内蒙古伊利实业集团股份有限公司的前身是呼市回民奶食品总厂，从呼市国营红旗奶牛场发展而来。1984 年 3 月，呼市回民奶食品加工厂正式登记注册。1995 年 9 月 11 日，公司向社会公开发行 1715 万股普通股股票。内蒙古伊利实业集团股份有限公司是全国乳品行业龙头企业，2006 年，伊利主营业务收入达 163.39 亿元，较上年同期增长 34.2%，连续四年保持第一，是中国有史以来唯一一家为北京 2008 年奥运会提供乳制品的企业。2006 年，伊利集团纳税达到创纪录的 10.32 亿元，较去年同期增长 17.40%，高居中国乳业榜首，是内蒙古乳品行业唯一一家 A 级信用企业。伊利集团在继续为国家和社会创造大量财富的同时，表现出良好的盈利能力。最新的权威机构调查数据表明，伊利集团的品牌价值从 2012 年的 152.36 亿元飙升至 167.29 亿元，蝉联中国乳业榜首。这意味着伊利在经济影响力、技术影响力、文化影响力、社会影响力等方面已经展示了行业领导者的绝对优势。

2. 伊利衰退阶段的财务特征分析

2008～2010 年，伊利乳业处于相对衰退时期，财务状况变差。

2008 年，由于三聚氰胺事件的发生，伊利乳业销售额大幅度降低，该年营业收入 21658590273.00 元，小于营业成本 3728616581.74 元，导致了营业利润为 -2050011862.52 元，净利润为 -1736710918.87 元。

2009 年利润虽然比 2007 年和 2008 年有所增长，但 2009 年应收账款的增长率为 10.66%，不难推断出伊利乳业此时的利润增长很可能与应收账款大幅度增加有关；预付账款从2007年的497010521.03元降至2008年的283946051.86元，说明该公司与供应商和消费者之间长久以来建立的良好关系遭到破坏，失去消费者的信任使伊利乳业未来的发展举步维艰。

2008～2009年间短期借款变动不大，总体上呈减少趋势，长期借款大幅度增长100.86%，三聚氰胺事件的影响导致伊利乳业不得不大幅度增加长期借款以降低短期贷款带来的财务风险。以2009年资产负债结构为例（如表1所示），此时伊利乳业的流动负债比重超过50%，即流动资产变现后并不能全部清偿流动负债，需要非流动资产变现来满足短期债务偿还的需要，存在着较大的财务风险。

表1　衰退阶段2009年资产负债结构　　　　　　　　　　单位：%

流动资产	52	流动负债	69
非流动资产	48	非流动负债	3
总资产	100	所有者权益	28

因此，衰退阶段伊利乳业的财务管理目标体现的是"现金流量最大化"，其财务战略具有"高负债、重点投资、不分配"的防御收缩型特征，财务管理的重点放在获得稳定的现金流量，并不断提高自身的品牌价值上，正是因为伊利乳业采取了这样的财务战略，该公司2011年的财务状况逐步回升。

3. 伊利衰退阶段的财务战略选择

该阶段的财务战略决策显得尤为重要，因为它决定了伊利乳业能否渡过难关。从实践中看，伊利乳业衰退时期的"高负债、重点投资、不分配"的防御收缩型财务战略是成功的，主要体现在以下几个方面：

（1）在投资方面，衰退阶段的伊利乳业利用有限资金进行重点投资，谨慎地进行资本运作，有效规避风险。由于三聚氰胺事件的恶劣影响，伊利尤为重视社会声誉。因此该公司在奶制品新品种研发上下了很大功夫，对产品质量要求极为严苛；伊利乳业也投资了各地的分项目，如湖北黄冈项目、新疆乌鲁木齐项目，强化了地区形象。此外，伊利乳业赞助了体育事业，成为伦敦奥运会中国体育代表团唯一专用乳制品，提高了国际知名度，挽回了企业形象。最后，伊利乳业积极推进节能技术改造，获得大众支持。

（2）在筹资方面，伊利乳业在衰退期仍保持较高的负债率，仅2009年一年长期借款就比2008年增加了100.86%，较好地缓解了资金运转困难的局面。防御不是全面的退缩，而是积累内部力量，寻找新的机会，在环境有利的条件下，谋求未来更大规模的发展。高负债筹资战略对恢复伊利乳业的盈利能力、保持一定的财务实力有很大帮助。

（3）在股利分配方面，伊利乳业在 2008 年 5 月 22 日实行了 10 转增 2 的股利分配决策，使总股本从 66610.229 万股增加到了 79932.275 万股，对缓解财务危机、恢复股票市场份额起到了一定作用。

伊利乳业为了缓解当期财务状况，也为了谋求未来的发展，在 2008～2010 年中期采取了不分配不转增的决策，极大程度上保证了留存收益。2010 年末期，股利分配采取了每 10 股转增 10 股的方式，既安抚了现有股东，增强了他们对伊利乳业未来发展的信心，同时也稳定了股票市场，为未来财务状况的逐步回暖奠定了基础。

（资料来源：王满：《基于生命周期的伊利乳业财务决策研究》）

【思考题】

1. 你认为伊利集团是否已经处于衰退期，理由是什么？

2. 你认为伊利集团财务战略选择是否恰当，请运用财务战略管理的相关理论论证你的观点？

3. 结合本案例谈谈处于衰退期的企业应选择何种财务战略，如何解决现金流的问题？

第五章　企业融资战略管理

【导入案例】2012 年中国零售史最炫目奖的归属，经常上演"乾坤大挪移"的苏宁应该是不二人选了。继 2012 年初宣布重点部署电子商务平台——苏宁易购，多次挑起营销大战并引起行业波动后，又相继推出乐购仕、超级店等全新业态，并在近 3～5 年内都会有大的开店计划。

以上的计划，应该说无论是哪一步，都会面临这样或那样的问题，但有个问题则是共同的，那就是资金。苏宁无论是此前进行 47 亿元的增发，还是近日发行 80 亿元的公司债券，都已经表明它的资金链紧张，而要对乐购仕进行扩张将面临更大的资金压力。以此类推，超级店也会面临同样的问题。据苏宁方面介绍，预计年内开设 20 家超级店，未来 3 年内改造升级 400 家。而乐购仕在 5 年内也要在中国 25 个城市，开设 150 家。先不说房租成本、开店成本，单采购成本就需要支付一笔海量的资金。再说苏宁易购，苏宁将把现有 88 个租用仓储系统全部替换为 60 个自建物流基地，每个基地造价 2.5 亿元。此外，为提升针对线上综合百货类产品的分检配送能力，苏宁要在全国投建 12 个造价 4 亿元左右的全自动化分检中心。IT 系统方面，苏宁则要出资 20 亿～30 亿元，在全国兴建八个云服务数据处理中心。

粗略估算，所有上述投资，对资金的需求将总计达到 220 亿元以上。其实，苏宁所需要投资的远不止这些。2011 年 6 月 19 日，苏宁电器集团公布了"10 年转型"规划，即集中三个平台的建设，除了对苏宁易购进一步加大投入和重点打造全国物流基地和配送网络外，再一个就是加大苏宁电器广场和苏宁广场等商业物业自建。到 2020 年建成 300 个苏宁电器广场，50 个苏宁广场项目。而在现实中，加大苏宁电器广场和苏宁广场等商业物业自建背后的"苏宁速度"也让人十分惊讶。

2012 年 7 月，苏宁电器接连签约珠海、上海、温州、兰州四家物流基地。其中，珠海物流项目占地面积 152 亩；苏宁上海物流基地项目地块占地面积约 385 亩，其中一期约 178 亩，二期约 207 亩；苏宁电器温州物流基地项目占地面积约

160 亩；苏宁电器兰州物流基地项目占地面积约 133.5 亩。此外，7 月 25 日，苏宁置业竞得北京市通州马驹桥镇 E－17（东部分）地块。项目总面积 365 亩，拟建成北京地区电子商务运营中心。有业内人士分析指出，上述地产项目建成的话总投资是千亿级别。经营 22 年，拥有十多万员工的苏宁电器的总资产仅 600 亿元。这意味着，未来几年，苏宁置业的资产规模很可能超过苏宁电器，这对苏宁是场大考验。

苏宁任何一个大转型举措背后，都需要有海量资金作为支撑，如何制定适合企业发展的融资战略将是个无法忽略的问题。

第一节　企业融资战略的目标与内容

一、企业融资战略的目标

资金筹措是企业生存与发展的前提条件。一个企业在创立之时就必须有一定的资金。在拥有足够资金的基础上，企业才能实现各种生产要素的有机结合，进而开展生产经营活动并向社会提供商品和劳务，以尽可能多地获得经济效益。

企业融资战略（Financing Strategy）就是根据企业内、外环境的状况和趋势，对企业资金筹措的目标、结构、渠道和方式等进行长期和系统的谋划，旨在为企业战略实施和提高企业的长期竞争力提供可靠的资金保证，并不断提高企业融资效益。融资战略不是具体的资金筹措实施计划，它是为适应未来环境和企业战略的要求，对企业资金筹措的重要方面所持的一种长期的、系统的构想。

融资战略要针对下列融资问题确定应该采取的行动方针，即为什么融资（Why）、从何处融资（Where）、何时融资（When）、用什么方式融资（How）、筹集多少资金（How much）、融资的成本为多少（Cost）等。与具体的融资方法选择决策不同，企业融资战略是对各种融资方法之间共同的原则性问题做出选择，它是决定企业融资效益最重要的因素，也是企业具体融资方法选择和运用的依据。

融资战略目标规定了企业融资的基本目标和基本方向，明确了企业融资活动的预期成果，是企业各项融资活动的行动指南和努力方向。因此，制定融资战略的首要任务就是要明确相应的战略目标。现代企业财务管理理论认为，"企业价值最大化"（Maximization of Enterprise Value）是企业财务管理的根本目标。毫无疑问，这也是衡量企业融资优劣的根本标准。但是，由于企业融资战略的制定和实施必须充分考虑企业内外诸多环境因素对财务活动的影响，以及企业战略和投资战略的要求，这就决定了企业融资战略目标应该是多元化的。融资战略既要保证筹集企业维持正常生产经营活动及发展所需的资金，又要保证稳定的资金来源，增强融资灵活性，努力降低资金成本与融资风险，不断增强融资竞争力。一般包括如下几个方面：

1. 满足资金需要目标

资金是企业维持正常生产经营活动和扩大生产经营规模的基本物质条件，因此为满足企业资金需要而进行的融资活动，是企业最经常性的财务活动，也是企业融资战略的一项基本目标。这一目标具体包括如下三个方面：

（1）维持企业正常生产活动的需要。企业正常的生产活动需要足够的资金进行周转，企业的生产资金通过资金循环活动不断地补偿企业经营耗费，并进行再生产。在资金的循环过程中，企业收回的资金形态不一定与需要投入的资金形态一致，另外，资金收回的时间不一定能与资金投入的时间完全衔接，这就需要企业通过融资来维持企业的正常生产活动。

（2）保证企业发展的需要。企业自身要不断地发展壮大，才能在市场竞争中取胜。企业的发展必须要有资金的支持，因此，企业必须根据自身的发展战略制定相应的融资战略，为企业发展筹集足够的资金。

（3）应付临时资金短缺的需要。企业的生产经营有时会受到客观环境变化的影响，比如，经济不景气，人们购买能力下降，使得企业销售减少，资金回笼速度减慢，造成资金周转不灵等，这些情况都要求企业在制定融资战略的时候要考虑到。

2. 满足资本结构调整需要目标

企业资本结构（Capital Structure）的调整是指企业为了降低融资风险、降低资本成本、提高权益资本净利润，对各种资本的构成及其比例进行的合理调整。通过对资本结构的调整来降低融资风险、降低资本成本和提高权益资本的合理调整，且资本结构调整的需要是企业融资战略的最重要的目标。具体包括如下几个方面：

（1）合理选择融资渠道和融资方式。随着我国金融市场的发展，企业的融资有多种渠道和方式可以选择，在融资战略的制定中，企业应该根据自身的实际情况选择合理的融资渠道和方式。

（2）降低资本成本。企业在融资的过程中会发生组织管理费，融资后还需要支付利息或股利等支出，这些被称为资本成本（Capital Cost）。资本成本的高低会直接影响企业的盈利水平，企业在融资时不单单只考虑融资数量的问题，还要能以尽量低的资本成本筹集到足够的资金用于企业的生产经营。因此，降低资本成本是企业融资战略的一项重要目标。

（3）降低融资风险，把融资风险控制在可以接受的范围内。不同来源的资金不仅资本成本不同，而且风险大小也不相同。企业在制定融资战略的时候，不仅要考虑低资本成本，还要考虑低融资风险。风险与成本密切相关，一般而言，低成本资金来源对企业意味着较高风险，而高成本资金来源的风险则较低，因此，如何在降低资本成本的同时减少融资风险，是企业融资战略的一项重要目标。

（4）使资本结构保持一定的弹性。资本结构保持弹性有利于保证企业价值最大化目标的实现。企业资本结构保持一定的弹性，就可以根据外界环境及财务状况的变化，适时对资本结构进行调整，使企业的资本结构始终处于合理的状态，保证企业财务目标的最终实现；资本结构保持弹性有利于企业充分利用财务杠杆，降低财务风险。企业只有保持一定程度的融资弹性，才可使融资灵活转化，从而能及时调整资本结构，充分利用财务杠杆的作用；资本结构保持弹性有利于企业调整生产经营规模。企业在生产经营过程中，可能会根据实际情况缩小或扩大生产经营规模。相应地，企业也必须对资本规模进行收缩与扩张，这就需要企业的资本结构保持一定的弹性。否则，就难以实现对资本规模的调整，也就难以实现对生产经营资本规模的调整。企业融资是通过金融市场进行的，金融市场受各种因素的影响，并不是每种融资方式都能根据企业需要随时被清欠、退还或转让，金融市场的变动会引起不同种类资本的融资成本和融资风险的变动，这就要求企业在融资时考虑各种融资方式的合理搭配，使企业资本结构保持一定的弹性。如果企业资本结构缺乏弹性，其融资成本和融资风险也被刚性化了，企业将不能适应金融市场变化而做出相应的灵活调整，无法降低融资成本，减少融资风险。

3. 提高融资竞争能力目标

从长远来看，提高融资竞争能力是企业不断获得稳定、低成本、低风险资金的可靠保证。该目标具体包括如下几个方面：

（1）融资市场地位目标，即相对于融资竞争者在资本市场上的竞争地位。企业要努力取得相对于竞争对手来说对本企业相对有利的竞争位置。

（2）融资市场信誉目标，即各资金供应者对企业的信任和满意程度。融资市场信誉是企业获取资金的重要因素，融资市场信誉好坏直接影响到企业融资的难易程度。企业应建立好的信用制度，努力获得高的信用等级。

（3）融资手段创新目标。融资手段、方式等方面的创新可以帮助企业提高融资能力，因此，融资手段创新目标也应该是融资战略目标之一。

（4）提高融资效率目标，即融资过程的组织决策的高效率。

二、企业融资战略的内容

企业融资战略的具体内容包括：

1. 融资战略目标与原则

融资战略目标是企业在一定战略时期内资金筹措要达到的总要求。融资战略原则是企业制定和实施资金筹措战略应该遵循的基本思路和准则，它反映资金筹措客观规律对融资战略的必然要求。因此，融资战略原则构成了资金筹措战略决策的基础。融资战略目标与原则一起，成为制定具体融资战略方案的前提。

2. 资金来源结构战略决策

资金来源结构是指企业融资总额中，各种来源的资金所占的比例。在融资战略中，资金来源结构决策是一个基本的决策。实证研究表明，企业资金来源结构与企业战略之间具有密切的相互作用关系，两者之间必须保持相互匹配和协调。

3. 融资渠道与方式的战略决策

资金筹措渠道是指企业取得资金的来源，而资金筹措方式是指企业取得资金的具体形式。资金从哪里来和如何取得资金，既有联系，又有区别。前者提出的是取得资金的客观可能性，后者提出的是通过什么方式方法把融资的可能性变成现实。同一渠道的资金往往可以采用不同的方式取得，而同一融资方式又往往适用于不同的融资渠道。但在多数情况下，融资渠道与融资方式之间往往存在着一定的对应关系。如财政拨款方式只适用于国家资金，而发行股票、债券等方式则只有在存在证券市场的情况下才是可行的。所以，融资渠道与融资方式的选择往往是紧密联系在一起的，不能截然分开。融资渠道和融资方式多样化是现代企业资金筹措的重要特点之一。

4. 融资规模战略决策

这是指关于一定时期内企业融资总额的决策。融资规模的大小决定了可供分配和使用的资金的数量。融资越多，可用于生产经营的资金就越多，其生产规模就可扩大，投资的数量也就可以增加，从而加快企业的发展速度。而融资不足则会导致资金短缺，使投资需要不能得到满足，造成生产萎缩，效益下降。但是，融资规模也不是越大越好。融资规模过大，资金不能得到充分合理的利用，必然就会产生资金闲置、浪费的状况，同时还可能使企业背上沉重的债务包袱，最终损害企业的生存与发展。由此可见，融资规模的战略决策，必须依据企业生产与发展对资金的需要量而定，不能盲目进行。合理的融资规模决策，关键要依据企业战略和资金投放战略的要求，测定战略期间内对资金的总需要量和每一主要阶段的需要量。

5. 融资时机决策

这是指企业应在何时进行融资的战略决策。融资是为了用资。融资的时机首先决定于企业环境变化所提供的投资机会出现的时间。何时进行融资取决于投资的时机，过早融资会造成资金的闲置，过迟融资则可能丧失有利的投资机会。其次，企业外部的融资环境也随着时间、地点、条件的不同而处于不断的变化之中。这些变化往往导致融资成本时高时低、融资难易程度时大时小等状况。因此企业若能抓住环境变化提供的有利时机进行融资，必将比较容易地获得资金成本较低的资金，对企业产生有利的影响。所以企业融资的时机，还取决于外部融资环境的变化。

第二节　企业融资战略的类型

一、企业资金来源结构战略

资金结构是企业资金来源总额中，各种不同来源资金之间所形成的各种比例关系。它有广义和狭义之分。广义的资金结构是指企业全部资金来源的结构，既包括长期资本也包括短期负债。资金来源结构战略是企业融资战略中的一个综合的、基本的战略，它对企业融资战略各项目标的实现有直接的、决定性的作用。它决定了企业融资渠道的选择范围和利用程度以及资金来源的保持和稳定程度。另外，它还决定了融资总成本与融资总风险的高低。

（一）短期和长期融资比例结构战略

从短期融资与长期融资的比例关系看，可供企业选择的战略方案包括三种基本形态：一是平稳型（或称中庸型）融资战略；二是保守型融资战略；三是积极型融资战略。

1. 平稳型融资战略

这种融资战略是指企业负债的到期结构与企业资产的寿命期相对应的策略。具体地说，短期及季节性流动资产的变动，通过短期融资，通常用短期融资的方式来筹措资金；而对永久性资产，包括永久性流动资产和固定资产，均用长期融资的方式来筹措资金，以使资金的使用期间和资金来源的到期期限能相互配合，如图 5 - 1 所示。

从图 5 - 1 可以看出，只要企业的融资战略制定和实施得好，实现现金流动与预期的安排相一致，那么在波动性低谷时，企业应该没有任何流动负债；只有在波动性资金需求的高峰时，企业才从外部筹措短期负债，等到现金有余时再偿还。长期性资金的需要，将随企业的成长而增加，相应地，其资金筹措的额度也随之增加。

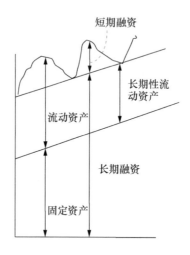

图5－1　平稳型融资战略

2. 保守型融资战略

这种融资战略是指公司不仅以长期资金来融通永久性资产（长期性流动资产加固定资产），而且还以长期资金满足由于季节性或循环性波动而产生的部分或全部暂时性资产的资金需求，如图5－2所示。

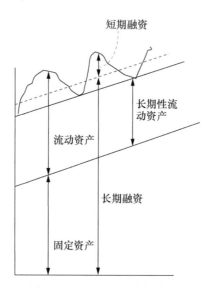

图5－2　保守型融资战略

由图 5-2 可以看出，企业的资金需要，除长期性流动资产和固定资产由长期负债融通外，还有部分波动性流动资产也用长期负债融通。这一策略使短期负债比例相对较低，由此可降低企业无法偿还到期债务的风险，它同时也降低了利率变动的风险。然而，与此同时，这一融资战略也因长期负债的融资成本高于短期融资成本，在季节性低谷时，企业也因继续持有长期负债而需支付资金利息，将由此而降低归属于股东的预期收益。

3. 积极型融资战略

这种融资战略正好与保守型融资战略相反，它是以长期负债和权益来融通长期性资产的一部分，而余下的长期性资产和波动性资产则用短期资金来融通，如图 5-3 所示。

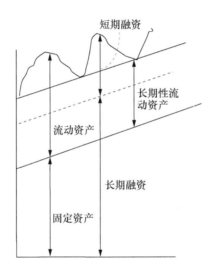

图 5-3　积极型融资战略

由图 5-3 可以看出，这一融资策略使长期性资金需要也以相当大的比例通过短期负债融通。从而使企业必须经常地偿还到期债务，由此增大企业无法重新筹措到所需资金的风险。另外，与融资计划相联系的短期负债利率变动的可能性增大，也会增加企业的盈利变动风险。短期负债的低成本所带来的较高的税后利润将被这些高风险所抵消。

不同的融资战略有不同的收益率和风险水平。一般情况下，短期负债的利率低于长期负债的利率，所以尽量多利用短期资金融通，可以降低企业资金成本，从而使得其收益率提高。上述的三种战略中，以积极型战略的收益率最高，保守型战略的收益率最低，而平稳型战略的收益率则介于两者之间。但是采用较多的短期资金筹集面临的风险也相应增大，一是因为不能按期偿还债务的风险加大，二是重新融资时还需要面临利率上涨而导致多付利息的风险。在上述的三个战略中，积极型战略风险最高，平稳型战略次之，而保守型战略则最安全。长短期融资战略方案的选择，取决于企业如何在融资收益与融资风险之间进行权衡。

（二）资本结构战略

财务管理中确定资本结构的理论与方法丰富多样，但就连西方财务管理学者也不得不承认，各种确定资本结构的理论与方法都是建立在理想条件下的理论方法和理想模式，在实务中很难有这种理想条件的存在，所以要根据各种具体的实际情况来灵活把握，并不存在一个可以用数学计算而方便操作的既定模式。因此，分析一个企业的资本结构与其说是一种方法，还不如说是一种战略。这些战略一般包括以下五种形式：

1. 风险与收益相统一的战略

一般来说，风险和利润是同一个事物的两个不同方面，高收益伴随着高风险，相反低收益也必然伴随着低风险。企业在进行资本结构规划设计时不能只注重收益的提高，片面地增加债务，在对收益提高要求的同时，应该还要关注风险的增大；当然也不能因为厌恶风险而不举债融资，导致丧失财务杠杆利益。所以，企业的经营者和投资者要全面权衡风险与收益的相互依存关系，合理地掌握二者相统一的策略。

2. 配合企业资产结构的战略

一般来说，企业承担较高债务的风险就是企业为了维持持续经营而对货币资产有需求但却无力将货币资产用于偿还其债务。也就是说，企业如果没有足够的流动性资产，那么负担高额的债务是特别危险的，特别是当企业负担有高额的流动性负债时就更加危险了。因此，企业持有债务数量的多少直接取决于企业资产流动性的大小。企业资产的流动性大小在很大程度上取决于企业资产的结构。对于那些具有较多有形资产的企业，因为有形资产的变现性比较可靠，所以可以适当地提高其债务比例；相反，对于那些以无形资产为主的企业，因无形资产的变现性不像有形资产那么可靠，因此其债务比例应相应低一些；对于那些拥有较多固定资产的制造企业可以比拥有较多流动性资产的商业企业适当地降低其债务比率。

3. 适应经营者风格的战略

在现实的企业管理阶层中，每个人的经营风格都不一样，有的人属于稳健型的经营风格，有的人属于激进型的经营风格，有的人则处于两者之间。稳健型经营风格的经营者不容许过高的负债比率，而激进型经营风格的经营者则可以容忍较高的负债比率。所以说，拥有财务决策权的经营者的经营风格在一定程度上影响甚至决定了一个企业的负债比率，进而决定了企业的资本结构战略。

4. 适应资本市场发育程度的战略

如果企业所面临的资本市场比较健全和活跃，那么企业就可以通过资本市场的直接融资来"借新债，还旧债"，从而有条件维持较高的负债比例；反之，如果企业所面临的资本市场发育不完善，那么企业只能靠向银行间接融资来举债，那么即使稍高的负债比例也可能会引起银行的不满而很难举债，此时企业只能拥有较低的负债比例。当然，健全和活跃的资本市场给企业提供了负债经营的契机，但同时也对企业的财务状况的优化提出了更高的约束和要求。

5. 适应企业未来经营前景预期的战略

如果一个企业对其经营前景不明朗或不乐观，那么就不能持有较多的长期债务；反之，如果一个企业对未来的经营前景比较明朗且十分乐观，那么就可以适当提高长期债务的比率。

二、企业融资渠道与方式战略

（一）融资渠道与方式的特点

不同的融资渠道（Financing Channel）与方式具有不同的优缺点，因此从战略角度来选择融资渠道与方式时，应在对各种融资渠道与方式进行全面而深入的考察的基础上，根据企业战略目标及资本结构战略的要求，做出合理的战略选择。不同融资方式（Financing Method）的特点，如表 5 - 1 所示。

表 5 - 1 不同融资方式的特点

	资金成本	方便性、对经营权的影响	对利润的影响、利用时间的长短、利用额的大小
内部留成	• 在财务计算上没有成本 • 作为机会费用有一定的成本	• 如果没有利润，也无法完成 • 对经营来说是最安全的资金 • 分红后可以自由支配	• 没有使用期限
股票	• 可以根据利润情况确定分红 • 按市价发行时，由于发行后的还原，成本提高	• 发行种类较多，可以相互配合 • 手续多、时间长 • 根据股份稳定程度的不同对经营权有不同程度的影响 • 在异常时可以不分红	• 无期限资金 • 可以大量筹措 • 基于利润处理确定股利

	资金成本	方便性、对经营权的影响	对利润的影响、利用时间的长短、利用额的大小
贷款	• 成本低于普通公司债 • 有时银行将强制提高提取存款的比率	• 手续简单 • 有时不需要担保 • 需要支付利息和还本 • 经营不佳时，成本提高 • 在有些情况下经营权受到干预	• 金额可大可小 • 也有长期贷款，但以短期为主 • 费用就是利息
公司债	• 由于是固定利息，所以在低利息时发行较为有利 • 在兑换公司债时附带发行新股票利息更低	• 一般需要担保 • 手续较多、时间长 • 需要制服利息和还本 • 经营不佳时，难以筹措 • 类型较多，适用范围较广	• 时间长、数额大 • 费用就是利息
赊购款	• 表面看没有成本，实际上这种成本有时加在价格里，另外在采取现金折扣制度时，也有成本	• 容易筹措 • 不必担心经营权受到干预 • 在急需时可以筹措到一定限度的资金	• 短期 • 只能利用购入金额部分
租赁	• 比购买设备的成本高	• 只能利用相当于租赁设备的资金 • 手续简单 • 不需要担保 • 如果拖延支付租赁费，对方将提出支付全部价格	• 折扣快 • 金额可大可小 • 贷款期间由租赁设备的使用年限决定

在分析不同融资方式特点的基础上，根据企业自身的能力及企业所处的金融环境，对融资渠道与方式的战略类型做出相应选择。

（二）融资渠道与方式的战略类型

1. 内部型融资战略

内部型融资战略（Internal Type of Financing Strategy），即从企业内部开辟财源、筹措所需资金，如留存收益、固定资产折旧、无形资产摊销、内部资金融通、减少资金占用和加速资金周转所节约的资金等。企业利用内部资金方便、可靠、不需支付融资费用，所以内部融资战略被企业广泛采用，经营型融资已成为企业长期资金的重要来源。这种融资战略主要用于有下列情况的企业：

（1）外部资金来源匮乏。如有一些中小企业缺乏可供利用的外部资金来源，这时内部型融资战略就成为一段时期内的唯一选择。

（2）内部资金来源较为充裕，能够满足目前资金需要。如一些盈利能力很强的企业或一些大型、集团型企业，或一些处于稳定期与衰退期的企业，依靠内部资金调度可充分供应企业的资金需要，也可采用这一融资战略。

（3）企业战略要求从内部筹措资金。为了成功地实施这种融资战略，就必须采用切实可行的措施，如加强内部管理，节约资金占用和资金耗费；降低利润分配率，提高留存收益；合理制定和利用折旧政策等会计政策，以增加积累，减少税收支出；加速资金周转，提高资金使用效率；加强对企业内部资金的调度，避免闲置资金；等等。

要保证内部型融资战略获得成功，就必须采取以下四个方面的有效措施：

①加强企业的内部管理，节约各项开支。例如，降低原材料和人工成本、减少间接部门的费用开支、缩减物流费用等，从而不断增加企业的净利润。

②适应市场环境的变化。例如，企业要能根据市场的变化及时对产品进行改进，积极拓宽市场营销渠道，不断开发新的市场等，从而努力提高企业的销售收入和利润水平。

③加快资金周转，减少资金占用。很多大企业往往会忽视这一点，但实际上对很多企业而言，这方面的潜力很大。加快资金周转，减少资金占用，一方面有利于提高资金使用效益，增加企业利润，进而增加内部资金；另一方面可以直接减少资金需求，降低对外部资金的依赖度，保证内部融资战略的成功。

④减少利润分配，提高留存盈余。把大部分利润留存于企业，并用于企业的投资再生产和发展。

2. 金融信贷型融资战略

金融信贷型融资战略（Financial Credit Type of Financing Strategy），是一种用从企业外部间接融资的方式来筹集资金的战略，是指企业通过与金融机构建立密切的协作关系，有效利用各种金融机构的信贷资金，以获得长期而稳定的贷款的融资战略。金融信贷型融资战略具有广泛的适用性，它适用于所有的企业。它可以提供大规模的资金，筹集方便，形式灵活，几乎所有企业都在一定程度上会用到它。特别适用于发展迅速而内部资金短缺或暂时有资金困难的企业。

金融机构是信贷资金的提供者，它是国民经济各部门中将资金供应者与资金使用者联系起来的一种媒介机构，它把各部门中积累超过投资部分的资金汇集起来，再有效地分配给资金的需求者。企业外部资金的很大一部分来自金融机构的信贷资金。金融机构的信贷资金主要有以下几种来源：

（1）政策性银行的信贷资金。国家支持或鼓励发展的某些行业或企业，可以从国家政策性银行获得低息优惠贷款或其他形式的扶植资金，如农业银行提供的中晚稻收购信贷、中国进出口银行提供的出口信贷等。

（2）商业银行的信贷资金。商业银行是根据借款企业的信誉来发放贷款的，也就是说，借款企业无需提供抵押品或第三方担保，仅凭自己的信誉就能取得贷款，并以其信用程度作为还款保证。因此，对借款企业的财务实力、经济效益、经营管理水平、发展前景等方面要求较高。这种贷款形式是我国银行长期以来的主要贷款方式，并且贷款形式也具有多样性。

（3）非银行金融机构的信贷资金。银行以外的金融机构统称为非银行金融机构，如信托投资公司、证券公司、信用合作社、保险公司、共同基金、养老基金等，它们有时也提供各类贷款。许多非银行金融机构实力雄厚，资金充足，是企业资金的一个重要来源。

（4）融资租赁公司的资金。租赁公司介于金融机构与实业公司之间，它筹集资金购买各种机器设备，然后租给实业公司。租赁公司的营业租赁相当于向企业提供了短期资金，其融资租赁业务又等于向企业提供中长期资金。目前世界各国租赁业务发展迅速，租赁公司的资金也已成为企业一项重要的资金来源。

3. 证券型融资战略

证券型融资战略（Securities Type of Financing Strategy），即通过发行各种有价证券，特别是股票和债券来筹集所需资金的战略。通过发行有价证券来筹措资金的来源较广，既有家庭和个人的资金，也有金融机构的资金，还有其他企业和社会公共团体的资金。因此，发行有价证券融资有着非常广阔的资金来源。实施证券型融资战略可以为企业筹措到大规模且可长期使用的资金。随着证券市场的发展和股份制经济的推广，这种融资战略的运用范围和作用将会越来越大。

企业在证券市场公开发行股票和债券都必须经过严格的审查、审批手续。通常只有规模大、经济效益好的企业才可以采用这一战略。采用证券型融资战略还可以到境外上市并发行有价证券进行融资。如中国铝业公司现已发行了在香港上市的"H"股股票，在纽约的"N"股股票，筹集了大量的资金。在境外发行证券，可以使企业进入全世界各大资金市场融资，从而创造新的融资机会并增强公司的知名度。

4. 联合型融资战略

联合型融资战略（Uniting Type of Financing Strategy），即主要依靠企业间的联合、信用、吸收、合并、收买、投资等方式筹措资金。其形式主要有：①通过企业间的商业信用来筹措，如应付账款、应付票据等。比如，有些企业赊购和票据支付的款项在占企业的流动负债中占有一定的比例，用来解决企业资金不足，特别是解决企业流动资金不足的重要途径。②通过企业间的联合，突破单个企业筹措资金的能力界限，从而取得金融机构的贷款或政府的资金援助。很多中小企业融资能力比较弱，单纯依靠自身力量无法取得足够的银行贷款，就可以采取这种融资战略。③通过吸收、合并、收买等方式来增强企业的实力和融资能力。④通过开办合资企业、合营企业和补偿贸易等方式来利用外资，以解决资金短缺问题。

5. 结构型融资战略

结构型融资战略（Structure Type of Financing Strategy）是一种综合性融资战略，是上述四种战略的综合运用。对大多数企业而言，为了获得足够的资金或保持稳定的资金来源和建立合理的资本结构，常常采取这种综合性的融资战略。不同的组合，构成不同的结构型融资战略。如天津渤海化工股份有限公司，继在香港发行股股票和在国内发行股股票上市筹集大量资金后，又通过国际银团贷款筹得多万美元的资金，满足了企业发展的需要，渤海化工的融资战略就属于证券型与金融型两者组合的一种结构型融资战略。

以上五种情况是企业融资战略的一般类型。企业在具体开展融资战略时，要根据企业自身的能力及企业所处的金融环境等，合理地选择融资渠道与方式战略，采取适合自身具体情况的方案。

第三节　企业融资战略的制定与选择

一、企业融资战略的制定因素

企业融资战略的制定不仅需要从自身的融资需求出发，同时也需要重视融资战略制定过程中的影响因素，这样才能制定出更加符合企业自身情况的融资战略。制定融资战略时需要考虑的主要因素有：融资成本、融资规模、融资时机、市场、风险、财务灵活性等。

（一）融资成本

融资成本（Financing Cost）是融资过程中发生的直接成本和间接成本的总和。

1. 直接成本

直接成本包括融资费用和资金使用费，是企业资金使用费融资的财务成本，或称显性成本。

（1）融资费用是企业在资金筹集过程中发生的各种费用。

（2）资金使用费是指企业因使用资金而向其提供者支付的报酬，如发行债券和借款支付的利息，股票融资向股东支付股息、红利，借用资产支付的租金等。

2. 间接成本

间接成本或称隐性成本，主要有机会成本、风险成本和代理成本。

（1）机会成本，就企业内部融资来说，一般是"无偿"使用的，它无需实际对外支付融资成本（这里主要指直接成本），但是实际上内部筹集的资金如果不被投入到本企业中使用，那么就有机会借给其他企业使用，从而获得资金使用费，所以从这个角度来看内部筹集的资金是存在机会成本的。

（2）风险成本，主要指破产成本和财务困境成本。企业融资的破产成本是由于不恰当使用债务使其陷入破产或濒临破产而付出的各种代价的总和。财务困境成本是指法律、管理和咨询费用。

（3）代理成本，是因信息不对称的存在，在不同融资方式下，由于股东、债权人、管理层的利益不一致而导致的成本。

（二）融资规模

企业融资过多，会增加企业的融资成本，加大企业负债，加重偿还负担，增加企业的经营和信用风险。反之，融资不足，会减少企业的业务量，降低产品实力，相对增加了企业成本。因此，在融资规模上，企业一定要根据自己情况量力而行、综合决策。

（三）融资时机

从企业内部来看，在选择融资时机时要做到选准企业经营、开发与发展的关键时机，并配合适度、及时的资金到位。从企业外部来看，在选择融资时机时要抓住银行等金融机构出台的最新金融产品、改善企业融资环境的良好时机，全力跟进，"吃第一口梨"，走在同行的最前边。

（四）市场

扩大规模、占有市场是企业融资的主要目的。因此，在制定企业融资战略时要考虑资金用于哪个产品的扩产、增销上，将为企业带来多大的市场份额，带来多少整体利益。同时，还要考虑能否争取到其他资金，运用多种资金和资源，通盘决策两个市场，达到互补效应。

（五）风险

企业在制定融资战略时应综合考虑公司面临的经营风险和财务风险，遵循两者反向搭配的原则，进行权衡，尽可能在获取最大收益的同时将风险降到最低。

（六）财务灵活性

公司在制定融资战略时应在权衡财务灵活性及其利弊的基础上做出选择。一般来说，公司未来投资机会越多，存在的不确定性就会越大，公司就应采取较高的财务灵活性。反之，应降低公司的财务灵活性。

二、企业融资战略的制定内容

融资战略的制定是企业根据总体发展战略的要求，对今后较长时期资金的需求及解决方案所做的总体安排。企业确定了战略方向和战略目标后，首先要解决的就是融资问题，因此要制定与企业总体战略相适应的融资战略。融资战略制定的任务就是测算资金需求量，然后分析企业可筹措资金的金额。包括目前可筹措资金的数额和预测企业不同发展阶段可筹措资金的数额及成本，确定融资路径的选择，制定融资战略。综上所述，笔者认为融资战略的制定包括四个方面的内容：一是融资需求的分析，包括总体融资额和每个阶段的融资需求。二是可融资金额的分析，包括目前可筹集资金的金额和预测企业不同发展阶段所需筹集的资金量。三是确定企业资本结构的合理范围，包括一定时期内最高的负债率和最低的持股比例。四是比较和设计不同的融资路径，分析不同方式的资金成本及融资风险。

（一）融资需求额分析

当企业战略目标确定之后，其资金需求量也大体确定了。资金需求量的分析需要解决的是分阶段、分年度的资金需求量。企业可以根据战略目标确定的各项投资方案来编制未来的现金流量表并对资金需求量进行分析和预测。

（二）可融资额分析

企业的可融资额通常与资金需求量不一定相等，一般来说，资金需求量往往要大于可融资额。可融资额也不一定等于实际筹集到的资金。首先，实际筹集到的资金取决于资金需求量；其次，实际筹集到的资金与企业自身的融资能力有关，融资渠道是否畅通也会影响到实际筹集到的金额。一定时期的可融资额可以通过式（5-1）来进行测算。

$$可融资额 = 内部融资 + 股权融资 + 债权融资 \qquad (5-1)$$

其中，内部融资指的是企业通过内部挖掘能投入新项目的资金。当通过内部融资不能满足企业资金要求时，就需要考虑外部融资，外部融资主要包括债权融资和股权融资。当企业债权融资有困难时，需要考虑股权融资的可行性。股权融资可以通过直接增资扩股，也可以成立一个新项目公司，利用项目公司增资扩股。股权融资的金额取决于企业可以出让的股权数量及其价格。出让的股权数量取决于企业设定的最低持股比例，最低持股比例越高，可出让的股权数量越少。可出让的股权价格则取决于市场情况。债权融资与企业财务状况有关，其中一个重要因素是资产负债率。一般来说，银行在贷款给企业时，会对企业的资产负债率限定一个比例，债券发行也规定企业的发行级别要在一个 A 以上，并且债券发行的数额也不得超过新项目投资额的 25%。

（三）资本结构分析

最优资本结构（Optimal Capital Structure）是指能使企业资本成本最低、企业价值最大且能最大限度地调动利益相关者积极性的资本结构。尽管对于是否存在最优资本结构存在争论，但在实务中，企业都没有采用全部债权融资和全部股权融资，而是在寻求债权融资和股权融资的比例。2002～2011 年上市公司资产负债率如表 5-2 所示。

表 5-2　上市公司资产负债率 2002～2011 年

年份	2002	2003	2004	2005	2006	2007	2008	2009	2010	2011
资产负债率（％）	64.75	67.99	69.65	71.86	84.7	83.64	85.17	85.93	86.76	84.24

数据来源：中国证券期货统计年鉴 2012。

关于最优资本结构如何来确定主要有三种观点：权衡理论、代理成本理论、控制权理论。权衡理论认为，负债可以为企业带来税额庇护利益，但各种负债成本随负债比率增大而上升，当负债比率达到某一程度时，息税前盈余会下降，同时企业负担代理成本与财务拮据成本的概率会增加，从而降低企业的市场价值。因此，企业融资应当是在负债价值最大和债务上升带来的财务拮据成本与代理成本之间选择最佳点。代理成本理论则认为，在确定企业最佳资本结构时，企业必须在综合考虑两种代理成本的基础上做出权衡取舍，在给定内部资金水平的情况下，能够使总代理成本最小的权益和负债比例，就是最佳的资本结构。控制权理论则认为，最优资本结构存在于控制权收益与控制权损失恰好相等的那一时点。

（四）融资途径设计

企业在不同的发展时期，财务状况、盈利能力、融资成本有着很大的差异。因此，在企业发展的初创期、成长期和成熟期各个阶段中，融资途径和方式也各不相同。

1. 初创期

在这一阶段，企业已初步具备了必要的融资条件，大多数风险投资基金愿意考虑这类项目，产业基金也有可能与企业建立长期的战略合作伙伴关系，企业已经购置了土地和固定资产，可以作为银行贷款的抵押物。

2. 成长期

在这一阶段，企业已经有了前期的经营基础，资金需求量比以前增大。成长期前期，在企业获得正的现金流之前，企业获得债务融资的难度较大，即使获得，资金的使用利息也很高，这时企业倾向于通过股权融资这种不要求付出固定偿付的方式来筹集资金。成长期后期，企业表现出较好的成长性，并具有一定规模的资产，可以采取银行贷款、商业信用等债权融资方式。

3. 成熟期

处于成熟期的企业具有很强的抗风险能力，有固定的客户群、成熟的管理经验和盈利模式，有处理各种技术问题的手段和方法，有一定的知名度和市场占有率。这时企业更多的是关注盈利模式的复制和扩大，市场占有率的提高和巩固，甚至考虑行业整合问题。处于这一阶段的企业具有很强的融资能力，通常正在着手上市工作或已经完成上市。可以充分地利用各种融资手段，包括发行债券、公开发行股票、以换股方式兼并其他企业等。

综上所述，在企业发展的不同时期，企业融资能力存在差异。因此，针对不同时期的不同情况，企业应当设计不同的融资途径。企业融资途径设计最终是要建立一个可持续的融资平台。而上市是融资平台完全建立的基本标志。在各种企业组织形式中，上市公司具有最强的融资能力。

三、企业资本结构战略的制定

资本结构战略，是企业融资战略中最重要的战略，是企业融资战略管理的主要内容。这是因为，这一战略对企业资金来源的多元化程度与稳定发展，对企业资本成本与财务风险的高低，对企业的融资能力与竞争力均有着较大的影响，对企业融资战略各项目标的实现有着决定性的作用。从国内外诸多企业破产的案例中可以发现，资本结构的恶化是企业破产的催化剂。尽管我们很难准确地测定资本结构的恶化对企业整体财务状况恶化产生影响的程度，但我们至少可以肯定，资本结构的恶化确实加速了企业（尤其是那些经营遇到困难的企业）走向崩溃的进程。

在以上融资战略制定内容的分析基础上，进行资本结构战略的制定，一般包括如下两个步骤：

第一，对企业资本结构进行定量和定性分析，以寻求资本结构战略的备选方案。对资本结构进行定量分析，就是运用 EBIT – EPS 分析方法、综合资本成本比较法和公司价值比较法等方法，对资本结构进行决策分析，以选择最佳的决策方案。但是，要准确地确定最佳资本结构几乎是不可能的，所以在对资本结构进行定量分析的同时还要进行定性分析。对资本结构进行定性分析，就是企业财务经理及财务人员在分析经营风险、财务风险、企业成长、销售额的增长和稳定性、竞争结构、资产结构、偿债能力与现金流量、贷款人与信用评级机构的态度、金融市场动态、企业所有者与管理人员的态度、行业因素、税收政策、企业的财务状况等诸多因素对资本结构的影响基础上，根据自己的经验，对资本结构做出判断。这两种方法各有优缺点，因此在实际工作中，只有把它们结合起来加以运用，才能收到良好的效果，据以提出各种可行的方案。

第二，对资本结构战略的各种备选方案与企业战略的一致性进行评价，以选出能够支持企业战略的资本结构战略方案。企业战略的实施需要一定数量的资金，而资本结构合理与否对于保证资金的可得性有着决定性的影响。另外，资本结构战略是企业战略的一个有机组成部分，它应该符合企业战略的要求，积极主动地支持和促进企业战略的实施。因此，是否与企业战略相协调，能否支持企业战略的顺利实施，是选择资本结构战略的主要依据，只有根据这一主要依据，选择出来的资本结构战略方案才具有实际意义。

四、企业战略与融资方式的选择

融资方式的选择是融资战略的一项重要内容。在西方企业融资结构中，企业融资方式的选择顺序首先是内部股权融资，其次是债权融资，最后才是外部股权融资。所以，企业理性融资的先后顺序应该为：内部融资、债权融资（Debt Financing）和股权融资（Equity Financing）。

企业融资究竟是内部融资还是外部融资，外部融资是以股权融资为主还是以债权融资为主，除了受企业自身财务状况的影响外，还必须与企业的发展战略相适应。因此，企业首先要根据商业环境确定自己的发展战略，然后再确定与发展战略相适应的融资渠道与方式。

（一）稳定型战略下的企业融资方式选择

稳定型战略（Steady - Oriented Strategy）是指企业遵循与过去相同的战略目标，保持一贯的成长速度，同时不改变基本的产品或经营范围。它是对产品、市场等方面采取以守为攻，以安全经营为宗旨，不冒较大风险的一种战略。通常当一个组织的管理者满足于坚守他们原有的事业，不愿意进入新的领域时，他们实行的就是稳定型战略。

采取稳定型战略的企业往往处于行业的成熟期，经营风险相应降低，企业对外投资比较少，不会出现大量的资金需求。在财务上，企业的收入平稳增长，利润和现金流量也比较稳定，对于资金的需求不大。如果企业能够在较长的时期保持比较平稳的收入、利润增长和比较充足的现金流，这时企业的经营风险和财务风险都比较低。在企业现金流比较稳定时，可以适当增加财务杠杆。比如，通过增加长期债务或用债务回购企业股票，这样可以在不降低资信等级的同时，降低资本成本，还可以在保证债权人权益的同时，增加股东价值。企业还可以充分利用稳定的现金流,采取适当的股利政策。比如,通过增发股利或采用稳定的股利政策,吸引更多的投资者,树立良好的企业形象。

(二)发展型战略下的企业融资方式选择

发展型战略(Development - Oriented Strategy)是企业在现有的战略水平上向更高一级目标发展的战略。它以发展作为自己的核心向导,引导企业不断开发新产品,开拓新市场,采用新的管理方式、生产方式,扩大企业的产销规模,增强企业竞争实力。在实践中,发展型战略分为密集增长战略、一体化战略、多元化战略等多种类型。

实施发展型战略的企业一般处于初创期或成长期。在这一阶段,大多数企业认为经营风险比财务风险更重要。因此,企业的融资战略应是关注经营风险,尽量降低财务风险。此时,由于企业快速扩张,内部融资常常不能满足企业的资金要求,需要进行外部融资,通常以股权融资为主。如果举债过度,容易引起财务支付危机,轻则损害企业债务资信,重则危及企业生存。因此,对于实施发展型战略的企业来说,融资决策首先不是考虑降低成本的问题,而是要考虑如何保持财务灵活性和良好的资信等级,如何与企业的经营风险匹配,以及如何降低企业的财务危机。

虽然一般情况下实施发展型战略的企业采取股权融资,但处于不同行业的企业,适应其实际发展情况的融资模式也会有所不同。因此,选择适合企业战略的外部融资模式非常关键,如果融资方式选择不当,很可能给企业带来灭顶之灾。

1. 传统行业应更多采取负债融资

处于传统行业的企业,只要自身经营良好,发展战略正确,品牌效应良好,在一定阶段也可以实现快速增长。在传统行业中,只要能合理估计市场份额,企业的经营风险就会较低,收入利润也比较容易估计,财务风险也相应较低,因此,这一类企业可以优先考虑利用长期负债或债券融资,既可以充分利用负债融资的优势,又不会给公司带来过高的财务风险。

2. 高科技和新兴行业应更多采取股权融资

处于高科技和新兴行业的企业,如生物、电子、材料等高新企业,虽然发展速度很快,但所面临的技术风险、市场风险都较大,公司未来的盈利具有很大的不确定性,因此,这类企业即使在外部融资需求很大时,也要保持很低的负债水平。

增长型高技术企业采取的融资方式中长期债务比例非常低,一般采取从企业内部获得股权资本,同时通过增资扩股,并且不支付现金红利来筹集资金。增长型高技术企业采取这种融资方式的原因有:第一,高成长型企业一旦成功,投资收益往往大大超过融资成本,因此融资关键在于规避较高的经营风险,如果采取大量负债融资，一旦企业陷入低谷，高额的债务负债会把企业拖垮；第二，高成长企业的收益风险较高，这些企业如果采取负债融资，债权人往往会要求较高的利率；第三，出于持续发展的需要，为企业保留融资能力，增强财务弹性。

因此，处于高科技和新兴行业的企业，实施增长型战略所需的外部资金最好通过权益融资的方式来解决，可以选择发行股票、认股权证或者发行可转换公司债券等方式。

（三）紧缩型战略下的企业融资方式选择

紧缩型战略（Retrenchment Strategy）是指企业从目前的战略经营领域和基础水平收缩和撤退，且偏离起点战略较大的一种经营战略。与稳定型战略和增长型战略相比，紧缩型战略是一种消极的发展战略。一般的，企业实施紧缩型战略是短期的，其根本目的是使企业挨过风暴后转向其他的战略选择。有时，只有采取收缩和撤退的措施，才能抵御竞争对手的进攻，避开环境的威胁和迅速地实行自身资源的最优配置。可以说，紧缩型战略是一种以退为进的战略。

采取紧缩型战略的企业通常处于行业的衰退期，一般来说，企业在这个阶段大多采取防御型融资战略。在防御型融资战略下企业仍可继续保持较高的负债率，而不必调整其激进型的资本结构。一方面，处于衰退期的企业具有一定的资金实力，可以其现有的产业作为后盾，高负债融资战略对企业自身而言，在财力上是可行的；另一方面，衰退期既是企业的夕阳期，也是企业新活力的孕育期，如果企业新进行业的增长性及市场潜力巨大，则投资者会甘愿冒险，因为高负债率意味着高收益率；如果新进行业情况并不理想，投资者会对未来投资进行自我判断，通过对企业未来前景的评价，来判断其资产清算价值是否会超过其债务面值。因此，在这种市场环境下为企业采用高负债融资提供了客观条件。

【本章小结】

企业融资战略（Financing Strategy）就是根据企业内、外环境的状况和趋势，对企业资金筹措的目标、结构、渠道和方式等进行长期和系统的谋划，旨在为企业战略实施和提高企业的长期竞争力提供可靠的资金保证，并不断提高企业融资效益。融资战略不是具体的资金筹措实施计划，它是为适应未来环境和企业的战略的要求，对企业资金筹措的重要方面所持的一种长期的、系统的构想。

企业融资战略的目标是满足资金需要、满足资本结构调整需要和提供融资竞争能力。企业融资战略的具体内容包括融资战略目标与原则、资金来源结构战略决策、融资渠道与方式的战略决策、融资规模战略决策和融资时机决策。

企业融资战略根据不同的分类标准可以划分为不同的类型。按照企业短期和长期融资比例结构可以划分为平稳型融资战略、保守型融资战略和积极型融资战略；按照企业资本结构可以划分为风险与收益相统一的战略、配合企业资产结构的战略、适应经营者风格的战略、适应资本市场发育程度的战略和适应企业未来经营前景预期的战略；按照企业融资渠道与方式可以划分为内部型融资战略、金融信贷型融资战略、证券型融资战略、联合型融资战略和结构型融资战略。

企业融资战略的制定不仅需要从自身的融资需求出发，同时也需要重视融资战略制定过程中的影响因素。制定融资战略时需要考虑的主要因素有融资成本、融资规模、融资时机、市场、风险、财务灵活性等，并在此基础上，制定与企业总体战略相适应的融资战略。融资战略制定的任务就是测算资金需求量，然后分析企业可筹措资金的金额，包括目前可筹措资金的数额和预测企业不同发展阶段可筹措资金的数额及成本，确定融资路径的选择，制定融资战略。在以上融资战略制定内容的分析基础上，进行资本结构战略的制定，结合企业的总体战略选择企业的融资方式。

【本章关键词】

融资战略	Financing Strategy
企业价值最大化	Maximization of Enterprise Value
资本结构	Capital Structure
资本成本	Capital Cost
融资渠道	Financing Channel
融资方式	Financing Method
内部型融资战略	Internal Type of Financing Strategy
金融信贷型融资战略	Financial Credit Type of Financing Strategy
证券型融资战略	Securities Type of Financing Strategy
联合型融资战略	Uniting Type of Financing Strategy
结构型融资战略	Structure Type of Financing Strategy
融资成本	Financing Cost
最优资本结构	Optimal Capital Structure
债权融资	Debt Financing
股权融资	Equity Financing
稳定型战略	Steady – Oriented Strategy
发展型战略	Development – Oriented Strategy
紧缩型战略	Retrenchment Strategy

【本章思考题】

1. 企业融资战略的目标是什么？

2. 企业融资战略的内容是什么？

3. 简述企业资金来源结构战略的几种具体战略类型。

4. 简述企业融资渠道与方式战略的几种具体战略类型。

5. 制定企业融资战略时需要考虑的因素有哪些？

6. 企业融资战略制度的内容是什么？

7. 资本结构战略的制定一般包含哪几个步骤？

8. 针对不同类型的企业战略如何来选择企业的融资模式？

【本章案例】

阿里巴巴资本运作之路

1. 阿里巴巴概况

阿里巴巴（香港联合交易所股份代号：1688）（1688.HK）为全球领先的小企业电子商务公司，也是阿里巴巴集团的旗舰公司。阿里巴巴在 1999 年成立于中国杭州市，通过旗下三个交易市场协助世界各地数以百万计的买家和供应商进行网上交易。三个网上交易市场包括集中服务全球进出口商的国际交易市场（www.alibaba.com）、集中国内贸易的中国交易市场（www.1688.com）以及透过一家联营公司经营、促进日本外销及内销的日本交易市场（www.alibaba.co.jp）。此外，阿里巴巴也在国际交易市场上设有一个全球批发平台（www.aliexpress.com），其服务规模较小，需要小批量货物快速付运的买家。所有交易市场形成一个拥有来自 240 多个国家和地区超过 5000 万名注册用户的网上社区。阿里巴巴亦向中国各地的企业提供商务管理软件及互联网基础设施服务，并设有企业管理专才及电子商务专才培训服务。

阿里巴巴在大中华地区、日本、韩国、欧洲和美国共设有 60 多个办事处。阿里巴巴网站是阿里巴巴集团的旗舰子公司，是全球电子商务的领先者，是中国最大的电子商务公司。阿里巴巴公司与淘宝、支付宝、阿里软件和雅虎口碑共同组成阿里巴巴集团。

2. 阿里巴巴的资本运作之路

（1）1999 年 50 万元人民币原始创业。1999 年初，马云以 50 万元人民币创业，创建了阿里巴巴网站，当时的团队仅有 18 人。

（2）2000 年引进高盛等 500 万美元天使投资。1999 年 10 月，马云私募到手第一笔天使投资 500 万美元，由高盛公司牵头，联合美国、亚洲、欧洲一流的基金公司如 Transpac Capital Investor AB of Sweden、Technology Development Fund of

Singapore 的参与。在创业初期，马云用高盛为首的投资集团的 500 万美元投资，让阿里巴巴度过了互联网最难熬的寒冬。

（3）2000 年引进软银等 2500 万美元 VC 风险投资。2000 年 10 月，摩根士丹利亚洲公司资深分析师印古塔给马云发来一封电子邮件，称有个人"想和你见个面，这个人对你一定有用"，地点就在北京富华大厦。此人正是日本软银公司的孙正义。软银公司当时已经是全球最大的互联网投资公司之一，当时在全球已投资并拥有超过 120 家互联网公司。由于前来面谈融资事宜的企业太多，孙正义只给了每个人 20 分钟时间阐述公司业务模式和目标。但马云只讲了 6 分钟不到，孙正义就从办公室那头走过来说："我决定投资你的公司。"20 多天后，马云飞往日本，在东京和孙正义再次面谈，孙正义提出投资阿里巴巴 3000 万美元，占公司 30% 的股份，马云同意了。可是一回到国内，马云就后悔了，因为太多资金的进入会削弱管理层对公司的控制。于是，马云给孙正义提出："按照我们自己的思路，我们只需要 2000 万美元。"就这样，2000 年，马云为阿里巴巴引进第二笔融资。2500 万美元的投资来自软银、富达、汇亚资金、TDF、瑞典投资等六家 VC，其中软银为 2000 万美元，阿里巴巴管理团队仍绝对控股。

（4）2004 年引进软银等 8200 万美元 PE 私募股权投资。2003 年底，阿里巴巴的战略目标和战略构架业已浮出水面，那就是通过经营 B2B 的阿里巴巴、经营 C2C 的淘宝网以及即将进入的 B2C 领域，构架一个打通电子商务所有环节的商业版图。这个设想固然宏大，但执行却非易事——由 B2B 领域进军 C2C 领域，因为二者都是基于买卖之间的一个平台，其技术支持以及诚信体系的建设，都可互通有无，但要进军 B2C 领域就不同了。B2C 所要求的仓储、物流、结算等要素，无一不是硬指标，而且其市场竞争之激烈以及面临问题之复杂，也远非独自建立一个 C2C 网站可比。无疑，最可能也最经济的办法就是收购国内现有的一家业已成熟的电子商务网站。而在第二轮私募完成之后，收购的时机来了。2004 年 2 月，阿里巴巴第三次融资，再从软银等 VC 手中募集到 8200 万美元，其中软银出资 6000 万美元。马云及其创业团队仍然是阿里巴巴的第一大股东，占 47% 股份，第二大股东为软银，约占 20%；富达约占 18%，其他几家股东合计约占 15%。这次引进投资是用于阿里巴巴市场推广及完成针对国内某 B2C 网站的战略并购。

（5）2005 年与雅虎中国 10 亿美元的并购。2005 年，马云又一手导演了和美国雅虎的惊天并购——雅虎以 10 亿美元、雅虎中国的所有业务、雅虎品牌及技术在中国的使用权和其在中国的全部资产作为代价，换取阿里巴巴 40% 的股份和 35% 的投票权。因为阿里巴巴良好的盈利能力，雅虎开出了近 6.5 美元/股的价格，总共支付了约 3.9 亿美元。与此同时，软银也以同样价格增持了部分股份，支付了 1.5 亿美元。GGV 退出的投资收益起码超过 10 倍。至此，雅虎拥有阿里巴巴集团 40% 的股权，创业团队股权被稀释到 28.2%；软银原被稀释到 12%，经增持后变为 16%，成为第三大股东。富达稀释至 12.8%，其他股东稀释至 9%。

（6）2007 年阿里巴巴在香港上市市值 200 亿美元。2007 年 11 月 6 日，阿里巴巴集团 B2B 子公司在香港联交所正式挂牌上市，成为香港上市公司上市首日涨幅最高的"新股王"，创下香港 7 年以来科技网络股神话。按收盘价估算，阿里巴巴市值约 280 亿美元，是中国互联网首个市值超过 200 亿美元的公司，市值为三大门户和盛大、携程市值之和。马云在阿里巴巴共持股 6.9842%，相当于 3.5287 亿股，以最新发行价上限 13.5 元计算，市值为 47.64 亿元。阿里巴巴挂牌当天，软银的投资从账面上计已经升值了近 70 倍。作为阿里巴巴集团的大股东，雅虎间接持有阿里巴巴 28.4% 股权，其市值高达 73 亿美元；此外，雅虎还以基础投资者身份，投资 7.76 亿港元购买了阿里巴巴新股，购入价格为 13.5 港元/股，占 7.1% 股份，IPO 当天升值到 22.7 亿港币。马云称，投资阿里巴巴是一个不错的选择，因为能够像阿里巴巴这样给股东带来高额回报的公司并不多。他甚至扬言："投资者可以炒我们，我们当然也可以换投资者，这个世界上投资者多得很。我希望给中国所有的创业者一个声音——投资者是跟着优秀的企业家走的，企业家不能跟着投资者走。"

3. 阿里巴巴退市

2012 年 2 月 21 日阿里巴巴 B2B 公司私有化传闻落地。阿里巴巴集团向在香港上市的阿里巴巴 B2B 公司董事会提出私有化要约。13.5 港元/股的私有化价格与 2007 年时的 IPO 价格相当，4 年资本市场经历又走回了原点。

4. 阿里巴巴回购股权为 IPO 做准备

2012 年 5 月 21 日，阿里巴巴集团与雅虎联合宣布，双方已就股权回购一事签署最终协议。阿里巴巴集团将动用 63 亿美元现金和不超过 8 亿美元的新增阿里集团优先股，回购雅虎手中持有阿里集团股份的一半，即阿里巴巴集团股权的 20%。

如未来阿里集团进行 IPO，阿里巴巴集团有权在 IPO 之际回购雅虎剩余持有的剩余股份即 20%。阿里巴巴集团表示，交易完成后，新的公司董事会中，软银和雅虎的投票权将降至 50% 以下。同时作为交易的一部分，雅虎将放弃委任第二名董事会成员的权力，同时也放弃一系列对阿里巴巴集团战略和经营决策相关的否决权。阿里巴巴集团公司董事会将维持 2∶1∶1（阿里巴巴集团、雅虎、软银）的比例。

（资料来源：吴瑕：《融资有道（精化版）》）

【思考题】

1. 阿里巴巴资本运作采用了何种融资战略?
2. 阿里巴巴为何上市又退市?

第六章 企业投资战略管理

【导入案例】2013 年 8 月 27 日，贵州百灵披露了 2013 年半年报，虽然营业收入和净利润都同比增长，但值得注意的是，高增长的背后却是不断增加的应收账款。这意味着，该公司上半年的盈利收入是"纸上谈兵"，经营质量也有所下降。有分析称，这与贵州百灵盲目的"多元化"投资战略有关。近些年，贵州百灵不断扩张，导致其营业成本也不断上升。

贵州百灵凭借主打药品（即维 C 银翘片和金感胶囊等感冒药品）于 2010 年上市，在其上市之际迎来中药材价格上涨浪潮，使得主打产品的原料上涨近一倍，该公司的经营也面临着成本上升的风险。为了应对危机，贵州百灵开启"多元化投资战略"。2012 年 6 月，携希尔顿投资 10 亿元在贵州安顺修建五星级酒店；2012 年，进军胶原蛋白饮料产业；2012 年 10 月、2012 年 11 月，宣布投资建设年产 2 万吨的中药残渣综合利用生产生物有机肥示范项目……

"贵州百灵每年有近 2 万吨的中药残渣，利用这些中药残渣来生产微生物肥料，不但可以'变废为宝'、保护环境，还可以降低成本，提高效益"。似乎听起来有一定道理，但有业内人士质疑，"仅凭分析理论去推测一个未知的市场，并非百灵的强项。胶原蛋白项目的现状已经证明了这一点"。分析人士认为，在贵州具备传统优势的药品市场里，竞争日益激烈。另外，中西药复方制剂争议，未来会使公司不得不将相关主打产品可能存在的政策性风险列入考虑。无论未来是回归主业还是继续坚持全面撒网、四面出击的战略，对贵州百灵眼下的现金流而言，都并不乐观。贵州百灵半年报显示，其上半年的经营性现金流仅为 3160 万元。其实，贵州百灵的资金链紧张也并非一时造成的，这大多与其多元化战略有关。并且，贵州百灵所投资的项目并未给其带来多少创收，反而还"拖后腿"。2013 年半年报显示，肥料、饮料口服液和中药材的销售营业额贡献很小，分别为 573.15 万元、268.66 万元、1399.89 万元，分别占主营收入的 0.90%、0.42% 和 2.21%。

贵州百灵业绩未达到预期的主要原因是其非理性多元化投资战略失败。这些非理性的业务模块基本处于亏损或者停滞状态，导致成本增加，极大地影响了贵州百灵的经营和资金使用流向，对主营业务发展造成了严重的懈怠和疏忽管理。从贵州百灵的失败中我们可以看出，实施合理的投资战略对企业发展起着极其重要的作用。

第一节　企业投资战略的目标与程序

企业投资战略（Investment Strategy）是指根据企业总体经营战略要求，为维持和扩大生产经营规模，对有关投资活动所做出的全局性谋划。它是将企业的有限投资资金，根据企业战略目标来评价、比较、选择投资方案或项目，以求获取最佳投资效果。

一、企业投资战略的基本要素

企业投资战略包括三个基本要素：战略思想、战略目标和战略内容。其中，战略思想指的是企业在制订投资战略时应当遵循的原则，也是企业长期投资运筹帷幄的灵魂。投资战略目标是企业投资战略思想的具体体现，是企业在较长一段时期内投资规模、投资水平、投资能力、投资效益等主要定量目标的实现。战略内容是企业根据战略目标制定的具体的投资活动，包括战略手段、资金、日程、实施的组织、预期效果等。

二、企业投资战略的特点

企业投资战略具有从属性、导向性、长期性、风险性四个方面的特点。

从属性是指企业投资战略必须服从国民经济发展战略，服从企业总体发展目标和企业财务战略目标，是企业战略目标的主体部分。

导向性是指企业投资战略一经制定，就成为企业进行投资活动的指导原则，是企业发展的纲领，在一定时期内相对稳定。另外，投资战略对企业的业务发展也具有导向作用，企业通过投资战略的实施来有效配置企业内部资源，发展前景好的业务往往是投资战略实施的重点。

长期性是指企业投资战略为谋求企业的长远发展，在科学预测的基础上，确定企业投资发展的方向和趋势，也规定各项短期投资计划的基调。

风险性是指企业在实施投资战略时会受到许多不确定性因素的影响，这些因素是无法事先知晓和控制的，投资战略不能消除这些风险，也难以把这些风险降到最小，投资战略一旦失败，将会给企业带来重大损失，甚至会导致企业破产和倒闭。

三、企业投资战略的目标

企业投资是企业为了在未来获得经济利益和竞争优势而把所筹集到的资金投放到一定的事业或生产经营活动的经济行为。它不仅是表达企业战略意图的一种重要方式，而且还是保证企业战略实施的一个关键性环节，没有资本投入的良好配合，企业战略将难以实现。企业投资战略是在企业战略的指导下，依据企业内外环境状况及其趋势对投资所进行的整体性和长期性的谋划，是企业战略体系中不可缺少的重要组成部分。企业投资战略具有对企业全部资金和资源运用的指导性和方向性特点，它是一项全方位的工作。它既由企业战略所决定，是企业战略的具体化，又反过来影响企业战略的制定方向和实施效果。

企业投资战略主要解决一定时期内企业投资的目标、规模、方式及时机等重大问题，它是企业最根本的决策，最直接地体现企业价值最大化的目标，是实现企业价值的根本方式。企业价值最大化的目标在企业投资行为中的体现，就是以较少的资金投放和较低的投资风险获得较大的投资收益和竞争优势。但是，由于企业投资战略的制定和实施必须充分考虑企业内外诸多环境因素和企业战略的要求，因此为了保证企业战略目标的顺利实现，企业投资战略目标应该是多元化的。具体包括如下几个方面：①获得投资收益；②降低投资风险；③通过扩大规模，增大产量，提高销售额，提高技术装备水平等，来加快企业的成长和发展速度；④技术领先；⑤改变生产方向，从一个行业转向另一个行业；⑥取得或建立可靠的销售渠道、关键技术、原料及能源供应基地；⑦承担社会义务，提供社会公共效益；等等。这些目标是相互联系的，它共同构成了一个多元化的投资战略目标体系。

企业在选择上述投资目标时，一般应注意以下几点：①分析投资收益和投资风险的关系；②明确企业战略的要求；③分析产业前景；④分析市场竞争的特点，包括影响市场竞争的因素、竞争范围、竞争对手以及选择竞争层次。

四、企业投资战略的程序

迄今为止，大多数论述资本投资的文献关注的焦点都是投资方案的评价，特别是投资评价方法的不断改进。其假设是：投资方案会自动出现，因此只要运用理论上正确的评价方法就会直接得出最优投资选择。但从企业显示的角度看，资本投资决策并非如此简单。

投资战略程序可划分为如图6-1所示的五个主要领域。

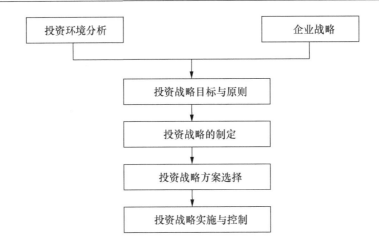

图 6-1 投资战略程序图

按照如图 6-1 所示的程序进行投资战略决策，首先，要理解企业战略及企业投资环境的要求。企业战略是关于企业全局的长期性和决定性的谋划。理解企业战略的要求，可以使资金投放不偏离企业战略所规定的总方向和总目标，从而能在很大程度上提高投资的战略效果。

其次，要根据企业战略的要求和投资客观规律制定企业投资战略目标与原则。投资战略目标，就是企业在某一战略期间内，要求投资达到或完成的预期效果。它指明了资金投放的总体要求。投资战略原则是企业制定和实施投资战略应该遵循的基本思想和准则，它反映了企业战略以及投资战略决策的基础和灵魂。

再次，就是寻求并确定各种可能的投资战略机会并生成投资战略。这一步骤对于投资是否成功具有很关键的意义。

又次，把投资战略具体化为一些备选投资战略方案并运用一定的理论与方法对所提出的备选方案进行分析、评价，从中选择最佳方案予以实施。

最后，将选择好的投资战略方案投入实施。为了保证投资战略目标的顺利实现，需要对投资进行严格而有效的控制。

第二节 企业投资战略的类型

一、企业投资规模战略

对企业投资战略进行分类，是为了使企业在决策时能够更好地选择投资战略。这里结合我国企业的实际情况，按照投资规模（Investment Scale）将投资战略分为稳定型投资战略、增长型投资战略、紧缩型投资战略和组合型投资战略。稳定型投资战略是一种维持现有投资水平的战略。扩张型投资战略是企业通过扩大投资规模，可以不断扩大生产经营，增加生产和经营产品的数量和种类，提高市场占有率。紧缩型投资战略是一种收缩现有投资规模的战略。组合型投资战略是前三种战略的组合运用。

1. 稳定型投资战略

稳定型投资战略是一种维持现有投资水平的战略，现有投资水平一般是指现有投资规模。稳定型投资战略是指企业在战略规划期内将企业的投资水平基本保持在目前水平状态上的战略。在内、外部环境变化不大时，企业通常会选择这种投资战略。这种投资战略要求企业要重视最有效率地利用现有的资金和条件，继续保持现有市场，维持现有投资水平，不断降低成本，尽可能多地获取利润，为将来发展积累资金。

稳定型投资战略可以避免新产品和新市场开发所面临的巨额资金的投入、开发失败的风险和竞争对手的竞争；容易保持经营规模和资源的平衡协调；可以避免因资源的更新组合而造成时间上的损失等。稳定型投资战略也具有一定的风险性。当外部环境发生变动时，打破企业战略目标、外部环境、企业实力三者之间的平衡，使实行稳定型投资战略的企业陷入困境；当企业在市场上的差异优势减弱或消失时，就会无力抵抗强大竞争对手的进攻；另外，稳定型投资战略会降低企业的风险意识，使企业在面临风险时缺乏适应性和抗争性。

一般来说，稳定型投资战略适用于处于上升期的产业和稳定环境中成长的企业。对许多企业来说，稳定发展是最合逻辑、最合时宜的战略。例如，可口可乐公司曾多年采用稳定型投资战略，获得了巨大的成功。

2. 增长型投资战略

增长型投资战略是一种不断扩大现有投资规模的战略。增长型投资战略是以企业的发展战略为指导，将企业的资源用于开发新产品、开拓新市场，采用新的生产方式和管理方式来扩大企业的产销规模，增强企业的竞争实力。增长型投资战略一般会使企业取得大大超过社会平均投资收益水平的收益。一般来说，增长型投资战略适用于转入成长型的企业。

3. 紧缩型投资战略

紧缩型投资战略是一种收缩现有投资规模的战略。企业从现有经营领域抽出资金，缩小经营范围，也即企业收缩市场，撤出某些经营领域、减少生产经营的产品种类。这种战略多用于经济不景气、企业内部存在着重大问题、财务状况恶化、政府对某种产品开始限制等情况。紧缩型投资战略的特点是，从现经营领域抽出投资，减少产量、削减研究和销售人员，出售专利和业务以收回投资。紧缩型投资战略按其实现的途径可以分为三种类型。

（1）抽资转向战略。抽资转向战略（Turn Around Strategy）是指减少企业在某一特定领域内的投资，其目的是削减费用支出，改善现金流量，然后将引出的现金流投入到新的领域中去。

（2）放弃战略。放弃战略（Divestment Strategy）是指通过卖掉企业的一个主要部门来收回资金。当抽资转向战略失效时，企业才会考虑采用放弃战略。

（3）清算战略。清算战略（Liquidation Strategy）是指通过拍卖或停止全部经营业务来结束企业的生命。对任何企业的管理者来说，清算是最无吸引力的战略，通常只有在其他战略全部失灵时才采用。

这种紧缩型投资战略是企业家最不愿意采用的战略。但是为了企业和职工的长远利益，它在一定条件下又是必须采用且可能扭转败局的战略。企业采取这一战略的关键是把握住时机，以退为进，不要因为犹豫不决而错过良机。

4. 组合型投资战略

组合型投资战略是指在企业的实际工作中，在一个时期内，会同时采取稳定、增长、紧缩型几种战略。组合型投资战略有以下两种基本类型：

（1）同时组合。同时组合是指在投资增设其他的战略经营单位、产品线或事业部的同时，放弃某个战略经营单位、产品线或事业部；在对其他领域或产品采用增长投资战略的同时，紧缩某些领域或产品；在对某些产品实行抽资战略的同时，对其他产品采用增长投资战略。

（2）顺序组合。顺序组合是指随着内外部环境的改变，企业在一定的时期内采用增长型投资战略，然后在一定时期内实行稳定型投资战略；或先使用转向战略，待条件改善后再采用增长投资战略。

二、企业投资资金投向战略

根据企业资金投向可以将企业投资战略分为集中化投资战略与多元化投资战略，而后者又包括同心多元化投资战略、纵向一体化投资战略、横向一体化投资战略和混合多元化投资战略等形式。

1. 集中化投资战略

集中化投资战略（Concentric Investment Strategy）是指企业集中全部资源，以很快的增长速度来提高现有产品或服务的销售额、利润额或市场占有率。集中化投资战略的特点是，经费目标集中，可以集中力量实现现有产品或服务的快速发展，但这种战略也存在着完全被现有产业兴衰所左右的风险，当本产业由于需求变化等原因出现衰退时，采取这种战略的企业必然受到相当大的冲击。因此，企业不宜长期采用这一战略，应在实施一段时间后，考虑向其他类型的战略转移。采用这种投资战略的企业要能保证战略实施所需要的大量资金，保证资本的融通和加快资本的运营速度，并保持一定的资本弹性，可以应对外部环境变化带来巨大风险。

2. 多元化投资战略

多元化投资战略（Diversification Investment Strategy）又称分散化、多角化投资战略，是指企业将投资分散投放于不同的生产经营领域或不同的产品或服务上。多元化投资战略根据资金投放对象不同又可以分为同心多元化投资战略、纵向一体化投资战略、横向一体化投资战略和混合多元化投资战略四种形式。

（1）同心多元化投资战略。同心多元化投资战略是将企业资金集中投入用于增加与企业现有产品或服务相类似的新产品或新服务。在这种投资战略下，企业可以利用现有的资金和生产技术条件，制造与原来产品用途不同的新产品。如电脑制造商生产电脑，同时也可以生产手机等电子产品。同心多元化投资战略的特点是，原产品与新产品的基本用途不同，但它们之间有较强的技术关联性，因此，可以共享企业的设备、技术和资金等。同心多元化投资战略避免了将资本集中投入单一产品或服务的风险，但增加了资本多领域投向的操作难度，也增加了资本短缺的风险。另外，在外部环境发生变化时，相关业务会同涨同落，会使得企业抗风险能力大大降低。因此，在实施这一战略时，企业要辅之以合理的筹资和盈余分配方案，保证资源有效地利用，提升企业的抗风险能力。

（2）纵向一体化投资战略。纵向一体化投资战略是在产、供销的两种不同方向上扩大企业生产投资规模的方式，可分为前向一体化和后向一体化。前向一体化指企业将资金用于向消费它目前的产品或服务的行业发展；后向一体化指企业将资金用于向为它目前的产品或服务提供原料的产品或服务的行业扩展。纵向一体化投资战略的特点是，原产品与新产品的基本用途不同，但它们之间有密切的产品加工阶段关联性或生产与流通关联性，从而可以节约交易成本和风险费用，便于企业最优化地利用资源。但实施这一战略的价格收益比率明显低于其他的战略。当企业决定采用纵向一体化投资战略时，其战略重点是根据企业获得资源的能力，决定是采取企业内部壮大的方式，还是与别的企业实行联合或兼并的方式。

（3）横向一体化投资战略。横向一体化投资战略是指集中企业的资金用于生产新产品销售给原市场的顾客，以满足他们新的需求。如某食品机器公司，先生产收割机卖给农民，后再生产农用化学品，仍然卖给农民。横向一体化投资战略的特点是，原产品与投资的新产品的基本用途不同，但它们之间有密切的销售关联性。

（4）混合多元化投资战略。混合多元化投资战略是指企业向与原产品、技术、市场无关的经营范围投资扩展。混合多元化投资战略的特点是，由于资金被分散投向不同的业务领域，可以分散企业的资金投入风险、增强企业适应外部环境的应变能力。混合多元化投资战略涉及的投资业务领域不仅多而且都不相关，所以需要企业投入大量的资金和资源，一般来说，只有实力雄厚的大公司才能采用。

一个企业究竟应采用集中化还是多元化投资战略，与企业规模大小没有必然的联系，而是取决于企业的管理能力、规模实力、发展目标等因素。多数成功多元化的大企业，在创业初期都是集中化的，它们在集中化的基础上开发关联产品，走出一条主导产品多样化的道路。还有些企业在集中化经营基础上由生产关联产品到非关联产品，逐步过渡到多元化经营。企业多元化经营是有风险的，涉及的领域越多，竞争对手也就越多，管理也就越复杂。总体来说，一般企业应考虑在集中化投资战略的基础上，以核心产品或服务为基础衍生或拓展其他产品或服务。

三、企业投资资金密度战略

根据投入资金密度可以将企业投资战略分为资金密集型投资战略、技术密集型投资战略和劳动密集型投资战略三种类型。

1. 资金密集型投资战略

资金密集型投资战略是指在长时期内企业确定的投资方向需要投入大量的资金，这些投资方向的实际运行主要依靠资产的运用来实现。

2. 技术密集型投资战备略

技术密集型投资战略是指在长时期内，企业确定的投资方向需要大量的技术投入，这些投资方向的实际运行主要依靠技术的运用来实现，投资的重点往往是先期的技术开发。

在技术密集型的投资战略中，又可以细分为改变产品整体功能和增加产品附加功能的战略。改变产品整体功能是指通过技术研究使产品的性质发生根本变化，即由一种产品变成另一种产品；增加产品附加功能是指通过技术研究在产品的主体功能上增加某些新的功能，产品的主体功能不变。

3. 劳动密集型投资战略

劳动密集型投资战略是指在长时期内，企业确定的投资方向主要需要大量的劳动投入，这些投资方向的实际运行主要靠劳动力的推动。

在投资战略决策中，企业必须根据自身的特点，选择投资方向。当企业资金雄厚时，可以选择资金密集型的投资战略；当企业技术力量和研发条件雄厚时，可以选择技术密集型投资战略；当劳动成本低，企业资金不足、技术条件不充分时，应选择劳动密集型投资战略。一般而言，伴随社会生产力的发展和企业的不断成长，通常要经历由劳动密集型到资金密集型，再到技术密集型的投资战略转移。

第三节　企业投资战略的制定与选择

一、战略制定的分析方法

投资战略的制定就是通过对企业内、外环境充分和创造性的分析，寻找并发现潜在的投资机会，并据此确定企业对资金投放与配置的总要求，包括投资的业务领域及各类业务资金投放的战略组合等。战略的一个重要目的是增强企业竞争力。下面对几种常用的战略分析方法进行简要的介绍。

（一）SWOT 分析法

任何组织在制订战略方案之前，总要对组织内部和外部的环境进行全面认真的分析。在内部环境分析中，即要搞清自己的力量和优势，也要明确自己的不足；在外部环境分析中，既要发现一些有利的机会，也要意识到某些不利的威胁。对上述四类因素的综合分析就是所谓的 SWOT 分析法（SWOT Analysis），优势（Strength）、劣势（Weakness）、机会（Opportunity）、威胁（Threat）。

由于"优势"和"劣势"这两类因素都来自于组织内部，处于管理人员可以直接控制的范围之内，而且多半是由以往的组织决策造成的，一般都是可以改变的。它们与外部的"机会"和"威胁"形成对比，因为后两者属于外部条件，战略管理者通常无法控制，因而也就难以使之改变。

这四类因素一旦确定，管理者即可着手制定投资战略，它应能充分利用外部机会，避免或克服外部威胁，巩固内部力量，减少内部弱点，在此过程中，一定要注意两个方面的一致性：一是内部一致性，即投资战略要与企业战略相一致；二是外部一致性，即资金投放战略要与外部环境相一致。

对于内部优势、劣势和外部机会、威胁因素的不同组合来说，总有一些投资战略与之相对应，也就是说企业在特定的情况下，有一些特定的投资战略可供选择。图 6-2 表明某些投资战略与不同的 SWOT 因素组合之间的关系。其中横、纵两轴把平面分为四个区域，横轴表示内部力量的弱点，纵轴表示外部机会和威胁。

在图 6-2 中，最有利的情况当然是"增长"区域。在这一区域内，外部环境机会很多，内部力量也很强，因此企业可以趁机增加投资大力发展。应该采取的战略是把力量集中在现在的产品和市场上，或者通过合并或兼并方式使企业迅速扩大。

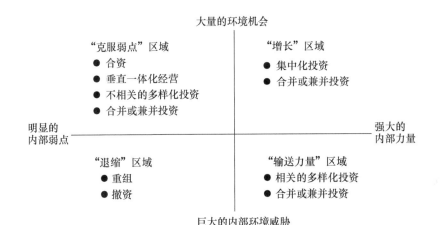

图 6-2　SWOT 和投资战略图

（二）波士顿矩阵法

波士顿矩阵（BCG Matrix）其主要内容如下：

（1）划分战略经营单位。即把企业按其所处的产品市场情况划分为若干与规划目的相关联的战略实体。

（2）评价战略经营单位。即根据相对市场占有率和行业增长率对战略经营单位进行评价，以判断其竞争能力和发展前景。其具体做法是：首先以相对市场占有率和行业增长率为二维，构成一个矩阵；其次将对各战略经营单位的评价结果放到该矩阵中，进行比较。如图 6-3 所示。该图中的圆圈代表各个战略经营单位；圆圈的中心表示它们在矩阵中的位置；圆圈的大小与其收益成比例。

由图 6-3 可知：①处在"明星"区域的战略经营单位不仅位于高增长行业中，而且拥有较高的市场占有率。所以同时具有竞争实力和发展机会，可以较长时间为企业提供利润和增长的可能性。②处在"问号"区域的战略经营单位具有较低的相对市场占有率和较弱的竞争能力，不过它们所处的行业是高速增长的行业，因此这就为它们提供了较长时间获利和发展的好机会。如果它们能够采取切实有效的措施，并注入一定量的资金，就可以进入"明星"区域。③处在"现金牛"区域的战略经营单位虽然处在增长率较低的行业，但其相对市场占有

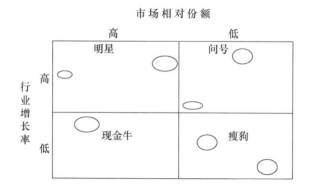

图 6 - 3　波士顿矩阵图

率较高，是本行业中的领先者，因而可以获得较高的利润和大量的正现金流量。不过，行业的低增长率则预示了企业缺乏发展机会，因此不能在现有经营领域进行大量投资。④处在"瘦狗"区域的战略经营单位不仅相对市场占有率较低，而且也处于低增长率行业，因而不能进行投资。

（3）选择投资战略。即根据各战略经营单位在上述矩阵中所处的位置，采取相应的投资战略。对于处于"明星"区域的战略经营单位应加大资金的投入，以巩固相应的投资战略。对于处于"明星"区域的战略经营单位应加大资金的投入，以巩固其明星地位，其资金可来源于"现金牛"。对于处于"问号"区域的战略经营单位，如有希望，就应采取扩大投资的战略，使之转变为"明星"；否则，就应减少或停止投资，以避免或减少资金浪费。对于处于"现金牛"区域的战略经营单位，可采取退出或兼并等战略。对于处于"瘦狗"区域的战略经营单位，也可以采取退出或兼并等战略。

（三）通用电气经营矩阵分析法

与波士顿矩阵分析法相类似，通用电气矩阵（GE Matrix）也是把企业分为若干个战略经营单位，并从两个方面进行评估：一是行业吸引力；二是战略经营单位在本行业中的竞争力。如图 6 - 4 所示，水平方向表示竞争地位，垂直方向表示行业吸引力。

通用电气矩阵认为，对于处于"输家"上的战略经营单位，应减少或停止投资；对处于"胜者"和有希望成为"胜者"的战略经营单位，应增加投资；对于处于"问号"区域且有希望的战略经营单位，也应给予资金上的支持，以便使之转变为"胜者"；对于处于"利润生产者"的战略经营单位应充分利用其强有力的竞争地位，使之尽可能提供更多的正现金流量，以便用于对"胜者"和某些有希望的"问号"的投资；对于不会提供长期收益的"平均经营者"，可以设法使之转变为"胜者",也可以考虑停止投资。

竞 争 地 位

		高		低
行业吸引力	高	胜者	胜者	问号
		胜者	平均经营者	输家
	低	利润生产者	输家	输家

图 6 - 4 通用电气经营矩阵图

在投资战略制定中,使用通用电气经营矩阵分析法,可以帮助企业管理当局了解整个企业的经营活动是否是一个平衡的经营组合。在这个平衡的经营组合中,应该包括多数的"胜者"和少数的"利润生产者"。只有这样,才能提供必要的正现金流量,以支持未来的"胜者"和有希望的"问号",保证企业长期获得利润和发展。

(四)生命周期矩阵分析法

生命周期矩阵(Life Cycle Matrix)是根据企业各项业务所处的产品/市场生命周期阶段和业务的大致竞争地位来决定投资战略类型的方法。如表 6-1 所示。

表 6-1 生命周期矩阵图

生命阶段 \ 盈亏状况 \ 竞争地位	强	中	弱
引进阶段	盈	问号	亏
发展阶段	盈	盈或问号	可能亏
成熟阶段	盈	盈	亏
衰退阶段	盈	亏	亏

生命周期矩阵分析法认为:

(1)对于处在引进阶段的"盈"业务一般应采取迅速扩大规模和提高差别化程度的投资发展战略。

(2)对于处在发展阶段的"盈"业务还应争取使其具有成本优势。

（3）对于处于成熟阶段的"盈"业务，虽然有能力将市场上其他竞争对手驱赶出去，能在该行业中继续经营下去，但不宜过多投资发展。

（4）对于处于衰退阶段的"盈"业务，虽然通过目前集中于某个细分市场尚有盈利，但由于市场在逐渐消失，所以仍应及早做好撤退的打算。

（5）对于处在引进阶段和发展阶段的"问号"业务有两种出路：一是在"盈"业务的资金支持下提高竞争地位，从而使其成为"盈"业务；二是通过紧缩或退出战略，将转移出来的资金用于支持处于发展阶段的"盈"业务或发展新的业务。

（6）对于处在引进和发展阶段的"亏"业务尚有提高市场竞争地位的可能，只是需要追加大量的资金。

（7）对于处在成熟和衰退阶段的"亏"业务，一般都应采取退出战略。

（五）行业结构分析法

根据美国著名企业战略管理专家波特的观点，任何行业的竞争性都取决于以下五种竞争力量：行业的新进入者、替代品、买方、供方和行业中原有的竞争者。对这五种竞争力量进行分析以确定投资策略的方法称为行业结构分析法（Industry Structure Analysis）。具体如图 6 - 5 所示。

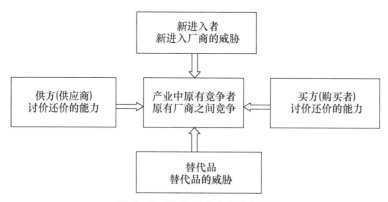

图 6 - 5　波特五力竞争分析图

由于上述五种竞争力量决定着企业产品的价格、成本和投资，也就决定了行业的长期盈利水平。同时，由于不同行业中这五种竞争力量的大小不尽相同，也就造成了不同行业高低不同的利润率。通过行业结构分析，企业可以发现该行业是否能够提供较高而持续的盈利机会，并可结合其实际情况决定是否向该行业投放资金，从而确定投资方向与领域。

二、企业投资战略的选择

（一）影响投资战略选择的主要因素

对于投资战略方案的评价可以利用净现值法、内含报酬率法等动态决策分析方法。但是，与常规投资项目的评价有不同之处，即战略性投资方案的有关指标预测与分析的难度较大，从而导致动态决策分析方法所需数据的预测值的准确性难以保证。因此，对运用动态决策分析方法所得的结论不能过分依赖，还应配合适当的定性分析，才能得出最终的结论。影响投资战略方案选择的因素如下：

1. 市场因素

主要包括：①该投资方案与哪个市场或其细分部分相关？②该投资方案对企业经营战略是否有关键作用？③资产寿命是否超过了产品的经济周期？④进行了哪些市场研究，以支持该投资方案的有关市场假设？⑤对于扩大规模而增加的产量能否销售出去？对市场价格影响如何？⑥对于新产品投资方案，该产品是否经过完善的技术与市场测试？

2. 生产因素

主要包括：①投资方案所确定的产品处于生命周期中的哪个阶段？它对于产品数量、单位成本和销售价格的假设有何影响？②组织内部或外部对该种投资有无已知的经验？如果有，如何能够获得这种经验？③生产设施能否充分地达到投资方案中所假设的关于质量、时间和成本等方面的要求？④该投资方案对短期、中期、长期的生产能力利用程度有何影响？

3. 财务因素

主要包括：①该方案所应用的折现率或肯定当量系数能否被证明是合理的？②该方案是否产生了特别的融资机会？③除了按实际假设进行计算分析外，对于"最好"或"最坏"的情景是否进行了定量计算与分析？④是否进行了敏感性分析？关键性假设变动多大百分比会使方案变为不可接受？⑤该项目的风险在多大程度上来自于微观经济因素和宏观经济因素？

4. 竞争因素

主要包括：①该投资方案的主要竞争对手有哪些？②这些竞争对手的实力如何？③竞争对手的反应将会对有关投资假设及结果产生何种影响？④我们可以采取的措施有哪些？

5. 宏观因素

主要包括：①该方案的成功对于汇率、商品价格、通货膨胀率、利率以及政府经济政策等各项宏观经济因素的敏感程度有多大？②该方案的成功在多大程度上依赖于政府的支持？

6. 人员因素

主要包括：①该方案是否需要对人员进行另外的培训？②管理当局能否很好地处理这个项目？③现有管理结构与程序对新的投资是否适应？④新的投资对现在的管理当局和职工队伍有何影响？⑤是否以适当形式征求了职工和工人联合会

的意见？⑥企业中各种正式组织与非正式组织对战略方案的支持程度如何？

（二）投资战略选择的内容

企业投资战略的选择涉及三个方面的基本选择，即资金投向选择、投资时机选择和投资规模选择。企业的资金投向哪里、投入时机、投入多少是以企业发展战略目标为依据，并受到企业财务状况、生产经营情况的制约，与企业的设备、资源、技术、材料方面的决策相互关联的。

1. 资金投向的选择

企业资金投向哪里有多种选择，机器设备、劳动力、材料、技术都是生产过程不可缺少的资源，它们都需要投资，但哪个方面多一些，哪个方面少一些，则需要根据实际情况进行分析与测算。企业的生产规模、生产类型和所在行业对资金投向影响很大。资金投向大致可分为下述四个方面：

（1）机器设备。资金是投向专用设备还是通用设备，是自动化、半自动化还是普通设备，是新设备还是二手设备，除了需要综合比较以外，还需要和人力资源方面的投资综合考虑。

（2）人力资源。使用多少劳动力，使用一般劳动力还是具有专业技术的劳动力，付出多少培训费用，这些是人力资本投资要考虑的。

（3）材料。选用什么样的材料，库存控制在什么水平，怎样利用季节差价与市场波动来储备材料，正确的预测和决策可以降低投资的成本。

（4）技术。选择高技术还是一般技术，把技术投资用于买进技术专利还是用于自行开发，需要和人力资源水平、经营管理水平结合起来综合考虑。

资金投向的选择在以上四个方面可以有多种组合方式，选择最优的资源要素组合是资金投向选择的重要内容。以设备和人力资本来说，要达到一定的产量，二者可以有很多种组合方式，如图 6 - 6 所示的等产量曲线 Q，Q 上的任一点代表设备与人力资本的一种组合方式，成本最低的组合方式是最优的组合方式。根据设备和人力资本的市场价格，做出等成本曲线（如图 6 - 6 的 AB 线），等成本曲线与等产量曲线的切点就是设备与人力资本的最优组合方式。设备和人力资本之间的组合方式可以这样选择，其他要素之间的组合也可以通过同样的方法进行选择。

2. 投资时机的选择

企业选择什么时机实施投资战略取决于以下三个方面的因素：

（1）制定企业的投资战略时，要根据企业的总体发展战略规划对远期、中期、近期投资的考虑。任何投资从投入到获得收益都有一个过程，这一过程随着投资项目大小不同而长短不同，为了使企业有一个较稳定的经营收益来维持自己的良性循环与信誉，企业必须对其远期、中期、近期的投资有一个统一的规划。

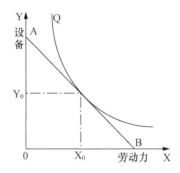

图 6-6 等成本曲线与等产量曲线图

（2）生产计划的进度。生产计划进度规定了不同时期各种资源的投入量，因而也决定了投资的时间。

（3）要素市场价格的波动。要素市场价格的下跌往往给经营者提供一个机会，可以利用它来降低投资成本。企业进行投资战略决策前要进行可行性分析，拟定不同的投资战略方案进行比较，在计算和比较各种方案的成本、收益、投资收益率的基础上进行决策。

3. 投资规模的选择

投资规模的合理选择与确定可以减少企业的投资风险，确保企业的投资效益，是企业投资战略选择中的重要内容。企业物资技术等条件因素，社会需求因素、经济效益因素，是影响投资规模的主要因素，对这三个方面进行分析是合理确定企业投资规模的重要途径。物质技术条件决定企业能够达到的规模，社会需要决定投资项目需要达到的规模，经济效益决定投资项目实际达到的规模。

第四节　企业投资战略的实施与控制

一、企业投资战略的实施步骤

投资战略的实施就是把生成的投资战略及设计好的战略方案付诸行动。它涵盖的内容很广，包括贯彻投资战略的所有手段，如组织结构、组织文化等。美国学者塞廖尔·塞托和彼德·保罗提出了一种包括五个任务阶段的战略实施模式，这种模式也适用于投资战略。投资战略的实施可以分为以下五个方面：分析战略变化，分析组织结构，分析组织文化，选择战略实施方式，战略实施与控制。这五个方面的相互关系如图6-7所示，企业应在分析企业战略变化的基础上，分析企业的组织结构和组织文化，寻求最佳的战略实施方式，最后进行战略实施与控制。

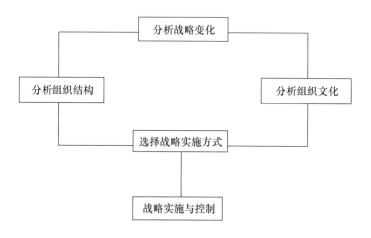

图6-7 投资战略的实施步骤图

（一）分析战略变化

投资战略实施的第一步是对新旧战略进行对比，找出要使新的投资战略实施成功，需要在哪些方面和多大程度上做出调整。如新的投资领域还属于原行业或原领域，那么只需要做较小的调整。如果新的投资领域属于一个新行业和新领域，就需要重新制定企业投资战略的方向，行业差距越大战略变化程度也越大。

（二）分析组织结构

组织结构对保证投资战略实施的成功具有重要作用。组织存在正式和非正式的两种结构形式。正式组织结构代表管理当局规定的各种资源之间的关系。因为投资战略实际上代表着资金在企业组织中的重新配置，故其必然会影响到组织内部的资源关系。另外原有组织结构是以前投资战略实施所形成的，它有维护自身地位、利益等方面的本能反应，如不按新战略对其加以调整，势必会对企业实施新的投资战略形成阻碍。另外，管理者在分析正式组织的同时，也应考虑非正式组织的存在及影响，并应设法充分利用非正式组织来促进战略的实施。

（三）分析组织文化

组织文化不仅影响投资战略的生成，而且影响投资战略的实施，它包括组织成员的共同信念、价值观等。组织文化的形成与改变需要较长一段时间。如果企业的投资是在原行业内，那么在现有组织文化范围内就能实现。但如果企业投资转入新的行业，需要重新定向时，那么就必须进行组织文化的变革。

（四）选择战略实施方式

投资战略的实施方式是指组织、管理投资项目实施活动的形式。一个投资项目被批准之后，如何尽快完成实施任务，一个重要问题是如何选择合理的实施形式，如自营方式、承发包方式或综合方式等。

（五）投资战略实施与控制

在这个阶段中，管理者的职责就是具体组织实施工作，首先要对投资战略进行空间和时间上的分解，形成执行目标。其次要有效地分配任务、时间和其他资源，建立内部经济责任制，利用多种管理技能激励员工，克服困难，保证任务的有效完成。在整个实施过程中，管理者还必须对其实行有效的控制才能保证战略的顺利完成。

二、企业投资战略的控制

任何企业战略的顺利实施都离不开严格有效的控制，企业投资战略也不例外，合理的控制措施是其顺利实施的可靠保证。为确保资金的实际投资符合战略要求，至少应从以下三个方面采取相应的控制措施：业务性控制、政策性控制和程序性控制。

（一）业务性控制

业务性控制是指企业根据企业战略的要求，把企业的业务划分为经营性业务与发展性业务两部分，把资金也相应地划分为经营资金和战略资金两部分。经营资金用于经营性业务的发展，战略资金用于支持新的发展性业务的发展。经营性业务明确、具体，短期效益往往较高且明显，易于计量，与有关经理人员的切身利益关系直接，而新业务和发展性业务的风险和不确定性较大，短期效益较低且不明显，不易计量，对经理人员的直接压力较小，与其利益关系不是很明确。因此，如果在资金投放过程中，对经营预算和战略预算不加区分，则大部分资金往往会被经营性业务所占用。而关系到企业长远发展，对企业战略至关重要的一些新业务和发展性业务却常常得不到足够的资金支持，从而被迫取消或推后。久而久之，企业的战略机会将会一个个地丧失，竞争优势将被逐渐地侵蚀。因此，为了避免在实际投资阶段总是短期挤长期，经营挤战略，在资金投放之前就把业务划分成两类，并据此竭力把经营资金和战略资金区分开。

（二）政策性控制

控制投资战略实施的另一个重要工具是制定投资政策。投资政策是企业根据企业战略指导资金配置的具体指南，它可以明确资金投放的优先次序，指出资金投放的重点方向，限制资金流向不需要投资的领域，减少资金实际投放过程中的不确定性，增强企业内部对资金投放的共识，从而有助于保证资金投向符合企业全局和长期利益需要的项目上。企业重要的投资政策一般包括以下几方面的内容：

1. 关于投资优先次序的政策

当企业资金不能满足全部投资项目需要的时候，企业不能平均配置资金，而应当集中有限的资金投放于符合战略要求和必须进行的重点投资项目上。为了保证资金在需要时易于集中，应制订投资优先次序方面的政策。一般情况下，企业应首先投资关系企业生存与未来发展的项目，其次投资使现有业务业绩更佳的项目，然后是使企业现有经营体系更加平衡的项目，最后将剩余的资金作为紧急储备金和奖励金。

2. 关于投资战略与企业战略相联系的政策

为了保证投资战略符合企业战略的要求，企业应该有明确的政策规定，即对每项投资都需一份书面报告，说明所投资的项目将对现行企业战略的实施产生什么样的影响，从而把投资与企业战略联系起来。这个政策的主要作用是保证在投资战略的制定与实施，除了考虑投资收益与其他短期成果外，还会兼顾企业的整体利益。

3. 关于投资的限制性政策

限制性政策是指投资战略实施中不应该如何之类的指导，以阻止资金被投向与战略无关的方向。任何与限制性政策相违背的建议都不予考虑，如果确实有非常吸引人的建议必须要采纳，就得重新审查战略。制定这种政策很不容易，但一旦制定出来，这些政策就能迅速把与战略明显不协调的建议筛选掉，从而大大加快投资战略的实施进程，保证投资战略的质量。

总之，制定明确、合理的投资政策有助于解决或防止投资战略实施过程中可能产生的冲突，从而在一定程度上保证战略的顺利完成。

（三）程序性控制

所谓程序性控制是指企业应该通过合理程序对投资战略的实施进行调控。一般而言，企业目前的投资程序主要有两种：自下而上和自上而下。自下而上这种程序是首先由下级单位提出投资建议或资金需要计划，然后逐级上报批准、分配后再执行。自上而下的方法则是由高层管理人员根据企业战略设想出非常具体的实施战略的方法，提出资金配置方案，然后交由基层人员执行。

从战略管理的观点看，自下而上和自上而下两种程序都有其合理性，但又都不尽完善。对投资战略的有效控制，需要综合运用自上而下和自下而上两种程序。一种简单而有效的投资程序是，首先最高管理部门应该根据总的经济展望、市场趋势和本企业总的资金状况，对战略推进计划和相应的资金投放提出初步的设想与安排，并自上而下地进行沟通，使各层次管理人员明确企业的总体战略设想与自身在其中的位置。在此基础上，再由下面各个层次拟订自己的行动计划，提出具体的资金投放建议，然后自下而上地进行综合、审定，最后确定把资金何时投放于何种行动计划。采用这种方式，能使企业在实施投资战略的过程中，保证把资金投放于那些既符合企业战略的要求，又比较切实可行的行动计划上，从而促进投资战略的成功。

【本章小结】

企业投资战略是指根据企业总体经营战略要求，为维持和扩大生产经营规模，对有关投资活动所做出的全局性谋划。它是将企业的有限投资资金，根据企业战略目标来评价、比较、选择投资方案或项目，获取最佳投资效果所做的选择。它包括战略思想、战略目标和战略内容三个基本要素，具有从属性、导向性、长期性、风险性四个方面的特点。在建立企业多元化的投资战略目标的基础上制定投资战略的程序。投资战略的程序包括五个步骤：投资环境分析、投资目标与原则的制定、投资战略的制定、投资战略方案选择和投资战略实施与控制。

企业投资战略根据不同的分类标准可以划分为不同的类型。按照企业投资规模可以分为稳定型投资战略、增长型投资战略、紧缩型投资战略和组合型投资战略；根据企业投资资金投向可以分为集中化投资战略与多元化投资战略；根据企业投资资金密度可以分为资金密集型投资战略、技术密集型投资战略和劳动密集型投资战略。

企业投资战略的制定和选择可以借助 SWOT 分析法、波士顿矩阵分析法、通用电气矩阵分析法、生命周期矩阵分析法以及行业结构分析法等方法。影响投资战略方案选择的因素主要有市场因素、生产因素、财务因素、宏观因素、人员因素和竞争因素。企业要在认真分析以上因素对企业内外环境影响的基础上，寻求最佳的战略实施方式，最后进行投资战略的实施与控制。

【本章关键词】

投资战略	Investment Strategy
投资规模	Investment Scale
转向战略	Turn Around Strategy
放弃战略	Divestment Strategy
清算战略	Liquidation Strategy
集中化投资战略	Concentric Investment Strategy
多元化投资战略	Diversification Investment Strategy
SWOT 分析	SWOT Analysis

波士顿矩阵	BCG Matrix
通用电气矩阵	GE Matrix
生命周期矩阵	Life Cycle Matrix
行业结构分析	Industry Structure Analysis

【本章思考题】

1. 企业投资战略具有哪些特点？
2. 企业投资战略的目标是什么？
3. 简述企业投资战略的制定程序。
4. 简述企业投资规模战略的几种具体类型。
5. 简述企业投资资金投向战略的几种具体类型。
6. 简述企业投资资金密度战略的几种具体类型。
7. 对几种常用的投资战略分析方法进行简要的介绍。
8. 企业投资战略的实施步骤分为哪几步？

【本章案例】

中国远洋巨亏，变卖资产保壳

1. 中国远洋简介

中国远洋控股股份有限公司（以下简称"中国远洋"）于 2000 年 3 月 3 日注册成立，2005 年 6 月 30 日在香港联交所主板成功上市（股票编号：1919），2007 年 6 月 26 日在上海证券交易所成功上市（股票编号：601919）。中国远洋是中国远洋运输（集团）总公司的上市旗舰和资本平台。中国远洋目前拥有：①中远集装箱运输有限公司（中远集运）100% 权益。②中远散货运输（集团）有限公司（中散集团）100% 权益。中散集团于 2011 年 12 月 21 日正式挂牌试运营，并于 2012 年 1 月 1 日正式运营。中散集团作为中远散货运输有限公司（"中远散运"）、青岛远洋运输有限公司（"青岛远洋"）和中远（香港）航运有限公司（"香港航运"）的母公司，与其下属的雅达公司全面整合了这三家公司的干散货航运经营业务。中散集团分别在北京和香港设立经营平台，上述两个平台各船队负责中散集团所有自有船和控制船的经营业务，实现统一经营决策、统一市场操作、统一客户管理、统一市场信息。③中远太平洋有限公司（中远太平洋）约 43% 权益。

中国远洋通过下属各子公司为国际和国内客户提供涵盖整个航运价值链的集

装箱航运、干散货航运、物流、码头及集装箱租赁服务。其中远洋运输业务占86%以上，因受到航运周期的影响，公司的发展呈现周期性变化。作为中远集团上市旗舰和资本平台，中国远洋立足于中国，面向全球市场，凭借市场经验和全球性优势，不断提升航运综合能力，拓宽物流服务领域，发展成为全球领先的航运与物流供应商。推动企业克服行业周期性不利影响，实现企业的螺旋式上升，确保中国远洋的可持续发展。

近年来，中国远洋连续获得"A股亏损王"称号，2013年上半年的净利润亏损幅度虽然有所缩小，但依然是亏损9.9亿元。已被带上"＊ST帽子"的中国远洋倘若今年不能扭亏为盈，将会面临退市风险。从昔日的"盈利王"到"亏损王"，这背后究竟发生了什么？为了保住壳资源，变卖资产或许成为中国远洋的唯一途径，可是，中国远洋有多少资产可继续变卖？现如今，"瘦身"的中国远洋能否再创辉煌，引起业内关注。

2. 巨亏的背后

近几年，中国远洋一直都处于亏损状态。2013年上半年亏损9.9亿元，2012年全年亏损95.59亿元，2011亏损104.49亿元。与此同时，中国远洋的股价也一路下跌。从高位时的每股68.4元（2007年）落至每股3.52元（截至9月18日），其中，在去年每股亏损近0.94元。如果继续亏损，中国远洋将面临退市风险。中投顾问流通行业研究员申正远认为，中国远洋的亏损是国内行业最为严重的，虽然这与全球经济持续低迷有关，但是其主要原因在于干散货和集装箱这两个业务。由于中国远洋前期大量扩张，再加上现在整个市场需求的萎靡，从而导致中国远洋不断亏损。数据显示，2007年上市时＊ST远洋手中握有高达52艘总运力650万载重吨的新船订单，第二年BDI指数在5月20日创下历史最高点后暴跌至1000点以下，但是在这一年，＊ST远洋新船订单升至58艘。

除此之外，租入船队也是＊ST远洋的失误之一，2008年，＊ST远洋还在对总运力贡献有限的条件下以长期合作的形式租入了16艘船舶，在租入总运力仅比2007年多1.7%的情况下，＊ST远洋为此支付了335亿元租金，比2007年的214亿元租金足足高出57%，同时，在2010年航运市场出现暂时反弹之后，中国远洋本已于2009年开始收缩租入船队，但在这一年却又新租入了5艘船舶，此时＊ST远洋干散货船队达到了空前的450艘、运力合计3856万吨。这一后果是，干散货行情随后开始持续暴跌，虽然＊ST远洋开始急剧"瘦身"，但是在运费极度低迷、运量又减少的情况下，庞大的＊ST远洋船队无法调头，至今还在为多年前高价签下的船租埋单。

3. 变卖资产为保壳资源

据悉，近期中国远洋已确定将出售上海远洋大厦、青岛远洋大厦等部分地产来实现扭亏。查阅公开资料获知，截至2012年末，中国远洋旗下地产项目总价值近100亿元。继2011年巨亏104亿元后，2012年仍亏损95.6亿元。与此同时，中国远洋抛出另外一份拟以67.4亿元出售中远物流100%的股权的公告，卖子保壳之路也由此开启。2013年5月，中国远洋再次在集团内部展开资本转移，把其持有的中远集装箱工业有限公司的全部股权出售给中远集团旗下的全资子公司long honour。8月29日，远洋发布关联交易公告，称其拟以总现金约37.32亿元的价格，将旗下全资子公司青岛远洋资产以及上海天宏力资产管理有限公司81%股权，分别出售给香港集团旗下公司。预期该交易将为＊ST远洋贡献利润约36.7亿元。

对中国远洋而言，物流业务是旗下对业绩贡献最大的板块。在航运业整体下滑的背景下，2011年实现净利润为16.99亿元，2012年上半年更是达到8.98亿元，同比增长42.9%，且收入已经占到同期中国远洋总收入的11.5%。但是，在面临退市风险的压力之下，出售最赚钱的业务也成为"顺理成章"的决定。业内人士表示，中国远洋变卖资产颇有"断臂求生"的意味。然而，对于中国远洋来说，还有一个大难题，即散货船队。中银国际证券认为，由于下游需求短期仍难见实质性好转，再加上运力过剩持续压制，运价进一步反弹空间有限。从长期来看，行业仍面临较大的亏损压力。由此可见，远洋指望从业务本身实现盈利将面临很大的压力。但如能将所有亏损及潜亏项目全部撇清，中国远洋很可能在2013年实现翻身，因此下一个矛头或许将指向公司的干散货业务。

4. 如何度"寒冬"

中国远洋通过出售资产等方式来"兑现承诺"，但是，短时间内的扭亏为盈后，中国远洋如何度过行业的"寒冬"？在当前的行情背景下，全球航运业运力过剩、造船市场持续低迷，中国船舶工业在经历了近10年的快速发展后步入了"困难期"。而集运和散运市场下半年也前景渺茫。业内人士分析，由于上半年运价基数较低、运力增速全年前高后低，下半年散货运价可能有小幅的回升，预计市场将维持弱势震荡格局。但在集运方面，上半年运营情况环比明显恶化，欧美经济复苏缓慢致使需求难以迎来实质性好转，虽然主流航线陆续推出提价措施，但集运业务仍然难逃大幅度亏损的命运。同时，对于远洋这种"断臂求生"的方式，业内也并不看好。国金证券认为，采用一次性剥离散货业务给集团的方式，国家将成为承担亏损的主体，行政上存在一定难度。其他可选的资产还有物流、码头、集装箱管理租赁和制造业务，但由于中国远洋是通过香港上市平台中远太平洋经营这些业务，因此一旦出售将涉及两地资本市场的投资者，实际操作性存在不小阻力。

"从当前的情况来看，中国远洋应该加强对市场的预判能力和风控能力，不能再进行盲目的扩张。同时，应对航线进行优化和控制成本，这些都是有待提升的。此外，中国远洋也可寻求国家的帮助，国家出台相关政策，这也有可能帮助其度过寒冬。"申正远说。申银万国发布报告指，根据国务院、交通部等此前发布的补贴方案，全航运业受惠于老旧船提前拆解补贴政策的总补贴金额为70.6亿元人民币，而其中中国远洋可获补贴23.78亿元，占33.7%。若申请成功，所有政府补贴在会计处理上将作为营业外收入，直接计入中国远洋今年利润。此外，中国远洋还试图通过国资委的内部"项目协调"获得更多的营收。2013年8月中旬，发展和改革委员会、国有资产监督管理委员会曾牵头一批大型央企参与一次协调会，并在会上将另一在港上市的国内船务公司竞标获得的工程物流项目指定划拨给中国远洋。该船务公司主营租赁干散货船和集装箱船，而工程物流一直是其业务强项。申正远说："其实，在周期行业里，企业再怎么亏损都不为过，只要熬过寒冬，中国远洋将会再度发展。当然，中国远洋必须在干散货和集装箱业务上发挥其优势，一定得保障其竞争力。"

（资料来源：向劲静：《变卖资产保壳，中国远洋如何过冬》）

【思考题】

1. 巨亏前后，中国远洋分别采取了何种投资战略？
2. 试从战略角度分析中国远洋为何巨亏。

第七章 企业收益分配战略管理

【导入案例】2009 年 3 月 10 日，福耀玻璃第六届董事局第五次会议决议公告发布了 2008 年度股利分配预案：既不进行利润分配，也不进行资本公积金转增股本。方案一出顿时引起了比较强烈的反响。福耀玻璃宣称，实行不分配是为了降低公司资产负债率，补充生产经营流动资金，实现公司长期、持续、稳健、高效发展。此时，公司奉行剩余股利政策，是在考虑到国内经济不稳定性和资本成本率的双重因素下做出的决定。

首先，从盈利能力来看，福耀玻璃 2008 年的业绩不尽如人意。据年报披露，福耀玻璃 2008 年实际完成营业收入 57.17 亿元，成本费用率为 87.93%，未能完成原定营业收入 63 亿元、成本费用率 83.89% 的计划目标；实现净利润 2.46 亿元，同比下降 73.17%；每股收益为 0.12 元，同比下降 73.91%；每股净资产为 1.63 元，同比下降 53.70%；每股未分配利润为 0.32 元，同比下降 84%。受金融危机的影响，公司于 2008 年 11 月和 12 月先后关闭了四条浮法玻璃生产线并为之计提了 2.03 亿元的固定资产减值损失和 2.15 亿元的存货跌价损失，导致了公司全年利润的大幅下降。

其次，从偿债能力来看，2008 年年报显示，福耀玻璃 2008 年资产总计 93.3 亿元，负债总计 60.6 亿元，资产负债率高达 64.97%，不仅高于国内同业水平，也高于上市公司平均水平。流动比率为 0.78，同比下降 11.36% 均处于低位，速动比率为 0.38，同比下降 5%，说明公司的短期偿债能力有不同程度的恶化。在过去的 5 年里，由于银行贷款大幅增加，福耀玻璃的财务费用也逐年增长，从 2003 年的 0.59 亿元增长到 2008 年的 3.01 亿元，背上了沉重的利息包袱。

最后，从公司所处的发展阶段来看，福耀玻璃仍处于快速成长期。福耀玻璃是国内最大的汽车玻璃生产商。我国目前正处于汽车普及期，据预测，未来 10 多年中国汽车工业将迅速发展，到 2020 年可望成为世界第一汽车大国。从长远来看，作为最负盛名的汽车玻璃提供商，福耀玻璃必将与中国高速发展的汽车行业一起快速成长。

综上分析，福耀玻璃的盈利能力下滑、负债水平较高，未来仍有较强的扩张需要，这些状况都无疑为 2008 年度的不分配政策提供了充分的理由。正如公司董事局和董事长曹德旺所言，不进行股利分配有利于降低公司资产负债率，取信于银行，实现公司持续稳定发展，利润留存在公司内部可以用于补充公司的流动资金和各项投资资金，缓解公司资金紧张的局面，使公司顺利地度过"寒冬"，走向温暖的"春天"。从长远来看，这也有利于提升中小股东持股的价值，符合股东财富最大化的目标。

从这一事件我们可以看出，企业要综合考虑自身的盈利能力、偿债能力以及企业所处的发展阶段等方面来制定合理的收益分配战略。

第一节　企业收益分配理论概述

一、企业收益分配的构成

收益也称为利润，是企业全部资金通过有效的应用所创造的价值。广义上讲，收益分配（Income Distribution）是指这部分价值在所有与企业有利益关系的相关者之间的分割。这些利益相关者包括债权人、企业员工、国家与股东。因此，这种分割相对应由以下四个部分构成：第一，债权人依据其债权金额的大小分割企业的收益，如分配利息；第二，企业员工依据其个人对企业贡献的大小参与收益分割，如获得工资或奖金及各种福利基金等；第三，国家凭借权力，强行分割企业的收益，如征收所得税等各种税金；第四，企业股东依据其对企业投资额的大小和比例来分割剩余的收益。在收益分配的四个构成部分中，前三类分配基本上都是依照法律规定、合同规定或劳资协议等按固定比例或事前确定的数量进行分配的，而且在计算企业税后收益前均已分配完毕，是相对固定的，只有第四部分用于股东分割的收益是富有弹性的，所以股利战略也就成为收益分配战略的重点。股利战略（Dividend Strategy）要解决的主要问题是确定股利战略目标、是否发放股利、发放多少股利以及何时发放股利等重大问题。从战略角度考虑，股利战略目标为：促进公司长远发展；保障股东权益；稳定股价，保证公司股价在较长时期内基本稳定。公司应根据股利战略目标的要求，通过制定恰当的股利政策来确定其是否发放股利、发放多少股利以及何时发放股利等重大方针政策问题。

二、股利理论

股利决策作为收益分配问题的重点和难点，一直是财务理论研究、探讨的重要领域之一。在现代财务理论中，"股东财富最大化"或"企业价值最大化"是一切财务决策的基本目标。那么，股利决策是否影响企业的价值呢？如果影响，它又是如何影响的呢？根据对这一基本问题的不同回答，形成了几种不同的股利理论（Dividend Theory）。

（一）传统的股利理论

传统股利理论认为，投资者更喜欢现金股利，而不大喜欢将利润留存给公司。这是因为对投资者来说，现金股利是"抓在手中的鸟"，是实在的，而公司留利则是"躲在林中的鸟"，随时都可能飞走。既然现在的留存收益并不一定转化为未来的股利，那么在投资者看来，公司分配的股利越多，公司的市场价值也就越大。

1. 完整市场理论

完整市场理论是由 M. H. 米勒和 F. 莫迪里安尼（M. H. Millerr & F. Modigliani，MM）两位教授创立的。它建立在一系列极其严格的假设条件基础上。这些假设主要包括：①市场是完整无缺的，即市场具有强式效率性；②没有筹措资金的费用（包括发行成本和交易成本）；③没有个人和公司所得税；④公司的投资与股利决策彼此独立（投资决策不受股利决策的影响）。基于上述假定，这一理论证明了股利不会对企业的价值或股票价格产生任何影响。因此，单就股利政策面言，既无所谓最佳，又无所谓最次，它与企业价值不相关。一个公司的股价完全是由其投资决策所决定的获利能力所影响的，而非决定于公司的收益分割方式（股利决策）。报据上述结论，完整市场理论又可称之为股利无关论。如果接受这一理论，就会认为投资者并不关心股利政策，股利政策没有好坏之分，股利发不发、发多少都与企业价值无关。

2. "一鸟在手"理论

"一鸟在手"一词来自于谚语"双鸟在林不如一鸟在手"。在 MM 的股利无关论中，他们认定股利决策不会影响到公司的资金成本，亦即投资者所要求的必要报酬率。但此种观点在学术界引起了热烈的争论。M. 戈登与 J. 林特纳是上述论点的主要代表批判者。该理论基于投资者偏爱即期收入和即期股利能消除不确定性的特点，认为股票价格变动较大，在投资者眼里，股利收益要比留存收益再投资带来的资本利得更为可靠，由于投资者一般为风险厌恶型，宁可现在收到较少的股利，也不愿承担较大的风险等到将来收到更多的股利，故投资者一般偏好现金股利而非资本利得。该理论认为，股利支付的提高将会增加股东财富，企业应该提高股利支付率，并及早支付股利以此减少投资者的风险，提高企业的价值。

3. 税收效应理论

税收效应理论认为在不存在税收因素的条件下，公司选择何种股利支付方式并不是非常重要。但是，如果现金红利和资本利得税负不同，如现金股利税赋高于资本利得的税负，那么，在公司及投资者看来，支付现金股利就不再是最优的股利分配政策。由此可见，在存在税负差别的前提下，公司选择不同的股利支付方式，不仅会对公司的市场价值产生不同的影响，而且也会使公司（及个人投资者）的税收负担出现差异，即使在税率相同的情况下，资本利得只有在实现之时才缴纳资本增值税，相对于现金股利课税而言，仍然具有延迟纳税的好处。因此，根据这种理论，股利决策与企业价值也是相关的，而只有采取低股利支付率和推迟股利支付的欢策，才有可能使公司的价值达到最大。

上述几种股利理论分别得出了几种互相矛盾的结论。那么，哪一种理论更为科学，企业应依据何种理论来设计自己的股利政策呢？无论从理论上看还是从实证研究看，目前都还没有统一的结论。

（二）现代股利理论

现代股利理论认为，在完善资本市场环境中，股利政策并不重要，每个股东都能无成本地选择公司的股利政策，以适应自己偏好，所以股利不影响公司价值。但是，在现实经济中，由于资本市场存在不对称税负、不对称信息和不对称交易成本三种缺陷，公司的股利政策将对公司的价值产生影响，这时股利政策就显得十分重要。

1. 追随者效应理论

追随者效应理论是税收效应理论的进一步发展。该理论认为股东的税收等级不同，导致他们对待股利水平的态度不同。有的税收等级高，而有的税收等级低。公司应据此调整股利政策，使其符合股东的愿望达到均衡。高股利支付率的股票将吸引一类追随者，由处于低边际税率等级的投资者持有；低股利支付率的股票将吸引另一类追随者，由处于高边际税率等级的投资者持有。

2. 信号传递理论

信号传递理论（Signaling Theory）的思想最早萌芽于学者 Lintner，由 MM 最早提出。Bhattacharya（1979）建立了第一个股利的信号传递模型。该学派从放松理论的投资者和管理当局拥有相同的信息假定出发，认为当局与企业外部投资者之间存在着信息不对称，管理当局占有更多的有关企业前景方面的内部信息。

3. 股利信息不对称理论、交易成本理论、成长机会理论

股利信息不对称理论认为，公司的管理者比外部投资者占有更多的内部信

息，且在时间上也比外部投资者早得多。交易成本理论认为，虽然股东可以创造自制股利或将其所获股利用于再投资，但是在交易中会发生交易成本（如经纪人佣金等）。成长机会理论指的是当公司进入成就期后，通常从某一时刻起开始支付股利，并逐步提高所付股利占净利润的比例。经验证据表明，公司股利政策的模式一般保持不变，当股利政策改变时，股票平均价格会发生重大变化。因此，公司一般保持稳定的股利政策。

现代股利理论是传统股利理论的深入发展和补充。根据以上对几种股利理论的简介和分析可见，从某种意义上来说，股利决策如何才能使企业市场价值最大化仍是一个难解之谜，需要更加科学与完善的股利理论的出现。

第二节　企业股利政策

从前一节可知，到目前为止，对公司究竟应选用何种股利政策，尚无确切答案。从实务来看，不发股利和全发股利的企业都很少。在实务上，公司常用的股利政策（Dividend Policy）主要有四种：剩余股利政策、稳定或持续增加股利政策、固定股利支付率政策和低正常股利加额外股利政策。

一、剩余股利政策

剩余股利政策（Residual Dividend Policy）是指在发放股利时，优先考虑投资的需要。根据这一政策，一个企业的股利应是企业从事所有可行投资机会后所剩下的收益。如果企业采用剩余股利政策，应遵循以下四个步骤来决定股利的支付率：

（1）决定最佳投资预算。最佳投资预算是由内部收益率曲线与资本加权平均成本曲线的交点所决定的。

（2）确立最佳资金结构目标，然后求出企业投资项目的权益资金需求额。

（3）尽可能地使用保留收益来满足投资预算中所需的权益资金，以降低权益资金成本。

（4）当投资方案所需的权益资金得到满足后，如果有剩余，企业才将这些剩余收益作为股利发放给股东。如果没有剩余，则不发放股利。

总之，剩余股利政策的依据是，只有现存收益大于企业投资所需的资金时，企业才会以股利的形式分配所剩的收益。否则，企业将不进行股利分配。

二、稳定或持续增加股利政策

稳定股利政策（Constant Dividend Policy）是指企业的股利分配在一段时间里

维持不变,而持续增加股利政策(Continuing Growth Dividend Policy)是指企业的股利分配每年按一个固定的成长率持续增加。采用前一种政策时,企业每年发放的每股股利在一定水平上维持不变,当企业认为未来收益的增加可以使它将股利维持到一个更高水平的时候,才会提高每年每股股利的发放额。采用后一种政策时,企业首先要制定一个股利目标成长率,然后依据这个目标来发放每年的股利:

采用稳定或持续增加股利政策的优点表现在以下几个方面:

(1)如果公司支付的股利稳定,这一行为向投资者传递的信息表明,该公司的经营业绩比较稳定,经营风险较小,投资者要求的股票报酬率低,有利于股票价格上升。如果公司的股利政策不稳定,股利忽高忽低,这会给投资者传递企业经营不稳定的信息,从而导致投资者对风险的担心,使投资者要求的股票报酬率增加,进而使股票价格下降。

(2)稳定股利政策,有利于投资者有规律地安排股利收支,因此,这种股利政策特别受希望每期能有固定收入的投资者的欢迎。

(3)采用稳定股利政策,有时可能会使公司资本结构偏离目标资本结构,或者通过发行新股来筹集资金,而延误了投资时机,但是,支持者仍然认为这要比降低股利有利,因为突然降低股利,会使投资者认为该公司经营出现困难,导致股票价格快速下跌。

(4)如果公司能确定一个稳定的股利增长率,实际上给投资者传递的是该公司经营业绩稳定增长的信息,降低投资者对公司风险的担心,从而使得股票价格上升。

采用这种股利政策的缺点是,固定股利或稳定增长股利政策使公司股利支付与公司盈利相脱离,可能会给公司造成较大的财务压力,尤其是在公司净利润下降或现金紧张时,公司为了保证股利的照常支付,容易导致资金短缺,财务状况恶化。因此,这种股利政策一般适用于经营较稳定或处于成长期的企业,但该股利政策很难长期采用。

三、固定股利支付率政策

固定股利支付率政策(Constant Payout Ratio Dividend Policy)是指企业每年的股利分配采用从其所赚得的收益中提取一个固定的支付比率作为给股东发放股利的依据。实行固定股利支付率政策的企业认为,只有维持固定的股利支付率,才算真正做到公平地对待每一位股东。

采用固定股利支付率政策的优点是,使企业的股利支付与企业的盈利状况密切相关,盈利状况好,则每股股利就高;盈利状况不好,则每股股利就低。股利随企业业绩的变化而变化，体现多盈多分、少盈少分的原则。同时这种股利政策也不会给公司造成较大的财务负担。

采用这种股利政策的缺点是，首先，企业的股利可能变动较大，传递给投资者经营不稳定的信息，容易使股票价格产生较大波动，影响投资者对企业的信心，不利于树立良好的企业形象，也不利于实现企业价值最大化的目标；其次，企业每年按固定比例从净利润中支付股利，缺乏财务弹性；最后，企业要确定合理的固定股利支付率难度较大，股利支付率过低，不能满足投资者的要求，股利支付率过高，会给企业带来财务压力。

由于企业每年面临的投资机会、筹资渠道和盈余金额都不同，所以在实际中采用固定股利支付率政策的企业较少，这种政策较适用于财务状况较稳定公司。

四、低正常股利加额外股利政策

低正常股利加额外股利政策是介于稳定或持续增加股利政策和固定股利支付率政策之间的折衷的股利政策。在这种股利政策下，企业每年只需支付数额较低的正常股利，但在盈余较多的年份或投资需要较少的年份，可以另外追发额外股利。

采用低正常股利加额外股利政策的优点是具有较大的灵活性。在企业的收益与现金流量不稳定时，采用此种股利政策是最佳的选择。由于企业股利发放水平较低，即使企业收益很少或需要将相当多的收益保留下来时，企业仍旧可以维持既定的股利发放水平；而一旦企业有过量的现金，它就可以通过发放额外股利的方式将其转移到股东手中。这种政策可使那些靠股利生活的投资者每年至少都可以得到数额较低但很稳定的股利，同时还可能得到一笔额外的股利。

采用这种股利政策的缺点是股利发放仍然缺乏稳定性。如果公司较长时期一直发放额外股利，会使股东误认为这是正常股利，一旦取消，容易给投资者造成公司财务状况变差的印象，从而导致股价下跌。

在实务中，影响股利政策的因素很多，如税法对股利和资本利得的不同处理方式、未来可供企业利用的投资机会、各种不同的资金来源及其成本以及股东对当期收入与未来收入的相对偏好等。而这些因素还将随着时间或企业的不同而有所变化，所以事实上不存在一成不变的最佳股利政策。企业到底采用何种股利政策，需要依据企业的现实和未来实际情况进行制定。

第三节 企业股利战略

从企业在现实世界的行为考虑，股利决策是企业的重要决策之一，而不是可有可无的无关决策。最佳股利决策问题无论在理论上还是在实务上都有待于进一步的探讨。如果我们不是从单纯财务的观点，而是从企业战略的角度考察股利决策，它的重要性就将更加突出。所以作者认为，企业最佳股利决策问题不仅要考虑财务上的要求，还必须考虑企业战略的要求。而且由于企业战略是一个较长时期内企业经营全局的决定性谋划和最高指南，企业股利决策与企业战略的要求相协调可能是更为关键的一面。

一、股利决策与企业战略的关系

为搞清楚股利决策与企业战略之间的关系，首先要考虑一下股利决策对企业战略有何影响。作者认为，股利决策至少将从以下两个方面对企业战略产生影响：

1. 股利决策事实上也是一项筹资决策，它关系到企业内部资金来源数量的多寡

如果企业不发股利，其内部资金来源就等于其现金净流量，即：

内部资金来源 = 现金净流量 = 净收益 + 折旧

如果企业发放股利，那么：

内部资金来源 = 留存收益 + 折旧

留存收益 = 净收益 - 股利

留存收益（Retained Earning）在企业全部资金来源中所占的比重很大，是企业的基本资金来源。对于某些企业来说，留存收益也可能是唯一的资金来源，而留存收益的大小直接取决于企业的股利决策。不仅如此，股利决策还对企业外部筹资有着重要影响。股利支付率越高，企业从外部依靠举债或发行新股筹资的需要就越多。所以，在研究股利决策时，必须同时考虑筹措资金决策。

资金是企业战略实施必不可少的前提条件。在企业战略及其所需资金确定之后，资金筹措就是企业战略能否获得成功的决定性因素。因此，从企业战略角度考虑，股利决策关系到企业战略能否得到足够的资金支持这一重要问题。股利决策的好坏，将对企业战略能否顺利实施产生直接和重要的影响。

2. 股利决策是企业影响与改善其外部环境，特别是外部金融环境的重要方式

股利发放过程及股利水平是投资者及其他利益关系集团评价企业状况时的重要依据之一，这种评价将直接影响他们对企业的看法和行为。同时效率市场的次强性与信息内容或信号发射假说（Information Content or Signaling Hypothesis）指出，股利发放过程可以传达一些重要的信息给投资者。如鼓励增发可以传达下列信号给投资者——管理当局预期公司未来收益将会获得改善。相反，股利减发所传达给投资者的信息则是公司的未来收益较目前的收益差。这些信息毫无疑问会

影响投资者及其他关系人对企业的态度。所以，股利决策是否正确，对于企业能否与其外部环境，特别是金融环境之间形成和保持一种良好的、相互协调的状态具有很大关系。

我们知道，企业战略的重要特征之一就是重视外部环境的影响，强调内、外环境的协调。因此，从企业战略角度看，股利决策的好坏，对于能否创造或保持企业战略所需的外部环境具有重要作用，因而对企业战略能否最终成功也有不可忽视的影响。

由上述分析可知，从企业战略的观点出发，股利决策的正确与否，对于企业战略的顺利实施和最终成功有很大的影响。所以，企业必须重视和审慎地制定股利决策。确保企业战略的实现，关键在于股利决策服从企业战略的总体要求，保证战略实施所需资金，并力求为企业战略的实施创造和保持良好的外部金融环境。

二、企业股利战略的涵义与内容

上述分析表明，股利决策与企业战略之间存在着密切的关系，为保证企业的健康发展和企业战略的成功，股利决策不应独立于企业战略之外，而应该是企业战略总体决策的一个有机组成部分。为反映这一要求，作者提出"股利战略"这一概念，所谓股利战略，就是依据企业战略的要求和内、外环境状况，对股利分配所进行的全局性和长期性谋划。

1. 股利战略

与通常所说的股利决策或股利政策相比较，股利战略具有以下特点：

（1）股利战略不是从单纯的财务观点出发决定企业的股利分配，它是从企业的全局出发，从企业战略的整体要求出发来决定股利分配的。

（2）股利战略在决定股利分配时，是从长期效果着眼的，它不过分计较股票价格的短期涨落，而是关注于股利分配对企业长期发展的影响。

2. 股利战略的内容

股利战略要处理的内容主要包括三个方面：

（1）股利支付率，即确定股利在净收益中所占的比重，也就是股利与留存收益之间的比例。这是股利战略上一个最重要也是最困难的问题。

（2）股利的稳定性，即决定股利发放是采用稳定不变的政策或是变动的政策。

（3）信息内容，即决定希望通过股利分配传达何种信息给投资者。

以上三个方面的内容，都要根据企业内外环境状况和企业战略的要求做出决定。在做出上述决定的基础上，企业还应进一步就股利支付的具体方式（如现金方式、财产形式、公司债股利或股票股利等）进行设计与策划，并确定股利发放的程序，如发放频率、股利宣布日、登记日、除息日和发放日等。

3. 股利战略的分红

派息分红是股东权益的具体体现，也是股份公司有关权益分配和资金运作方面的重要决策。其战略目标如下：

（1）保障股东权益，平衡股东间利益关系。

（2）促进公司长期发展。

（3）稳定股票价格。

以上三个方面既相联系，又相排斥，综合反映了股利分配是收益—风险—权益的矛盾统一，说明了短期消费与长远发展的资金分配关系，也体现了公司—股东—市场，公司内部需要与外部市场形象的制衡关系。综合说来，就是要保证股东投资收益高额、持续、稳定，使企业股票市价上涨，使企业未来发展的基础扎实、资金雄厚。

三、企业股利战略的制定

根据前述讨论中所提出的股利战略的基本思想，本书认为股利战略应根据图7-1所示的模式来制定。

在现实世界中，企业的股利分配要受企业内、外多种因素的影响，正是这些因素的作用，决定了企业股利分配全部的可行方案。所以，制定股利战略必须首先分析和弄清楚这些因素对股利分配的制约和影响。

（一）影响股利分配的外部因素

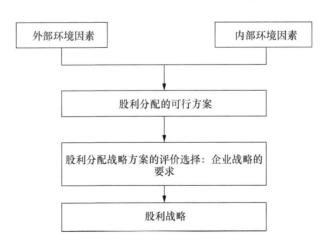

图7-1 股利战略制定模式图

1. 法律因素

各国对企业股利支付制定了很多法规，股利分配面临着多种法律限制。尽管每个国家的法规不尽相同，但归纳起来主要有如下几点：

（1）资本限制。资本限制是指企业支付股利不能减少资本（包括资本金和资本公积金）。这一限制是为了保证企业持有足够的权益资本，以维护债权人的利益。

例：某公司的资本账户如下：

普通股（面值）   200000 元

资本公积   500000 元

保留盈余   150000 元

根据这一法律限制，企业至多只能支付 150000 元的股利，如超过 150000 元，企业的资本将受到损害，也就是说，企业只能支付相当于保留盈余那部分的股利。这一限制也表明，企业分配的股利只能来自于盈利，也就是说，企业支付的股利不能超过相当于过去和现在税后利润之和。

（2）偿债能力的限制。如果一个企业的经济能力已降到无力偿付债务或因支付股利将使企业丧失偿债能力，则企业不能支付股利。这一限制的目的也是为了保护债权人。无偿债能力的企业如支付股利将影响债权人对企业资产债权的实现。

（3）内部积累的限制。有些法律规定禁止企业过度地保留盈余。如果一个企业的保留盈余超过了目前和未来的投资很多，则被看作是过度的内部积累，要受到法律上的限制。这是因为有些企业为了保护高收入股东的利益，故意压低股利的支付，多留利少分配，用增加保留盈余的办法来提高企业股票的市场价格，使股东逃税。所以税法规定对企业过度增加保留盈余征收附加税作为处罚。

2. 债务（合同）条款因素

债务特别是长期债务合同通常包括限制企业现金股利支付权利的一些条款，限制内容通常包括：①如营运资金（Working Capital）（流动资产减流动负债）低于某一水平，企业不得支付股利；②企业只有在新增利润的条件下才可进行股利分配；③此外，企业只有先满足累计优先股股利后才可进行普通股股利分配。这些条件在一定程度上保护了债权人和优先股东的利益。

3. 所有权的因素

企业的股利分配最终要由董事会来确定。董事会是股东们的代表，在制定股利战略时，必须尊重股东们的意见。股东类型不同，其意见也不尽相同，大致可分为以下几种：

（1）为保证控制权而限制股利支付。有些企业的控制权为少数股东控制，如果企业增发股利，在企业需要资金时再发行股票筹资，就会使股权分散，影响现有股东对企业的控制权。因此这些股东们往往倾向于限制股利支付，较多地保留盈余。

（2）为避税而限制股利支付。很多国家税法规定，所得税率一般均高于资本利得（资本收益）税率。所以，那些收入较高的股东倾向于限制股利支付，较多地保留盈余，以便使股票的价格上涨，通过转让股票实现资本收益来减少纳税。

（3）为了取得收益而要求支付股利。很多股东（往往是小股东）是靠股利收入来维持生活的，他们要求企业在一定期间内要维持较固定的股利支付额，不希望将税后利润全部或大部分积累起来。

（4）为回避风险而要求支付股利。大多数股东认为，企业经营是在不确定的环境中进行的，目前能得到的股利收益是确定的，而通过增加保留盈余，引起股价上涨获得的资本收益是不确定的。为了回避这种风险收益，股东们往往倾向于现在获得股利而不愿将来获得更多的资本收益，因此要求高股利支付率，低保留盈余。

（5）不同的心理偏好和金融传统。如对于美国的股东们来说，获取股利是投资的一个主要目的。他们之所以购买股票，除了希望从股票升值中得到好处外，还期望分得较多的红利，对股利的多少并不认为是小事一桩，因而美国企业的股利支付率一般较高。而在日本，股东们已习惯了较低的股利，企业象征性地发放股利无非是使股东知道企业的经营还行，尽可放心，通常分配股利的比例不超过面值的一成。

4. 经济因素

宏观经济环境的状况与趋势会影响企业的股利分配，比如通货膨胀的状况。在持续通货膨胀时期，投资者往往要求支付更高的股利，以抵消通货膨胀的影响，所以通货膨胀时期股利支付率一般应稍高些。

（二）影响股利分配的内部因素

1. 现金流量因素

企业的现金流量是影响股利分配的重要因素。如果一个企业的流动性较高，即持有大量的现金和其他流动资产，现金充裕，其支付股利的能力就强。如果一个企业的流动性较低，或因扩充资产、偿还债务等原因已消耗了大量的现金，再用现金支付股利显然是不明智的。在确定股利战略时，绝不能支付股利而危及企业的支付能力。

2. 筹资能力因素

一个企业若筹资能力很强，能随时筹集到经营所需的资金，那么它就有较强的支付股利能力。反之，如果企业外部筹资能力较弱，不能随时筹集到所需资金，或虽能筹集到但代价太高，则应采用限制股利支付，以大量保留盈余作为企业的重要筹资方式。一般规模较大、获利丰厚、经营期长和前景广阔的企业，都能较容易地从外部筹集到所需资金。而那些新创立的企业，往往经历一段时间后，才能较容易地从外部取得资金。这些企业因经营的风险大，其筹资的代价相当高，因此这类规模小、创办期短的企业，多采用限制股利支付，大量保留盈余作为企业的重要筹资方式。

3. 投资机会因素

股利战略的确定在很大程度上还要受企业投资机会因素的左右。一般来说，如果一个企业有较多的有利可图的投资机会，需要大量资金，则经常会采用高保留盈余、低股利支付的方案。反之，如果企业的投资机会较少，资金积累多，那就可以采用高股利支付的方案。那些处于发展中的企业因投资机会多，对股东支付的股利就会少些。当然，在采用低股利政策时，企业的财务人员必须把股东们的短期利益——支付股利与长期利益——增加内部积累很好地结合起来，并指明提高保留盈余，投资于高盈利项目，从长远来看，可使股东们获得的收益更大。由于这一因素的影响，一个有发展前景的企业，因扩充经营需要资金，可采用低股利战略或不支付股利的战略，而一个经营饱和，趋于萎缩的企业则可能采用高股利的战略。在这方面，美国股市有史可鉴。美国著名的 DEC公司自建立后长期不支付现金股息，因为该公司属于新兴产业，处于高速增长阶段，其投资收益率很高，故此广大股东都很乐意。IBM 公司则是另一实例，它从1930 年起支付股利率仅在股价的 1% ~ 2% 水平上，它的销售值及盈利率的增长均达 20%。但自 1975 年后，它的高投资回报率的机会减少，为此它在 1977 年和1978 年两年中以 14 亿美元购回自己公司的部分股票，这实质上是以现金支付股利，至 1988 年，IBM 公司现金股利的支付率已达 54%，因为它已步入"中年"时代。

4. 公司加权资本成本

股利分配对公司加权资本成本（Weighted Average Cost of Capital，WACC）有重大影响。这种影响是通过以下四个方面来实现的：①股利分配的区别必然影响留存收益的多少，留存收益的实际资本成本为零。②股利信号作用。股利的大小变化必然影响公司股价。例如，股利下降等于给投资公司经营前景不妙的信号，将使公司股票价格下跌，加权资金成本提高。③投资者对股利风险以及对资本增加值的风险的看法。④资本结构的弹性。公司债务与股东权益之间应当有一个最优的比例（最优资本结构），在这个最优的比例上，公司价值最大，或它的平均资本成本最低，平均资本成本曲线的形状，很大程度上说明公司资本结构的弹性有多大。如果平均资本成本曲线弯度较大，说明债务比率的变化对资本成本影响很大，资本结构的弹性就小，股利分配在资本结构弹性小的公司，比弹性大的公司要重要得多。

5. 股利分配的惯性

要考虑企业历年采取的股利分配的连续性和稳定性，一旦决定做重大调整，就应该充分地估计到这些调整在企业声誉、企业股票价格、负债能力、信号等方面带来的一系列后果。在财务运作中，为什么特别强调采用稳定的或稳定增长的股利战略？这主要是因为：①股利分配是投资者获得有关公司经营运作、财务效益信息的一条重要渠道。稳定的股利是一种信号，它告诉人们该公司的经营活动是稳健的。相反，如果股利波动很大，人们会感到这家公司的经营风险很大，就会使投资者的必要投资报酬率提高，使公司的股票价格下降。②有些股东靠股利生活和消费，他们希望能定期有一笔固定的收入，如果股利经常波动，他们就不愿意买这样的股票，就会使股票需求下降、价格下降。股利分配的这种特性也称"股票黏性"。所以，一般情况下，公司股利分配不宜经常改变。

（三）拟定可行的股利分配备选方案

综合以上各种因素对股利分配的影响，企业就可以拟定出可行的股利分配的备选方案。然后按照企业战略的要求对各种备选方案进行分析与评价，从中选出与企业战略协调一致的鼓励分配战略方案，确定为企业在未来战略期间内的股利分配战略，并组织实施。股利分配战略的特点之一在于它是从企业战略的整体要求出发来决定股利的分配。因此，不同的企业战略通常要求有不同的股利分配战略予以支持。企业战略对股利分配的要求主要体现在以下几个方面：

（1）股利分配方案应优先满足企业战略实施所需的资金，并与企业战略预期的现金流量状况保持协调一致。

（2）股利分配方案应能传达管理部门想要传达的信息，尽力创造并维持一个企业战略所需的良好环境。

（3）股利分配方案必须把股东们的短期利益——支付股利与长期利益——增加内部积累很好地结合起来。

如发展型企业战略所要求的股利分配战略是：选择低现金股利加额外股利政策，并且尽量采用股票股利方式支付股利。这是因为发展型企业战略具有如下特点：企业需要大量的资金，经营将面临较大的不确定性，企业的投资往往具有较强的风险承受能力。又如稳定型战略所要求的股利分配战略是：选择稳定或持续增加的股利政策，以现金股利为主，必要时以股票股利相配合。这是因为稳定型企业战略具有如下特点：企业不需要大量的资金，企业所面临的外部环境较为稳定，企业的投资者往往不具有较强的风险承受能力。

【本章小结】

收益分配包括支付利息、发放工资或奖金及各种福利基金等、缴纳税金和分配剩余收益。在收益分配的四个构成部分中，前三类是按固定比例或事前确定的数量进行分配的，只有第四部分用于股东分割的收益是富有弹性的，所以股利战略也就成为收益分配战略的重点。股利战略要解决的主要问题是确定股利战略目标、是否发放股利、发放多少股利以及何时发放股利等重大问题。股利分配战略决策活动同样也是企业经营活动中的一个重要组成部分，企业要在分析企业内、外部环境因素的影响下，制定股利分配的可行方案，再根据企业战略的要求，对股利分配战略方案进行评价选择，实施正确可行的股利战略。

【本章关键词】

收益分配	Income Distribution
股利战略	Dividend Strategy
股利理论	Dividend Theory
信号传递理论	Signaling Theory
股利政策	Dividend Policy
剩余股利政策	Residual Dividend Policy
稳定股利政策	Constant Dividend Policy
持续增加鼓励政策	Continuing Growth Dividend Policy
固定股利支付率政策	Constant Payout Ratio Dividend Policy
留存收益	Retained Earning
营运资金	Working Capital
加权平均资本成本	Weighted Average Cost of Capital

【本章思考题】

1. 企业的收益分配由哪几个部分构成？
2. 股利理论有哪些？每种理论的观点是什么？
3. 企业股利政策分为几种？每种股利政策的具体内容是什么？
4. 简述股利决策与企业战略的关系。
5. 股利战略的内容是什么？
6. 在制定股利战略时，应考虑哪些方面的因素？

【本章案例】

万科股利政策分析

1. 万科企业简介

万科企业股份有限公司（股票代码：000002）成立于1984年5月，1988年介入房地产经营，1992年正式确定大众住宅开发为核心业务。1991年1月29日，万科A股在深圳证券交易所挂牌交易；1993年3月，公司发行4500万股B股，该股份于1993年5月28日在深圳证券交易所上市。目前，万科已成为中国最大的专业住宅开发企业。在中国第一批上市的公司中，万科是唯一一家连续15年保持盈利、保持增长的公司。

2. 万科股利政策分析

从1999年到2009年，万科的股利政策可以分为两个阶段，第一阶段是1999~2001年，此阶段我国房地产市场处于低谷阶段。第二阶段从2002开始，到2009年，这一阶段我国房地产市场开始腾飞。

（1）第一阶段（1999~2001年）。1999~2001年期间，万科的股利政策如表1所示。

表1 万科1999~2001年股利分配表

年度	每股派现	每股送股	每股转增股	每股收益（元）	股利支付率（%）
1999	0.15	0	0	0.42	35.71
2000	0.18	0	0	0.48	37.50
2001	0.2	0	0	0.59	33.90

1999~2001年，万科采用的股利支付方式主要是现金股利，没有发放股票股利，万科这一阶段的平均股利支付率为35.70%，远高于市场平均水平。这一股利政策与万科专业化战略目标息息相关。虽然此阶段房地产市场处于低谷，但是1998年福利分房政策结束，万科对未来房产行业的发展有着良好的预期。为集中资源优势，万科于2001年实现对万佳百货股份有限公司的股权转让，退出零售行业，成为专一的房地产公司，至此万科的专业化战略调整得以顺利完成。同时公司房地产业务实施了稳健而有成效的扩张，加大了投资力度。按常理在这转型和扩张时期，本来急需内部留存资金的支持，但万科却以较高的股利支付率回报广大股东。这充分体现了股利理论中的信号理论，信号理论认为，股利政策

之所以会影响公司股票的价值，是因为股利能将公司的盈余状况，资金状况等信息传递给投资者。在1999~2001年市场低迷的情况下，万科通过高额的股利分配，使得投资者对万科的未来业绩看好，从而提升了万科的股票价值，相应地，也给万科的后续发展提供了充沛的资金。

在筹备资金上，一方面公司将转让"万佳"后获得约4.2亿元的现金全部投资于房地产业务；另一方面建立了良好的融资渠道，2000年2月，万科每10股配2.727股，配股价格7.5元，通过配股筹集资金6.25亿元，该筹资金也用于公司在深圳、北京和上海的住宅项目。本次配股为公司住宅业务发展及改善公司财务状况提供了良好的条件。

（2）第二阶段（2002~2009年）。1999~2001年期间，万科的股利政策如表2所示。

表2　万科2002~2009年股利分配表

年度	每股派现	每股送股	每股转增股	每股收益（元）	股利支付率（%）
2002	0.2	0	1	0.61	32.79
2003	0.05	0.1	0.4	0.39	12.82
2004	0.15	0	0.5	0.39	38.46
2005	0.15	0	0	0.36	41.67
2006	0.15	0	0.5	0.49	30.61
2007	0.1	0	0.6	0.73	13.70
2008	0.05	0	0	0.37	13.51
2009	0.07	0	0	0.48	14.58

2002~2009年，万科采用的股利支付方式主要是现金股利和转增股本。万科发行的各类可转债的高溢价，使其积累了高额资本公积，从而有实力向股东进行5年的高比例高频度的转增。2002~2007年期间，房地产市场开始腾飞，万科需要大量的资金扩大生产规模，有效占领市场。但其股利政策仍然秉承原先的高股利分配，给投资者传递了企业盈利良好且未来可持续发展能力强的信息。

万科的股利政策为其融资提供了便利，在资本市场上，万科凭借一贯的良好形象，融资相对其他企业更容易。在房地产金融环境趋紧的2004年，万科顺利发行了19.9亿元可转债，还与中国建设银行等银行累计签署了300多亿元的授信额度。2006年，为了公司业务的扩张，万科再次增发40000万股，每股价格10.5元，募集资金42亿元，并将此项资金用于新项目的开发上。

2008年金融危机来袭，加上万科管理层认为房地产市场发展过热，累积风险增加，2008 年以后，万科开始走向谨慎，股利发放较 2007 年大幅降低，为企业度过"寒冬"做准备。

3. 万科股利政策评价

股利政策不仅会影响股东的利益，也会影响公司的正常运营以及未来的发展。万科一贯以高额股利分派给投资者，向投资者传递良好的企业盈利信息及未来的发展能力。发放高额股利，一方面，可以增强投资者的信心；另一方面，会降低企业的资金储备，在面对好的投资机会时，可能会由于资金不足而无法投资该项目，从而降低企业的盈利水平。万科在这两者之间进行了很好的平衡。发放高额股利，重视投资者的理念，使企业具有良好的形象。基于这种良好形象和一贯的高额股利给投资者的信心，万科的融资方案一直进行得较顺利，相对来说，降低了万科的融资成本。这对万科的发展有着至关重要的作用。在市场繁荣时期，可以以较低的成本顺利进行融资，从而为其发展壮大提供所需的资金，在市场低迷或者金融危机到来时，凭借其良好的形象，万科渡过难关的机会也较其他企业更大。所以，万科的股利政策和融资策略相辅相成，形成了一个良性循环。

（资料来源：http://wanke. baidu. com/view/763c34dba58dao116c174911. html）

【思考题】

1. 万科采用的是何种股利战略类型？
2. 万科的股利战略类型有何优缺点？

第八章 企业财务战略的实施

【导入案例】中国南方航空集团公司（以下简称"南航集团"）是一家旅客运输量亚洲第一的航空集团公司，该公司年度运输旅客逾亿，航线网络通达全球926 个目的地，连接 173 个国家和地区。过去的 5 年里，南航集团围绕如何加快战略转型，如何保持质量和效益同步发展，如何提升企业的行业竞争力和国际竞争力等问题制定了一系列战略规划。2012 年 9 月开始，南航集团正式拉开了新一轮战略实施的大幕。南航集团要求用 3～5 年的时间扎实推进，取得实效，确保集团战略落地。

2013 年 7 月 12 日，34℃高温的广州终于迎来了一场雷阵雨，但这并没有影响南航集团旗下南航股份第二季度预算讲评会的如期召开。南航集团所属 94 个分子公司、国内营业部的"一把手"整齐地坐在了会议室，听取总部的预算执行情况讲评。会后各位"一把手"还要亲自组织本单位的预算讲评，分析原因，提出改进措施。"这仅仅是我们每一季度的预算分析会，如果是在年底预算的时候，场面会更壮观。"南航集团相关负责人表示。这或许可以从一个侧面反映出南航集团在财务战略管理方面的两个鲜明特点：以全面预算作为切入点；"一把手"负责制。为实现战略目标，南航集团的做法是要求各单位领导率先上手，亲自学习、亲自汇报、亲自部署。为了让各位"一把手"尽快进入角色，集团要求"一把手"必须充分了解本单位的人、财、物等资源现状，从全面预算管理的视角，统筹考虑生产经营安排。战略目标怎么定，有哪些保障措施，这样的目标方案集团是否认可，每个单位"一把手"都要用 PPT 的形式，亲自讲解并接受集团预算管理委员会的质询。对于确定的战略方案，南航集团通过《南方航空报》、《南航视窗》、95539 信息平台和 OA 简报平台等工具，先后 4 次对如何实施进行广泛的宣传；通过对集团和股份两级公司领导的专访，以问答专刊的形式，全面深入地阐述了南航集团财务战略实施的思路和要求，让广大员工对集团行动有更加深刻的理解。

以国有资产监督管理委员会对中央企业推行全面预算管理作为契机，南航集团高度重视顶层设计，充分发挥总部统领作用。在具体行动上，南航集团从实际出发，确定了"一个集团，一套语言"的实施策略，集团总部做设计，成员企业抓落实。目前，南航集团初步制定了未来3~5年推行"一个框架、两个支撑和六大体系"的总体规划方案，将集团总部的意图贯穿到各级成员企业，规范总部与成员企业的资源配给关系，指引成员企业推进实施全面预算管理。2013年，南航集团的主要任务是完善顶层设计，夯实管理基础，目前已经做好了《全面预算管理手册》和《对标管理手册》。这为集团战略落地，衔接公司管控模式，完善南航集团全面预算管理机制，明晰集团与成员企业之间的关系奠定了良好基础。为了在集团树立绩效观，南航为成员企业制定了4个维度的预算重点监控指标体系（4类26个指标），并通过指标在线监控来了解企业的实绩，对于偏差超出允许范围的在第一时间责令纠正。南航集团各公司在价值创造理念的推动下，通过用大指标管小指标，指标层层分解的实践模式显著地促进了公司管理的精细化。

　目前，南航集团的战略实施效果良好。其专业公司2013年利润预算目标均实现较大幅度提升，5家公司增幅在14%以上，2家公司增幅在5%以上。其成功的秘诀在于以战略为导向确定资源配置方向，以预算为手段完成资源配置，以绩效为工具评价资源配置质量。

第一节　财务战略实施的基础性准备

　前文已经谈到，财务战略是具有系统性、全局性的长远财务规划，该规划对企业的后续发展具有深远影响。正因如此，企业在实施财务战略之前必须充分做好基础性准备工作，只有这样，才能最大限度地确保其财务战略目标的实现。

一、制定财务战略实施计划

　制定财务战略实施计划是企业实施财务战略必须要做好的基础性准备工作。没有计划的财务战略必然是草率而冒昧的，如果缺乏明确且具有可操作性的计划，那么不仅战略的实施会面临巨大的风险，而且战略本身也会因为缺少操作规程而陷入无所适从的状态：

　（一）制定财务战略实施计划的意义

　财务战略实施计划通常是企业根据自身所处的环境条件和要素禀赋所做出的具体行动计划和程序安排。制定财务战略实施计划的意义主要表现在以下几个方面：

（1）制定财务战略实施计划有利于充分调动和整合企业的各种资源，从而最大限度地服从和服务于企业财务战略目标。一般而言，计划的制定是基于企业自身实际处境的，或者说，科学的实施计划总是与企业自身的资源状况相适应的。正因如此，企业制定财务战略实施计划的过程本质上也是企业对其资源进行全面考察和价值评估的过程，通过这个过程不仅可以更充分地利用企业现有的存量资源，而且还可以有效地激活企业的低效率（甚至是休克性）资产，从而更充分地发挥企业的潜能，提高资源利用效率。

（2）制定财务战略实施计划可以给予战略参与者明确的行为预期，从而使企业主要利益相关者能够有条不紊地安排自身工作。财务战略实施计划不仅能够事前明确参与战略实施的行为主体，而且还能够使这些行为主体事前知道其参与战略的时间、方式等基本问题，如此一来，他们不仅可以妥善安排其现有工作与战略实施工作，还有助于他们围绕战略的实施问题做相应的基础性准备。事实上，制定财务战略实施计划既是财务战略管理的必然要求，也是提高相关部门（人员）财务绩效的关键。

（3）制定财务战略实施计划能够使企业财务战略实施过程更趋规范，能够更好地发现财务战略实施过程中的偏差并及时采取有效的纠偏措施。财务战略实施计划对财务战略实施的时间、地点、参与人员（机构）的职责、行动的顺序安排、行为主体的协调与配合方式等做了详细具体的安排，它明确了各行为主体参与财务战略管理活动的方式及职责，使财务战略的实施过程井然有序，具有较高的规范性，该关注的问题必将得到恰如其分的关注。因此，在此战略实施状态下，企业能够及时发现偏差，并有针对性地采取纠偏措施，从而可以将战略实施中的消极因素消灭在萌芽状态，有助于提高战略实施效果与战略预期目标的一致性程度。

（二）财务战略实施计划的构成要素

作为一份完整的财务战略实施计划，它必须包含以下几项要素：

1. 计划实施的时间

财务战略实施计划不同于一般的工作计划，后者一般具有短期特性，而前者通常会跨越若干个会计期间。现实中的财务战略实施周期短则几年，长则几十年。在此过程中，战略实施的相关参与人员可能会发生变动，但战略本身必须是连续性的，为了确保战略实施过程不受人员变动的干扰，财务战略计划必须对实施的实践做出详细具体的安排。事实上，计划实施时间是任何财务战略实施计划必须具备的基本要素，它不仅包括计划阶段划分及其所对应的实践区段，而且还应包括不同利益相关者参与或介入战略的时间节点。

2. 实施机构及参与人员

任何财务战略的实施都离不开"人"，但在一个企业中，"人"往往是具有异质性的个体，由于其地位、专长、能力等因素具有显著差异性，因而并非企业中所有人都会参与财务战略的实施，换言之，财务战略实施并非具有全员性，因此，财务战略计划必须明确规定参与企业财务战略实施的机构和人员。进一步地，对于纳入战略实施计划的机构和人员，他们在战略实施过程中所扮演的角色是有显著差异的，所以，谁应该是战略实施的组织者，谁应该是战略实施的支持者，这也是财务战略实施计划必须明确的主要问题。

3. 财务战略实施的行动计划

从战略类型来看，财务战略可以划分为若干子战略单元，从参与主体来看，财务战略的实施会涉及若干部门或人员，正因如此，财务战略实施过程本质上是众多行为主体针对若干财务领域施加影响或导向性干预的过程，该过程包含了众多的行动集合。在企业财务战略行动集合中，哪个行动在前，哪个行动在后，不同行动之间的承接关系如何，这些问题必须在财务战略实施计划中予以明确，因此，行动计划也是财务战略实施计划必不可少的构成要素。

(三) 实施财务战略的行动计划

在财务战略实施计划的三项构成要素中，行动计划是最为复杂的要素，因此，本部分拟继续对行动计划问题做进一步阐述。

1. 财务战略实施行动计划的概念

财务战略实施行动计划就是完成财务战略目标任务必须执行的行动或步骤的集合。制定行动计划的目的是使财务战略具有可操作性。对财务管理过程而言，行动计划就是确定财务管理活动的目标和实现目标的方式。当然，要确定行动目标就必须对组织环境及行动后果进行预测。

2. 行动计划的作用

一个科学的行动计划可以在以下几个方面产生良好的作用：①为组织未来财务工作中可能遇到的问题早做准备，以深思熟虑的决策代替仓促草率的反应，从而提高组织适应环境变化的能力，使企业财务战略实施的效果与预期的财务目标相吻合。②形成系统累积效应，达成较高的组织目标。通过事先安排好的、前后衔接的行动计划，可以积小胜为大胜，使企业的财务管理目标分解在动态的小的行动计划中并得以顺利地实现。③提供协作依据，形成集体生产力。行动计划就好比交响乐的乐谱，它使乐手们相互配合，演奏出美妙而有声势的乐曲。在企业的财务战略管理过程中，只有制定出了明确而具有可操作性的行动计划，才能确保各个部门、各个岗位行动一致，才能使整个财务战略的实施有章可循，否则，组织的财务活动将会一片混乱。④充分利用已有的管理思想和方法，提高工作效率。在计划的制定和实施过程中，可以充分地利用和借鉴管理学和其他学科已有的成熟的管理思想和方法，使行动计划具有高度的环境适应性，从而大大提高组织的工作效率。

3. 制定财务战略实施行动计划必须坚持的原则

对于同一项财务战略，不同的人或组织可能制定出不同的行动计划，为了对这众多的行动计划进行决策或效用评价，就必须明确制定行动计划应该坚持的原则。具体而言，这些原则主要包括以下几点：

（1）目的性原则。通常认为，计划是人类主观能动性的表现，而人类主观能动性首先就表现为行动的目的性。因此，制定行动计划首先必须明确目的：要解决什么问题？最终要获得什么？计划要规定一定时期的目标、任务、政策和资源预算，而这些都要紧紧围绕目标展开。

（2）预见性原则。行动计划是为未来行动提供依据的，因此，计划必须反映未来的要求，能够预见可能的困难和风险，并能在事前制定出相应的应对预案。例如，企业在制定投资战略的实施行动计划时，根据企业的战略决策，企业决定将资金投放于某项目，但是，投资决策是基于目前环境条件做出的，在战略的执行过程中应充分地考虑到这一点，因而需要预见环境条件在日后发生改变的可能性以及可能的改变幅度，并对这种改变状况做出评估，如果最坏的情况出现，企业是否能够承受，为避免这种不利的影响，企业在行动计划中必须有相应的处理预案。

（3）指导性原则。计划是人们行动的依据，它必须能够告诉人们做什么、怎么做、何时做等问题，成为人们行动的"锦囊妙计"。具体来说，对指导性原则要求是：①目标明确、可以计量，有实现财务管理目标的时限。如某一时期的销售收入、利润、市场占有率等。②任务明确、内容具体、可执行。如企业为了提高权益报酬率需要做哪几件事情，做每件事情的条件保障是否具备，对于不具备的条件，企业可以采取什么方法和措施来弥补等。③政策及策略明确，让人们在遇到问题时知道怎么处理。如对待付现款的客户和对待实施商业信用销售的客户在销售方法和管理措施上是否同等对待等。④重点明确，使人们在目标和资源配置方面出现矛盾时知道如何取舍。如利润和市场占有率发生冲突时，优先保证哪个目标，在质量和成本有矛盾时，优先保证哪个指标。⑤责任明确。对所制定的计划归哪个部门、哪个岗位负责，应有明确规定。

（4）质量成本权衡原则。制定计划需要做一系列工作，如预测、拟订方案等，这些工作本身都需要投入一定人力、物力和财力。增加计划的投入虽然可以增加计划的质量，但由于成本的增加，总的边际收益是增加还是降低是不确定的。因此，在计划的制定过程中，不能盲目地追求计划的质量，而应在计划质量和计划成本之间进行合理的权衡，保证决策的最优化。

（5）可操作性原则。计划必须切实可行，否则就必须修改。一项可行的计划至少应满足：①不与国家法律相抵触，不严重损害公众利益。②有实施计划的资源保证。③有足够的实施时间。④获得执行计划的有关方面的理解和支持。⑤有备用方案和应变措施。

4. 制定财务战略实施行动计划的步骤

由于实施财务战略的环境具有动态性，而财务战略管理活动又是一个发展变化的过程，计划是作为行动之前的安排，因此，财务战略管理中的计划工作应是一个连续不断的循环工作过程。良好的行动计划必须有充分的弹性，不断循环，不断提高。任何计划工作的程序都是相近的，依次包括以下内容：评估机会、确定目标、确定前提、确定可供选择的方案、方案评价、方案选择、制定派生计划、用预算形式使计划数字化。

（1）评估机会。评估机会实际上在计划工作开始之前就已经进行，是对将来可能出现的机会加以评估，并在清楚全面地了解这些机会的基础上，进行初步的探讨。在机会的评估过程中，应弄清楚企业在财务上的长处和短处，弄清楚企业的财务地位和现状，同时弄清楚企业面临的不确定性因素以及这些不确定性因素可能产生的影响。企业应以机会评估作为起点，确定可行的目标。

（2）确定目标。在机会评估的基础上，要为参与企业财务战略实施的部门或下级单位确定计划工作的目标。计划工作的目标是指组织在一定时期内所要达到的财务效果。它不但告诉我们要做的工作有哪些，重点应该放在哪里，而且告诉我们计划工作的策略、政策、程序、规划、预算和方案所要完成的是些什么任务。

（3）确定前提。所谓计划工作的前提，就是计划工作的假定条件，即执行计划时的预期环境。预期环境是靠预测得来的，预测的范围应尽量广泛。财务战略实施的环境是复杂多变的，因此在确定计划工作的前提时，应具有前瞻性的战略眼光，能抓住事物的主要矛盾。

（4）确定可供选择的方案。行动计划工作的第四步就是探讨和调查可供选择的行为过程，即方案。一个行动计划往往存在若干个可供选择的行动方案，在这一步中，我们需要利用优化决策的思想，通过全方位的考虑，在满足基本决策要求的基础上，拿出可行的备选方案。

（5）评价方案。在本环节，企业需要按照前提和目标来权衡各种因素，以此对各个方案进行评价。备选方案可能有几种，有的方案利润较大，但支出资金也较多，回收期较长；有的方案利润较小，但其对应的风险也较小；有的方案对长远工作和企业财务状况的优化有益；而有的方案对企业的当前财务工作有好处；等等。对此，企业应根据组织具体的财务管理目标对方案进行恰当的评价。

（6）选择方案。即选择行为过程，并正式通过方案。选择方案是做决策的关键，应当指出的是，选择行为过程不一定就是互斥选择，有时如果必要，可能会同时采用两种方案。

（7）制定派生计划。派生计划就是总计划下的分计划。做出决策之后，就要做出派生计划。基本计划要靠派生计划来扶持。派生计划是主体计划的支撑，只有完成了派生计划，主体计划的完成才有保证。

（8）用预算形式使计划数字化。行动计划制定工作的最后一步就是把决策和计划转变为预算，使之数字化。通过数字来大体反映整个计划。预算可以成为汇总各种计划的工具，它是衡量计划工作进度的重要标准。

（四）制定财务战略实施计划的预算保障

制定财务战略实施计划中的重要步骤是"用预算形式使计划数字化"。事实上，开展预算管理并进行预算控制既是财务战略实施计划制定的前提和基础，也是财务战略顺利实施的手段和保障。

制定预算是企业对所选择的财务战略计划的可行性所做的一次实实在在的检验。如何有效地聚合企业内部各项经济资源，并使之成为一种强大的、秩序性的聚合力，即以内部高度的有序化来对付外部茫然无序的市场环境，不仅是市场竞争的客观要求，而且直接决定着企业竞争的成败与经济效益的优劣。这种有序的管理被称为计划管理。当计划以定量的方式表现出来即转化为预算。所谓预算控制，就是将企业的决策目标及其资源配置规划加以量化并使之得以实现的内部管理活动或过程。预算控制不是一种单纯的管理方法，而是一种管理机制。预算控制的根本点就在于通过预算来代替日常管理，使预算成为一种自动的管理机制。

具体而言，基于财务战略实施计划的预算控制依次包括以下内容：

1. 在科学预测的基础上，合理编制企业预算

预算编制是整体财务战略计划中的重要构成要素，它对于有效的经营管理和控制具有重要作用。为了合理编制预算，企业需建立有效的组织，确定政策和程序，明确预算内容及其编制方法。

（1）预算管理的组织。从组织架构来看，企业预算管理的组织体系由预算管理委员会、预算专职部门以及预算责任网络构成。①预算管理委员会。预算管理委员会在预算管理组织体系中居于核心地位，通常是由企业的董事长或总经理及各相关部门的主管等人员组成。预算管理委员会的主要职责包括：制定有关预算管理的政策、规定、制度等相关文件；组织企业有关部门或聘请有关专家对目标的确定进行预测；审议、确定预算目标，提出预算编制的方针和程序；审查各部门编制的预算草案及整理预算方案，并提出必要的改善对策与建议；在预算编

制、执行过程中发现部门间有彼此抵触现象时，予以协调；将经过审查的预算提交董事会，获得通过后下达正式预算；对预算与实际比较得出的定期预算报告，在认真分析、研究的基础上提出改进意见，即根据需要，就预算的修正加以审议并做出相关决定。②预算专职部门。预算专职部门主要是处理与预算相关的日常管理事务的部门，由于预算管理委员会的成员大部分是由企业内部各责任单位的主管兼任，预算草案由各相关部门分别提供，获准付诸执行的预算方案是企业的一个全面性生产经营计划，预算管理委员会在预算会议上所确定的预算方案不是各相关部门预算草案的简单汇总，所以需要在确定、提交通过之前对各部门提供的预算草案进行初步审查、协调与综合平衡，因此必须设立一个专门机构来具体负责预算的汇总编制，并处理日常管理事务。同时，在预算执行过程中，可能还存在责任单位为了完成预算目标而采取一些短期行为的现象，而管理者可能不能及时得到这些信息，所以预算的执行控制、差异分析、业绩考评等环节不能由责任单位或预算管理委员会来单独完成，以避免出现部门最优但企业整体非最优的现象，这也是设置预算专职部门的必要。在具体操作上，必须采用预算责任单位与预算专职部门相互监控的方式，以使二者互相牵制。预算专职部门应直接隶属于预算管理委员会，以确保预算机制的有效运作。有的企业设置计划部作为预算专职部门，有的企业由财会部作为预算专职部门。③预算责任网络。预算责任网络是以企业的组织结构为基础，本着高效、经济、权责明确的原则建立的，是预算的责任主体，它通常由投资中心、利润中心、成本中心组成。确定责任中心是预算管理的一项基础工作，责任中心是企业内部成本、利润、投资的发生单位，这些内部单位被要求承担特定的职责，其责任人被赋予一定的权力，以便对该责任区域进行有效控制。

从业务单元来看，企业预算管理的组织体系由成本中心、利润中心、投资中心构成。①成本中心及其职责。成本中心是成本发生单位，一般没有收入或仅有无规律的少量收入，其责任人可以对成本的发生进行控制，但不能控制收入与投资，因此成本中心只需对成本负责，无需对利润情况和投资效果承担责任。成本中心又可以分成两种：标准成本中心和费用中心。标准成本中心必须是熟悉单位产品所需投入的稳定而明确的责任中心。通常，标准成本中心的典型代表是制造业工厂、车间、工段、班组等。费用中心，适用于那些产出物不能用财务指标来衡量或者投入和产出之间没有密切关系的单位。这些单位包括一般行政管理部门以及某些销售部门。对于每项需要加以控制的费用，各责任中心都必须确定其主要责任人。尽管每一个责任人都有其明确的责任范围，但并不是对责任范围内所发生的费用都要负责，有的应负主要责任，有的只负次要责任，各级责任人只能控制各自责任范围内的可控费用。在企业中，总会有些费用项目（如固定资产折旧费）难以确定责任归属，对这些费用项目不宜硬性归属到某个部门，可由企业财务部门直接控制。②利润中心及其职责。利润中心是既能控制成本，又能控制收入的责任单位，因此，它不但要对成本和收入负责，也要对收入与成本的差额即利润负责。利润中心属于企业中的较高层次，同时具有生产和销售的职能，有独立的、经常性的收入来源，可以决定生产什么产品、生产多少、生产资源在不同产品之间如何分配，也可以决定产品销售价格、制定销售政策，它与成本中心相比具有更大的自主经营权。利润中心有两种类型：一种是自然的利润中心，它直接向企业外部出售产品，在市场上进行购销业务；另一种是人为的利润中心，它主要在企业内部按照内部转移价格出售产品。③投资中心及其职责。投资中心是指不仅能控制成本和收入，而且能控制占用资产的单位或部门。也就是说，在以目标利润为导向的企业预算管理中，该责任中心不仅要对成本、收入、利润预算负责，而且还必须对与目标投资利润率或资产利润率相关的资本预算负责。正因为如此，只有具备经营决策权和投资决策权的独立经营单位才能成为投资中心。一般来讲，常将一个独立经营的常规企业视为一个投资中心。投资中心应具有比其他责任中心更大的独立性和自主权，它作为企业内部最高管理层，拥有一定的资金支配权，在调配资金余缺时，应研究这些资金投放到哪个方面才是最有利的。投资中心的具体责任人应该是以厂长、经理为代表的企业最高决策层；投资中心的预算目标往往就是企业的总预算目标。投资中心必然既是一个成本中心，又是利润中心，它不仅要从成本、收益来考核其经营成果，还要从资金的投入效果来考核其工作成绩。投资中心是控制投资效率的责任中心，通常用增长的盈利对投资的比率来衡量其业绩。

（2）预算编制的政策与程序。预算政策和程序是预算编制的两大磐石。规模较大的企业通过发布和更新预算制度来制定企业预算的政策和程序；中型企业也需要以书面形式推行预算程序。在实务中，许多小企业没有预算政策和程序，尤其是没有书面的说明，这是目前小企业管理中的薄弱环节，但也正好反映了小企业需要及时适应市场环境变化而不断进行自身调整，难以或不必以书面形式推行预算管理的特点。总体而言，小企业需要向大中型企业学习，在条件成熟的情况下制定预算政策和程序，逐渐成长壮大。

预算政策通常是通过制度形式向企业经理人员和其他员工严格约定的，预算管理是企业经理人员的工作职责之一，同时，他们的预算管理能力也将被纳入绩效考核。为了提升预算的效能，对预算成效表现好的部门应该予以相应的奖励。

预算程序主要是由文字说明、表格、时间三大项构成。预算程序要能够指导预算管理和编制人员编制预算、填写必要的表格，并说明差异产生的原因。通过建立适合企业实际经营管理情况的表格体系，可以将企业经营目标量化为表格形式，为预算管理提供载体。而文字说明部分，一方面约定预算管理中遵循的原则、相应的组织机构、预算政策等事项；另一方面也约定了预算表格体系中各表格及各项目的范围、内容，确保预算数据的相互钩稽与平衡。预算程序中的时间项目，主要约定企业预算的时间流程，使企业预算管理行为在统一的时间约束中进行。关于预算内容及如何使用预算表格来进行预算编制，都应在预算制度（手册）中讲明。

（3）预算的内容及其编制方法。预算的内容包括业务预算、专门决策预算、总预算。这三种预算，分别包括了不同的预算内容，由于企业经营范围和发展规划的不同，各企业的预算内容也不相同。预算的内容具体通过不同的预算报表反映，这些预算报表之间又彼此联系，构成反映预算管理思想的预算报表体系，在各预算报表中共同的因素是时间、预算数据、实际数据、预算与实际的差异数据，必要时还有差异原因说明。有的企业预算报表体系包含企业策略规划的说明，如企业未来三年发展规划等，由于此部分各企业均有所不同，故只做简要说明。①业务预算（Operating Budget）。业务预算是反映企业在计划期间日常发生的各种具有实质性的基本活动的预算，它主要包括销售预算、生产预算、直接材料采购预算、直接人工预算、制造费用预算、单位生产成本预算、行销预算、管理费用预算等。②专门决策预算（Special Decision Budget）。专门决策预算是指企业为不经常发生的长短期投资决策项目或一次性专门业务所编制的预算。在资本支出预算（Capital Budget）中，可以按照股权投资、债权投资进行分类，企业购建固定资产也包括在此预算之中。值得注意的是，固定资产大修理支出也可以纳入资本支出预算中。一次性专门业务预算主要是指企业在确定了资本结构之后，对筹集资金、投放资金、分红派息、计缴税款等的专项财务性预算。③总预算（Master Budget）。总预算是指企业在计划期内，反映有关的现金收支、经营成果和财务状况的预算。业务预算和专门决策预算涉及的各项内容均可以反映在总预算内。这样，总预算就成为各项经营业务和专门决策的整体计划，各种业务预算和专门决策预算称为"分预算"。总预算主要有预计资产负债表、预计利润表、预计现金流量表等。

预算的编制方法根据反映方式、假设基础、预算期间不同，基本上可以分为固定预算与弹性预算、增（减）量预算与零基预算、年度预算与滚动预算。①固定预算与弹性预算。固定预算是指确定项目在一定时期内的预算金额，这是传统预算编制的方法，也称为"静态预算"。在实践中，由于企业经营环境的变化，市场形势的演变或季节因素等原因，往往会使企业业务量发生较大变化，使得预算与实际失去比较的基础。将预算与实际进行比较是预算管理中控制和评价的重要基础，当难以进行比较时，可以通过系统分析找出环境变化因素，并在进行预算控制和评价时将其剔除；另外一种可行的方法是在编制预算之初，对未来变化的环境进行预估。为了弥补固定预算难以适应环境变化进行及时变通和调整的缺点，企业可以采用弹性预算（Flexible Budget）的编制方法。弹性预算是指在编制预算时，预先估计计划期间环境变化、市场演变、产销季节性变化、投资成本与收益可能发生的变动等，从而编制一套能够适应环境变化的预算，如对收入和费用的预算可以按照多种业务量（一般是每隔5%或10%的变化幅度）来编制相应的预算收入和预算费用；在进行资本支出预算时，可以按照多种投资成本来编制预算。由于这种预算随着企业环境的变化做机动性调整，本身具有弹性，故称为弹性预算。在编制费用预算时，由于制造费用、销售费用、管理费用等费用中均包括变动费用和固定费用，按照成本性态，固定费用在相关范围内一般不随业务量变化而变化。在编制弹性预算时，只需要对变动成本部分按照业务量的变化予以调整（若明细项目中有属于混合成本性质的，则必须先进行分解）。弹性预算在环境适应性方面具有明显的优势，但也存在一些不足之处。首先，弹性预算是在编制预算时，将适用于固定预算的一种假设前提改为多种弹性的前提，这样无疑将增大企业的纸面工作量和数据分析量；其次，由于假设了多种前提，在预算控制和评价时，部门经理出于维护部门利益的考虑，可能会过分强调环境变化的因素，忽略部门努力因素，而弹性预算为部门经理提供了量化的基础，可能降低预算控制和评价效果。由于销售预算、成本预算、资本支出预算、筹资预算、资金投放等预算均可以按照不同情况灵活地编制，企业难以形成具有方向性的总预算，使企业经营管理陷入数字的海洋，难以明确预算期的目标。为了解决上述问题，有的学者将弹性预算局限在费用预算范围内，只在编制费用预算时采用，但实际情况是：费用支出与业务量有直接的关系，而业务量又影响着企业收入、价格等因素，仅仅就费用进行弹性预算的编制，显然是不合理的。弹性预算的使用在理论上是可行的，但当企业将预算管理与控制、评价、激励等机制结合起来考虑时，企业尚需要结合企业的实际需求及管理基础等实际情况决定是否有采用弹性预算的必要性，而不应为了追求新潮的管理模式而盲目采用。②增（减）量预算与零基预算。增（减）量预算是指以基期各种费用项目的实际开支数为基础，结合计划期间可能会使各费用项目发生变动的有关因素（如产量的增减、上级规定的成本降低任务的高低等）加以考虑，从而确定在计划期间应增或应减的预算额度。这种方法的优点是简便易行，缺点是过分受基期数据的束缚，不依据实际情况进行，容易造成浪费。为了克服增（减）量预算方法的不足，便产生了零基预算方法。零基预算（Zero - base Budget）的基本原理是对预算期间的费用支出，以零为起点，考虑预算期间的工作安排，确定费用支出，而不是以上年实际数据为基础进行预算编制。零基预算的基本步骤为：首先，各部门的员工根据企业发展战略目标，确定预算期的工作，并就各费用项目拟订费用支出计划，提出支出目的及金额；其次，对酌量性固定成本的各项目进行成本收益分析，按照费用支出的轻重缓急来将费用分出层次，排出先后次序；最后，按照上述费用层次和顺序，结合企业实际可以动用的资金，分配资金落实预算。零基预算的优点是它不受过去经验的限制，按照未来实际工作需要安排费用支出，能够发挥企业员工的积极性；预算落实、控制和评价较为容易；有利于企业从实际出发，精打细算，厉行节约。该方法的不足之处是由于需要对费用支出进行全面的计划，要求所有员工对预算期工作进行全面的计划，并在时间上进行精确的安排，需要花费较大的时间和精力，有可能出现得不偿失的情况。为解决零基预算可能带来费时费力、得不偿失的问题，可以将零基预算与增（减）量预算方法结合起来使用，如企业可以规定每 3 年进行一次零基预算，其他期间按照增（减）量预算方法编制预算。③年度预算与滚动预算。按照预算的期间，可以将预算分为短期预算、长期预算和滚动预算，由于滚动预算在假设前提、预算期间、预算控制、预算评价等方面与长短期预算均有区别，故将其作为一种单独的预算编制方法予以说明。短期预算指不超过一年的预算，长期预算是指预算期间超过一年的预算，多数为资本支出预算。有时，企业针对一定阶段主要问题也编制长期预算，如以现金流量为主要管理目标的企业，有时会编制 3 ~ 5 年，甚至更长时间的现金流量预算，以合理安排资金，决定企业重要决策。在现实的预算管理中，预算主要以年度预算的形式出现，这样做一方面符合人们的生产生活习惯，另一方面又与会计期间相一致，有利于对预算进行评价，有利于将预算管理与企业其他管理（如激励管理）相结合，在现实的经济活动中发挥其重要作用。但年度预算也有其不足之处：主要是年度预算限制了企业管理层和员工对企业持续经营的思考，尤其在预算评价中，由于年度预算只对预算年度的执行、控制情况进行评价，容易造成部门经理、子公司负责人盲目追求短期效益；由于"完成预算即可"观念的存在，部门经理或子公司负责人在编制预算和执行预算中都留有余地，导致企业经营管理僵化，使企业在一定程度上丧失了对环境变化的敏感性，降低了企业的活力，这与企业追求价值最大化的理财目标是相悖的。这也是为什么杰克·韦尔奇会认为"年度预算是美国企业的坟墓"的原因。对于年度预算的这些不足，虽然从理论上说，可以采用及时调整预算的方式来弥补，但频繁地调整会影响预算的严肃性，也不可取。目前西方企业推行的"滚动预算"（Trolling Budget）可以在一定程度上减少年度预算的不足。滚动预算的基本原理是：使预算永远保持 12 个月或 4 个季度，即每过一个月或一个季度，就对未来 12 个月或 4 个季度进行新预算编制，使得预算一直保持一年的时间跨度，因而又称为"连续预算"。这种预算编制方法可以使企业各级管理人员对未来永远保持一年的考虑和规划，并可以在任何一个期末结合环境的变化进行调整，这样既可以保证企业经营管理工作的持续稳定，又可以及时地调整企业计划，确保预算发挥有效作用。对滚动预算进行评价的方法有两种：一是按照与会计年度相符的那套预算作为评价预算的主要依据；二是对企业各月或各季度的预算进行评价，在会计期末，对各月或各季度的评价结果进行加总评价。由于滚动预算下，各月或各季度有可能调整未来的预算，所以，上述评价方法中后者更加科学，但后者工作量较大，企业具体采用何种评价方式需要结合自身需求和管理基础来决定。滚动预算的最大缺点是工作量较大，这往往会使企业员工过多地陷入纸面上的工作；该方法的使用需要良好的管理基础和信息自动化基础，这是目前该方法未能得到广泛实行的重要原因。在企业预算管理实务中，往往采用多种预算编制方法，如业务稳定的企业对销售预算采用增（减）量预算方法；对费用支出预算采用零基预算方法；对资本支出预算采用弹性预算方法，再对弹性因素加设权数，在综合形成总预算时使用加权处理过的资本支出预算数据。若采用不同预算方法编制企业预算时，在形成企业总预算、进行预算控制和评价时要注意数据的钩稽关系，避免出现混乱。

2. 在预算通过的基础上，严格执行预算

企业在编制、审核、批准预算之后，就进入到预算执行阶段。各预算单位需根据预算将工作层层分解，落实到各相关责任中心、部门或人员，使各预算执行部门和人员可以按照预算的要求进行生产经营活动，保证预算顺利施行。

由于企业在编制预算时对预算期间经营环境变化的分析、对基本假设的认定、对预算数据的形成、审核以及对预算的控制和评价均需要花费一定的时间，故企业需要在预算管理过程中，根据企业需求设定符合企业自身特点的时间表。在规定了指示和标准之后，应该认真完成每一个预算阶段工作。预算每一阶段的任务，应交由对应的预算编制部门、预算汇总部门、预算审核部门具体执行。预算时间表根据预算编制方法的不同而不同，如年度预算和滚动预算的时间表就有很大的差异，年度预算一般根据预算各环节所需要的时间来安排时间计划，而滚动预算的时间表则根据滚动预算的特点确定每期预算编制、控制、评价等的时间，此外，采取零基预算方法编制的预算，由于工作量较大，所需要的时间就比采取增（减）量预算方法编制的预算要长。

3. 及时对比预算与实际的差异，进行预算控制

预算的控制可以分为直接控制和间接控制，直接预算控制是指预算的具体操作者在工作过程中的直接性控制；间接预算控制主要是作业人员的上级管理人员对预算所实行的控制，预算的评价和考核可以看作是间接预算控制的一个组成部分。

在预算批复和执行过程中，企业需要对划分为 12 个月或 4 个季度期间的预算进行监督，预算监督的基本方法是将上期实际数据、本期预算数据、本期实际数据进行比较，以发现问题，改进工作，促进预算目标的实现。按照预算通常的时间进度，预算管理中监督进度的工作也是按照月份、季度、半年、年度来进行的。

对月度预算进度的监督，预算管理部门需要编制月度预算执行报告，通常情况下，该报告包括资产负债表、损益表、现金流量表及各部门预算报表，有关业务预算、财务预算执行情况的文字说明，重要差异原因说明，根据具体情况还可以增加一些例外报告。在季度预算审查中，预算监督的工作类似一次小规模的预算编制工作，企业需要对各预算项目进行对比分析，一般需要对比上期数据、本期预算数据和本期实际数据。此审查工作过程类似于年度预算编制工作的管理与组织过程，只不过规模较小而已。在季度预算审查工作中，企业管理层有必要投入较多的精力处理有关预算审查中的相关问题。半年预算审查的主要方法与季度审查基本一致，只是在实行年度预算体系的企业里，通常要根据半年预算审查的情况，重新考虑年度预算假设基础的变化性，在研究企业经营环境变化的情况下，安排预算调整的工作。预算调整其实是一次新的预算编制工作，需要企业各方面协调合作完成。年度预算的审查是对上期预算执行情况的总体评价，通过该评价，企业需要在激励机制中做出反应，奖优罚劣，并通过认真分析整个预算期间企业预算管理的基本假设、组织效率、指标合理性、报表实用性、电算化体系改进需求等多方面的因素进行检讨，以提高企业整体的经营管理能力。

二、组织结构优化及业务流程再造

作为企业财务战略实施的前导性和基础性工作，企业必须做好组织结构和业务流程方面的准备，即对企业组织结构及业务流程实施优化再造，以便于企业财务战略的顺利实施。

（一）企业的组织结构优化

在财务战略计划产生实际绩效以前，高层管理者要确保企业有适当的组织、执行各行动计划所需配备的人员以及确保行动迈向理想目标的机制。企业财务战略的实施通常需要相应的组织结构和特定的技能作为支持，因此，财务战略的管理者要密切关注企业的组织结构。在此基础上还要思考并回答以下问题：企业完成工作的方式是否需要做出改变？有些活动是否需要进行重新整合？进行关键决策的权力是集中在总部还是分散给各个区域的经理？企业是按照许多规定和要求实施严格管理，还是通过少量规定和控制实施宽松的管理？企业是采用多层结构，设立多层经理，每个经理管理狭窄的范围（管理少量员工），以实现对下属的较好控制，还是实行扁平化结构，每个经理控制较大的范围（管理更多下属），从而给他们更多自由？这些问题都是企业在实施财务战略之前必须思考并有效解决的问题。

1. 组织结构与战略的相互关系

通过对美国一些著名公司（如杜邦、通用、西尔斯、标准石油等）进行深入研究，艾尔弗雷德·钱德勒（Alfred Chandler）得出结论：企业的组织结构必须与企业的战略相适应，企业战略的变化必然导致企业组织结构的变化。同时，他指出，随着组织的扩张，该组织必然从一种结构安排转向另一种结构安排。根据他的观点，企业组织结构之所以发生变化，是因为面对新的环境条件，企业原有结构已经是低效（甚至是无效率）的，如果继续维持原有结构不变，必然会损害企业的效率。这种观点即著名的"结构追随战略"观。

根据钱德勒的观点，企业组织结构调整过程是一个效率引导过程，该过程是一个环境推动过程而非自我主动的过程，该过程实现的基本程序如下：第一，企业制定新的战略；第二，环境条件改变导致新管理问题出现；第三，新的管理问题阻滞企业发展，进而导致其经济绩效下降；第四，企业被迫创造合适的新组织结构以便解决阻滞企业发展的这些新问题；第五，问题的解决使企业的利润恢复到原有水平或超过原有水平。上述作用过程如图 8-1 所示。

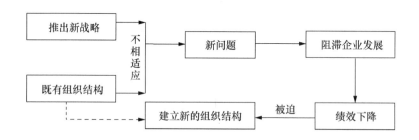

图 8-1　战略引导结构调整的动力机制

钱德勒发现，杜邦等大公司在早期发展阶段就倾向于采用中央集权的职能式组织结构，这种结构能很好地适应有限产品的生产和销售。随着公司新产品的增加，这些公司纷纷要求建立自己的采购渠道和分销网络，这种新要求对企业高度集权的组织结构提出了巨大挑战。为了取得成功，这些企业的组织结构需要向权力分散的结构转变，建立若干具有较大自主权的分部。通用汽车前首席执行官阿尔弗雷德·斯隆详细阐述了通用汽车在 20 世纪 20 年代如何实施这一结构变化以适应公司的财务战略。他把结构的分散看成政策决定的分散以及与之相伴的运作管理的分散。在高层管理者制定了企业的整个财务战略后，雪弗莱、别克等分部可以自由地选择如何实施自己的财务战略。按照杜邦公司的模式来组织之后，通用汽车发现，分散的多分部结构能够非常有效地给予各分部最大的自由度，以进行产品开发，从而为整个企业的财务战略服务。他们用投资回报率（ROI）作为财务控制工具产生了良好的效果。

2. 组织结构发展模式

值得注意的是，企业的组织结构必须与其发展阶段保持一致。随着企业生命进程推进，其组织结构也会遵循一定的发展模式。按照企业的发展进程来看，其组织结构依次为简单结构、直线职能制结构、相互联系的分部式结构、高级组织结构。

（1）简单组织结构。初创期企业往往采用简单组织结构。此时，企业权力集中于创业者，他创建企业以便实现自身设定的构想。此时，创业者往往亲自做所有的重要决定，并参与组织内的每一个细节和进展。在这一阶段的企业几乎不存在正式的组织结构，创业者直接来管理每一个员工的活动。此时的计划通常是短期的、被动反应的。一般的计划、组织、领导、人员配置和控制等管理职能的履行都极为有限，但它也有其优势，即灵活性和动态性。创业者的驱动使整个组织精力充沛、积极努力，以使企业成长。它最大的弱点是完全依靠创业者，创业者既决定战略，也对战略实施过程中的细节做过多的决策。如果创业者没有决断力，整个企业就会陷入困境，即出现所谓的领导危机（Crisis of Leadership）。

（2）职能结构。企业进入发展阶段后，往往需要具有专业技能的职能管理团队来代替创业者管理企业。此时，企业的首席执行官需要改变管理方式。如果他或她是上一阶段的创业者的话，就更需要这样做。否则，增加这些职能人员不会给组织带来任何好处。企业一旦进入发展阶段，企业战略便倾向于采用纵向或横向一体化的方式来取得产业主导地位。本阶段企业的最大优势是能集中在一个或很少的几个产业领域，生产经营非常专业化的产品：它的最大弱点是"把鸡蛋放在一个篮子里"，风险自然也就较大。

当集中于一个具有持续吸引力的产业时，处于发展阶段的企业可以非常成功。一旦职能结构企业通过多元化进入其他产业或生产其他产品，职能结构的优势就会消失，自主危机就会出现。此时，多元化产品的管理者需要更多的决策自由，于是企业组织结构就需要转变。

（3）分部式结构。进入成熟期及其往后阶段的企业要管理多个产业的多种产品，这必然要求企业管理者具有分散化的决策自主权。这些企业通过产品多元化和地域扩张来实现成长，组织结构转变为由总部和分散的经营单位组成的分部式结构。此时，每个分部或事业部都可以看成是上一个阶段的企业的职能结构。如果高层管理者选择处于上一阶段的分部自主经营的话，企业可以采用联合结构。总部试图通过业绩、结果导向的控制、汇报系统、重视计划技术来协调各个分部的活动。各分部并不能受到严格的控制，而是各自对自身的经营成果负责。因此，为了提高效率，企业必须采取分散决策。处于第三阶段的企业的最大优势是几乎拥有无限资源，劣势是企业通常太大、太复杂，相对于前述阶段的企业而言，显得不太灵活。

（4）高级组织结构。高级组织结构的代表形式有网络式组织结构和矩阵式组织结构两种类型。

网络结构是最新、变化最大的组织设计，它可以称为无结构，因为企业内部的经营职能都被取消了，代替它的是企业与供应商和分销商的长期合同（如图8-2所示）。有时，网络结构也被称为"虚拟组织"。它在企业环境不稳定，而且这种不稳定继续维持时最有用，这种情况对企业创新和快速反应的要求非常高。企业与供应商和分销商签订长期合同，取代那些可以通过纵向一体化提供的服务。采用网络式组织结构的企业不再局限于单一地点和单一业务，甚至可以在全世界范围内经营，该企业实际上成了一个"壳"，只有一个小本部承担"经纪人"角色，这种企业通过电子系统与一些和自己完全独立的分部、所有的分支机构以及其他职能企业联系。完全网络组织就是一组相互独立的企业或事业部用计算机联系起来，通过信息系统设计、生产和营销产品或服务建立组织联系的组织。

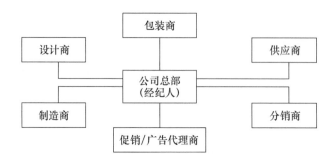

图8-2　网络式组织结构

网络组织结构提高了企业的灵活性和环境适应性，能适应快速变化的技术、国际贸易与竞争方式转变。它使企业不但可以充分发挥自己的独特能力，更重要的是，它能够使企业充分利用其他企业在其领域内的专长，进而提高企业自身的效率。但是，网络组织结构也有其缺点，主要表现在：第一，大量网络合作伙伴是否可以方便地获得，还存在较大的不确定性；第二，合作伙伴违约或退出的风险始终存在，这使得网络组织存在很大的失效风险。总之，如果一个网络结构组织过于专业化，就有成为空心企业的风险。

矩阵式结构组织在同一层次同时结合了职能组织和产品分部组织结构的特点（如图 8-3 所示）。员工接受双重指挥：一个是产品或项目经理；另一个是职能经理。"母"部门（工程、制造或销售部门）常常是职能部门，它们永远存在。从这些职能部门来的人员临时组成一个或多个产品部门或项目组。产品部门或项目组一般是临时的，就像一个具体分部一样行动，它们通常按照产品或部门来区分。

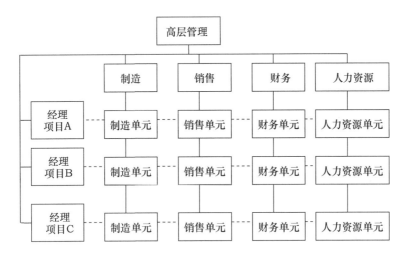

图 8-3　矩阵式组织结构

需要说明的是，并非所有企业都适合采用矩阵式组织结构。通常情况下，企业采用矩阵式组织结构需要具备以下三个条件：①企业的项目特色显著，即企业的业务可以划分为具有清晰边界的项目；②企业业务部门的设置全面，即研发、生产、销售、人力、财务等职能机构设置规范且完善；③具有先进的信息系统支撑，因为在矩阵式组织结构下，企业业务和职能分布具有纵横交错特征，必须依赖先进的信息系统。

（二）企业的业务流程再造

1. **业务流程再造的提出背景**

1776 年，英国经济学家亚当·斯密在其著作《国民财富的性质和原因的研究》中提出了劳动分工的原则。根据劳动分工的原则，每个生产者从事的生产操作相对固定，从而提高了劳动者的劳动技能和熟练程度，减少了因工作变换而损失的时间。在"分工理论"产生 100 多年后，泰勒、法约尔、福特和斯隆等人进一步发展和丰富了分工理论，泰勒提出以标准化、系统化和科学化的管理代替过去的经验管理；法约尔对管理本身进行了明确合理的分工，使管理从生产中独立出来；福特在汽车装配工序中将分工进一步细化，经过多次工艺改进和层层紧密分工，终于创造了"流水线生产方式"，使生产效率得到大幅度的提高。斯隆创立了"分权管理"的事业部管理体制，对管理职能进行了分工，这种分权的管理体制至今仍是各大型企业的主导管理模式之一。分工理论的形成与当时生产力水平低下、商品供不应求的社会经济状况密不可分。无论是亚当·斯密的分工理论，还是后人对分工理论的进一步发展和实践，其目的都是提高劳动生产效率。随着以信息技术的发展为主要标志的第三次技术革命的兴起，企业赖以生存的市场环境发生了巨大的变化，企业内部建立在分工理论基础上的企业组织形式和业务流程受到了以顾客、竞争、变化（Custom，Compete，Change，市场"3C"）和 IT 为特征的外部环境的挑战。市场的快速变化要求企业必须具有快速市场反应的高效流程。企业规模的不断扩大使得企业组织结构中的层次不断增多，导致由这种组织结构决定的业务流程链不断加长，已完全不可能对市场的变化做出快速的反应。同时，信息技术的发展也要求业务流程发生变化。计算机和网络技术的普遍应用，简化了很多复杂的工作，提高了工作效率，这必然要求对业务流程进行重新安排。信息技术的发展也使企业开始认识到信息技术为其带来的巨大作用，在积极利用信息技术的同时必然要求构造与之对应的内部组织形式。在这种竞争环境下，单纯的技术革新已经无法从根本上提高企业的竞争力，企业呼唤新的现代管理方法的出现。业务流程再造的设想也就是在上述背景下诞生的。

2. 业务流程再造的内涵和特征

1990 年，美国麻省理工学院的 Michael Hammer 教授在《哈佛商业评论》上发表了名为"重组：并非自动化，而是重构"的文章，由此开始了业务流程再造方法的研究，业务流程再造理念也由此开始流行。1993 年，Michael Hammer 和 James Champs 在 Reengineering The Corporation 一书中对"业务流程再造"一词做出了明确的定义：业务流程再造是对企业的业务流程作根本性的思考和彻底重建，其目的是在成本、质量和速度等方面取得显著的改善，使企业能最大限度地适应以"顾客（Custom）、竞争（Competition）、变化（Change）"为特征的现代企业经营环境。他们对业务流程再造的定义较全面地反映了业务流程再造的本质特征，即以业务流程为核心、对业务流程进行根本反思、彻底重新设计企业业务流程，使企业的绩效发生飞跃。

业务流程再造的实质就是企业为了迎接社会信息化、全球经济一体化的挑战，积极、充分地利用现代科学技术成果，特别是利用现代信息技术和先进制造技术的成果，针对快速多变的市场彻底抛弃传统工业社会企业的生产过程的组织形式，建立以客户满意为宗旨，以"团队或小组"为生产的基本组织单元的松散、灵活、高效的企业组织结构。其根本目的在于革除传统官僚组织体系中的机构臃肿、部门林立、环节繁多、决策缓慢、效益低下的组织弊端。与传统的基于分工理论的管理思想相比，哈默提出的业务流程再造思想具有以下五个显著的特征：

（1）面向客户，强调客户需求。过去客户只是被动的产品使用者，厂家生产什么，客户就接受什么。但随着卖方市场向买方市场的转变，工业化时代大规模生产的企业模式宣告结束。激烈的全球化市场竞争，使企业必须全面地考虑并满足客户的个性化需求，及时适应市场的变化，从而在市场竞争中取胜。因此，客户需求是企业实施流程再造的最根本的驱动力。

（2）以业务流程为导向。流程由一系列相关的、连续的行为或活动构成，是整个生产经营过程中，消耗一定的资源，提供一定的产品或服务，满足客户需要的一系列经营管理、作业活动的集合体。在传统的劳动分工原则下，企业的组织结构按职能进行划分，各职能部门再对流程进行细分。过细的分工使不同部门之间出现大量的合作与协调，即使人们能够运用先进的信息技术最优地完成每步工作，也很难保证企业的流程在整体性能上达到最优；同时，部门间大量的合作与协调使流程人为地复杂化，工作效率低下。因此，流程再造的理论就是要彻底打破劳动分工理论的约束，跨越职能部门的条条框框，以流程为核心重建企业的运行机制和组织结构，将传统组织中的纵向职能控制转变为流程中各项活动的横向协调，实现企业对流程的有效管理和控制，使企业真正地直接面对客户。

（3）根本性的重新思考及重新设计。即对现有的作业方式，排除理所当然的心理，经常反省一些根本性的问题，通过思考这些问题找出企业经营的最佳策略及方法，彻底根除现有的架构及流程，重新设计及建构新的流程，而不是在原有的组织架构上做些改进或修补的工作。

（4）追求企业性能的突破性提高。从经典组织理论来看，大的突变会给组织带来很大的风险，但是只有高风险才有高回报。流程再造追求的不是企业性能的渐进式提高或局部改善，而是从根本上做重新思考，并彻底设计企业流程，以提高客户的满意度为主要方向，创造出跳跃式的组织绩效。鉴于此，有人把流程再造称为"现代企业管理的一场革命"。

（5）信息技术的运用。有效运用信息技术是流程改造工作的重要一环。信息技术的一项重要功能是突破时间和空间限制，使企业的信息流能够迅速传达。信息传递的加速不仅加快了流程的再造速度，也提高了改造后的流程运行效率。

3. 业务流程再造的具体过程

业务流程再造是一项非常复杂的系统工程，它往往会引起企业文化、管理理念、组织结构和业务流程等多方面多层次的变化。因此，必须有步骤、有目的和有计划地组织实施，才能保证业务流程再造的成功。一般而言，业务流程再造需要经历项目规划、流程建模、流程优化、系统实施、新流程监控和评价五个阶段（如图8 - 4所示）。

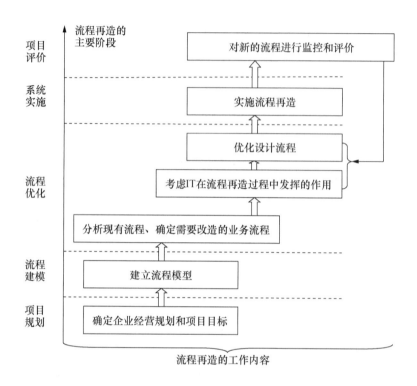

图8 - 4 业务流程再造的实现过程

（1）项目规划阶段。项目规划阶段是企业实施业务流程再造的前提，项目规划的好坏对于业务流程再造来说有着重要的意义。项目规划阶段的主要任务是制定企业经营规划（包括制定企业近期和远期发展战略）和业务流程再造的目标以及再造的组织建设。由于业务流程再造是从根本上打破职能界限，对企业的业务流程实行再造，因此需要企业的高层领导通过制定企业的发展战略来从较高层次上推动项目的实施。除此之外，企业领导人还应该对实施流程再造的必要性和重要性达成一致的认识，从而确定流程再造的具体目标。一般来说，企业希望通过改造经营过程来降低生产成本、缩短生产时间、提高产品质量和服务水平，或提高客户的满意度。在确定企业的经营规划和流程再造的目标后，还需要进行再造的组织建设，包括再造组织团队、营造再造的环境、建立员工的危机意识、减少流程再造过程中的阻力。

（2）流程建模阶段。流程建模阶段的主要任务是准确描述企业现在的业务流程，通过流程图等工具建立业务流程模型。流程建模是对企业流程的抽象，也是流程分析和优化设计的基础，目前已有多种流程建模的方法和工具可以用来帮助企业描述和分析业务流程，如 CIM－OSA、GIM－GRA、PURDUE、IDEFX 等。

（3）流程优化阶段。流程优化是业务流程再造实施中一个非常重要的阶段，流程优化的主要任务是在已建立的业务流程基础上分析和优化企业的流程，它又可以分解为流程分析、流程诊断以及流程再设计三个阶段：①流程的分析和诊断。由于企业内部并非每一个流程都因为低效率而需要改造，因此优化流程的时候首先要进行流程分析，运用需求与准备分析图、重要性矩阵、标杆瞄准等技术性方法选择企业流程中的核心流程，并针对需要再造的流程进行诊断，找出影响流程的关键点。②考虑信息技术所能发挥的重要作用。信息技术在业务流程再造中发挥着巨大的作用，有效地运用信息技术不仅能够提高业务流程的运行效率，而且能够促进流程再造的实施。以往，信息技术在工业工程中通常被认为是替代人力的自动化或机械化动力，其主要目的是提高企业的事务处理能力和速度。而现在，随着计算机技术、网络技术和通信技术的迅速发展，信息技术已经渗透到企业的各个方面，包括办公自动化及客户服务等领域。为了更好更快地响应顾客需求和输出产品，企业越来越需要更灵活的、面向团队和基于通信的协同工作能力。信息技术是 21 世纪企业用来降低实现组织间协调难度而开发的最有效的工具，而且它从根本上改变企业的行为方式。由于信息技术能够在业务流程再造中发挥重要作用，因此，在实施流程再造之前，要充分考虑信息技术所能发挥的作用，选择合适的技术运用到新的流程中去。③流程优化。根据流程再造涉及程度的不同，可以把流程优化的方法分为两类：系统化再造法和全新设计法。系统化再造是辨析理解现有流程，系统地在现有流程基础上精简流程或创建新流程。这种流程再造的方式风险相对较小，具有再造范围窄、再造方式简单易行、实施阻力相对较小、短期效果较为明显的特点。但这种方式只是对局部的流程进行了基于原始流程的再造，再造的力度有限，因而其效果不可能出现根本性的变化。全新设计法则是从根本上重新考虑产品或服务的提供方式，零起点设计新流程。这种方式的优点是抛开现有流程中所隐含的全部假设，从根本上重新思考企业开展业务的方式，为流程再造提供了绩效飞跃的可能性。但这种再造方法会给企业带来巨大的风险，在再造实施过程中也会遇到很大的阻力。由于实施流程再造的企业具体情况各不相同，因此在再造实施时，企业需要结合自身的情况，通过综合分析收益和风险对两种方式进行选择。

（4）系统实施阶段。系统实施阶段的主要任务就是根据优化后的业务流程模型，在企业中建立相应的信息系统，并改造原有的业务流程。这一阶段包括试点和切换两个步骤：①试点。流程再造的实施过程中存在着很大的风险，因此在系统实施阶段一般先要针对特定的流程进行试点。在试点期间，组织将努力使新流程的学习曲线迅速下降。试点中积累的经验和教训可以在组织彻底改造完成之前应用于组织中其他部门的流程再造。②切换。完成试点之后，就要对如何使组织的其他部门转入再造项目做出计划。切换次序要考虑风险和收效的平衡。在理想情况下，高收效低风险的流程应该优先切换。

（5）新流程监控和评价阶段。流程再造是一个动态的过程，因此，当系统实施完成后，还要对新的流程进行监控和评价，以便发现其中存在的问题，在必要的情况下，还要对流程进行再次完善。

三、营造财务战略实施的文化环境

组织结构优化及业务流程再造是企业财务战略实施的显性基础准备工作，但光有显性准备是不够的，企业还必须有相应的隐性准备，那就是营造财务战略实施的文化环境。

（一）企业文化的层级结构

企业文化是一个内涵丰富的概念范畴。根据不同的分类标准可以将文化分为不同的类型，但较多情况下人们是按照文化的层次进行分类，即文化包括物质文化、行为文化、制度文化和精神文化四个层次（如图 8 - 5 所示）。

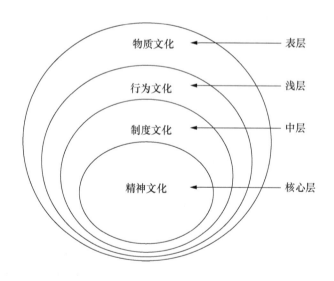

图 8 - 5　企业文化的层次结构

1. 处于表层的物质文化

物质文化即是企业员工创造的产品和各种物质设施所构成的器物文化。它主要包括企业名称、标志、标准字、标准色、企业外貌、企业产品结构和外表款色、企业劳动环境和员工娱乐环境、员工的文化设施以及企业的文化传播网络。处于表层的物质文化是企业员工的理想、价值观、精神面貌的具体反映，所以尽管它是企业文化的最外层，但它却集中表现了一个现代企业在社会上的外在形象。因此，它是社会对一个企业总体评价的起点。

物质文化的载体是指物质文化赖以存在和发挥作用的物化形态。它主要体现在生产资料、企业的产品、企业名称、企业象征物、企业对员工素质形成的实体手段。其中企业生产的产品和提供的服务是企业生产的经营成果，它是企业物质文化的首要内容。企业文化范畴所说的产品文化包括三层内容：一是产品的整体形象；二是产品的质量文化；三是产品设计中的文化因素。企业名称和企业象征物都是企业文化的可视性象征之一，充分体现了企业的文化个性。企业名称和企业象征物还是企业作为文化、智慧、进步的结晶，奉献给社会以显示企业文化风格的载体。

2. 处于浅层的行为文化

企业的行为层文化又称为企业的行为文化，它是指企业员工在生产经营、学习娱乐中产生的活动文化。它包括企业经营、教育宣传、人际关系的活动，文娱体育活动中产生的文化现象。它是企业经营作风、精神面貌、人际关系的动态体现，也折射出企业的精神和企业的价值观。

从人员结构上划分，企业行为包括企业家行为和企业员工行为。有什么样的企业家，就有什么样的企业和什么样的企业文化。企业家最重要的任务就是塑造和强化企业文化。企业文化是企业创始人、领导人、企业制度建立者和企业员工等社会建筑师的创业活动的结果。

企业家文化是企业文化的核心，企业家的人格力量、信念力量和知识力量是企业家事业追求的驱动力。企业家最重要的任务是创造和管理文化，以自己的言行影响企业健康文化的生成。企业家文化主要体现在其专业素养、思想道德、人格风范、创新精神、理想追求等方面。企业家对企业文化的理解深度与行为选择反映了他的领导水平与领导能力。综观成功的企业，几乎所有最优秀的企业领导者总是不惜耗费时日去创造、倡导、塑造、维护自己或创业者们构架的具有强势力量的企业文化，并通过自己的行为不断对员工和企业施加积极的影响力。

企业员工是企业的主体和企业文明程度的推动者。因此，企业员工的群体行为决定了企业整体的精神风貌，企业员工群体行为的塑造是企业文化建设的重要组成部分。

3. 处于中层的制度文化

制度层文化也叫企业的制度文化，它在企业文化中居中层，是具有本企业文化特色的各种规章制度、道德规范和职工行为准则的总称。无规矩，无以成方圆。任何一个群体都必须有一定的行为准则。建立企业制度的目的是协调生产、规范企业活动及行为，提高企业工作效率。制度的突出特点在于强制性，营造企业制度氛围就是制定并贯彻企业各项规章制度，强化企业成员的行为规范，引导和教育员工树立企业所倡导的统一的价值观念，使员工顾全大局，自觉地服从于企业的整体利益。企业的规章制度主要包括企业的领导制度、人事制度、劳动制度和奖惩制度。企业的领导制度规定着企业领导者的权限、责任及其具体的实施方式，是企业的基本制度；人事制度包括用工制度和晋升制度，它关系到企业人力资源的充足程度、使用效率、员工的素质，是企业的重要制度之一；劳动制度包括企业的安全条例、劳动时间和劳动纪律，它是企业生产顺利进行的必要保证；奖惩制度是企业员工的行为导向，通过奖励和惩罚向员工明确表明企业所倡导和禁止的事项，以此来规范员工的行为。

在企业文化中，企业制度文化是企业为实现自身目标对员工的行为给予一定限制的文化，它具有共性和强有力的行为规范的要求。企业制度文化作为企业中人与物，人与企业运营制度的结合部分，它既是人的意识与观念形成的反应，又是由一定物化形式所构成，它是一种约束企业和员工行为的规范性文化，它能使企业在复杂多变、竞争激烈的经济环境中处于良好的状态，从而保证企业目标的实现，实现柔性管理与刚性管理的有机结合。

4. 处于核心层的精神文化

精神文化是现代企业文化的核心层，指企业在生产经营中形成的独具本企业特征的意识形态和文化观念。它包括企业精神、价值观念、企业理念和企业伦理。

企业精神是现代意识与企业个性相结合的一种群体意识。一般来说，企业精神是企业全体或多数员工共同一致、彼此共鸣的内心态度、意志状态和思想境界。它可以激发企业员工的积极性，增强企业的活力。企业精神不是自发形成的，而是通过领导者的引导、宣传、教育、示范，员工的积极参与和配合，在长期的实践工作中逐渐形成的。它是企业的经营思想、方针目标、管理方式、发展规划的综合体现，所以，企业精神是整个企业活动的灵魂。

价值观是客观的价值体系在人们主观意识中的反应，是价值主体对自身需要的理解以及对价值客体的意义、重要性的总体看法和根本观点。企业价值观就是一种以企业为主体的价值观念，是企业人格化的产物。具体地讲，企业价值观就是一个企业在追求经营成功的过程中，对生产经营和目标追求以及自身行为的根本看法和评价。企业价值观是企业内部绝大多数人所共同持有的价值观，对一个企业而言，只有当绝大多数成员的价值观趋于一致时，企业价值观才能形成。企业价值观是企业推崇和信奉的基本行为准则，是企业进行价值评价、决定价值取向的内在依据。成功企业的经验表明，积极向上的企业价值观，能使员工把维护企业利益、促进企业发展看作最有意义的工作，从而激发员工极大的劳动热情和工作主动性，使企业的外部适应能力和内部协调能力得到加强，企业也由此获得成功和发展。

　　企业理念是一个总概念，它包括企业存在的意义、经营信条和行为规范等，并表达企业存在于这个世界上的使命是什么，宣告如何去实现这一使命。企业理念一般是在长期的生产经营实践中建立起来的，表现为企业所追求的基本原则和全体员工对共同理想、信仰的追求，实际上是企业文化的组成部分，主要以企业精神的形式反映出来，是企业文化中经营哲学、价值观、经营宗旨等内容的凝结和提炼，是企业的灵魂。企业理念是建立在企业群体文化知识、理想认同和行为规范基础上的企业理念，对外能够昭示企业所确立的社会身份、精神面貌和经营风格，对内能够成为全体员工的统一意志，唤起巨大的工作热情，促使企业充满活力。IBM公司的创始人在谈到企业信念时说："任何一个组织想要生存、成功，首先就必须拥有一套完整的信念，作为一切政策和行为的最高准则。处在千变万化的世界里，要迎接挑战，就必须准备自我转变，唯一不能变的就是企业理念。换句话说，组织的成功主要是跟它的基本哲学、精神和政策动机有关。理念的重要性远远超过技术经济资源、组织结构、创新和时效。"由此看出，企业理念是企业生命力和创造力的综合反应，是一切企业名牌战略的起点。

　　企业伦理更多地表现在企业的道德规范中。它既是一种善恶评价，可以通过舆论和教育的方式影响员工的心理和意识，形成员工的善恶观念和生活信念，同时，它又是一种行为标准，可以通过舆论、习惯、规章制度等成文或不成文的形式来调节企业及员工的行为。伦理文化是一种最直接的社会文化。企业伦理是现代企业文化的重要组成部分，它是一种社会意识，是一种微观的道德文化，同时，它又是一种新的富有效力的管理观念，即主张以人为核心，用道德观念和道德规范来调节企业员工的行为。任何一个企业的文化，如果离开风尚、习惯、道德规范，就是不成熟的，也是不系统的，它也就不可能是一种成功的企业文化，因此，在建设企业文化时，必须高度重视企业伦理建设。

　　(二) 为财务战略实施营造良好文化环境的必要性

　　任何财务战略都必须依靠特定的组织和人员实施。对于这些组织和人员，可以通过刚性制度要求其在战略实施过程中承担一定责任或义务，但是，由于战略环境具有复杂性和不确定性，再加上人的行为具有机会主义倾向，仅仅通过刚性制度是无法达到良好效果的。因此，在刚性制度之外，企业必须营造良好的文化环境，使企业财务战略的实施达到最佳效果。

　　事实上，营造良好文化环境的意义在于它可以为战略的顺利实施提供充分的柔性保障。财务战略的实施需要建立相应的规章制度，但是，制度作为制约财务战略行为主体及其利益相关者的法律、法规、准则、惯例的总和，它本质上是给这些人设置的硬性行为边界，这些利益相关者的行为被严格限定在边界范围内，超出这些范围他们将会受到相应的处罚或为此付出相应的代价。毋庸置疑，制度的硬性约束和强制性规范对于人类生产活动的正常开展和人们交易行为的有效维系具有重要意义，但是，我们不能忽视制度作为显性契约安排所具有的刚性缺陷。我们也需要客观地认识到，良好的文化所具有的柔性作用能够较好地弥补因制度刚性缺陷所带来的如下问题和不足：

1. 通过文化建设弥补企业制度的不完备性

和其他制度类似，与企业财务战略相关的制度是通过逐条规定人们该做什么和不该做什么来达到规范行为主体行为之目的的，而事实上，与财务战略相关的事项是一个发散型的事项集合体，制度不可能穷举所有的财务战略实施事项并逐一做出规定，这就意味着与财务战略相关的制度本身是不完备的。这个问题如果得不到有效的解决，那么，财务战略参与者的行为必然会出现异化现象，进而阻碍财务战略目标的实现。只有通过先进的文化对人进行潜移默化的熏陶和影响，才可能在显性制度约束之外，构建起一道隐性的自我约束屏障。

2. 通过文化建设弥补企业制度的时滞性

环境的复杂性和不确定性决定了企业制度难免会不同程度地滞后于企业的财务实践活动，但作为制度，它又必须具有相对稳定性。综观企业财务管理实践，因不合时宜的制度妨碍甚至阻滞财务战略目标实现的事例不胜枚举。每当此时，能够给制度解围的利器就是企业文化。文化因具有动态性、发展性和时代性特征，能与变动的环境保持相对适应性。换言之，只要企业文化建设和发展的步伐能够跟上企业生产经营环境变化的步伐，那么，它就能够恰如其分地对财务战略参与者的行为进行柔性约束和规范，进而弥补制度因时滞性所导致的缺陷。

3. 通过文化建设弥补制度的整齐划一性

企业制度具有整齐划一性，这种整齐划一的制度安排能够抓住企业工作的主要矛盾和关键问题，它对约束多数行为主体是必要的而且是必需的。但是，现实的财务战略活动是行为主体就特定经济业务进行博弈的过程，人的异质性、经济业务的多样性、环境的不确定性、信息的不对称性共同决定了财务战略实施事项具有纷繁复杂性。可以说，不同单位面临的主要财务事项，需要解决的关键财务问题是千差万别的，同一个会计主体在不同时期所面临的财务问题也迥然不同。这就意味着，整齐划一的制度只不过是对普遍财务问题所做的原则性规范和安排，它对于特定单位的特定业务无疑缺乏具体针对性。可以说，普适性与具体针对性不能兼得是制度的痼疾。如何在确保企业制度整齐划一的前提下，尽可能地增强具体财务战略活动的针对性？其答案就是企业文化。企业文化作为一个开放性和可扩展性的文化系统，在秉持企业文化思想精髓的前提下，它可以针对特定财务战略事项进行拓展和深化，从而给具体战略问题以个性化的启迪，甚至可以让财务战略实施主体从中悟出系统化的解决方案。可以断言，原则性财务战略问题的规范依靠的是制度，具体性财务战略实施问题的拿捏仰仗的是企业的文化（尤其是财务文化）。总之，制度是刚性的，文化是柔性的。柔性的文化可以很好地弥补刚性制度的不完备性、时滞性和整齐划一性，其结果是使企业财务战略实施工作达到刚柔相济的和谐之美。

（三）为财务战略实施营造良好文化环境的举措

财务战略的实施需要充分的思想和舆论准备，只有这样，财务战略观念才能深入人心，行为主体才会发自内心地转变其角色（从财务战略的被动接受者转变为财务战略的主动实践者）。具体而言，可以通过如下举措为财务战略实施营造良好的文化环境：

1. 企业可以在表层物质文化中大量注入财务战略元素

企业可以在显要位置设置财务战略实施进程表，可以在产品包装上添加战略愿景要素，还可以在相关徽标上注入战略图案。通过表层的物质文化给企业员工相应的视觉冲击，从而起到战略强化之效果。

2. 企业可以通过浅层的行为文化来贯彻其财务战略理念

企业可以有意识地培育和塑造具有战略思想的企业家文化，对于企业不同层次的领导者，重视和强调其专业素养、思想道德、人格风范、创新精神、理想追求等，以便让其具有执行相关财务战略的强烈意愿和足够能力。与此同时，不断给企业员工传递正能量，以便形成开拓创新、锐意进取的精神风貌。

3. 企业可以通过中层制度设计和完善来落实财务战略行动方案

具体而言，中层制度包括领导制度、人事制度、劳动制度和奖惩制度。企业的领导制度规定着企业领导者的权限、责任及其具体的实施方式，是企业的基本制度；人事制度包括用工制度和晋升制度，它关系到企业人力资源的充足程度、使用效率、员工的素质，是企业的重要制度之一；劳动制度包括企业的安全条例、劳动时间和劳动纪律，它是企业生产顺利进行的必要保证；奖惩制度是企业员工的行为导向，通过奖励和惩罚向员工明确表明企业所倡导和禁止的东西，以此来规范员工的行为。

4. 企业可以通过核心层的精神塑造来强化其财务战略思想

任何企业都有其企业精神、价值观念和企业伦理。这是企业文化的最高境界，它不仅可以激发企业员工的积极性和创造性，而且还能增强企业的凝聚力和战斗力。毫无疑问，企业核心层的精神文化是企业软实力的重要体现。因此，企业可以通过塑造核心层的精神文化来培育自己的财务战略思想体系，具体而言，企业应该在如下几方面积极作为：首先，形成财务战略思想自由探索的氛围；其次，在员工中形成广泛的财务战略竞争意识和主人翁意识；再次，培育具有广泛认同度的员工和企业财务战略整合意识；最后，树立为实现财务战略目标顽强拼搏的实干精神。

总而言之，作为财务战略实施的前导性工作，企业不仅需要制定切实可行的财务战略实施计划，而且还需要对既有的企业组织结构（尤其财务组织结构）进行优化，对原有业务流程进行战略适应性改造，另外，它还必须为财务战略的顺利实施营造良好的文化环境。

第二节　财务战略实施的过程控制

制定财务战略并为其实施做好基础性准备只是确保财务战略成功的必要条件，它并不意味着财务战略目标必然会实现。这是因为：第一，如果企业的内、外环境在战略制定和战略实施过程中发生了重大变化，那么企业的财务战略目标和战略得以成立的基础可能部分或全部改变，结果，无论企业财务战略原来有多好，企业实施的措施多么有效，它们都无法适应新的战略环境；第二，企业财务战略实施的过程是一个非常复杂且时间跨度较长的过程，其中任何战略单元的工作没有达到预期目标或效果都可能导致整个战略实施过程延长甚至彻底失败；第三，如果对战略实施过程的不利变化和误差未能采取合适的纠正或应急措施，那么企业将可能面临无法挽救的损失；第四，战略实施者可能偏离战略制定者的意图，从而导致战略实施的阶段性结果偏离应有的战略预期，进而影响战略实施绩效。因此，作为财务战略实施的重要环节，企业必须对财务战略实施过程进行有效控制。在此过程中，企业主要应做好以下工作：其一，密切关注企业财务战略环境的变化，并据此判断企业财务战略确立的环境是否发生实质性变化；其二，经常将企业财务战略实施的实际进度和绩效与预期结果进行比较，以便准确了解战略实施情况与预期的偏离方向及其程度；其三，对于超越警戒线的偏离因素采取纠偏行动或应急措施，从而使战略实施状况回归预定轨道。

一、财务战略实施过程控制理论

（一）财务控制的含义和特征
1. 财务控制的含义
财务控制是指财务人员（部门）通过财经法规、财务制度、财务定额、财务计划目标等对资金运动（或日常财务活动、现金流转）进行指导、组织、监督和约束，确保财务计划（目标）实现的管理活动。财务控制是确保企业与财务有关的战略得以实现的过程。财务战略与财务控制二者的融合，就形成了财务战略控制，即企业根据财务战略目标对财务战略实施的过程进行的控制。

财务控制不仅包括企业董事会用来授权与指挥经济活动的各种方式方法，还包括为对企业经济活动进行综合计划、控制和评价而制定的各种规章和制度。通过加强企业内部会计控制制度的建设，强化企业内部涉及财务工作的各项经济业务及相关岗位的控制，严格约束各单位内部涉及财务工作的所有人员，可以保证企业的经济活动正常、有序、高效地运行。

财务控制是企业内部控制的重要组成部分，是财务管理的重要环节和基本职能，是企业内部控制的核心内容之一，同时也是内部控制得以有效实现的重要保障。财务控制与财务预测、财务决策、财务分析与财务评价一起构成财务管理的系统或全部职能。

对于财务控制，可以从以下四个方面加以认识：①财务控制绝不仅仅是财务部门的事情，也不仅仅是企业经营者的职责，而是整个管理体系内各组织结构共同参与的一项管理活动。一个健全的企业财务控制体系，实际上是完善的法人治理结构的体现。从控制的主体来看，财务控制可分为出资者财务控制、经营者财务控制和财务部门控制；从控制的对象来看，财务控制可分解为各责任中心财务控制。②财务控制的目标是实现企业财务价值最大化，是代理成本与财务收益的均衡，是企业现时的低成本和未来高收益的统一，而不仅仅是传统控制财务活动的现实的合规性、有效性。③财务控制的客体首先是人（经营者、财务经理等管理者、员工）以及由此形成的内外部财务关系，其次才应该是各种不同的企业财务资源（资金、技术、人力、信息）或现金流转。④财务控制的实现方式应该是一系列激励措施与约束手段的统一。为了降低成本，实现财务目标，仅仅依靠建立一些管理制度是远远不够的，因而设计一套完善的激励和约束机制显得非常有必要。

2. 财务控制的特征

一般而言，财务控制具有如下显著特征：①以价值控制为手段。财务控制以实现财务预算为目标。财务预算所包括现金预算、预计利润表、预计资产负债表等，都是以价值形式来反映的。因此财务控制必须以价值控制作为手段。②以综合经济业务为控制对象。财务控制以价值为手段，可以将不同岗位、不同部门、不同层次的业务活动综合起来，从而对综合经济业务实施有效的控制。③以现金流量控制为日常控制内容。由于日常的财务活动过程表现为对现金流量实施控制的过程，因此，控制现金流量便是日常财务控制的主要内容。

（二）财务控制的基础

财务控制的基础是进行财务控制所必须具备的基本条件。这主要包括以下几个方面:

1. 组织保证

控制必然涉及控制主体和被控制对象。就控制主体而言,应围绕财务控制建立有效的组织保证。比如,为了确定财务预算,应建立相应的决策和预算编制机构;为了组织和实施日常财务控制,应建立相应的监督、协调和仲裁机构;为了便于预评,对预算执行的结果应建立相应的考评机构;等等。就被控制的对象而言,应本着有利于将财务预算分解落实到企业内部各部门、各层次和各岗位的原则,建立各种执行预算的责任中心,使各责任中心对分解的预算指标既能控制,又能承担完全责任。

2. 制度保证

内部控制制度包括组织机构的设计和企业内部采取的所有相互协调的方法和措施。这些方法和措施用于保护企业的财产,检查企业会计信息的准确性和可靠性,提高经营效率,促使有关人员遵循既定的管理方针。

3. 预算目标

财务控制应以建立健全的财务预算为依据,面向各个企业的财务预算是控制企业经济活动的依据。财务预算应分解落实到各责任中心,使之成为控制各责任中心经济活动的依据。若财务预算所确定的财务目标严重偏离实际,那么财务控制就难以达到预算目的。

4. 会计信息

无论什么控制都离不开真实、准确的信息,财务控制也必须以其实准确的会计信息为前提。它包括两个方面的内容:①财务预算总目标的执行情况必须通过企业的汇总会计核算资料予以反映,透过这些会计资料可以了解分析企业财务预算总目标的执行情况,存在的差异及其原因,并提出相应的纠正措施。②各责任中心以及各岗位的预算目标执行情况必须通过各自的会计核算资料予以反映,透过这些会计资料可以了解、分析各责任中心以及各岗位预算目标的完成情况,将其作为各责任中心以及各岗位改进工作的依据和考核工作业绩的依据。

5. 信息反馈系统

财务控制是一个动态的控制过程,要确保财务预算的贯彻实施,必须对各责任中心执行预算的情况进行跟踪监控,不断调整执行过程中的偏差。这就需要建立一个信息反馈系统。

6. 赏罚制度

财务控制的最终效率与权威性取决于是否有切实可行的赏罚制度以及是否严格执行了这一制度,否则,即使有符合实际的财务预算,也会因为财务控制的软化而得不到贯彻落实。

（三）财务控制的原则

财务控制的一项重要工作就是设计财务控制系统。在财务控制系统的设计过程中，应该牢记"控制追随战略"的思想。除非控制能保证财务战略目标的实现，否则，功能失常的副作用有可能彻底阻碍战略目标的实现。因此，在设计控制系统时，应坚持以下原则：

1. 控制适度性原则

控制既不能太多，也不能太少。该原则要求管理者合理把握控制的"度"，在确保控制效果的基础上，尽可能少地运用控制信息和尽可能少地实施控制活动。控制太多，则容易造成控制混淆或重复控制现象，这不但会因为控制活动投入的人力、物力和财力的增加，从而造成资源的浪费；而且，战略的实施者因为要投入相对应的精力来应付那些重复的控制，从而降低和分散了他们在关键和有效的控制活动上的精力，最终得到的结果反而是企业的控制效果下降；相反，如果控制不足，就会使控制存在真空或者漏洞，也会有损企业财务战略目标的实现。

2. 控制应该讲求重点

控制应该将主要精力集中于有意义的重点活动和结果，而不管这样做有多困难。比如，如果分部之间的合作对企业的战略业绩很重要，就应该建立一些定性或定量的测评来监测它们之间的合作。

3. 控制应该及时

控制是否及时是评价控制是否有效的一个基本尺度。控制应该强调事前发现问题，将问题尽可能解决在萌芽状态。在控制体系的设计中，企业应该实施导向控制，即及时监测或测评那些影响业绩的因素，从而使企业的战略实施过程能够因势利导。

4. 注重控制的长短期结合

控制的长短期结合要求企业在设计控制体系时，应协调好长期控制预案与短期控制预案的关系。如果只强调短期测评，就可能出现短期管理导向，把企业引入短视的误区；如果过度地强调长期控制，那么，有可能使企业的控制考虑不周全或缺乏可操作性。

5. 控制不能忽视例外情况

只有那些落在预定可接受范围之外的活动或结果才需要采取措施，因此，控制也应该针对这些活动或结果展开。

6. 控制应采用正激励原则

控制应该奖励达到或超过标准的单位、部门或个人，而不是惩罚没有达到标准的部门或个人，即控制应该采用"正"激励，而不是采用"负"激励。实践证明，大量惩罚都会导致控制的失败，它们一般会引起目标错位，管理人员将会"捏造"报告，并游说降低控制标准，以逃避惩罚。

（四）财务战略实施过程控制的基本原理

财务战略的实施通常是一个负反馈过程，其原理如图 8-6 所示。

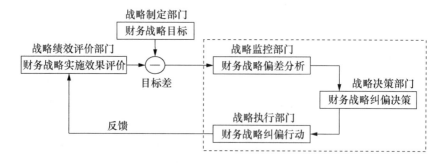

图 8-6　财务战略实施过程控制的基本原理

由图 8-6 可以看出：①企业财务战略实施过程控制是一项系统性工程，它需要若干战略部门进行协调配合。具体而言，财务战略的实施通常涉及战略制定部门、战略评价部门、战略监控部门、战略决策部门、战略执行部门，其中有些部门可能是合二为一的，比如在很多企业，其战略制定部门和战略决策部门就是同一个部门。②财务战略实施过程控制由四个核心环节构成，依次为财务战略实施效果评价、财务战略偏差分析、财务战略纠偏决策、财务战略纠偏行动，上述过程构成了一个闭路循环系统。③财务战略实施过程的控制始终以战略目标为导向，它是一个动态反馈修正过程，财务战略实施过程的控制并非单次性工作；相反，它是一个动态循环过程，该过程伴随着财务战略实施的始终。换言之，只要财务战略还处于实施状态，那么，相关的控制活动就不会停止。④财务战略实施过程控制的目的并非要杜绝任何偏差；相反，它允许偏差在一定范围内存在，其目的在于通过合适的控制手段将偏差限定在可控范围内或让其处于也可以接受的状态之中。

二、财务战略实施过程控制方法

财务战略实施过程控制要求通过恰当的方法将财务战略实施效果引导到预设的目标状态。成功的控制方法能使战略实施者及时发现并准确评估战略偏差，进而采取恰当的方法对战略实施进程进行适度干预，从而确保战略目标最终实现。正因如此，财务战略实施过程控制方法的选择和运用就具有特别重要的价值和意义。一般而言，财务战略实施过程控制方法主要有以下几种：

（一）区分不同战略层次进行控制

财务战略控制可能发生在三个层次上：战略层、管理层、执行层。根据财务战略内容的不同，其战略控制涉及的层次也会有差异，比如，有关海外并购的行动要在战略层上进行控制，它主要通过整体预算进行把握；有关产品多元化的行动主要在管理层进行控制，它主要通过财务预测进行把握；有关成本降低的行动主要在执行层进行控制，它主要通过成本预算予以落实。正因如此，有关财务战略实施过程控制的第一种方法，就是实行分层控制，即先对控制客体进行认真研究与分析，确定其是属于哪个层次的控制问题，以此为基础，有针对性地制定个性化的控制方案。

在分层控制模式下，公司、分公司、各职能部门都需要制定自己的长期目标。长期目标是评判财务战略实施绩效的重要标准。一般而言，长期目标和年度目标的占比因为战略单元层次的不同而不同。根据目前主流战略管理学的实践情况，本书推荐的战略目标结构情况如表 8－1 所示。

表 8－1　分层控制模式下财务战略目标的构成情况

财务战略的层次	推荐长期目标占比（%）	推荐年度目标占比（%）
公司层	75	25
分公司层	50	50
职能部门层	25	75

前文已经谈到，财务战略实施过程控制的最终效果取决于是否具有切实可行的赏罚制度，并且，一般情况下，应该用"奖"而不用"罚"，即采用"正"激励。事实上，区分层次的控制方法更有利于这样一种激励机制的建立，表 8－1 给我们的深刻启示是：明确战略控制是属于组织哪个层次的控制问题是非常重要的。只有明确了控制所处的层次，才能明白组织对其长期目标与年度目标要求上的区别，才能合理分配两种目标的权重，并以此为基础，制定出切实可行的赏罚制度与激励机制。

（二）按照责任中心进行分类控制

财务战略环境的复杂性通常要求在不同组织层次内进行控制，这些更小的层次单位被称为责任中心。责任中心的选择必须与组织内的分权程度相一致。

责任中心的划分方法有多种，比如，按照财务管理的对象不同，企业通常可以被划分为筹资中心、投资中心、运营中心、收益分配中心；按照利润形成过程不同，企业可以被划分为投资中心、收入中心、成本中心、利润中心四种类型；按照业务范围不同，企业可以被划分为研发中心、生产中心、销售中心。

企业究竟应该采用何种标准来划分责任中心并无统一的模式，这主要取决于企业的财务战略目标以及围绕该目标所要控制的主要问题是什么。比如，企业财务战略目标如果是均衡提升各业务单元的品质，那么就宜采用第三种标准（即按照业务范围）来划分责任中心，如果企业财务战略目标是最大限度地提高利润，那么就宜采用第二种标准（即按照利润形成过程）来划分责任中心。由于绝大部分企业财务战略的制定属于利润导向型，因此，按照利润形成过程划分责任中心是财务战略实施过程控制的主流范式。按照这种责任中心划分模式，其控制对象、控制关键和控制方法如表 8-2 所示。

表 8-2　按照责任中心进行分类控制的要点

责任中心	控制对象	控制关键	控制方法
投资中心	战略部门	投资方向和投资额度	可行性论证、决策审批制度
收入中心	销售部门	收入	销售目标考核、激励兑现
成本中心	生产部门	料、工、费	成本预算、激励兑现
利润中心	分公司	利润额度与质量	全面预算管理、利润目标考核

（三）跟踪战略实施状况并及时纠偏

图 8-6 表明，财务战略实施过程是一个动态测偏并及时纠偏的过程，在此过程中，根据严密的方法对企业战略实施效果做出评价之后，将其与财务战略管理的目标进行对比，进而测算出实际与目标偏离的程度。当偏差程度超出允许范围时，企业及时准确地采取纠正措施，以便保证企业的实际表现和原定目标相一致。具体而言，跟踪战略实施状况并及时纠偏的措施主要有以下两种：

1. 实施战略刺激计划

战略刺激计划的主要功能在于预防偏差的出现。财务战略实施过程中偏差产生的主要原因是管理者存在短期行为。这种短期行为主要表现在以下几个方面：①企业管理者过度关注日常性事务，而不愿意进行长期的战略性思考；②管理者总是关注企业短期目标的实现程度或短期内的财务表现，较少关注长期目标实现的可能性；③企业管理者只愿意进行短期的战术性投资，而不愿意进行长期的战略性投资（尤其是在该方面投资见效比较缓慢的情况下更是如此）。

事实上，造成企业上述短期行为的深层次原因在于企业绩效评价标准以及与之相配套的激励机制不科学。因此，作为企业财务战略实施过程控制的重要配套工程，企业必须制定旨在克服管理者短期行为的评价标准和激励机制。企业管理者的评价标准和激励制度不仅应与企业的短期表现（如销售和利润）相联系，而且还应与企业的长期表现（如投资报酬率、市场占有率）联系起来；对分厂和分公司的评价不仅要看它本身的表现，还要将这些表现与整个企业的战略目标联系起来，即建立科学有效的战略刺激计划。具体而言，实施战略刺激计划的方法有以下两种：

第一种是加权因素法。该方法主要用于评价和激励分厂、财务部门和战略经营单位。一般而言，不同企业的分厂、财务部门或战略经营单位的相对重要性和战略目标不尽相同。通常情况下，一个规模以上企业都包含以下三种不同类型的分厂或战略经营单位（统称为战略单元）：其一，高增长型的战略单元，这类战略单元应该以其市场占有率、销售增长率、完成战略投资项目的进度等指标作为评价其战略实施绩效的依据；其二，低增长型的战略单元，这类战略单元应该用投资收益率、现金（利润）收入等来评价其战略表现；其三，中增长型的战略单元，这类战略单元则应综合上述指标来评价其战略表现。总之，企业是由若干战略经营单元构成的，对这些具有差异性的战略经营单元应该采用差异化的评价办法和激励措施，只有这样，才可能达到满意的战略刺激效果，进而将战略实施偏差控制在预定范围之内。

需要说明的是，区分战略经营单位进行差异化控制是财务战略实施过程中应该广泛贯彻的战略思想，它有助于获取良好的战略刺激效果，但是，对不同战略经营单元需要控制哪些因素以及不同因素的权重确定问题，学术界并无严格标准。根据既有文献，本书推荐以下战略控制因素及其权重分配方案（如表 8 - 3 所示），以供读者参考。

表 8 - 3　企业财务战略控制因素及其权重分配

核心部门 战略经营单位	投资部门		财务部门	
	战略控制因素	推荐权重（％）	战略控制因素	推荐权重（％）
高增长型	投资报酬率	5	筹资额	45
	现金收入	5	资本成本	35
	战略投资计划	45	资本结构	10
	市场份额的增加	45	负债结构	10
中增长型	投资报酬率	25	筹资额	40
	现金收入	25	资本成本	30
	战略投资计划	25	资本结构	15
	市场份额的增加	25	负债结构	15
低增长型	投资报酬率	40	筹资额	35
	现金收入	40	资本成本	25
	战略投资计划	10	资本结构	20
	市场份额的增加	10	负债结构	20

第二种是业绩激励评价法。该方法适用于鼓励管理者努力实现三年以上战略目标的企业。这种方法根据企业长期表现分给管理者一定数量的股票或认股权。比如，董事会可以对五年内股票价格的增长提出一个具体的要求或目标，如果企业管理者在规定时间内使股票价格的增长达到了这一目标要求，企业就按照事先的约定奖励他一定数量的该公司股票（或按照较低的价格认购该公司股份的权利）。如果到时他未达到这一目标或中途离开企业，那么他仅能得到基本的工资收入。实践证明，运用这种战略刺激计划，可以有效激励和约束企业的管理者，从而确保企业财务战略目标顺利实现。

2. 准备应急计划

无论企业财务战略制定、实施和评价工作如何严密和细致，企业财务战略实施过程都会面临很多不确定性。比如原材料涨价、政府出台新规定、通胀恶化等问题都会对企业财务战略的实施形成直接挑战，并且这些因素是企业无法控制的。为了减少这些不利因素的影响，作为企业财务战略实施过程控制的必要组成部分，企业必须准备相应的应急计划。

应急计划是指在某些突发事情出现或核心环境因素发生变化，从而对企业既有战略安排形成直接挑战进而危及战略目标实现时，企业用以替换原有计划的后备行动方案。一般而言，应急计划只用于那些可能对企业产生重大损失的意外事件。实施应急计划的好处在于：第一，可以提高战略管理者根据环境条件的变化做出快速反应的能力，应急计划不但可以减少甚至避免不利事件对企业的负面冲击，而且还可以让企业充分运用外部环境变化所带来的有利机会；第二，可以增强企业高层管理者对企业内外环境的变化重视，提高他们对环境变化的敏锐性和适应能力。

一般来说，企业战略部门制订应急计划的步骤为：第一步，明确可能影响企业战略的有利或不利事件及变量；第二步，评价每种突发事件可能产生的影响，预测其好处或坏处；第三步，针对不同因素制订应急计划，当然，应急计划必须与现行战略具有相关性，同时还要具有可行性；第四步，为影响战略的相关因素设置预警信号；第五步，模拟突发事件或不利因素发生的场景，在此基础上确定应急计划启动的提前期；第六步，确定应急计划启用的具体标准。

三、财务战略实施过程控制需要注意的问题

（一）财务战略实施过程控制的配套准备工作

1. 建立有效的组织机构

建立有效的组织机构是保证财务战略实施过程控制成功的首要条件，没有有效的组织机构来管理和协调，财务战略实施过程控制就会陷入孤军奋战的局面，

甚至会导致整个局势失控。在财务战略实施过程中如果纯粹按照被控制对象进行机构设置，比如，为了确保财务预算而建立相应的监督协调与仲裁机构，为了便于内部结算而建立相应的内部结算组织；为了考评预算的执行结果而建立相应的考评机构，这样做的结果必然是机构臃肿，人浮于事，更严重的是，各部门之间的协调配合难度极高，这显然不利于财务战略实施过程控制工作的开展。正因如此，作为财务战略实施过程控制的重要配套工作，企业应该根据控制主体的类型和任务量的多少，按照职能整合、机构精简的要求建立有效的组织机构。

2. 健全和完善内部控制制度

建立有效的组织机构有助于明确责任主体，其目的是便于协调和管理。但是，有效的协调和管理是不能完全通过人治实现的，它必须依靠相应的制度来完成。就企业财务战略实施过程控制而言，它必须依靠完善的内部控制制度来完成。内部控制制度包括组织机构之间的相互监督和约束机制，以及企业内部单位和人员之间的制衡关系安排。完善的内部控制制度的作用在于确保企业财产保值增值，提高企业会计信息的准确性和可靠性，减少企业内部机构和个人的机会主义行为倾向，并最终为企业战略计划的顺利实施提供制度保障。内部控制制度的建立和完善必须在广泛调研的基础上进行，并在实践中不断修订和完善，唯有如此才能确保内部控制制度的实用性和可操作性。

3. 建立灵敏的信息反馈系统

财务战略实施过程控制是一个动态过程，要确保财务战略计划贯彻落实，就必须对战略目标的执行情况进行跟踪监控，及时发现问题并实时调整执行偏差。为此，就必须建立一个反应灵敏的信息反馈系统。可以说，建立灵敏的信息反馈系统是确保财务战略实施效果的必要条件。一般来说，灵敏的信息反馈系统通常具有以下特征：①它不仅能自下而上反馈财务战略目标执行情况的信息，也能自上而下传递战略纠偏的指令，换言之，灵敏的信息反馈系统必定是一个信息双向传输系统；②它既要求信息传递及时、快捷，也要求确保传递的信息真实、可靠性，正因如此，灵敏的信息反馈系统必须配备相应的信息审查机构。

4. 制定科学的赏罚制度并严格执行

财务战略实施过程控制的最终效率取决于是否具有切实可行的赏罚制度，以及这些赏罚制度是否被严格执行。赏罚制度的制定必须结合责任中心的预算责任目标，充分体现公平、合理、有效的原则。赏罚制度的执行依赖于考评机制，考评的正确与否直接影响到赏罚制度的效力。严格执行赏罚制度就必须有严格的考评机制，严格的考评机制包括建立考评机构，确定考评程序，审查考评数据，依据制度考评和执行考评结果等一系列事务。赏罚的目的是实现有效的财务控制，财务控制是一个动态的过程，因此，赏罚的方式、方法不能过于单一。赏罚可以是及时赏罚，还可以是定期赏罚，也可以是两者的有机结合。及时赏罚就是在财务控制过程中随时考核责任目标完成情况，并根据考核结果当即赏罚；而定期赏罚则是在一个时期（如一个季度、一个年度）终了时，全面考核评比，并根据考核结果进行相应的赏罚。

5. 正确处理好各责任中心之间的关系

财务战略实施过程控制虽然是企业财务战略管理中的一个侧面，但这并不意味着它仅仅是企业财务部门的事情，它涉及企业内部各个方面，只是由于各自承担的责任不同，所尽的义务也就存在着一定差异罢了。也正是因为这样，在涉及某一具体责任的承担时，各组织机构之间极易产生矛盾。这些矛盾将严重阻碍财务战略的贯彻执行。因此，正确处理好各组织机构之间的关系显得十分必要。财务部门是财务战略实施过程控制的主导和核心部门，它对协调各组织机构之间的关系有着责无旁贷的义务。在此过程中，财务部门首先应充分获取主管领导的重视；然后广泛地进行宣传和讲解，使其他各部门和责任中心能够深刻领会财务战略管理实施意图，明确各自的职责和任务，避免相互间推诿扯皮的现象。当然，财务部门要想真正担当起财务战略实施过程控制与协调的重任，就必须提高财会人员自身的业务素质。

6. 正确处理好控面与控点的关系

严格意义上的财务战略实施过程控制不仅要对企业财务战略的各个方面实行全方位的有效控制，而且要对企业财务战略管理的重要方面、重要环节实行重点控制，只有实现控面与控点的有机结合，财务战略实施过程控制才可能取得良好效果。在此过程中，企业关键是要找准控制点，以便通过点的控制起到牵一发而动全身的显著效果。总的来说，财务战略实施过程控制的方法和技巧很多，但无论采用哪种方法，其目的都是贯彻和落实既定的财务战略目标。

（二）财务战略实施过程控制面临的问题及解决办法

现实中，企业财务战略实施过程控制可能面临以下问题：①财务战略实施活动的参与者可能重短期效益而忽视长期效益；②财务战略实施过程控制可能增加战略参与者的工作压力和工作强度，甚至使他们产生一种厌烦和抵触情绪；③财务战略实施过程控制可能沦为简单的赏罚工具，而不是针对战略实施过程中的问题进行纠偏的手段；④企业高层管理者习惯于将控制的重点放在那些可以数量化或有硬指标的活动上去，这样做可能违背企业的财务战略目标；⑤财务战略实施过程控制可能由于标准选择不当，使各个分厂或部门片面追求自身效用最优化，而对整个企业的战略效果却处于次优状态。

对于财务战略实施过程可能面临的上述问题，企业应当从以下几个方面予以化解：第一，对战略实施效果的激励应该适当增大远期激励。换言之，力求将战略活动参与者的收益和企业的远期战略绩效挂钩。第二，财务战略实施过程控制应该不断优化和完善，一方面使控制不断增强，另一方面通过控制流程优化尽量降低控制过程的劳动强度。第三，确立财务战略实施过程控制的关键是纠偏。换言之，在财务战略实施过程控制活动中，将测偏和纠偏当成第一要务。第四，构建定性指标与定量指标相结合的控制指标体系，在此过程中，高度重视指标体系的现实可操作性。第五，通过制度和管理方法创新，力求整合各责任中心与企业的整体利益，使各分厂或战略单元的利益目标与企业的整体利益目标保持一致性。

第三节　财务战略实施效果评价

财务战略实施过程控制为财务战略目标的实现提供了充分保障，但是，由于主客观环境具有差异性，企业财务战略实施的效果并不必然是相同的，在有些情况下，同样的战略产生的效果可能会存在显著差异。因此，作为财务战略实施活动的第三个环节，企业必须做好财务战略实施效果的评价工作。

一、财务战略实施效果评价的基本问题

(一) 财务战略实施效果评价的涵义

财务战略实施效果又称为财务战略实施绩效（简称战略绩效），因此，财务战略实施效果评价又称为财务战略实施绩效评价。

所谓评价，是指人们为了达到一定的目的，运用特定的指标或标准，采取适当的方法，对人和事做出价值判断的一种认知过程。简言之，评价就是通过比较分析对某个特定客体做出主观判断的过程，它是人类社会有意识、有目的的一种认识活动。人类的评价活动与评价能力随着社会的发展进步而不断提高与完善。从经济学角度看，评价属于生产关系的范畴，但它对生产力的发展却具有显著的促进作用。正是由于有了评价活动，才使人们对客观事物及其运动规律有了进一步的认识和掌握，促使人们采取积极、科学的措施，改进生产组织，提高生产力水平，以获取更大的利益。人们对企业经营管理的认识也是通过评价活动而不断深化的。

所谓财务战略实施绩效评价，是指通过一定的评价手段和方法，对企业财务战略实施所产生的后果和经济影响进行全面分析，进而就其结果与预期一致性做出判断的过程。

（二）财务战略实施效果评价系统的构成要素

上述有关财务战略实施绩效的概念表明，企业财务战略实施绩效评价是一项复杂的系统工程，企业只有综合考察多方面因素进行综合评价，才能真正客观、准确地反映企业财务战略实施的绩效。通常情况下，企业财务战略实施绩效评价系统包括以下必备要素：评价主体、评价客体、评价指标、评价标准、评价方法和分析报告。

1. 评价主体

评价主体是指与评价对象的利益密切相关、关心评价对象绩效状况的利益相关者。目前的绩效评价理论有以下两种代表性观点：

（1）"单一主体观"。该观点认为，企业是出资人的企业，因此其评价主体天经地义是企业的出资人。出资人进行绩效评价的目的在于实现出资人效用最大化。按照此种观点，企业绩效评价的基本逻辑是：是否对企业绩效做出评价由出资人决定；采取什么样的方式和评价指标对企业绩效进行评价取决于出资人的需要；出资人依据评价结论对经营管理者进行赏罚。由于这种绩效评价的结果直接关系到经营管理者的利益和声誉，因此它能够实现对经营管理者的有效控制。

（2）"多元主体观"。该观点认为，企业绩效评价的主体是企业的利益攸关者。因此，企业绩效评价的主体包括：①出资人。出资人是企业绩效评价的基本主体。在出资人中，股东是唯一的剩余风险承担者和剩余权益享有者，股东的利益直接受企业业绩的影响，股东是最关心企业绩效的。②管理者及职员。企业管理者及职员的人力资本价值实现和薪水高低在很大程度上取决于企业的绩效。在"新经济"时期，企业无形资产价值攀升的现象充分说明了知识与智力资本已越来越成为企业价值增值的重要源泉，管理者及职员与股东一样承担了与企业经营业绩相关的风险。③债权人。债权人尽管通过契约明确了其自身利益，但如果企业破产、倒闭，债权人也会遭受损失。④政府相关职能部门。政府相关职能部门出于对企业履行社会责任状况的关心，也需要对企业的绩效进行评价。

本书认为，从理论上说，"多元主体观"下的企业各种利益攸关者都会对企业财务战略实施绩效进行评价，但是，在上述利益攸关者中，企业的财务战略部门及其管理者无疑是财务战略实施绩效评价的关键性主体。鉴于此，本书将财务战略实施绩效评价主体定位于企业财务战略部门及其管理者，对于其他评价主体将不予讨论。

2. 评价客体

评价客体是指评价行为所指向或针对的具体对象。任何客体都是相对于确定主体而言的，区分业绩评价的具体对象应该由评价主体根据需要决定。由于本书将评价主体定位为企业财务战略部门及其管理者，因此，与之相适应，财务战略实施绩效评价的客体应该是财务战略实施所带来的经济后果及其影响。

3. 评价指标

评价指标是指根据评价目标和评价主体的需要而设计的、以指标形式体现的能反映评价客体特征的因素，它明确了应该对评价客体的哪些方面进行评价。绩效评价主体关心的是影响评价对象与企业目标一致性的因素，即影响战略目标成功的关键因素。这些关键因素具体表现在评价指标上：既有定性指标，也有定量指标；既有财务方面的指标，也有非财务方面的指标。现实中的业绩评价既需要运用财务指标，也需要运用非财务指标；既需要设计定量指标，也回避不了定性指标。对企业财务战略实施绩效评价而言，如何将影响战略成功的关键因素准确地体现在评价指标中，这是财务战略实施效果评价必须妥善解决的重要问题。没有切实可行的评价指标体系，评价就无法进行。

4. 评价标准

评价标准是企业绩效评价的参照系，是判断评价对象绩效优劣的基准。评价标准一般根据数理统计方法经测试和调整后确定。评价标准是在一定前提条件下产生的，评价标准的选择取决于评价目的，在具体选用评价标准时，应与评价对象密切联系。随着社会的不断进步，经济的不断发展以及外部条件的变化，评价目的、范围和出发点也会发生变化，作为评价判断尺度的评价标准自然也会发生变化，从这种意义上说，评价标准是一个动态发展的事物。然而，在特定的时间和范围内，评价标准必须具有相对稳定性。评价标准的选择对评价结论具有深远影响，对于同一个评价对象采用不同评价标准所得出的评价结论可能大相径庭。现实中的评价标准众多，通常的评价标准选用方法有以下几种类型：

（1）同业标准法。同业标准是以同行业平均水平作为评价的标准。采用同业标准的好处在于：第一，参照系具有高度可比性，这有利于促进企业绩效提高；第二，当业绩评价指标受共同的客观因素影响时，有利于剔除这些因素的影响，从而使评价结论更加客观公允。但是，同业标准也存在两个方面的问题：第一，由于具有可比性的同行企业可能不容易找到，因此，采用该标准的可操作性可能存在问题；第二，即使存在可资参考的同业企业，但由于同业企业之间往往具有竞争关系，因此要获取参照系的真实数据可能会有相当的难度。

（2）标杆瞄准法。标杆瞄准法实际上是同业比较法的特殊形式，指选择同业最先进最有名的企业作为评价标准。标杆瞄准法的优点在于：第一，明确了企业努力的方向，它有助于企业制定宏伟目标，并努力寻求实现这一目标的手段和工具；第二，由于标杆瞄准评价活动中所确立的目标是行业的领先企业，其数据往往是公开的，因而该方法具有较强的可操作性；第三，它有助于企业不断追踪把握外部环境的变化，进而尽力满足最终用户的要求；第四，该标准有助于企业内部达成一致意见，既然标杆企业能达到这样的绩效水平，那么本组织理应存在实现这种绩效的可能性；标杆瞄准法有助于引导企业在经营中达到最优秀的竞争绩效，安排和调动各种经营力量，以便使其绩效水平向行业标杆靠近。

（3）历史数据序列分析法。历史数据序列分析以本企业的历史数据作为评价标准，其优点在于：第一，该标准的可比性很强，并且采用该标准可以很好地反映企业自身的成长情况；第二，对于初入行业的企业，不宜采用同业标准，而更适合采用时间序列标准。

需要说明的是，现实中企业在确定评价标准时，往往是将上述标准结合使用，只有这样才能最大限度地避免"无功受禄"和"鞭打快牛"的现象发生。对于企业财务战略实施效果的评价，本书认为应该以历史数据序列分析法为主，并结合运用其他评价标准。

5. 评价方法

评价方法是绩效评价的具体手段。没有科学、合理的评价方法，评价指标和评价标准就成了孤立的评价要素，也就失去了存在的意义，评价工作也就不能得出正确、公正的评价结果。由于评价指标体系中的每一个指标都是从特定视角对企业绩效进行评价的，因此，作为评价工作的重要组成部分，企业必须采取相应方法对所有评价指标值进行综合。结合表 8 - 1 和表 8 - 3 的数据，本书认为企业财务战略实施绩效评价宜于采用指标赋权的评价方法。

6. 分析报告

分析报告是绩效评价系统的信息输出，也是绩效评价系统的结论性文件。绩效评价人员以绩效评价对象为单位，通过会计信息及其他信息系统，获取与评价有关的信息，经加工整理后得出绩效评价对象的评价指标数值，将其与预先确定的评价标准进行对比，通过差异分析，找出产生差异的原因、责任及影响，得出评价对象绩效优劣的结论，形成绩效评价报告。事实上，绩效评价报告是企业财务战略实施绩效评价的最终结论，它也是企业财务战略管理部门（尤其是战略决策部门）做出战略调整决策的重要依据。

（三）财务战略实施效果评价的特点

与一般性业绩评价相比，财务战略实施效果评价面对的是更为复杂多变的环境。这就决定了财务战略实施效果评价必然具有自身特点，这主要表现在以下几个方面：

1. 战略相关性

顾名思义，财务战略实施效果评价始终围绕战略问题展开，其目的在于通过绩效评价密切监督和控制财务战略的实施过程。由于自始至终都有一个明确的战略目标指引，财务战略实施效果评价的结果将有利于企业财务战略的落实，这有利于防止战略参与者短期行为的发生。同时，财务战略实施效果评价的指标不是僵化不变的，它产生于财务战略，并随着企业财务战略的改变而改变，同时亦因地制宜，从而保证了评价过程的战略相关性。

2. 全面性

一般意义上的绩效评价过分注重企业财务业绩评价方法和评价指标的可直接计量因素，忽视了非财务指标的不可直接计量因素。同比之下，财务战略实施绩效评价的指标体系更加全面，它不仅包括财务指标，也包括非财务指标；不仅衡量容易计量的指标，也衡量难以计量的指标。这样就可以很好地弥补传统绩效管理视野狭窄的弊端，同时也适应了管理重心的战略性转移。在新指标体系中，除财务指标外，利益相关者的战略满意程度、财务竞争力等因素也纳入了评价体系之中。

3. 前瞻性

对于为创造未来财务价值而采取的战略性行动，传统评价方法不能提供充分的行动导向。而财务战略实施过程绩效评价在充分考虑企业财务战略目标的基础上，注重对企业长远发展潜力进行评价，它侧重衡量企业的长期利益以及未来业绩的驱动因素。因此，财务战略实施效果评价具有很强的前瞻性。

4. 协调性

在财务战略管理环境中，各部门不再是各自为政的松散单元；相反，它们有一个共同的目标——保证企业财务战略目标的实现。因此，各部门比以往更加注重部门之间的团结与协作。财务战略实施效果评价本质上是各部门之间以及上下级之间联系的桥梁和沟通的纽带，它可以促进彼此间的交流和信息交换，以保证财务战略的整体实施效果。

5. 外向性

财务战略实施效果评价在注重企业内部经营管理过程的同时，它也将视野投向企业外部的利益主体及企业生存的外部环境。财务战略实施效果评价需要密切注视企业外部政治、经济、法律等因素的变化及行业内其他竞争对手的情况，重点考察企业相对竞争地位的变化，关注如何吸引顾客、如何令股东满意、如何获得政府的支持以及如何赢得公众的好评等。这种要求决定了财务战略实施效果评价必然具有外向性特点。

（四）财务战略实施效果评价的意义

财务战略实施效果评价作为财务战略管理的重要环节，它是企业财务战略制定和实施的基础，因此，财务战略实施效果评价是财务战略管理赋予的重要使命，也是企业绩效评价应该具备的基本功能。财务战略实施效果评价的意义主要表现在以下几个方面：

1. 有助于确定实现财务战略目标的关键成功因素

关键成功因素与特定企业以及特定企业所处的时期相联系。每个企业的关键成功因素各不相同，而且随着竞争状况及其他环境因素的改变，各个企业的关键成功因素在不同阶段也是不相同的。通过财务战略实施效果评价，企业可以采用逐层分解法引出影响财务战略目标实现的各种因素及影响这些因素的子因素，根据企业现状对各成功因素进行评价来确定其中的关键因素。

2. 有助于企业准确了解财务战略目标的实现状况

目标是一切工作的核心，确保目标按期实现是绩效评价系统的中心工作。绩效评价系统将运用一些主要指标将企业财务战略目标具体化。企业在实现财务战略目标的进程中，需要将反映完成目标情况的主要指标与各种评价标准进行比较，提供不同方位的信息。事实上，财务战略实施效果评价的出发点就是通过专业的评价方法准确反映企业财务战略实施情况与其预设目标的吻合程度。

3. 可以为企业提供各种协调性信息

成功的企业财务战略应当对外部环境因素和内部环境因素发生的关键变化做出适应性反应。当企业财务战略与环境因素的变化不相适应时，在企业财务战略的实施进程中势必会导致人力、时间、资产、资本等资源使用效率低下甚至浪费，或者遭遇未曾预期的困难和障碍。财务战略实施效果评价系统应通过度量和评价战略绩效，找出企业财务战略中与环境因素不相协调的地方，为管理者检查企业财务战略制定的基础，进而进行财务战略调整提供依据。

4. 可以为企业提供战略成本管理方面的信息

不管企业采取什么样的财务战略，成本始终是企业保持竞争优势的重要因素。企业应当在注重成本管理的同时关注企业在竞争中的地位，使企业更有效地适应持续变化的外部环境。在越来越激烈的市场竞争中，获取低成本优势越来越成为企业财务战略竞争的着力点。财务战略实施效果评价可以充分反映企业战略成本管理实效，企业只需将这方面的评价结果与主要竞争对手的资料进行对比，便可发现本企业在成本管理方面的优势与劣势，进而使其成本管理与战略管理实现有机统一。

5. 可以为财务战略的后续优化提供控制性信息

财务战略实施效果评价不仅应对财务战略的制定和实施的结果进行评价，而且应在财务战略实施过程中为战略管理提供控制性信息，以保证企业财务战略目标的实现。财务战略实施效果评价系统所产生的反馈信息，应能使管理者随时掌握其责任范围内的工作状况，以尽早地发现问题，使管理者在战略实施过程中通过调整日常营运和管理方式来影响战略实施的结果。尤其对重大差异的揭示和分析更应及时，以便于管理者进行例外管理。从这个角度看，财务战略实施效果评价系统可以为企业财务战略的后续优化提供重要的控制性信息，进而使财务战略的持续推进过程具有螺旋运动和动态优化特点。

二、财务战略实施效果评价方法

作为财务战略实施的重要环节，企业必须做好财务战略实施效果评价工作。目前，较为成熟的财务战略实施效果评价方法主要有如下几种：

（一）业绩金字塔法

克罗斯（Kelvin Cross）和林奇（Richard Lynch）提出了把企业财务战略与财务和非财务信息结合起来的财务战略业绩评价系统。为了凸显战略性业绩评价中财务战略与财务业绩指标的重要联系，他们设计了财务战略业绩金字塔（如图8-7所示）。

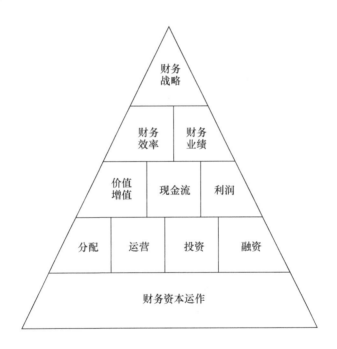

图8-7　财务战略业绩金字塔

在财务战略业绩金字塔中，企业财务战略位于最高层，由此产生企业的具体财务战略目标，向企业组织逐级传递执行，直到最基层的作业中心。制定了科学的财务战略目标，作业中心就可以开始建立合理的财务绩效指标，以满足财务战略目标的要求，然后，这些指标再反馈给企业高层管理人员，作为企业制定未来财务战略目标的基础。

通过财务战略业绩金字塔可以看出，财务战略目标的传递过程是多级瀑布式的，它首先传递给直属下级单位，由此产生了财务业绩和财务效率两方面的指标。财务战略目标再继续向下传给企业的财务业务执行系统，由此产生的指标有利润、现金流、价值增值等。前两者共同构成企业的财务规模目标，后者则构成企业的财务价值创造目标。最后，财务战略目标传递到作业中心层面，它们由融资、投资、运营、分配构成，这也是企业基本的财务业务领域（或业务单元）。

财务战略业绩金字塔着重强调了财务战略在确定财务业绩评价指标中所扮演的重要角色，反映了财务业绩目标和财务业绩指标的互赢性，揭示了财务战略目标自上而下和财务绩效指标自下而上逐级重复运动的等级制度。这个逐级的循环过程揭示了企业的持续发展能力，对正确评价企业财务业绩具有十分重要的意义。

财务业绩评价金字塔法所提供的"将企业财务战略目标进行自上而下逐级分解，将与财务战略目标相对应的战略实施效果评价指标进行自下而上的逆向归总"的业绩评价思想，为企业提供了一种全新的财务战略实施效果评价思路。它将财务战略目标和财务业绩评价指标进行了很好的对应，从而保证了业绩评价对实现财务战略的指导作用，同时，该方法所设计的评价指标体系也具有精练、完整的特点。

（二）经济增加值法

经济增加值（Economic Value Added，EVA）是美国纽约思腾思特（Stem & Stewart）管理咨询公司提出的一种绩效评价系统。目前，许多英、美企业都在使用经济增加值（EVA）来评价企业的业绩。EVA 的目的在于使企业经营者以股东价值最大化作为其行为准则，积极谋求企业财务战略目标的实现，正因如此，EVA 也是企业财务战略实施效果评价的重要方法。

1. EVA 的理论框架

EVA 被经济学家称为"剩余收入"，即企业税后经营利润扣除债务和股权资本成本后的利润余额。EVA 的计算方法如式（8-1）所示。

$$EVA = NOPAT - (NA) \times K_W \qquad (8-1)$$

其中，NOPAT——税后净经营利润（Net Operating Profit After Taxes）

  NA——企业具有求偿权的资本总额

  K_W——加权平均资本成本率

$$K_W = \frac{D_M}{D_M + E_M} K_D + \frac{E_M}{D_M + E_M} K_E \qquad (8-2)$$

其中，D_M——企业负债总额的市场价值

  E_M——企业所有者权益的市场价值

K_D——有息负债的税后资本成本率

K_E——权益资本的成本率

这意味着，从税后净经营利润中扣除所有具有求偿权的资本成本后，才是股东从企业经营活动中得到的真实增值收益。由此可见，经济增加值是度量股东真实投资回报的指标。传统利润表中的净利润大于零并不意味着企业生产经营行为是有意义的（实现了价值增值），因为传统利润表中的利润计算并没有考虑权益资本的成本。换言之，传统利润表中的利润中包含了权益资本的成本，只有从中扣除后者，其结果才能真实反映企业生产经营行为的价值增值状况。相比之下，EVA 是收入与全部具有求偿权的资本成本之差，它反映的才是企业真实的价值增值情况，该评价指标充分反映了企业股东财富最大化目标的实现程度。

EVA 不仅是一种有效的企业财务战略实施效果评价尺度，它还是一种具有综合性的财务管理理念，它是企业资本投资决策、绩效考核、激励机制设计乃至战略评估和并购决策的基础。EVA 被《财富》杂志称为"当今最为炙手可热的财务理念"。

2. EVA 的特点

（1）EVA 从股东角度客观反映了企业真实的利润。EVA 财务战略实施效果评价方法表明，资本成本是影响 EVA 的核心要素。传统会计利润计算仅扣除了生息债务的利息，并没有考虑权益资本的成本，因此，它与股东价值之间缺乏系统的相关性。许多有账面利润的企业可能实际上是在亏本经营，那些盈利低于权益资本机会成本的企业的股东财富事实上是在减少。EVA 通过考虑所有资本的机会成本，科学地反映了企业生产经营活动所创造的真实财富或导致的真正损失。

（2）EVA 能够实现企业不同层次财务战略目标的有机统一。前文已经谈到，企业财务战略具有层次性，企业财务战略的实施需要在不同层次上进行，这就决定了企业财务战略目标往往是一个目标群（或者说目标体系）。不难理解，在传统绩效评价范式下，由于企业财务战略目标众多，因此企业财务战略管理的工作量和难度都会较大，更重要的是，传统绩效评价范式由于评价尺度具有多维性而不便于准确了解企业财务战略实施的真实效果，更不利于通过绩效评价促使企业财务战略实施过程动态改进，而相比之下，EVA 评价模式能够实现企业不同层次财务目标的有机统一，因此，它不仅能够更科学地反映企业财务战略的实施效果，而且能够通过绩效评价适时引导企业财务战略实施过程改进和优化。

（3）EVA 是经营者和员工能够广泛理解的指标。EVA 从人们熟悉的经营利润出发，只是减去一项费用，即全部具有求偿权的资本成本，进而得到生产经营活动的真实回报情况。很显然，EVA 具有概念简单、易于理解的优点。在企业管理实务中，因为 EVA 是一个度量业绩连续变化的指标，因此，能够使正的 EVA 扩大或使负的 EVA 缩小的方案或行动过程，都是一个创造价值的过程。更重要的是，对 EVA 的广泛认同使 EVA 成为一种有效的企业内部控制制度，它为企业内部所有成员提供了一个明确的共同目标，那就是尽可能地提高企业的 EVA。在 EVA 导向下，所有员工协同工作，积极地追求企业财务战略目标的实现。

（4）EVA 将业绩评价和激励机制有机地结合起来。绩效评价的重要目的是为企业制定科学的激励机制提供基础。如果采用某种指标来度量业绩，却又根据另外的指标来决定赏罚，那么企业的经营者和员工必将无所适从。真正有效率的激励机制理应建立在科学的绩效评价基础之上，只有这样，赏罚机制才能切实起到真正的激励效果，企业才可能营造出一种良性进取的文化氛围。EVA 正是能够创造这种氛围的绩效评价指标，它将企业主要利益攸关者紧密联系在一起，从而最大限度地整合和调和了企业主要利益相关者的利益目标，这有利于构建业绩和激励的正确匹配关系。

三、基于效果评价的财务战略实施反馈控制

财务战略实施效果评价的目的是准确了解和掌握企业财务战略实施的真实效果，以便判断企业财务战略实施结果与战略预期的一致性程度，进而实时采取有针对性的对策措施，以便对企业财务战略实施系统进行动态调节和修正，最终使财务战略实施的实际结果与战略目标相互吻合。换言之，财务战略实施效果评价的目的之一是测量实际结果与战略目标之间的偏差。企业财务战略实施绩效（效果）之所以会和战略目标存在不同程度的偏差，其常见原因在于：①财务战略实施的目标制定不科学（或者说不切实际）；②为实现财务战略目标而选择的战略模式不恰当；③用以实施财务战略的组织结构与战略模式或环境不匹配；④主管人员或作业人员不称职或玩忽职守；⑤财务战略管理过程的信息沟通或激励机制缺失或者失败；⑥企业财务战略实施的内外部环境发生了重大变化。

事实上，基于财务战略实施效果评价的测偏和纠偏过程本质上是一个反馈控制过程（如图 8–8 所示）。

图 8–8 表明，基于效果评价的财务战略实施反馈控制过程将测偏和纠偏两种战略实施行为有机地融合在一起。或者说，反馈控制的目的在于测量战略实施的偏差并进行动态纠偏。该反馈控制过程起始于财务战略实施效果评价，然后将评价结果与财务战略目标进行一致性比较，如果两者一致，那么就进行了第一次自行反馈，如果两者不一致，那么就做战略目标的科学性检测，如果检测结果为"否"，那么就调整修订财务战略目标，进而通过继续执行财务战略实现反馈循环。

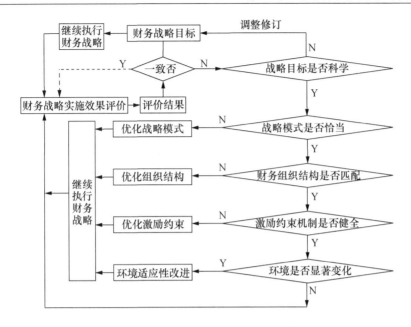

图 8 - 8　基于效果评价的财务战略实施反馈控制过程

如果战略目标科学性检测的结果为"是"，那么就依次检测"财务战略模式的恰当性"、"财务战略组织结构与财务战略模式的匹配性"、"激励约束机制的健全性"，对于这些检测，如果检测的结果为"否"，那么就做相应的优化工作，然后继续执行财务战略并重新进行财务战略实施效果评价，由此构建起相应的反馈控制闭路循环系统。如果激励约束机制健全性检测结果为"是"，那么就进行"财务战略环境变化的显著性检测"，如果该项检测结果为"是"，那么就对"财务战略系统做环境适应性改进，并继续执行财务战略，从而实现反馈控制系统闭路循环，如果该项检测结果为"否"，那么就转入"财务战略实施效果评价"环节进而实现反馈循环。

深层次地看，基于效果评价的反馈控制是一种战略绩效评估控制。战略绩效评估控制系统包括战略执行评估控制系统和传统绩效评估控制系统两个方面。战略执行控制属于传统意义上的战略控制，它的整个过程是一个反馈控制系统；传统绩效评估控制系统则属于战术层次上的反馈控制。值得注意的是，战略层面的控制并不能替代战术意义上的控制。因为任何战略的贯彻执行，最终也要由具体的、以短期目标为主的战术安排来落实和体现。

所有财务战略归根结底要通过财务战略绩效评估控制系统得以贯彻实施，战略反馈控制和战术反馈控制相结合的战略绩效评估控制系统是连接财务战略制定与财务战略实施的纽带和桥梁，它是财务战略目标能够最终实现的重要保障。

【本章小结】

组织行动对于财务战略的实施具有非常重要的影响,科学的组织行动是企业在财务战略制定后应该考虑的重要问题,也是企业财务战略管理的一个重要组成部分。行动计划是关于完成一项任务必须执行的行动或步骤的描述。行动计划工作的一般程序依次为评估机会、确定目标、确定前提、确定可供选择的方案、方案评价、方案选择、制订派生计划、用预算形式使计划数字化。预算是行动计划的数字化。预算管理的内容主要包含预算编制、预算执行和预算控制等核心环节。

根据钱德勒的观点:企业的组织结构追随企业的财务战略,即企业财务战略的变化将导致组织结构的变化,因此,企业的财务战略制定之后,对企业的组织结构进行设计就显得非常必要。组织结构的发展阶段大致包括简单结构、直线职能制结构、相互联系的分部式结构。这三层结构是随着企业管理水平的提高和财务战略的发展而呈上升趋势的。网络结构和矩阵结构作为现代企业管理环境下的两种组织结构类型,本书也对其进行了一般性的介绍。业务流程再造是对企业的业务流程作根本性的思考和彻底重建,其目的是在成本、质量和速度等方面取得显著的改善,使企业能最大限度地适应以"顾客(Custom)、竞争(Competition)、变化(Change)"为特征的现代企业经营环境。业务流程再造的生命周期可以大致划分为以下五个阶段:①项目规划;②流程建模;③流程优化;④系统实施;⑤项目评价。

企业文化是组织在长期的实践活动过程中形成的并为组织成员普遍认可和遵循的具有本组织特色的价值观念、团体意识、工作作风、行为规范和思维方式的总和。企业文化管理作为文化现象的内涵应包括物质文化、行为文化、制度文化和精神文化四个层次。

财务控制是指财务人员(部门)通过财务法规、财务制度、财务定额、财务计划目标等对资金运动(或者说日常财务活动、现金流转)进行指导、组织、督促和约束,确保财务计划(目标)实现的管理活动。它是以价值控制为手段,以综合经济业务为控制对象,以现金流量控制为日常控制内容的企业财务战略管理活动的一部分。财务控制的基础是进行财务控制所必须具备的基本条件,主要包括:①组织保证;②制度保证;③预算目标;④会计信息;⑤信息反馈系统;⑥赏罚制度。

主要的财务战略控制方法有:①区分不同层次的战略控制;②创建责任中心进行控制;③采取适当的控制纠正措施等。在运用财务战略控制方法时,应注意掌握建立有效的组织机构,健全和完善内部控制等九个方面的技巧。最后,应注意企业财务战略控制过程中可能出现的五种类型的障碍及其克服的方法。

财务战略实施效果如何，有必要对其进行业绩评价与控制。业绩评价的结果是企业决定继续执行财务战略，还是对其进行战略调整与优化的理论根据。事实上，业绩评价与财务控制是企业财务战略实施过程中交叉运行的财务战略管理活动的两个部分。业绩评价是通过比较形成的，常用的比较形式有：①与过去比较；②与预期目标（计划）比较；③与特定参照群体比较；④与所花费的代价比较。企业业绩评价系统的基本要素包括评价主体、评价客体、评价指标、评价标准、评价方法和分析报告五个方面的问题。评价主体是指与评价对象的利益密切相关、关心评价对象业绩状况的相关利益者。目前主要有"单一主体观"和"多元主体观"。评价客体是指实施评价行为的对象。评价指标是指根据评价目标和评价主体的需要而设计的、以指标形式体现的能反映评价客体特征的因素。评价标准是企业业绩评价的参照系，是判断评价对象业绩优劣的基本评价标准。通常的业绩评价标准设定方法有：同业比较法、标杆瞄准法和企业历史数据序列分析法等。评价方法是企业业绩评价的具体手段。我国财政部采用的综合评价方法为功效系数法。分析报告是业绩评价系统的信息输出，也是业绩评价系统的结论性文件。

战略性业绩评价是结合企业战略动态衡量战略目标的完成程度并提供及时信息反馈的过程。战略性业绩评价具有如下特点：①战略相关性；②全面性；③前瞻性；④协调性；⑤外向性。战略性业绩评价系统的目标主要有：①确定实现战略目标的关键成功因素；②提供与完成目标相关的主要指标的比较结果；③提供各种协调性信息；④提供战略成本管理信息；⑤为战略实施过程提供控制性信息。战略性业绩评价较为成熟的评价方法有：①由克罗斯（Kelvin Cross）和林奇（Richard Lynch）提出的业绩金字塔法；②由美国纽约思腾思特（Stem & Stewart）管理咨询公司所提出的经济增加值法（EVA）；③由罗伯特·卡普兰和大卫·诺顿提出的战略平衡计分卡法。

基于效果评价的反馈控制是战略控制与战术控制的结合，是连接财务战略与战略实施的纽带和关键环节，是财务战略最终能够成功贯彻执行的重要保障。

【本章关键词】

战略实施	Strategy Implementation
财务战略实施计划	The Financial Strategy Implementation Plan
行动计划	Plan of Action
预算管理	Budget Management
组织结构优化	Organization Structure Optimization

业务流程再造	Business Process Reengineering
文化环境	Cultural Environment
过程控制	Process Control
财务控制	Financial Control
财务战略控制因素	Financial Strategy Control Factors
战略实施效果评价	Strategy Implementation Effect Evaluation
反馈控制	Feedback Control
结构追随战略	Structure Follows Strategy
组织变革	Organizational Revolution
业绩金字塔	Pyramid of Performance
经济增加值	Economic Value Added
成功关键因素	Critical Success Factors

【本章思考题】

1. 为什么需要制订财务战略实施计划？财务战略实施计划由哪些要素构成？

2. 请简述制订财务战略实施计划的基本步骤。

3. 预算与财务战略实施之间具有何种关系？编制预算的基本方法有哪些？

4. 组织结构与企业战略之间具有什么关系？企业采用矩阵式组织结构通常需要具备哪些条件？

5. 什么叫业务流程再造？请简述业务流程再造的基本过程。

6. 财务控制应该遵循哪些基本原则？

7. 请简述财务战略实施过程控制的基本原理。

8. 财务战略实施过程控制面临的主要问题有哪些？应该如何解决这些问题？

9. 请简述财务战略实施效果评价系统的构成要素有哪些。

10. 请简述财务战略实施效果评价的特点和意义。

11. 导致企业财务战略实施效果与财务战略目标存在差距的主要原因有哪些？

【本章案例】

西山煤电集团财务战略实施方案

1. 公司简介

山西焦煤西山煤电集团公司（以下简称西山集团）是全国最大的炼焦煤生

产基地，是特大型煤炭企业，是山西焦煤集团公司的核心企业，是全国首批循环经济试点单位，拥有全国最大的燃用中煤电厂。西山集团地理位置优越，总部距太原市中心 11.5 公里。铁路、公路纵横交错、四通八达，交通便利。集团主要开采西山、河东、霍西三大煤田的煤炭资源，煤田面积为 1237.12 平方公里，资源总量 151.5 亿吨。煤种有焦煤、肥煤、1/3 焦煤、气煤、瘦煤、贫瘦煤等，煤炭产品主要有炼焦精煤、喷吹煤、电精煤、筛混煤、焦炭等。炼焦精煤具有中低灰、中低硫、低磷、黏结指数高、结焦性强等多种优点。焦煤、肥煤为世界稀缺资源，配入炼焦，既可以提高焦炭冷热强度，又可以降低炼焦成本，是冶金行业的首选原料。电煤产品质量稳定，是贫瘦煤电厂的首选原料。西山集团与宝钢、鞍钢、华能国际等知名企业结成战略合作伙伴，煤炭产品畅销全国 20 多个省、市、自治区，并出口日本、韩国、德国、印度、巴西、西班牙、比利时等国家。

2. 构建财务战略体系

(1) 制定财务治理战略，构建适应企业多元发展的财务管理体制。西山煤电集团公司是由多行业、跨地区、多层次子分公司组成的企业系统。其内部层级多、管理链长，各子分公司形成相对独立的管理循环。同时，企业各成员单位之间往往组成一个相对封闭和完整的产业链条，特别是，近几年集团相继通过兼并重组、战略联合的方式实现快速发展和壮大，使得集团在财务方面呈现出产权关系复杂、财务主体多元化、财务决策多层次、投资领域多元化、关联交易普遍、集团公司职能多重化等特征。财务治理作为企业治理的重要内容和主要方面，集团总部作为核心，在确立自身主导地位的基础上，必须充分考虑不同产业、地区、管理层次企业的不同情况，合理配置财权，构建适应企业多元化发展的财务管理体制，充分发挥集团总部财务调控职能，激发各子分公司的积极性和创造性，实现有效资源配置、价值提升和风险控制，保证企业总体战略的顺利实施。

(2) 制定控制管理战略，降低风险，提升企业价值。控制管理主要是研究如何对企业资源配置过程进行控制和管理，其方式包括预算管理、成本管理、内部控制与风险管理、财务参与业务循环管理等。控制管理是财务在企业资源配置过程中履行控制作用的重要功能。

①通过制定实施预算管理战略，加强协同，促进企业价值提升。建立全面预算管理体系，充分发挥其综合反映、综合平衡、实时监控的作用。通过对业务、资金、信息、人才的整合，明确适度的分权授权、战略驱动的业绩评价等，实现资源合理配置。全面反映企业实际，进而对作业协同、战略贯彻、经营现状与价值增长等方面的最终决策提供支持。探索引入 EVA 价值管理理念，统一集团公司的经营理念和管理目标，增强营运战略、战略决策的凝聚力，促进企业价值提升、风险防范和可持续发展。

②通过制定实施成本管理战略，全员参与，提高核心竞争力。建立全面成本管理体系，着眼于改善整个企业的成本环境，从企业的整个价值流程角度，以更宽广的视角，调动全体员工的积极性，实施全过程成本管理、全方位成本管理和全员成本管理。要建立全面成本管理的责任体系和制度体系，明确职责分工，充分发挥全面成本管理系统效能。加强消耗物料的计量、验收、领发、清查等成本管理基础工作，堵塞管理漏洞。加强预算管理，分解落实指标，严控预算外支出。开展回收复用、修旧利废和创收增效活动，降低产品成本。建立全员成本考核和评价制度，加强激励和约束作用，提高全员成本意识。

③制定实施财务风险管理战略，建立风险预警管理机制。从战略的高度，引入全面风险管理理念，完善财务风险预警管理机制，对企业生产经营过程中存在的各种财务风险进行识别、度量和分析评价，并适时采取及时有效的方法进行防范和控制，以经济、合理、可行的方法进行处理，保障企业生产安全工作的正常开展，实现企业发展战略。成立财务风险管理组织，负责企业财务风险管理活动，定期对整个公司财务风险进行识别和评估，形成风险评估报告，集团应针对可能出现的重大财务风险制定风险应对预案，以尽可能地防范和降低风险，减少不必要的损失。强化内部控制活动，明晰内部控制流程，确立流程负责部门，建立关键控制点和关键控制点的控制标准。同时内审系统应加强对企业内控制度的审计和风险管理的审计。建立财务风险预警体系，捕捉和监视各种细微的迹象变动，以利于预防和为采取适当对策争取时间，集团要建立完善的信息管理系统，一旦发现财务风险信号，就能准确及时传至主要人员，以防事态的逐步扩大。定期实施预警，形成风险预警报告。

（3）制定会计管理战略，保障财务战略实施。会计管理战略主要是对财会基础工作进行重新设计，优化财务管理组织，建立财务信息化平台，培养财务管理人才，提升财务管理文化，构建财务战略的保障体系。

①通过制定实施会计组织战略，提高财务管理效率。会计组织战略是对财务管理组织架构进行战略设计，突出财务工作的管理职能、风险控制职能及公司管控职能。重点是建立总会计师体系，实行集团总部财务管理与会计核算职能的分开，确立大财务转型思路，成立集团财务中心，进一步提高财务管理集中度和管理效率。

②通过制定实施财务人才战略，打造现代财务管理团队。通过加强人才的培养和引进，改善财务会计人才队伍结构，构建会计人才、财务管理人才、税收人才、金融人才、资本运作人才等各类人才队伍的基本框架，培养财务领军队伍和财务骨干队伍，打造现代财务管理团队。

③通过制定实施财务信息化战略，推进企业信息一体化。财务信息化战略是

建立现代信息化平台,推进财会系统与供、产、销等业务系统信息一体化工作,实现生产经营全过程的信息流、物流、资金流的集成和数据共享,为企业经营管理、控制决策和经济运行提供充足的、全方位的信息资源,以满足企业各级管理层及企业外部各种财务信息需求。

④通过制定实施财务文化战略,提升财务价值理念。财务文化战略主要是按照企业战略目标提炼经营思想和理念,提升财务价值观、财务变革观和财务使命观,形成长久的文化优势,并加速财务文化的转化,引导和推动财务管理工作进一步提升。

3. 财务战略业绩评价与调整

(1) 财务战略业绩评价。企业集团财务战略业绩评价是结合企业集团的财务战略,从战略和价值的角度,采用财务指标与非财务指标相结合的综合绩效评价方法来动态地衡量企业集团财务战略目标的完成程度,并及时反馈信息的过程。平衡计分卡是目前企业财务战略管理业绩评价的最佳方法,它将业绩评价纳入整个管理过程之中,把企业既定的奋斗目标作为业绩评价的起点和管理起点,不仅保留了财务指标,还引入了客户、内部业务流程、学习和成长三个方面的指标,从而使沟通目标、战略与企业经营活动之间存在着和谐关系。

(2) 财务战略调整。财务战略调整,是指在财务战略执行过程中,由于实际执行结果与预定目标有明显差距,或者是财务战略设计不再符合实际情况,而对财务战略方案进行必要的修改。企业财务战略调整,首先是对集团各个层次计划与执行结果进行比较,其次是查明各个层次差异的原因,最后综合各个层次差异,调整财务战略。财务战略调整是个动态的过程,这种调整对于新的财务战略的制定具有反馈价值。

4. 流程再造

企业财务流程再造,是对财务管理过程和财务决策体制进行重塑,以提高财务运作效率,获得成本、质量、服务和速度等经营业绩的显著提高,从而使财务管理快速反应、快速决策、有效控制。因此,财务流程再造是企业实施财务战略管理的有效方式。财务流程再造应着重加强以下四个方面的工作:

(1) 优化集团价值链管理。企业价值链是一个价值创造的有机系统,在这个系统中,财务与生产、营销等其他业务交织在一起,优化企业财务管理流程必然会涉及整个企业的经营活动。因此,在财务管理流程再造过程中,必须首先对价值链进行优化,使其建立在价值链管理的基础上,实现企业物流与价值流的同步。

(2) 提高财务管理流程自身的科学性。在各项具体财务管理业务的流程再造活动中,首先应当按照流程再造思想,对其作根本性的思考和彻底重建,建立科学、先进的财务管理工作流程；然后，对现有的流程进行归纳与分析，挖掘出问题，对其进行改造与完善。对于财务管理流程，一定要做到文件化和规范化，各项财务管理业务流程必须有明确的流程图，并有相应的文件支持。

（3）提高财务流程与业务流程耦合度。在企业价值链中，财务管理业务与生产、营销等业务相互联系，交织在一起。在各项财务管理业务的流程再造中，打破跳出"就财务论财务"的思维定式。把财务管理流程融入企业整体业务过程之中，做到财务流程与其他业务流程相耦合。既要着眼于财务管理视角，突出财务管理的特征；又要通盘考虑其他业务，使财务业务与其他业务相协调。

（4）促使财务管理流程与内部控制相匹配。财务管理流程的一项重要作用就是控制财务活动。从某种意义上讲，财务管理流程再造就是完善企业内部财务控制系统，企业内部财务控制是企业内部控制的重要内容，财务控制系统的建立应当嵌入到企业内部控制系统之中。

（资料来源：栗兴仁：《企业集团财务战略研究》）

【思考题】

1. 结合案例分析为确保财务战略的顺利实施，企业需要做哪些基础性准备工作？

2. 为了使财务战略目标能顺利实现，西山集团采用了哪些控制措施？

3. 结合本案例分析企业应该如何进行财务流程再造。

4. 请运用财务战略管理的相关理论对西山集团的财务战略实施方案做简要评价。

第九章 企业并购的财务战略

【导入案例】万向集团始创于 1969 年，创始人为鲁冠球，主业为汽车零部件生产。万向集团自 1999 年开始，按照"电池—电机—电控—电动汽车"的发展战略进行探索和创新，取得了一系列显著成果。为了实施电动汽车发展战略，万向集团很早就成立了万向电动车公司，每年投入几千万元的资金用于电池技术开发，但一直突破不了传统技术的"瓶颈"。为了弥补关键技术和平台整合能力上的缺失，改变电动车汽车产业格局，进入美国新能源汽车供应体系，打开美国电动车市场，并增加在中国市场的话语权，万向集团一直频频寻求电动车合作伙伴。2012 年 8 月 8 日，万向集团与美国 A123 系统公司达成非约束性战略投资意向书。

美国 A123 系统公司成立于 2001 年，于 2009 年在纳斯达克上市，上市第一天股价就飙升了 50%，公司市值也曾一度达到 26 亿美元。但由于其主要客户 Fisker（拥有其部分股份）的电动车产品未能在市场上站稳脚跟，接连出现大规模召回事件，使得美国 A123 系统公司经营状况每况愈下，面临巨大资金缺口，与此同时其股价也大幅缩水。在业内，美国 A123 系统公司被看作是美国电动汽车的动力希望和创新力量。它是运输、电网、商业应用中锂离子电池和储能系统的领军开发商和制造商，拥有磷酸铁锂技术专利，这是一种创新的纳米级材料，具有相当高的功率和能量密度，提升了电池的安全性并延长了寿命。

如果收购成功，美国 A123 系统公司将是万向集团在美国的第四个新能源项目。在此之前，万向集团参股了电池公司 Ener1，与新生代能源公司签署了建设 40 兆瓦太阳能基地的协议，还参与了史密斯电动车项目，这些项目很少受到关注但却一直在稳步推进。在参股 Ener1 和并购美国 A123 系统公司之后，万向集团可以在电池研发力量上得到补充，弥补其在技术方面的短板。但美国 A123 系统公司的形势已经相当危急，背负 2 亿美元的债务，并且已投入 10 多亿美元，但仍存在巨大亏损。

根据美国 A123 系统公司发布的公告，万向集团收购的资金将分两个阶段进入该公司。第一阶段，万向美国（万向集团的全资海外公司）将向美国 A123 系统公司提供为期两年的年利率为 10% 的 7500 万美元的过桥贷款，该贷款以美国 A123 系统公司及其子公司资产作为担保，并分成初始贷款和后续贷款两部分注入。其中，初始贷款为信用额度为 1500 万美元的预付现金和 1000 万美元的信用证，待美国 A123 系统公司执行最终协议后立即发放，而预付现金中的 250 万美元将被留在万向美国公司，直到担保现有债务的从属于万向美国公司的留置权消失，或者美国 A123 系统公司全额偿还债务；后续贷款依次分成两笔 2500 万美元的预付现金。其中根据初始贷款，美国 A123 系统公司向万向美国发行行权价为 1000 万美元的认股权证，行权后万向美国将持有该公司 24.9% 的股份。根据后续贷款，美国 A123 系统公司继续分两次向万向美国发行五年期的行权价为 2500 万美元的认股权证，依次行权以后，万向美国将持有该公司 49.5% 的股份。行权方式可以是支付现金或者债务抵偿。

第二阶段，在满足一定条件下，万向资源（万向集团的全资子公司）再购买以美国 A123 系统公司及其附属子公司资产担保的总计 2 亿美元的五年期年利率为 10% 的优先担保可转票据，并且由该票据产生的利息可以以 0.60 美元/股的价格转换成普通股。如果政府允许或者税收抵免政策终止，转换价可以降到 0.24 美元/股。与此同时，美国 A123 系统公司向万向资源发行五年期的行权价为 1.15 亿美元的认股权证，其中 1 亿美元行权方式可以是支付现金或债务抵偿，另外 1500 万美元必须现金支付。全部期权行权以后，万向集团对该公司的持股比例将达到 80%。

综上可见，针对万向集团收购美国 A123 系统公司的资金注入，前期债权投资不仅有被并购公司及其子公司资产的担保，享有优先受偿权，而且还可以视情况转换成股票；后期的期权认股权证又给了万向集团自行选择是否认购被并购公司股票的权力。两者的结合给资金系上了牢牢的"安全带"，有效地避免了由于收购失败而导致的巨额损失。

第一节　企业并购与企业整体战略

一、企业并购的涵义

并购（Merger and Acquisition，M&A），是兼并与收购的简称，它是一项复杂的企业资本经营行为。企业并购包括企业兼并和企业收购两层含义。在西方《公司法》中，企业兼并按照是否成立新公司又分为吸收兼并和创立兼并两种类型，前者指不成立新公司，只是取消被兼并公司的法人资格的资本运作行为，后者指兼并后成立新的法人公司的行为。企业收购则强调买方企业对卖方企业的"收购"行为，按照收购内容不同又可分为资产收购和股权收购两类。

从法律形式上分析，兼并和收购的本质区别在于：兼并的最终结果是两个或两个以上的法人合并成为一个法人，而收购的最终结果不改变法人的数量，除非一家企业通过收购资产或股份的方式将被收购的企业并入自己的企业而使其法人地位消失，进而成为事实上的兼并。一般情况下，收购只改变被收购企业的产权归属或经营管理权归属，它并不必然导致被收购企业法人地位消失。由此不难看出，企业兼并实际上是对有问题的企业变更和终止的有效方式，它是市场经济高度发展的产物，是市场竞争中优胜劣汰的必然要求和正常现象。对市场和经济发展而言，企业兼并和收购的经济意义是一致的，它们都使市场力量、市场份额和市场竞争结构发生了变化，对经济发展也产生了相同的效应，因为企业产权和经营管理权最终都控制在一个法人手中。正因如此，国际上通常把企业兼并和企业收购连在一起，统称为企业并购。

并购是一项涉及战略管理、公司财务、经济法、产业经济学、制度经济学、投资银行学等多学科的经济现象。

综观世界经济的发展可以看出，经济工业化的过程实际上是企业之间一次又一次兼并、收购的过程。从 19 世纪美国洛克菲勒标准石油公司、通用电气公司、福特汽车公司和杜邦化学公司的发展，到 20 世纪微软公司和思科公司的快速成长，再到 21 世纪初美国花旗银行集团、时代华纳集团等超大型企业诞生，这都和并购有着密不可分的关系。可以说，世界上没有一个大型企业不是通过某种程度、某种方式的并购成长起来的，仅凭企业自然增长而发展为世界性大公司几乎是不可想象的。到目前为止，在全球经历的四次并购浪潮中，其规模和力度呈现出显著的增长之势，正在兴起的第五次并购浪潮更是声势浩大。1995 年，全球并购价值达到 5190 亿美元，1998 年为 2.4 万亿美元，1999 年为 3.3 万亿美元，2000 年为 3.46 万亿美元。种种迹象表明，收购、兼并和重组已日益成为推动经济发展与结构调整的核心力量。正因如此，并购已经被公认为是企业实现财务战略目标的重要手段，在很多情况下，并购已经成了企业财务战略的重要组成部分。

二、企业并购的类型

企业并购受行为动机、并购效应和法律监管等方面的影响，并且在具体实施中，其所采用的手段和形式也不完全相同，正因如此，并购可以按照不同的标准进行不同的分类。

（一）从并购企业的关联性考察

根据并购企业之间的关联性不同，并购可以分为横向并购、纵向并购和混合并购三种类型。

横向并购（Horizontal M&A）即同行业企业间的兼并收购现象，横向并购通常发生在两个生产或销售相似产品的企业之间。纵观美国历史上出现过的四次大型兼并浪潮，其中的第一次兼并浪潮（1893～1904 年）是典型的横向并购，此次并购催生了诸如标准石油公司这样的巨头公司，这是垄断或寡头垄断经济产生的直接根源。横向兼并具有条件简单、风险较小、兼并双方易于融合的特点，通过横向兼并通常能够快速获得规模经济效益。正因如此，横向兼并是企业并购中经常采用的形式。但是，横向兼并也具有明显的弊端，它容易破坏竞争，形成高度垄断，正因如此，许多国家密切关注并严格限制横向兼并现象。以美国为例，从 1890 年的《谢尔曼法》到 1984 年的兼并准则，都具有明显的保护竞争、限制横向兼并的倾向。目前，世界上的主要国家都以市场份额和市场集中度作为衡量能否进行兼并的依据，这极大地限制了以扩大市场容量为目的的横向兼并。

纵向并购（Vertical M&A）是产业链或业务流程上下游企业之间的兼并收购，它通常发生在生产同一（或相似）产品不同生产阶段的企业之间。优势企业为获得与本企业生产紧密相关的前后生产工序和环节，进而获取原料供应来源或扩大消费市场，其结果通常是实现纵向生产一体化。从兼并的方向看，兼并有前向兼并和后向兼并之分。

混合并购（Conglomerate M&A）是反垄断法所催生的产物，它既非横向又非纵向，而是一种特殊的兼并方式。混合并购方式于 20 世纪 60 年代起源于美国，在实务操作层面，混合兼并有三种形态：一是产品扩张型，即相关产品市场上企业间的并购；二是市场扩张型，即为扩大竞争地盘而对其尚未渗透地区的生产同类产品的企业进行兼并；三是其他兼并型，即生产和经营彼此间毫无相关产品和服务的企业间的合并。一般而言，混合兼并具有如下显著特点：其一，由于混合兼并的主并购公司与目标公司无直接业务关系，因此其兼并目的不易被人察觉，所以收购成本通常较横向或纵向并购显著更低；其二，混合兼并双方由于业务关联性不大，因此它通常会导致主并购公司生产经营的多角化；其三，混合兼并动机隐蔽且较为复杂，因此它通常能有效避开反垄断法的控制。正因如此，在美国第三次兼并浪潮中，混合兼并成为兼并的主流。

（二）从并购策略与方式考察

并购作为一种具有战略意义的资本运作行为，它需要双方进行策略性行动，特别是对主并购公司而言，其策略和方式不仅直接影响并购的效率和成本，甚至还会影响到并购的成败，正因如此，从并购策略与方式考察并购行为无疑具有重要意义。根据策略与方式不同，并购可以划分为如下五对概念范畴：

1. 公开收购与非公开收购

公开收购（Tender Offer）是主并购公司公开向目标公司股东发出要约，并承诺以某一特定价格购买一定比例（或数量）的目标公司股份的行为。非公开收购是指不构成公开收购要约的任何并购活动，常指在非公开市场中收购目标公司股份的经济行为。一般而言，公开收购是主并购公司以取得或强化目标公司控制权为目的，在证券市场之外公开以特定价格收购目标公司股票，以股份转让的形式取得被兼并企业的经营控制权的行为。公开收购是企业并购的常用策略，它也是美国联邦证券交易法和反垄断法规范的重点内容。公开收购是收购者与目标公司股东间的直接交易，目标公司的股东完全凭自己的判断决定是否出售股票，而这种判断很大程度上基于公开收购要约出价的高低。换句话说，收购者收购股权成功与否，在结果上完全依赖于公开收购价格，而目标公司经营者是否同意公开收购要约的条件也是公开收购成败的关键。同比之下，非公开收购是指主并购公司私下与目标公司或其股东进行股份交易的行为。

2. 场内收购与场外收购

按收购是否发生在证券流通市场，收购可以分为场内收购与场外收购两种类型。所谓场内收购，是指收购方在二级市场收购上市公司的流通股，以成为该上市公司大股东乃至控股股东的过程。场外收购，是指收购方与上市公司的法人股东或国家股东在二级市场外进行协商谈判，以某一确定的价格收购该上市公司法人股东或国家股东的股权，从而实现参股或控股的过程。一般来说，当被收购的上市公司的股本全部或绝大部分为流通股时，收购方往往采取场内收购的方式。场内收购的优点在于：第一，全流通股的公司其股东比较分散，中小股东较多，采用场内收购方式可以迅速地提高持股比例直至获得目标公司控股权；第二，因收购流通股不受国家有关政策的限制，收购方只要按照有关规定，在收购时及时公告或发出收购要约，就可以进行收购；第三，由于收购的是可流通股份，收购方在持有六个月后就有权在二级市场上抛出，使收购方可以视市场情况作出增持或减持股份的选择，因而灵活性较高。同比之下，对非流通股（如法人股和国家股）比重较大的上市公司实施收购时，采用场外收购方式是比较合适的。其理由在于：第一，这类上市公司的股东及股权比较集中，收购方只要和几家甚至一家大股东谈判成功，就有可能获得目标公司控股权（甚至绝对控股权）；第二，由于谈判对象少且法人股、国家股不能流通，因此协议转让价可以压得比较低，从而降低收购方的收购成本；第三，由于是场外协商，比较容易保密，可避免过早暴露收购动向而造成二级市场股价的显著波动，这有利于收购行动的顺利进行。

3. 直接收购与间接收购

按照收购行为是否以证券市场作为媒介，并购可以分为直接收购与间接收购。直接收购是指由收购者直接向目标公司提出收购所有权的要求，双方通过一定程度进行协商，并商定完成收购的各项条件，从而在协议条件下达到拥有目标公司所有权目的的行为。在此过程中，收购者提出的所有权要求既可能只是一部分也可能是全部，对于第一种情况，目标公司可能允许收购者通过取得增加发行的新股实现；对于第二种情况，可由并购双方在共同利益基础上确定所有权转让的条件和形式。间接收购是指收购者不直接向目标公司提出购买要求，而是在证券市场上以高于股价水平的价格大量购进目标公司的普通股，或趁目标公司股价下跌时，大量买进该公司股票，从而达到控制目标公司的行为。间接收购行为往往与目标公司的意愿相悖，因此它通常会引起目标公司的激烈对抗。目标公司实施的反兼并策略与手段是影响间接收购成功与否的关键性因素。

4. 善意收购与敌意收购

善意收购（Friendly Acquisition）又称为友好收购或友善收购，它通常指目标公司经营者同意该项收购，并承诺予以协助，还动员其股东接受收购公司的公开收购要约。在善意收购中，由于双方均有合作意愿，并且彼此熟悉对方的情况，因此这类并购具有较高的成功率。相反，敌意收购（Hostile Takeover）又称为强迫收购或恶意收购，它是指当前并购者的并购行为遭到目标公司抵制后，仍然强行收购的行为，或者是并购者事先不与目标公司协商，单方面突然提出公开要约进行并购的行为。目标企业的不合作甚至采取反收购战略通常会使这类并购成功的概率大为降低。

5. 杠杆收购及管理层收购

杠杆收购（Leveraged Buy–out，LBO）是指企业在银行贷款或金融市场借款的支持下进行的收购活动。在杠杆收购过程中，收购者只需拥有较少的资本，它通过借贷融资就能完成对目标公司的收购，正因如此，此类收购被称为杠杆收购。杠杆收购者通常不需投入巨额资本（收购者通常只需拿出目标公司资本总额的 10% ~15% 即可），其绝大部分收购资金来自贷款，而用来偿还贷款的资金则来自目标公司的营运收入。正因为杠杆收购具有此种效应，因此，该收购模式自20 世纪 60 年代在美国诞生以来，直至现在仍是企业并购的重要形式。管理层收购（Management Buy–out，MBO）是目标公司管理层参与收购的行为，它是一种特殊形式的杠杆收购现象。管理层收购通常是由股权投资者与目标公司高层管理人员共同组成一个收购集团，由其与目标公司或其母公司的董事会洽商收购条款，达成协议后即实施杠杆收购。在管理层收购中，担任发起人的多为投资银行或投资公司，它们承担着集资、策划、交易谈判等工作。管理层收购成功的概率在很大程度上取决于经理层与投资银行的友好合作关系。

三、并购与企业整体战略的关系

(一)并购是实现企业整体战略的重要手段

企业整体战略是围绕企业目标所做的一系列战略性规划和安排，它对企业的生死存亡具有决定性影响。企业整体战略是一个战略要素集合体，它具有明显的系统性特征。企业整体战略可以按照不同的标准进行分类。按照企业战略方向的选择不同，企业整体战略可以分为稳定型战略、发展型战略（成长战略）、收缩型战略。其中，稳定型战略以巩固企业目前的竞争格局为主要追求，该战略并非不关注甚至排斥发展和增长；相反，它是建立在以稳定为前提下的发展；发展型战略的重点在于实现企业规模或质量的增长；防御型战略则以防范和抵御外界竞争和不测事态作为战略重心，它主要表现为合资经营、收缩、剥离、清算等战略行为。另外，按照战略的构成要素不同，企业整体战略可以分为市场渗透战略、市场发展战略、产品发展战略、多元化经营战略。其中，市场渗透战略是由企业现有产品和现有市场组合而成的战略，该战略主要通过更大的市场营销努力，提高现有产品（服务）在现有市场上的份额来实现；市场发展战略是由现有产品和新市场组合而产生的战略，该战略旨在将现有产品（服务）打入新的地区市场，包括国内市场开发和国际市场开发两个方面；产品发展战略是由现有市场与企业正准备投入生产的新产品组合而形成的战略，即对企业现有市场投放仿制的新产品或利用新技术改造现有产品，以此来扩大市场占有率和增加销售额；多元化经营战略是一种变革较大的战略模式，它由新产品和新市场组合而成。

在现实操作中，企业整体战略的实现通常需要不同程度地运用并购手段。在上述企业整体战略中，稳定型战略可以通过并购实现，对竞争对手进行战略性并购往往是确保自我稳定的最好方式。发展型战略的实现通常需要普遍采用并购策略，对此，本书前文已经述及，几乎所有大型企业的发展和成长都是通过大规模并购实现的，仅凭企业自然增长而成为大型跨国公司或全球企业几乎是不可想象的。收缩型战略的剥离、清算等行为在很多情况下本质上都是并购行为。另外，无论是市场渗透战略和市场发展战略，还是产品发展战略和多元化经营战略，在现实中通常都会通过纵向一体化或横向一体化来实现。其中，纵向一体化又有前向一体化和后向一体化之分，前向一体化是指本企业与用户企业或者销售商之间进行联合的行为，其目的是促进产品销售，增强市场控制能力；后向一体化是指本企业与其要素供应商之间联合的行为，其目的是确保确保企业生产经营要素的低成本稳定供应。横向一体化是指与同行业具有竞争关系的企业之间进行的联合，横向一体化有助于扩大生产规模，降低产品成本，提高市场占有率，增强市场控制能力。

上文论述表明，不管采用什么形式的企业整体战略，其战略目标的实现往往要以并购作为实现目标的手段。不同的企业整体战略只会导致并购方式和对象不同，有些战略要求企业实行横向并购，有些战略要求企业实行纵向并购，还有些战略要求企业实行混合并购，但无论如何，并购都是实现企业整体战略目标的有力手段或工具。

（二）并购是企业整体战略的重要构成要素

并购在扮演实现企业战略目标的手段或工具角色的同时，在很多情况下它本身就是企业整体战略的重要构成要素。正因如此，在许多企业的整体战略系统中都会有并购战略这一子系统，它们往往与研发战略、营销战略一起构成企业整体战略的重要单元。

并购战略通常会就如下事项做出系统的规划和安排：①并购的目标对象。包括并购谁、为什么计划并购它、并购对象如何排序等问题。②并购的时机选择。包括什么是并购的最佳时机，如何判断是否已经是最佳并购时机等问题。③并购的行动方案。包括并购谈判策略，并购出价方式，紧急预案等内容。④并购后的整合策略。包括并购之后的效应预测，并购整合计划等内容。上述规划和安排是企业整体战略系统所应该明确的基本问题。事实上，在许多大型企事业单位中，其战略规划部门对这些问题都会有非常详尽周密的安排。从这个角度来看，并购战略无疑是企业整体战略不可或缺的重要构成要素，这两者之间本质上是部分和整体的关系，或者说具有被包含和包含的关系。

（三）科学的整体战略是并购成功的重要保障

在并购成为企业实现整体战略重要抓手的同时，科学的整体战略也能够为企业并购成功提供基础性保障。科学的整体战略至少在如下几个方面能够为并购成功提供充分保障：①科学的整体战略意味着它对并购问题已经做了周密安排和推演，这无疑会大大提高并购成功的概率；②科学的整体战略能够增强企业的实力和影响力，在此情况下，企业与并购对象就并购事项谈判时具有更大分量和更多筹码，这可以为企业并购成功提供资源优势；③科学的整体战略可以增强企业的风险抵御能力，在此情况下，企业并购过程中的不测事态和不确定性因素的负面影响将被削弱，并购活动的回旋余地也会相应扩大。总之，以科学的整体战略作为后盾，企业并购活动必然更加游刃有余。

四、企业并购的战略效应

作为一个资本组织，企业必然最大限度地谋求资本价值增值。并购作为主要的资本运作手段，其动力主要来源于追求资本最大增值的动机以及竞争所产生的压力。由此观之，企业并购的终极战略目的在于实现权益资本价值最大化。但是，从形式上看，企业并购的战略效应又有多种表现形式。

（一）获取战略机会

并购者的动因之一是要购买未来的发展机会。当一个企业决定扩大其在某一特定行业的经营时，一个重要战略是并购那个行业中的现有企业，而不是依靠自身条件进行内部发展。企业这样做的原因在于：①并购可以直接获得正在经营的发展研究部门，进而赢得时间优势，避免自行投资建设可能的时间延误；②并购与自行投资建设相比，前者可以减少一个竞争者，并直接获得其在行业中的位置。由此观之，从战略视角看，并购的重要效应之一是为企业获取战略机会。

（二）获取财务协同效应

现代管理学研究发现，当两家或更多企业合并时通常会产生协同效应，即合并后的整体价值大于合并前各企业的价值之和，从而产生"1＋1＞2"的效果。从严格意义上来讲协同效应分为两部分：一是经济协同效应；二是财务协同效应。经济协同效应是指并购通过扩大经济规模，减少竞争对企业采购、生产和销售环境的影响；财务协同效应是指由于合并使企业权益持有者财富增加。其中，经济协同效应与资产负债表左方的资产的组成和管理有关，而财务协同效应与资产负债表的右方，即对资产的要求权的组成和管理有关。由于资本和资产是同一个事物的两个不同方面，因此，在不影响分析结果的前提下，本书将两种协同效应统称为财务协同效应。

具体而言，财务协同效应主要表现在以下方面：①税收效应。税收效应是指利用不同企业及不同资产税率的差异，通过并购实现合理避税。一方面，政府为了鼓励某些行业的发展，通常对不同行业采用不同的所得税率；此外，不同地区、不同类型的企业也可能存在所得税率上的差异，将不同行业、不同地区、不同类型的企业进行组合，再运用合理的避税手段，通常可达到减少纳税的目的。另一方面，由于我国股息收入、利息收入、营业收益与资本收益间的税率存在差异，在并购中采取恰当的财务处理方法也可以达到合理避税的效果。②股票预期效应。股票预期效应是指通过并购改变市场对企业股票的评价，从而影响股票价格。股票预期效应可导致股价上升，提高企业资产的市场价格。在股票市场上，并购往往传递一个信号：被收购企业的股票价值被低估了。无论收购是否成功，目标企业的股价一般会呈现上涨趋势。对于股东来说股票上涨，就意味着财富的增加。为实现这一效应，并购方企业一般选择市盈率比较低但是有较高每股收益的企业作为并购目标。在绝大部分并购活动中，并购企业的市盈率都有较大程度的上升。③资金杠杆效应。资金杠杆效应是指某一企业拟收购其他企业时，以被收购企业资产和将来的收益能力作抵押，从银行筹集部分资金用于收购行为的效应。通过杠杆效应，重新组建后的企业总负债率可达85%以上，且负债中主要成分是银行的借贷资金。④资本成本效应。企业的资本主要来自两种方式，一是内部资本，二是外部资本。根据西方的优序融资理论，由于内部融资不存在利息、股利等资金使用成本，是企业首先考虑的融资方式。因此，对于具有较多内部资金但缺乏好的投资机会的企业，可通过兼并具有较少内部资金但有较多投资机会的企业，使合并后企业的资本成本下降。

（三）获取经营协同效应

所谓经营协同效应，是指并购有助于企业提高经营效率并因此而提高经营效益。企业并购产生的经营协同效应，最明显的表现就是规模经济效益的取得。并购产生的规模经济效应，具体表现为两个层面：一是生产单元的规模经济效益；二是企业整体的规模经济效益。前者主要是由于生产成本的降低，后者主要是因为企业管理费用等共同性费用的相对节约。

（四）弥补自身的资金不足

并购一家掌握有大量资金盈余但股票市价偏低的企业，可以获得其资金以弥补自身资金的不足。筹资是迅速成长企业共同面临的一个难题，设法与一个资金充足的企业联合是一种有效的解决办法。由于资产的重置成本通常高于其市价，在并购中企业热衷于并购其他企业而不是重置资产。有效市场条件下，反映企业经济价值的是以企业盈利能力为基础的市场价值而非账面价值，被兼并方企业资产的卖出价值往往出价较低，兼并后企业管理效率提高，职能部门改组降低有关费用，这些都是并购筹资的有利条件。当前我国许多国有企业实施的技术改造急需大量发展资金投入，因此，可以采取产权流动形式使企业资产在不同方式下重新组合，盘活存量以减少投入，迅速形成新的生产力。

（五）促使企业价值增值

通常情况下，被并购企业股票的市盈率偏低，低于并购方，这样并购完成后市盈率维持在较高的水平上，股价上升使每股收益得到改善，提高了股东财富价值。因此，在实施企业并购后，企业的绝对规模和相对规模都得到扩大，控制成本、价格、生产技术和资金来源及顾客购买行为的能力得以增强，能够在市场发生突变的情况下降低企业风险，提高安全程度和企业的盈利总额。同时企业资信等级上升，筹资成本下降，反映在证券市场上则使并购双方股价上扬，企业价值增加，并产生财务预期效应。

（六）帮助企业进入目标资本市场

随着我国金融体制改革的深入和国际经济一体化趋势的增强，筹资渠道大大扩展到证券市场和国际金融市场，许多业绩良好的企业出于壮大势力的考虑往往投入到资本运营的方向而寻求并购，如买壳上市。目前，我国对上市公司的审批较严，上市资格也是一种资源，某些并购不是为获得目标企业本身而是为获得目标企业的上市资格。通过到国外买壳上市，企业可以在国外筹集资金进入外国市场。中国远洋运输集团在海外已多次成功买壳上市，控股了香港中远太平洋和中远国际；中远集团（上海）置业发展有限公司耗资1.45亿元，以协议方式一次性购买上海众城实业股份有限公司占股份28.7%的发起人法人股，达到控股目的，成功进入国内资本运作市场。此外，并购能降低进入新行业、新市场的障碍。例如，为在上海拓展业务，占领市场，恒通通过协议以较低价格购买上海棱光实业国有股份，达到控股目的从而使自己的业务成功地在上海开展。并购还可以利用被并购方的资源，包括设备、人员和目标企业享有的优惠政策。出于市场竞争压力，企业需要不断强化自身竞争力，开拓新业务领域，降低经营风险。

第二节　并购目标企业定价战略

并购目标企业定价是目标企业通过并购交易市场实现市场价值的过程。因此，并购目标企业定价不等同于并购目标企业价值评估，它是并购参与者之间策略互动和相互选择的过程。但是，价值评估是这一动态过程中的关键环节，目标企业定价过程可以分为目标企业价值评估、并购增值估算、定价区间确定和价格谈判四个环节。只有动态分析并购定价全过程，制定符合并购双方利益的策略，才能保证并购活动的成功。

一、目标企业价值评估

企业并购过程既有利益，也有成本。应规划目标企业在各种销售和盈利情况下的现金流量状况，提出销售额增长和销售利润率提高的方案。企业的现金流量 = 经营利润 × （1 – 所得税率） + 折旧和其他非现金支出 – 资本支出额。假设有并购企业A，其价值为PVA，被并购企业即目标企业B，其价值为PVB，并购后总的企业价值为PVAB。那么，并购的利益为并购后总的企业价值与并购前A、B两个企业价值之和的差，即预期的协同作用的现值，公式为：收益 = PVAB（总的企业价值） – （PVA + PVB）（单独企业价值之和）；并购的成本为支付给B公司的买价超过B公司价值的差。当然，A公司并购B公司所支付的买价，也可能低于B公司的资产价值。这种情况下，即使并购的结果并未产生协同效应作用利益，并购仍然是有益的，因为并购的成本为负值，只有两个企业合并后的价值大于两个独立企业价值之和时才有经济利益。

被并购企业的内在价值的大小既然取决于并购后的协同效应，那么，企业并购的财务评价在理论上应该以对协同效应的预期为基础。但是，由于协同效应本身又是多重因素共同作用的结果，就决定了这种预测在实际操作时会面临许多困难。在并购实务中，用于评价目标企业财务价值的方法主要有以下三种：

（一）账面价值调整法

账面价值调整法，是指在审查目标企业账面价值的真实性之后，对资产项目和负债项目进行调整，调整后的资产减去负债后的净值作为目标企业价值评估的依据。首先，在实施并购以前，并购企业必须聘请注册会计师对目标企业所提供的财务报表进行审计。经审计的财务报表即可认为是合法的财务文件，其反映的财务状况也可以认为是真实的；其次，并购价格除了要考虑财务报表资料的合法性外，更要考虑财务报表资料所反映的财务状况的客观性和可信性。因此，经审计的财务报表的有关项目，仍须进行适当的调整，尤其是那些价值计量弹性较大的项目，如应收账款、有价证券、外汇损益、无形资产以及在企业全部资产中所占比重特别大的项目，如固定资产、存货等，都有必要逐项进行核实和调整。同样，对于一些主要的负债类项目也须进行类似的核实和调整。当然，这样调整后的价格是否能够为目标企业所接受，还须经买卖双方协商确定。

账面价值调整法下并购企业价值的测算公式为：

并购价值＝目标企业的净资产账面价值×（1＋调整系数）×拟收购的股份比例　　　　　　　　　　　　　　　　　　　　　　　　　　　　（9－1）

或者为：

并购价值＝目标企业的每股净资产×（1＋调整系数）×拟收购的股份数量

（9－2）

其中，调整系数根据目标企业所在行业的特点、成长性、获利能力、并购双方讨价还价能力等因素确定。在实际并购中，由于会计自身的局限性和资产市场的易变性，财务报表所反映的企业净值与企业的实际市场价值通常不具一致性，因此，账面价值调整法对于资产价值相对比较确定的企业较为适用，而对于那些资产价值变化较大或无形资产较多的企业则不太适用。

（二）市场比较法

市场比较法，是指选择与目标公司在规模、主要产品、经营时间、市场环境及发展趋势等方面相类似的几家上市公司组成一个样本公司群体，通过计算样本公司群体中公司股权的市场价值与其他相关指标的比率及其平均值，参照目标公司相应指标，来推断目标公司股东权益市场价值的方法。其计算公式为：

并购价值＝资本市场化乘数×并购企业税前净利　　　　　　　　　（9－3）

其中，资本化市价乘数＝采用企业的资本化市价/税前净利；该式中，采样企业的资本化市价＝并购单价×股数＋债务市场价值。

市场比较法的假设前提是证券市场是半强式市场。在这样的市场条件下，股票价格能较好地反映投资者对目标企业未来现金流量和风险的预期，因而市场价格基本等于企业价值。在股票市场比较成熟的情况下，由于此法所依据的估算资料都是实际的市价，可信度较高。但是，其所要求的假设前提往往难以满足，尤其是在我国股票市场不完善的情况下，股票价格与其价值的背离较大，且同类公司之间的股票价格也不一定可比，所以该法在我国的运用受到了限制。

（三）贴现现金流量法

贴现现金流量法是指将企业所有的资产在未来继续经营的情况下产生的预期收益，按照设定的贴现率贴现，并以此来确定企业价值。该方法的操作程序为：首先，根据拉巴波特模型（Rappaport Model）预测未来企业自由现金流量；其次，利用资本资产定价模型估计预期股本成本率和其他长期成本要素的资本成本，计算出并购后的新资本结构下的加权平均资本成本；最后，计算出的现金流量现值就是目标企业的并购价值。贴现现金流量法是所有估值方法中最为灵活的，它假设企业的价值取决于所有期望的未来自由现金流量的贴现值。贴现现金流量法的重点在于对未来假设的合理性。通过设置多种假设，可以检验估值结果对不同假设的敏感性。

这一模型是用贴现现金流量方法确定最高可接受的并购价格，这就需要估计由并购引起的期望的增量现金流量和贴现率（或资金成本），即企业进行新投资，市场所要求的最低的可接受的报酬率。贴现现金流估价法的理论基础是任何资产的价值等于其未来全部现金流的现值总和，因而该方法的应用是以能较准确地预计所评估资产未来的现金流和相应期间的贴现率为基础的，这就意味着这种方法的评估对象只能是具有这种特征的公司或其他资产。需要注意的是，下列七类公司不适宜采用贴现现金流估价法进行价值评估，或应用时至少需要做一定程度的调整。这七类公司包括：陷入财务拮据状态的公司；收益呈周期性的公司；拥有未被利用资产的公司；有专利或产品选择权的公司；正在进行重组的公司；涉及购并事项的公司；非上市公司。前六类公司不适合应用贴现现金流估价法的原因是因为估计其未来的现金流较为困难，而非上市公司则是由于风险难以估量，从而不能准确估计其资本成本也就是其贴现率。

综合以上论述，我们可以将目标企业价值评估的三种方法的优缺点做如下归纳（如表9-1所示）。

企业在并购活动过程中，应该根据企业自身的实际情况、目标企业的特点以及并购双方的博弈地位进行综合权衡，并基于表9-1的对比情况选用最适合自身的目标企业价值评估方法。

表9-1　并购目标企业价值评估方法对比

价值评估方法	优点	缺点
账面价值调整法	资料来源是财务报表，客观性强、计算简单、资料易得	很难评价无形资产；没考虑未来现金流，容易低估价值
市场比较法	使用简单	应用范围狭窄，难找到可比样本
贴现现金流量法	财务理论基础完备	残值和贴现率的确定主观性较强

二、并购增值估算

　　并购增值估算是指两家企业并购后所有者权益价值超出并购前两家企业单独存在时的所有者权益价值之和的部分，它是由并购协同效应导致的。正因如此，协同价值是并购增值的关键。协同价值是交易完成后目标企业与收购企业的联合价值与各自独立时的价值之和的差额。协同价值可以以内在价值为基础计算，也可以以市场价值为基础计算。内在协同价值是收入增加、成本节约、税收减少及资本成本降低的总和。现实中，并购协同价值的实现可能需要较长的时间。

　　如果说并购协同价值需要较长的时间实现的话，那么并购溢价是在并购发生后短期内即可实现的价值增值。并购溢价是当前市场价格和收购价格之间的差额。一般而言，当并购企业愿意为目标企业支付溢价时，它们必然期待能从企业的联合中获得相对于两个企业独立时更多的回报，这些回报本质上就是并购后企业实现的协同价值。值得注意的是，溢价通常能够增加从联合业务中获取回报的水平，即产生预期协同价值，但与此同时，由于资金存在时间价值，实施并获取协同效应的延误会降低协同现金流量的现值，进而对企业并购效应产生负面影响。因此，实现业绩提升所需要的时间越长，并购成功的可能性也就越小。所以，并购企业在对目标企业定价（尤其是溢价支付）时，必须注意防范并购协同陷阱。

　　上述分析意味着，并购增值主要取决于并购协同价值和并购溢价的高低。现实中，并购增值估算的方法主要有两种：①并购总价剩余法。即先估算两企业并购后的权益价值以及并购前两企业各自的权益价值，然后计算并购前后权益价值的差额。②增量现金流量折现法。即折现并购后企业由于并购而预计每年增加的自由现金流量（即增量自由现金流量），增量自由现金流量的计算可通过预计并购后营业收入增加额和经营成本节约额扣除追加投资支出而得到，而折现率的选取可以在并购方企业权益资本成本率的基础上考虑并购后企业财务状况的变化加以调整得到。需要说明的是，不管采用什么方法进行估算，从理论上说，并购增值都应该等于并购协同价值减去并购溢价的差。

三、定价区间确定和价格谈判策略

并购价格上限是并购企业从并购交易中获得收益的上临界点，是并购企业愿意为目标企业支付的最高价格。具体来说，影响并购价格上限的主要因素是目标企业内在价值、并购所创造的协同效应和并购交易费用。此外，还有一些其他因素（如并购企业相对于目标企业的实力差异、目标企业的市场供求关系、目标企业对其他潜在并购者的价值、并购企业相对于其他潜在并购者的实力、并购双方信息不对称程度、并购时间的压力等）也会对并购价格上限产生相应的影响。

并购价格下限是目标企业从并购交易活动中获取收益的下临界点，是目标企业所承受的最低极限价格。一般来说，目标企业所有者对自己企业的实际情况了解得最为充分，信息优势使其可以比较准确地估计企业真正的价值。出于自身利益的最大化考虑，目标企业所有者通常会采用市场评估价值作为并购交易定价时的基准价格，而不是较低的内在价值。

很显然，实际的并购价格必须而且必然处于并购价格下限与并购价格上限之间，如果并购价格低于价格下限，那么目标企业不会同意并购交易，反之，如果并购价格高于价格上限，那么并购企业将失去并购激励与动力。因此，作为并购目标企业定价的策略性行动方案，并购双方首先必须明确并购的定价区间，在此区间之内，并购企业应该从低出价，而目标企业应该从高要价，然后由双方进行谈判以便缩小出价和要价之间的差距，进而在出价和要价之间的某个价位达成并购交易。在并购价格谈判过程中，并购企业（主并企业）要注意防范"赢者诅咒"风险，即避免出现这样一种情况：在并购竞争中有价格失控，自己尽管通过很高的出价赢得了交易，但却要为此支付过多的代价，进而产生负面的并购效应。

第三节 并购成本规划与控制战略

一、并购成本的表现形式

企业并购包括一系列工作，并购成本不只是一个普通的财务成本概念，而应该是由并购发生的一系列代价的总和。并购成本既包括并购的有形成本，也包括并购发生的无形成本。为了真正实现低成本扩张，企业并购运作必须了解和把握并购的各种成本要素。具体来说，企业并购的成本通常包括以下内容：

（一）并购直接支出

并购直接支出也称为并购价格。不管采用何种并购方式，并购都会有相应的支付，每种支付方式都会带来直接的并购支出。如果采用现金支付方式实施并购，那么并购方需要支付一定量的现金，以取得对目标企业的持有权，从而形成一项现金负担。如果采用换股支付方式实施并购，并购方虽然不需要支付大量现金，但新增发的股票改变了企业原有的股权结构，导致了原股东权益的稀释，甚至有可能使原股东失去对企业的控制权。因此，换股并购实际上也等同于支付了并购费用。在承担债务式支付中，并购方企业代替目标企业承担偿债的义务，实际上是一项对目标企业并购费用延期的支付义务。至于混合支付方式，支付形式是多元的，其各种形式支出的总和便构成了目标企业并购的价格，即并购方直接的并购支出。需要说明的是，并购直接支出是并购成本的重要组成部分。

（二）并购间接费用

现实经济生活中，并购往往需要各种市场中介机构参与和支持，但是，这些中介机构的服务是有偿的，并购企业需要给注册会计师、审计师、评估师、投资分析家、律师等的中介服务商支付相应费用。此外，按有关法规程序还必须支付相应的申请费、承销费、重新注册费、工商管理费、公告费以及合并信息的搜集加工费用。上述这些相关支出都属于并购间接费用的范畴。

（三）并购整合成本

并购直接支出和并购间接费用是并购的即时性成本。然而，除了即时性成本之外，并购行为发生之后为有效实现并购目标，企业还会必然发生相应的后期成本。后期成本的重要表现形式是并购整合成本。具体而言，并购整合成本主要由两部分内容构成：①整合改制的成本。并购企业在取得对目标企业的控制权以后必须进行重组和整合，比如调整人事结构、改善经营方式、整合经营战略和产业结构、重建销售网络等，还有些企业，并购之后甚至还需要建立新的董事会和经理班子、安置原有领导班子或富余人员、剥离非经营性资产等。围绕这些整合行为所发生的支出均属于整合改制成本的范畴。②注入资金的成本。并购成功之后，并购企业通常需要向目标企业注入优质资产，拨入启动资金或开办费，为新企业打开市场投入调研费、广告费、网点设置等，此类支出都属于注入资金的范畴。

（四）并购退出成本

由于并购环境具有复杂性和不确定性，因此，现实中的任何并购行为都是有风险的。有风险的并购意味着企业并购案并非总是能够实现预期的战略目标，现实中，并购未必总是达到"1＋1＞2"的效果，并购失败或亏损的案例并不鲜见。美国麦肯锡公司对世界上主要并购案的跟踪考察结果表明，近年主要的并购案中只有23%是赢利的，并购失败的企业占比高达61%，成败未定的比率则占16%。对于并购发生后证明是亏损的并购项目，在采取积极措施仍无力扭转的情况下，并购企业需要实施退出的制度安排，此时并购企业从目标企业退出的行为是有相应成本的，这即并购的退出成本。

（五）并购机会成本

从经济学视角看，经济资源的占用或耗费是有机会成本的，除非该资源具有用途唯一性，即除了用于该用途之外在其他任何地方都不具有使用价值，否则，机会成本的存在是无法避免的。不难理解，并购活动的投资资金（资源）用途具有多样性，因此，并购活动的机会成本是客观存在的。并购活动的机会成本是指并购即时支出以及并购后期支出的机会性损失。换言之，它是指相应资源因用于并购活动而被迫放弃其他项目投资而丧失的收益。

二、并购成本规划与控制的相关策略

上文论述表明，并购成本表现形式具有多样性，且不同形式的并购成本发生的时间以及支付的对象各不相同，正因如此，做好成本规划与控制对于并购活动而言就具有特别重要的价值和意义。下文将从战略层面阐述开展并购成本规划与控制的主要策略。

（一）合理确定并购对价，严格控制直接支出

在企业并购总成本中，并购直接支出通常占有绝对比重，因此，合理确定并购对价，严格控制直接支出无疑是并购成本控制的重要内容。有关目标企业价值评估的主要方法前文已经介绍，在此不再赘述。由于目标企业价值评估总是以相应信息为基础的，因此，用于支撑目标企业价值评估的基础信息的质量对价值评估结果具有决定性影响。正因如此，把好价值评估信息质量关就成了并购成本规划的重点工作。在这方面，并购企业可以做好以下几方面的工作：

首先，企业为了积极掌握在并购活动中的主动权，降低因信息不对称所带来的额外并购成本，企业应该从多个方面入手，打破单纯依靠目标企业所提供财务信息的"瓶颈"，转而通过多种方式积极探寻目标企业资产的实际价值。在此期间，并购企业可以聘请信誉良好的中介机构，对信息进行核实，并在必要时扩大调查取证的范围。并购前对目标企业的生产经营状况、发展目标、优劣势等信息做充分的了解，并努力探寻那些公开信息之外的对企业经营活动有着重大影响的信息，这无疑有助于准确评估目标企业的价值，进而给出合理的并购出价方案。

其次，并购企业应该全面审查目标企业的财务状况。并购方应确定目标企业所提供的财务报告是否准确地反映了该企业的真实财务状况。为此，并购方可以通过对资产、负债及提供的其他信息进行审查，对公司的财务状况和盈利能力进

行分析，进而对目标企业报告的财务状况的真实性做出判断。一般而言，在损益表中，从收入中逐一扣减各项成本费用、上缴税金后便得到净利润，但扣减项目的多少可以反映企业不同的经济信息，比如销售毛利，可用来评价，企业在各行业同类规模、同类产品的企业中所处的竞争地位。由于企业折旧、贷款本金偿还、资本支出、流动资金变动等方面一般存在差别，因此现金流量通常更能反映企业的实际情况。资本结构（即企业短期负债、长期负债和所有者权益的比例关系）反映了企业长期生存和发展的能力，因此并购企业通常可以从目标企业的资本结构中判断其抗风险能力和融资能力。资产变现能力反映了企业短期偿债能力高低，因此通过考察目标企业资产的流动性，便可以分析并预测其上市的可能性。对于以融资为目的的并购方来说，尤其应分析目标企业流动资金数量及资产流动性等其他财务指标，以评价企业的抗风险能力。

另外，并购企业应该做好税务评价工作。企业收购过程中涉及许多税务问题。企业的税务结构及其地位对企业财务运作会产生重要影响，因此，有关税务评价应包括两个方面的内容：其一，被收购企业原有的税务结构；其二，买方收购目标企业后新的税务结构和地位。比如，资本收益税通常会增加买方的收购支出进而影响到收购价格和成交的难易程度，正因如此，购买方应尽量采用有助于减少买方税务支出的方案。

在上述工作做到位之后，并购目标企业的价值通常能够得到比较准确的评估，这样一来，并购方就有充分的理由和十足的底气开出合理的并购对价，从而确保并购直接支出控制取得明显的效果。

（二）有效调和各方关系，充分降低整合成本

前文已经述及，并购成本的重要表现形式是并购整合成本，它具体包括整合改制的成本和注入资金的成本。对于不同的并购项目而言，其整合成本具有较大的弹性，正因如此，企业做好并购整合成本的规划和控制具有特别重要的意义。在并购前，并购企业应充分了解目标企业的行业特点、财务状况、业务发展及人员配置等方面的情况，为尽可能地降低并购后的整合成本做好基础准备。在并购顺利完成后，并购企业应尽快整合被并购企业的经营资源、管理资源和人力资源，优化公司治理结构，选择合适的运行模式，考虑更换其关键或核心部门的负责人，以加强对该企业财务、经营活动的监控。一般来说，企业管理的整合可包括经营战略整合、财务整合、人力资源整合、文化整合四个方面。此外，企业需特别关注代理人利益冲突问题，代理冲突成本的规避可通过完善激励机制来实现。另外，作为降低并购整合成本的重要策略，如有必要，并购企业完全可以考虑对目标企业进行终止清算，即按企业清算程序，清理企业资产和负债，在收购原企业的有效资产后重新注册设立新的企业，这样一来就可以有效解决被并购企

业的所有历史遗留问题，进而有效降低企业并购后或有成本发生的可能性。

需要指出的是，降低并购整合成本的过程是一个相机行动过程，该过程不存在约定俗成的模式；相反，它必须由并购企业根据并购后的实际情况进行策略性安排。但是，不管采用何种方式，降低整合成本的关键是一致的，那就是尽量调和并购企业和目标企业各主要利益攸关者的相互关系。

（三）合理编制并购预算，强化预算控制

作为并购成本规划与控制的重要策略，企业必须做好并购预算的编制，并通过预算来强化并购成本的控制。当然，预算的制定要以并购目标为前提，即全面系统地测算企业为达到并购目标而必须拥有的经济资源及其配置情况。对于并购续存集团公司来说，它应该根据被并购企业的组织结构、经营规模以及公司成本控制现状进行有针对性的预算控制，其中应重点做好以下几个方面的工作：第一，预算的编制应采取自下而上的模式，最终由预算委员会批准执行，这样既参照了被并购公司的意见，考虑了被并购公司的利益，又有利于续存集团公司审视其经营活动，进行综合平衡，从而使预算的执行做到相互配合与协调；第二，尽力使被并购公司明确续存集团公司的经营管理目标和各方的权利义务关系，以便被并购公司在行为边界范围内进行自我评价、控制与调整；第三，建立计算机网络系统对成本进行在线控制，将被并购公司的资金运转和预算执行情况尽可能集中在计算机网络上，这样续存集团公司可以随时调用、查询被并购公司的财务成本，全面了解被并购公司的成本管理状况，并实时发现问题和整改。

对于前述并购成本的五种表现形式而言，通过预算进行控制都是必须，且可行的。事实上，预算作为重要的成本控制手段，它在并购全过程中都会产生相应作用。

第四节　并购财务风险管理战略

由于并购活动的复杂性和决策者主观认识的局限性，并购风险是客观存在的。预测各种可能的风险，并采取相应措施予以规避是企业并购的客观要求。并购风险是指并购者在执行对目标公司并购的过程中，由于环境的不确定性和行为人机会主义倾向导致并购不成功的可能性。该定义包含了以下几层涵义：第一，并购风险是指并购失败（不成功）的可能性；第二，并购风险总是伴随着并购行为而产生；第三，环境的不确定性、"人"的机会主义倾向是并购风险产生的根源。事实上，完整的并购风险包括两个层面的问题：第一，并购活动本身的失败，比如，由于目标企业实施了强有力的反并购策略而导致并购不成功；第二，并购在形式上虽然已经成功，但是由于并购整合面临困难，并购行为并没有达到预期的目的或效果。

企业并购的风险可以根据其风险源的不同分为产业风险、市场风险、信息风险、法律风险、政策风险、人事风险、财务风险、营运风险和文化风险等。但是由于不同类型风险的结果最终都会反映在企业财务状况之中，因此可以说财务风险是各种并购风险在价值上的综合反映，它是企业并购风险的最终表现形式。正因如此，下文拟重点对并购财务风险的相关问题做专门性论述。

一、并购财务风险的基本理论

（一）并购财务风险的涵义

所谓财务风险，是指由于企业经营环境的不确定性导致股东的报酬发生变化（尤其是产生损失）的可能性。一般而言，财务风险与企业的筹资渠道和筹资方式密切相关，由于企业经营环境处于动态变化之中，其筹资渠道和筹资方式也必然会发生相应变化，比如，筹资渠道发生改变，筹资方式发生调整，会使企业的资本来源结构、资本成本都做出相应改变，从而导致权益资本回报率发生改变。比如，在企业利用权益与负债共同融资时，在盈余分配给股东之前，必须先支付债权人相应利息，这显然会影响企业股东盈余的大小，因此，当企业利用财务杠杆融资，尤其是使用高比例负债融资时，同等条件下其权益盈余的变动一般会更为显著，因而其潜在的财务风险也更大。

并购财务风险是指由于并购活动中的债务融资行为引发的偿债风险，或者说企业因举债（利用财务杠杆）并购而导致财务成果的不确定性。由于现实中几乎所有的并购企业都会不同程度地负债，因此，财务风险事实上贯穿于并购活动的全过程，并购财务风险具有明显的动态性和普遍性。因此可以从广义上来更全面地界定财务风险。从广义视角来看，并购财务风险是指由于并购定价、融资、支付等各项财务决策所引起的企业资本结构改变、财务状况恶化或财务成果损失的可能性；从狭义视角来看，并购财务风险是指由于并购实际价值与预期（目标）价值发生（负面）偏离而导致并购财务困境或财务危机的可能性。

（二）并购财务风险的类型

根据并购过程的财务决策问题不同，并购财务风险可以分为三种主要类型。

1. 并购定价风险

并购定价风险又称为对目标企业的定价风险，它是指由于并购企业对目标企业的资产价值和获利能力估计过高，进而使并购出价超过了主并企业自身的承受能力或目标企业的内在价值而产生财务损失的可能性。很显然，对目标企业定价过高会直接导致过多的并购偿付，结果，在并购行为带来相同价值流入的情况下，并购的盈余额度也会越低。并购定价风险在现实中表现为并购多付风险，它主要包括显性多付和隐性多付两种类型。并购显性多付通常体现在并购买价之中，并购隐性多付则属于并购者额外的负担（如或有负债、资产失实等情况）。在现实的并购活动中，并购企业由于存在强烈的并购欲望，它们往往会放松对多付风险的警惕。

2. 融资和支付风险

并购融资风险主要指企业是否能够及时足额筹集到并购所需的资金、融资方式是否适合并购动机、债务负担是否影响并购后企业正常的生产经营等方面的风险。并购支付风险是指企业并购时资金支付能力不足及与股权稀释有关的资金使用风险，它与融资风险、偿债风险密切相关。

3. 流动性和偿债风险

并购流动性风险是指企业并购后由于债务负担过重而缺乏短期资金，导致出现支付困难的可能性。并购偿债风险则是指企业并购后由于没有足够的资金（或资源）偿还到期债务本息的可能性。需要指出的是，并购流动性风险和并购偿债风险都表现为偿付困难，但流动性风险可能是暂时的结构性安排不恰当导致的，而偿债风险通常是由于企业财务能力不足所导致的，从这个角度看，偿债风险通常是流动性风险的进一步体现。如果并购后企业债务负担过重，没有稳定的现金净流量和合理的债务期限结构，后续资金不充足，将会发生连锁反应，导致企业资产面临流动性不足、无力偿还债务的局面，其进一步发展可能是并购失败，甚至破产。

二、并购财务风险管控策略

并购作为一种财务资本运作行为，其财务风险理应是并购风险管理的重点内容。一般而言，并购企业可以采用如下策略有效管控并购财务风险。

（一）增强并购的风险意识和观念

作为并购企业，它在实施并购以前就应该在企业内部强烈灌输风险意识和观念，即让本企业全体员工（尤其是决策参与者）充分意识到并购是有风险的，在并购决策以及并购全过程中必须增强并购风险意识，只有这样，才能确保企业在并购决策时更稳妥，在并购实施过程中更加谨慎细致。当然，增强并购风险意识并不必然等同与并购保守；相反，其目的是使企业的并购做到胆大心细，尤其是做好相应的风险预案。

作为该策略的实施者，企业应在事前对并购风险主动予以考证、分析、归纳和识别，在并购过程中做好风险监测和应对工作，在事后做好总结及预防工作。

通过这一系列自觉探究和反思行动，并购企业可以实时发现其风险，并采取有针对性的防范和化解行动。企业要做到这些必须具备以下条件：①掌握并购的基本知识、技能与技巧；②熟悉并购法规，了解并购活动的法定行为边界；③企业具备自我反思和学习的能力，既能够学习借鉴别人成功并购的经验，又能够反思和总结自己并购失败的教训。只有这样，才能够有效提高企业并购成功的概率。

（二）做好并购信息控制和决策工作

由于并购决策总是基于特定的信息判断的，但是现实中的并购往往存在严重的信息不对称现象，特别是有关财务方面的信息更是处于严防保密状态，事实上，这是导致并购财务风险甚至并购失败的主要原因。因此，在公司并购运作过程中，并购者应全面、及时、准确地搜索、分析、整理并购信息（特别是并购财务信息），进而进行财务测算和推演（比如进行多因素盈亏平衡分析、敏感性分析），只有这样才可能制定出系统完善的并购决策。当然，企业并购过程中的信息处理应该针对主要财务风险源展开。对于定价风险引起的多付风险，可以通过搜集公开的卖方信息，打探卖方内部信息，比较同类的溢价信息等方式达到规避显性及隐性溢价风险的目的；对于融资和支付风险，并购企业应该深入了解资本市场相关政策规定及其走向，在此前提下创新融资手段和机制，并通过预算工具加强现金流量预测和调配工作，只有这样才能降低企业的并购融资成本，增强其支付能力；对于流动性和偿债风险，企业应该基于所收集的信息对资本的来源结构、期限结构进行沙盘推演，以便使相关财务结构安排趋于最优化，同时本着量入为出的原则做好先进流量规划。

此外，由于并购资金需求量及其筹措方式与并购方采用的并购支付方式息息相关，因此，企业应该正确选择融资方式和支付方式。由于并购支付方式取决于并购企业的融资能力，因此企业务必确保并购融资结构中的自有资本、债务资本和股权资本保持适当的比例，并在选择融资方式时注意其择优顺序。在支付方式选择上，企业应尽量减少资金支出，并尽可能采用混合支付方式，这样既可以缓解现金支出带来的资金压力，也可以减弱由于杠杆支付带来的偿债风险，还可以防范企业股权的稀释。在支付时间把握上，企业可以采取盈利能力支付计划、分期付款等方式，也可以主动与债权人达成偿债协议。

（三）快速高效地实施并购整合工作

并购再顺利，一旦并购后的整合不成功，并购也会失败。由于并购失败所导致的财务风险是极具破坏性甚至毁灭性的，因此，作为并购财务风险管控的重要策略，企业必须快速高效地实施并购整合工作。

并购整合不当的原因是多方面的，如管理文化方面的冲突，经营策略的异化，优惠政策的消失，融资环境的改变，过度多元化以及缺乏价值创造的逻辑等。总之，并购整合工作越慢，效率越低，阻碍并购整合的因素也会越多，并购整合成功的难度也会越大。正因如此，并购企业在并购之前应该做好并购预案，在并购成功之后快速高效地实施并购整合。这样做可以在以下几个方面起到降低甚至化解并购财务风险的效果：第一，可以快速获得并购财务协同效应，进而增强抵御并购财务风险的能力；第二，并购财务风险往往在并购后的整合期爆发，这样可以压缩并购财务风险爆发区间，进而达到降低风险之目的；第三，有利于拓宽企业融资渠道，在整合中动态优化企业相关财务结构，进而达到风险分散之效果。

第五节　并购后的财务整合战略

无论采用何种并购方式，其最终目的都是将原来分散在不同企业的要素或资源聚集到一起以便更充分地发挥各自的优势。事实上，这种目的是否能最终实现在很大程度上取决于并购后的整合工作情况。美国著名的管理学家彼得·德鲁克指出："公司收购不仅仅是一种财务活动，只有收购后对公司进行整合发展，在业务上取得成功，才是一个成功的收购，否则只在财务上的操纵将导致业务和财务上的双双失败。"无独有偶，麦肯锡公司的调查表明，在所有的并购案中只有约17%创造了大量回报。这足以说明，并购并不必然会达到预期效果，并购后整合管理不善（比如财务混乱、信息沟通不够、无力留住有价值的员工、组织结构调整失效、文化差异显著等）往往是导致并购失败的重要原因。可以说，整合对公司并购的最终成败具有决定性影响。当然，并购后的整合包括很多方面，比如战略整合、经营整合、财务整合、人力资源整合、企业文化整合等。基于本书的主题，下文专门论述并购后的财务整合问题。

一、并购后财务整合的概念

企业实现并购以后，其所面临的首要任务是对并购双方（或多方）的生产经营资源进行调整与重新组合，使之有效地纳入一体化经营的新体系和新轨道，进而产生"1＋1＞2"的协同效应，这个任务和过程就叫作并购整合。并购后的财务整合属于企业并购整合的重要内容，后者与前者之间具有包含与被包含关系。所谓并购后的财务整合，是指由并购后的法人实体（或主并企业）实施的，对并购各方的财务资源、会计制度、理财文化等进行科学调整和优化组合，以便增强企业财务协同性的工作及其制度安排。

财务战略管理

现实中，并购后的财务整合是一个内容丰富的系统，它主要包括以下几个方面的整合：第一，财务组织机构（或者说财务组织架构）方面的整合；第二，财务人员（含财务部门干部）方面的整合；第三，财务会计制度方面的整合；第四，财务会计文化方面的整合。其中，前三个方面的整合属于财务显性整合范畴，最后一个方面的整合属于财务隐性整合的范畴。

二、并购后财务整合的特征

前文已经述及，并购整合是一项复杂的系统性工程，它涉及多个方面的整合问题。与其他类型的整合相比，企业并购后的财务整合具有如下显著特征：

（一）强制性

企业并购之后，存续法人实体对被并购方进行财务整合不存在需不需要、应不应该的问题，这是一项必须要做的工作，也是一项带有强制性的工作。并购后财务整合的强制性在于主并方（后并购后的存续法人实体）将财务意志及其制度体系全面移植到目标公司中，目标公司必须接受和贯彻。

（二）及时性

并购后财务整合的及时性在于并购双方一旦完成并购操作（甚至在签订协议时），并购方就应立即派遣高级财务管理人员进驻目标企业，调查分析其与并购方的财务制度体系、会计核算制度体系的异同点，找出并购双方财务工作存在的问题，进而在取长补短的基础上形成企业新的财务制度及会计核算体系。

（三）同一性

并购后财务整合的同一性在于并购双方应按主并方（或存续法人实体）优化调整后的财务制度及会计核算系统统一口径管理，不得出现被并购方另立一套体系的情况，以便公司的统一运营。

（四）创新性

并购后财务整合的创新性在于：并购后企业的财务组织体系及其制度安排并非是对并购前双方制度体系的简单加总，也并非是对主并企业财务模式的简单复制，相反，并购整合过程本身是企业财务运行模式创新的过程。在并购财务整合过程中，对于与企业财务环境及战略目标不吻合的情况需要及时调整、改革和创新。因此，并购后财务整合的过程本身就是企业财务运行模式及其制度体系创新的过程。

三、并购后财务整合的必要性

财务整合是所有并购企业都必须要做的工作，它也是企业并购战略管理的重要内容。并购后财务整合的必要性主要体现在以下三个方面：

（一）财务整合是有效控制被并购方的基本途径

主并方对被并购方实施控制，从而使其资源配置符合企业整体利益目标是并购企业的必要工作和基本期待。如果并购方做不到这一点，那么，并购双方将会出现"并而不和"、"并而不融"、"貌合神离"的"两张皮"现象，这种情况对于并购企业来说无异于梦魇，并购不仅不能为企业带来期望的效果，反而还会耗费企业资源，对企业形成负累。正因如此，在几乎所有并购案中，主并企业都非常关心对被并购方的控制问题。

主并方要想对被并购方的生产经营实施有效控制，其基本途径就是全面深入地对被并购方进行财务整合，这主要包括：打破被并购方原有的财务组织结构，进而按照并购后存续法人实体的战略目标重构企业财务组织架构，重新调配财务人员，重新建构企业财务会计制度，重塑企业财务文化等。唯有如此，企业才能有效打破并购方原有的路径依赖和思维定势，将其原有财务要素纳入新企业的财务控制体系。

（二）财务整合可以充分发挥并购的财务协同效应

财务协同效应理论认为，企业之所以并购，主要是追求财务协同效应。财务协同效应是指并购后由于资源的相互支持和配合而导致企业财务效益增加的现象，这种增量效益不是由于并购企业原有资源效率提高而导致的，而是由于并购导致税法、会计处理、管理以及证券交易等内在规定的作用而产生的一种纯资本效益。

财务协同效应主要来自两个方面：其一，通过并购实现相关支出（成本费用）的合理规避。比如，当主并购方和目标企业作为独立法人各自经营时，如果一方显著盈利而另一方显著亏损，那么，由于盈利方需要缴纳很高的税金，结果双方的税金之和同样很高昂；但是，如果这两者通过某种并购方式成为单一法人之后，即使各自原有的经营态势不发生任何改变，此时，一方的盈利可以弥补另一方的亏损，两者作为一个整体的应纳税所得额将大大降低，结果双方的税金之和将会显著下降。其二，通过并购实现相关收入（或现金流入量）的增加。比如，通过并购之后企业可能获得更大的产品定价权或影响力，也可能会激发证券顺畅交易，这都会导致单位资源的现金净流入能力增强。

不难理解，并购只是为企业获取财务协同效应创造了条件，但是，并购本身并不必然意味着这种可能性就会成为现实。事实上，并购后能否真正产生财务协同效应，这在很大程度上取决于并购企业是否实施了有效的财务整合策略，可以说，财务整合是企业充分发挥并购财务协同效应的必要条件。

（三）财务整合可以为并购成功提供基础保障

由于企业的生产经营状况最终会表现在企业财务绩效中，并且，现实中企业的绝大部分决策都属于财务绩效导向型。换言之，企业开展决策（尤其是战略型决策）所依赖的信息主要是财务信息，因此，企业财务工作的顺畅性及其效率对企业的运行状况具有决定性影响。任何一个企业，如果没有一套健全高效的财务管理体系，那么它就无法健康成长，甚至无法存续。财务体系被破坏往往是导致企业破产或被并购的直接原因。实践先例证明，很多企业之所以被并购，正是由于其财务管理不善，成本费用高昂，资产结构不合理。相反，有效的财务整合策略有利于企业快速获得规模经济效益或范围经济效益，从而大大降低其被并购的风险。

国外许多并购案例中，对于财务整合都高度重视，并购方所派出的财务主管具有很高的综合素质，他们不仅懂得生产经营过程，而且通晓市场、金融、财税等多方面知识。综合分析我国许多并购失败的案例不难发现，这些企业并购失败的主因是对财务整合没有给予足够重视，结果，良好的并购案最终可能功亏一篑。总之，有效的财务整合是确保并购成功的基础保障。

四、并购后财务整合的内容

并购后的财务整合必须以企业价值最大化为中心，偏离这个中心会使财务整合偏离既定方向。通过财务整合使并购企业的财务运作达到统一管理、统一规范，企业的投融资活动达到统一规划，统一控制的效果，从而最大限度地发挥企业财务整合的协同效应。具体而言，并购后企业财务整合包括以下几项内容。

（一）财务管理目标的整合

财务管理具有鲜明的目标导向性。财务管理目标是企业财务活动所期望实现的结果，是评价企业财务活动是否合理的基本标准。正因如此，并购后企业财务整合的首要内容无疑是财务管理目标的整合。由于财务管理目标直接决定了企业的财务决策和财务行为，因此财务管理目标既是一个重要的财务理论问题，也是一个不容忽视的财务实践问题。

由于并购双方具有异质性，因此并购双方的财务管理目标通常是不完全一致的，因此，并购之后企业的财务管理目标必须进行整合。财务管理目标整合的基本策略是：主并企业（或并购后存续企业）在全面深入分析并购双方原有财务管理目标的基础上，结合企业所处的环境条件评估既有财务管理目标的合理性，在此过程中一方面充分吸收并购双方原有财务管理目标的优点，另一方面积极进行财务管理目标创新，以便形成与自身环境条件及资源禀赋相适应的财务管理目标，并在并购后的存续企业强制性实施。

（二）财务制度体系的整合

财务管理目标整合为并购后的存续企业明确了方向，作为朝该目标迈进的制度性保障，企业还必须进行财务制度体系的整合。财务制度体系整合是保证并购后企业有效运行的关键。根据不同的分类标准，可以将财务制度分为不同的类型，比如，按照财务管理内容，财务制度可以分为投资制度、融资制度、固定资产管理制度、流动资产管理制度、负债管理制度、利润管理制度、财务风险管理制度等类型；按照业务分工，财务制度可以分为会计核算制度、财务决策制度、审计制度、内部控制制度等；按照制度层级，可以分为日常运行财务制度、高层决策财务制度等。不管以何种标准分类，财务制度体系整合都是以财务管理目标整合为前提的，其大致操作程序如下：首先，根据整合后的财务管理目标确立企业的财务组织结构体系，其次，汇总分析并购双方原有的财务制度并分析其与新财务组织结构的契合程度，接着确定原有财务制度中需要继承、改进、扬弃的内容，然后根据财务管理目标和组织结构设计补充或完善财务制度模块，再汇总形成新的财务制度体系，最后，在实践运用中对新财务制度体系进行完善。

（三）财务权益的整合

并购既是财务资源（资产）有机结合的过程，也是双方偿债义务有机归集的过程。换言之，并购通常会导致企业资产求偿权和债务清偿义务的更迭，本书将此类求偿权和清偿义务统称为财务权益。为了最大限度地获取并购财务协同效应，企业必须做好并购后的财务权益整合工作，这主要包括两个方面的整合问题：①财务资源（资产）的整合。并购前，并购各方已经按照各自财务管理目标进行了资源（资产）配置，比如将财务人员安排到了不同岗位，将固定资产分散到了不同业务单元，将流动资产按照某种结构进行了分配……在并购之后，基于共同的财务管理目标，企业必须重新组合和配置其财务资源（尤其是财务人员）；②财务负债的整合。在几乎所有并购业务中，并购后的存续企业负有按照约定承担并购前企业债务的义务。并购之后的存续企业需要将相关义务进行有效整合，以便制订系统完善的债务清偿计划，与此同时，尽量降低债务的偿还成本。很显然，财务权益整合是实现并购协同效应的另一项重要举措。

（四）财务文化的整合

企业文化（Corporate Culture）是企业在长期生存和发展过程中形成的，被组织成员认为有效而共享，并共同遵循的基本信念和认知。企业文化集中体现了该企业经营管理的核心主张，以及由此产生的组织行为，它是由价值观、信念、仪式、符号、处事方式等组成企业特有的文化形象。同样地，财务文化也是企业在长期发展过程中形成的财务信念和认知。财务文化对企业的财务行为乃至财务效率具有重要影响，由于财务文化具有独特性、人本性、无形性等特征，因此，并购企业必须高度重视财务文化的整合工作。

在现实中，财务文化整合并无约定俗成的模式，它更多地需要企业进行相机行动。即便如此，有一点是相同的，那就是财务文化整合必须以如下三个因素作为基础：①企业并购战略目标。企业并购战略是指并购的目的以及实现该目的的途径。并购目标直接影响财务文化整合模式的选择，例如，以追求企业财务协同效应为目标的企业并购，在财务文化整合时显然与以追求控制权为目标的兼并不同。在前一种战略目标下，并购方会更多地吸收被兼并企业的优秀财务文化，并以此为基础进行自我财务文化调整，而在后一种战略目标下，并购方更倾向于将自己的财务文化强加于被兼并企业。②并购战略类型。并购战略类型对财务文化整合具有重要影响。在横向兼并战略中，并购方往往会将自己的财务文化部分或全部注入被兼并企业以寻求财务协同效应；而在纵向一体化兼并战略和多元化兼并战略下，兼并方对被兼并方的财务文化干涉大为减少。因此，在横向兼并时，兼并方常常会选择吸纳式或渗透式财务文化整合模式，而在纵向兼并和多元化兼并时，它们更倾向于选择分离式财务文化模式。③企业原有文化。企业原有文化对于财务文化整合模式选择的影响主要表现在并购方对多元文化的容忍度。根据企业对于文化差异的包容性，企业文化可以分为单一文化和多元文化两种类型。一般而言，单一文化的企业更重视文化的统一性，而多元文化的企业更重视文化的多样性和包容性。因此，并购企业如果属于一个多元文化企业，它们往往允许被并购者保留其自身财务文化，即财务文化的整合更具有包容性；与之相反，如果并购企业属于单一文化企业，那么，其财务文化整合将具有更多的强制性特征。

总之，搞好财务文化整合，使被并企业与兼并企业的理财观念、财务管理思维模式、价值理念等融为一体，形成与兼并后的企业战略发展目标相一致的理财文化，对充分发挥企业并购财务协同效应具有重要意义。唯有在被兼并企业中成功实行了理财文化的整合，才能使得其他财务资源的整合得以顺利实施并取得实质性成效。

【本章小结】

"并购"是企业兼并和企业收购的统称。企业兼并按照是否成立新公司又分为吸收兼并和创立兼并两类，前者指不成立新公司，只是消灭了被兼并公司的法人资格，后者指兼并后成立新的法人公司。企业收购则强调买方企业对卖方企业的"收购"行为。按照并购企业的关联性不同，并购可以分为横向并购、纵向并购和混合并购；按照并购策略和方式的不同，并购可以分为公开收购与非公开收购、场内收购与场外收购、直接收购与间接收购、善意收购与敌意收购、杠杆收购与管理层收购等类型。

并购既是实现企业整体战略的重要手段，也是企业整体战略的重要构成要素。并购的战略效应在于：获取战略机会、获取财务协同效应、获取经营协同效应、弥补自身的资金不足、促使企业价值增值、帮助企业进入目标资本市场。

并购目标企业定价是目标企业通过并购交易市场实现市场价值的过程。目标企业定价过程可以分为目标企业价值评估、并购增值估算、定价区间确定和价格谈判。价值评估是这一动态过程中的一个关键环节，西方企业并购实务中评价目标公司财务价值时采用的评价方法主要有三种：账面价值调整法；市场比较法；贴现现金流量法。并购增值主要来自协同效应，可以通过并购总价剩余法和增量现金流量折现法来估算。

并购成本主要有以下五类：并购直接支出、并购间接费用、并购整合成本、并购推出成本、并购机会成本。主并企业应该从如下几个方面做好并购成本的规划与控制工作：第一，合理确定并购对价，严格控制直接支出；第二，有效调和各方关系，充分降低整合成本；第三，合理编制并购预算，强化预算控制。

并购财务风险是指由于并购定价、融资、支付等各项财务决策所引起的企业资本结构改变、财务状况恶化或财务成果损失的可能性。并购财务风险主要包括并购定价风险、融资和支付风险、流动性和偿债风险等。并购财务风险的整合策略在于：第一，增强并购的风险意识和观念；第二，做好并购信息控制和决策工作；第三，快速高效地实施并购整合工作。

并购后的财务整合是指由并购后的法人实体（或主并企业）实施的对并购各方的财务资源、会计制度、理财文化等进行科学调整和优化组合，以便增强企业财务协同性的工作及其制度安排。并购后的财务整合既是有效控制被并购方的基本途径，又可以充分发挥并购后的财务协同效应，更重要的是它能够为并购的最终成功提供基础性保障。并购财务整合具有强制性、及时性、同一性、创新性特征。并购后的财务整合包括财务组织机构的整合、财务人员的整合、财务会计制度的整合、财务会计文化的整合。

【本章关键词】

并购	Merger and Acquisition
横向并购	Horizontal Merger and Acquisition
纵向并购	Vertical Merger and Acquisition
混合并购	Conglomerate Merger and Acquisition
公开收购	Tender Offer
杠杆收购	Leveraged Buyout
管理层收购	Management Buyout
企业整体战略	Enterprise Overall Strategy

并购的战略效应	Strategic Effect of Merger and Acquisition
财务协同效应	Financial Synergies
定价战略	Pricing Strategy
并购增值估算	Value Estimate of Merger and Acquisition
价格谈判策略	Price Negotiation Strategy
并购成本	Merger and Acquisition Cost
并购财务风险	Financial Risk of Merger and Acquisition
风险管控策略	Risk Control Strategy
财务整合	Financial Integration

【本章思考题】

1. 并购的分类标准有哪些？按照不同的标准如何对其进行分类？

2. 请论述并购与企业整体战略的相互关系。

3. 对企业战略管理而言，并购具有何种作用或功能？

4. 请简述并购目标企业定价的基本过程。

5. 并购成本规划与控制、并购财务风险管理各自有哪些主要策略？

6. 并购后财务整合的主要意义是什么？并购后财务整合包括哪些内容？

【本章案例】

三一重工成功实现"蛇吞象"

1. 收购背景

2011 年，在欧债危机不断恶化，全球经济陷入危机的情况下，中国企业对外投资受到各国欢迎，尤其是身陷债务危机的欧洲国家。因此，中国企业进行国际收购的总体环境相对有利。一些国际著名厂家也放下了身段，向中国企业伸出了"橄榄枝"。其中，就有备受中国工程机械企业青睐的德国普茨迈斯特公司（Putzmeister AG）。普茨迈斯特是全球最知名的工程机械品牌之一，特别是在混凝土泵车制造领域，在过去的半个世纪里，长期居于世界领先地位。其销售和服务网络也覆盖全球150 多个国家和地区，全球市场占有率长期高达40% 左右。在2009 年初，突如其来的金融危机导致普茨迈斯特公司传统的市场（欧洲和北美地区）严重萎缩，2009 ~ 2010 年，普茨迈斯特公司的销售业绩严重下滑，其2008 年的主营业务收入曾高达11.4 亿欧元，然而到了2011 年，其营业收入却下降到只有5.7 亿欧元，净利润600 万欧元，企业面临着严重的资金危机。在此情况下，企业只能关闭在德国的一个工厂。但由于德国工会态度一贯强硬，2009年和2010年在普茨迈斯特德国公司连续爆发了两次罢工事件，一时间外忧内患，难以保持正常的经营。为了避免公司业绩继续下滑，公司的创始人 Mr. Karl Schlecht 先生，开始寻求外部的合作伙伴，首先是向德国和欧洲的企业寻求资助。然而，由于欧洲区的经济持续低迷，加之后来又爆发了债务危机，欧洲的企业人人自危，但求自保，无暇顾及普茨迈斯特公司的请求。在欧洲求助无望之下，普茨迈斯特公司开始向全球的工程机械企业公开招募合作伙伴。

而三一重工的国际化历程也可谓一波三折，尝试了各种方式开拓国际市场。从直接的产品出口销售开始，到2006年11月23日，三一重工在印度马哈拉斯特拉邦签订了《三一普那投资协议》，建立了三一的第一个海外基地——三一印度公司。以此为基石，三一重工的国际化战略迈出了第一步。之后，三一重工开始大张旗鼓地实施国际化战略，在全球多个国家建立销售、服务网络和生产基地：2007年9月，三一重工投资美国，开始尝试将中国企业的工厂建到发达国家；接着，2009年5月，在中国总理温家宝和德国总理默克尔的共同见证下，三一重工在德国贝德堡产业园举行三一德国工厂的奠基仪式；10个月后，即2010年2月，三一重工的巴西工厂成立；开始涉足南美洲的业务；与此同时，三一重工继续巩固亚洲的布局，并于2011年4月，签约印尼工业园。

2. 收购过程

2011年12月底，德国普茨迈斯特有意出售的消息一传出，全球的众多工程机械企业立刻伺机而动。中国企业中，除了三一重工外，中联重科和徐工集团也表示了浓厚的兴趣。其中，三一重工的态度最为积极，行动最快。2012年1月初，三一重工的董事长梁稳根先生就给 Mr. Karl Schlecht 先生写了一封信，在信中表达了双方合作的意愿，并很快得到普茨迈斯特公司的回复。在2012年1月中旬，三一重工的管理层人士便飞赴德国，同普茨迈斯特公司的管理层会谈收购事宜。由于三一重工的诚意十足，双方见面后，很快就达成了初步合作意向。并在其后的两周时间里，双方对收购价格和范围达成一致意见。在2012年1月21日，双方正式对外宣布：中国三一重工将与德国普茨迈斯特签订合并协议。由于三一重工是上市公司，本次收购还需要经过董事会的通过。在2012年1月30日晚间，三一重工发布了第四届董事会的第十六次会议决议公告，宣布审议并通过了《关于收购德国普茨迈斯特公司的议案》。自此为止，三一重工收购德国机械巨头事件最终尘埃落定。在本次收购中，三一重工联合中信产业投资基金（香港）顾问有限公司共同出资了3.6亿欧元，全盘收购德国普茨迈斯特公司100%股权。其中，三一重工的子公司三一德国有限公司出资3.24亿欧元（折合人民币26.54亿元），占90%的股份。

财务战略管理

3. 收购动机分析

（1）提升品牌形象：普茨迈斯特是混凝土机械行业的第一品牌，三一重工的董事长梁稳根先生对普茨迈斯特公司仰慕已久。如他所言：普茨迈斯特曾经是三一重工的"师父"。1994年，当梁稳根带领他的团队进军工程机械行业时，切入产品就是混凝土泵，当时的学习对象就是世界最顶尖的混凝土机械制造商德国普茨迈斯特公司。三一重工生产的泵车产品，从技术指标、外形设计甚至颜色，都是以普茨迈斯特为模仿对象。

（2）收购普茨迈斯特公司符合三一重工的国际化战略：早在2005年，三一重工已经开始了国际化步伐，其初步落脚点主要是集中在南亚、中东和北非等地，出口业务以产品海外销售为主，订单规模小，增长缓慢，直到2010年，三一重工的产品出口额还不到销售额的5%。所以，出于国际化战略考虑，三一集团的董事长梁稳根和管理层团队决定，亏本也要把产品出口到欧洲，毕竟欧洲是工程机械的发源地和心脏地带，代表着行业最高的技术和质量要求。

（3）迅速获得先进的技术：三一重工的产品线，还处于行业的中低端，缺乏一流的技术和质量，主要以价格便宜赢得客户。收购普茨迈斯特公司，也就获得了普茨迈斯特公司全部的产品技术和专利，能够一跃而进入行业技术的最高端。提高整个三一公司的产品性能和技术研发能力。

（4）获得普茨迈斯特全球销售和售后服务网络：三一重工的市场主要在中国国内和第三世界国家；对于欧洲、美国等发达国家市场，三一重工的产品一直备受怀疑和挑剔，难以进入这一利润丰厚的高端市场。收购普茨迈斯特公司后，三一重工也就直接获得了高端市场的客户群和销售、服务网络。这对于三一重工的国际化进程，无疑是迈进了一大步。

4. 收购成本分析

按照三一重工和普茨迈斯特公司的联合声明：本次收购的资金总额为3.6亿欧元，是由三一重工和中信基金联合出资（三一重工出资3.24亿欧元），联合收购普茨迈斯特100%股权。收购后，三一重工占90%的股份。因此，根据目前已经公开的信息，似乎可以认为三一重工的此次收购成本是偏高的。另外，从收购估值来看，中联重科收购意大利CIFA公司的市盈率是43倍，而三一重工收购普茨迈斯特公司的市盈率却高达60倍。单从数据而言，三一重工的收购成本偏高。但评估普茨迈斯特公司的价值，也不能光看财务报表的数据。三一集团总裁唐修国表示："光从财务来看好像是这个道理，但你要知道这不是一个简单的财务收购，不能站在财务角度来看这么一个问题。那个企业五十多年的积累，销售额世界第一的一个品牌，怎么能够用简单的财务数据来衡量呢？"我们还需要考虑到，通过收购，三一重工不仅获得了普茨迈斯特公司的有形资产以及盈利能力，而且

· 316 ·

还获得了其核心技术、成熟的供应体系、品牌价值、在国际市场的地位以及全球客户忠诚度等无形资产。三一重工总裁向文波也同样对外表示："花200亿都值得，三一重工同普茨迈斯特合作以后，对方几十年的经验可以为我们所用，同时三一重工还可以节约大量研发费用。我可以举一个例子，三一重工每年的研发投入是营业额的5%，去年销售800亿元，其中混凝土机械收入就350亿元，接近一半，这部分按研发5%计算，两年节约下来的研发费用就可以把普茨迈斯特收购了。哪怕普茨迈斯特以后只能做研发的话，收购代价也就是三一重工两年的研发费用。"对于收购成本的承受能力，从三一重工2009～2010年的财务表现来看，本次26.54亿元人民币的当期现金支出，对于三一公司经营的影响不大，是能够承受26.54亿元的收购现金支出。

5. 收购风险分析

自20世纪90年代，中国企业开始进行跨国收购开始，失败的例子屡见不鲜（TCL收购法国汤姆森，中海油收购美国石油公司优尼科等）。由此可见，跨国收购本身是一个高风险的投资行为。三一重工收购普茨迈斯特后，将来可能面临的主要风险如下：

（1）成本风险。跨国收购本身对资金的要求就很高，成本投入除了包括初期的收购成本之外，还有后期投入成本。三一重工收购普茨迈斯特的收购成本为3.6亿欧元，而这还不是全部，后期陆续的投资需求将会是一个更大的数目。

（2）法律风险。中德两国政治体制、法律规范差异很大，三一重工可能面临的法律风险有：人员赔偿纠纷、整合中涉及的复杂的法律关系、专利和知识产权纠纷、反垄断审查的法律风险和德国工会劳工保障的法律问题等。

（3）管理风险。当三一重工开始深度整合普茨迈斯特时，在前期三一重工就必须提出合理的管理方案，并获得中德双方管理团队的认可，并给予书面的确认。三一重工收购完成后，首要的管理策略应当是组建国际化的董事会，同时也保留原有的德国运营团队，由德国的管理团队管理德国工厂的员工及海外销售渠道，以此减少管理摩擦。

（4）文化冲突风险。文化风险其实是收购过程中最棘手、最困难的问题。三一重工和普茨迈斯特两个企业不同的品牌文化，不同的价值观念，不同的经营理念都面临的冲突和摩擦，如何在短时间内高效整合企业文化，消除文化摩擦带来的危害是收购中必须解决的问题。以上种种风险，都有可能阻碍三一重工的国际化进展，所以必须引起重视，未雨绸缪，提前做好准备。

（资料来源：李霖：《国内混凝土机械行业的国际收购策略研究》）

【思考题】

1. 结合案例分析，企业并购的动机有哪些？

2. 本案中，三一重工在并购定价过程中考虑了哪些因素，采取了怎样的定价策略？你从中获得了哪些启发？

3. 结合本案例，你认为企业并购中常见的风险有哪些，有哪些解决方法？

4. 根据所学知识，请你为三一重工后续整合工作提供合理方案或政策建议？

第十章 碳财务战略

【导入案例】2010 年 4 月 20 日夜间，位于墨西哥湾的"深水地平线"钻井平台发生爆炸并引发大火，大约 36 小时后沉入墨西哥湾，11 名工作人员死亡。据悉，这一平台属于瑞士越洋钻探公司，由英国石油公司（BP）租赁。24 日，墨西哥湾底部油井开始漏油，漏油量从每天 5000 桶到后来达 2 万 5 千桶至 3 万桶，持续 87 天，约漏油 410 万桶，污染波及附近 5 个州。此次漏油事件造成了巨大的环境和经济损失，同时，也给美国及北极近海油田开发带来巨大变数。受漏油事件影响，美国路易斯安那州、亚拉巴马州、佛罗里达州的部分地区以及密西西比州先后宣布进入紧急状态。

从墨西哥湾漏油事件爆发至同年 6 月 4 日，BP 公司股价已累计下跌 34%，市值从近 1823 亿美元跌至 1150 亿美元，蒸发约 700 亿美元，国际评级机构标准普尔公司将英国石油公司的长期信用评级由 AA 下调至 AA－，并将其置入负面信用观察之列，其中惠誉国际也将其评级从 AA＋级调低为 AA 级，几日后进一步降至 BBB，并且列入继续观察名单。

受墨西哥湾漏油事件的影响，2010 年英国 BP 公司累计实现归属母公司净利润为－37. 19 亿美元，同比下降 122. 43%，息税前利润同比下降 114. 01%，如果剔除墨西哥漏油事件的影响，息税前利润同比增长 40. 6%。资产负债率上涨 8. 1 个百分比，表示 BP 公司债务受墨西哥事件影响增长较快。经营现金流入减少 141 亿美元，其中涉及墨西哥湾漏油事件的现金流流出为 177 亿美元。如果剔除上述因素，经营活动现金流呈现上升态势，也显示出 BP 公司较强的盈利能力。股利支付额相比同年下降 75. 24%，是由于墨西哥漏油事件影响前三季度公司未分派股利，公司第三、四季度开始盈利，因此决定恢复四季度的股利分配，即 26 亿美元。

在 2010 年度报表中，英国 BP 公司首席执行官致信股东详细介绍了墨西哥湾漏油事故，并且有关于漏油事故的详细概述，从发生到 BP 公司的应对、处理、赔偿等情况。并以此为教训，全面加强公司的安全操作及风险控制能力。在财务报表附注中，作为 2010 年重大事件详细披露了墨西哥湾漏油事件对 BP 公司各财务报表的影响。①对利润表的影响：生产和制造费用 408.58 亿美元，财务费用为 0.77 亿美元，净损失 −280.41 亿美元；资产负债表：产生净资产 −120.22 亿美元；现金流量表：息税前利润为 −408.58 亿美元，税前现金流量 −176.58 亿美元。②对 200 亿美元的信托基金初始确认负债的贴现金额为 195.8 亿美元，2010 年投入 50 亿美元，故 2010 年 12 月 31 日的确认金额为 149.01 亿美元。确认预计负债金额为 302.61 亿美元。③2010 关于溢油总支出：有关于 200 亿美元信托基金确认支出为 −72.61 亿美元，处理溢油费用为 136.28 亿美元，环境成本10.04 亿美元，诉讼和索赔费用 151.23 亿美元，"清洁水法"的处罚金额 35.10亿美元，其他支出 3.32 亿美元。

墨西哥湾漏油事件的发生，在人类开发利用海洋资源如此广泛的今天，值得我们进行深刻的反思。在全球追求可持续发展和低碳经济时代的背景下，将环境因素纳入到企业财务战略中，实行低碳财务战略势在必行。

第一节　碳财务战略概述

一、碳财务战略的涵义

近年来，因经济发展而不断大量消耗能源导致了碳氧化物（如 CO_2、CO 等）的大量排放，使其构成全球气候变暖的首要因子，进而造成各种气候灾难、粮食减产等，严重威胁全球的气候安全、粮食安全、能源安全和卫生安全，这已受到国际社会和各国政府的极大关注，推动了世界各国对节能减排、可再生能源的研究。由此，随着京都协议书的签订、巴厘岛路线图的出台、哥本哈根峰会的召开，以及各国环境法规的愈加严格，排污权交易迅速发展，迎接低碳经济的浪潮已在全球范围内兴起。

低碳经济（Low – carbon Economy）是以低能耗、低污染、低排放为基础的经济模式，指在经济发展过程中，依靠科技的投入，通过技术创新、制度创新、新能源开发等多种手段，降低生产的成本，减少煤炭石油等高碳能源消耗，推动经济的发展，尤其是降低对环境的破坏，使经济效益、社会效益、环境效益相互统一，达到经济社会发展与生态环境保护双赢的局面。

全球企业作为温室气体产生的主要责任者，其碳排放（Carbon Emission）越来越受到法律法规的限制，这对企业财务的影响也变得愈加重大。企业在面对低碳经济挑战的同时，也使得每个企业的财务活动都面临碳限制。因此，在全球气候变暖的大环境下，企业碳排放和管理所引发的一系列新财务问题也应运而生，且已成为当前环境管理会计领域的前沿点。

碳财务战略（Carbon Finance Strategy）是由我国学者王琳、肖序于 2012 年在《碳财务战略理论前沿：一个新的研究视角》一文中首次提出的。碳财务战略同时涵盖了碳会计与财务管理的概念范畴，其涉及内容极为庞杂且新颖，尚处于国内外理论研究的前沿领域，与其相关的综述性文献屈指可数。到目前为止，国内外学者很少对此进行明确的定义。碳财务战略是财务战略理论在新形势下的应用和发展。因此，碳财务战略既具有一般财务战略的某些普遍性，又具有自己的特殊性和创新性。由此可见，碳财务战略关注的焦点应该是低碳经济背景下企业财务战略的谋划和决策，以实现企业可持续发展，尤其是在全球气候环境复杂多变的情况下，如何从整体上和长远上实现这一目标。

综合以上的分析以及此前关于财务战略概念的认识，我们可以把碳财务战略定义为：为应对全球气候变化，在企业价值链全过程中，以碳理念为指导，加入生态环境因素，结合碳会计理论体系及其具体内容，为谋求企业综合价值最大化并最终实现企业可持续发展，而对企业财务运作和管理所进行的整体性、长期性和创造性的筹划。

二、碳财务战略的理论来源

综观国内外学者对碳财会领域的研究，除个别政府或非政府组织的报告外，现有学术文献均极少提及碳财务战略问题。可以说，关于碳财务战略的理论体系并不成熟，基于现实需求的紧迫性和学术研究领域的空白状态，本书将从利益相关者、低碳会计、低碳财务管理理论着手，站在企业节能减排（Energy Saving and Emission Reduction）的战略层面，从侧面来认识和了解碳财务战略。

（一）利益相关者（Stakeholder）理论

利益相关者管理理论是指企业的经营管理者为综合平衡各个利益相关者的利益要求而进行的管理活动。利益相关者包括企业的股东、债权人、雇员、消费者、供应商等交易伙伴，也包括政府部门、本地居民、本地社区、媒体、环保主义等的压力集团，甚至包括自然环境、人类后代等受到企业经营活动直接或间接影响的客体。这些利益相关者与企业的生存和发展密切相关，他们有的分担了企业的经营风险，有的为企业的经营活动付出了代价，有的对企业进行监督和制约，企业的经营决策必须要考虑他们的利益或接受他们的约束。从这个意义上讲，企业是一种智力和管理专业化投资的制度安排，企业的生存和发展依赖于企业对各利益相关者利益要求的回应的质量，而不仅仅取决于股东。与传统的股东至上理论相比较，该理论认为任何一个公司的发展都离不开各利益相关者的投入或参与，企业追求的是利益相关者的整体利益，而不仅仅是某些主体的利益。

实践已证明，仅仅关注企业利润最大化和股东利益最大化，而忽略其他利益相关者利益的企业是不会持久的。因此要提倡与低碳发展模式相适应的绿色财务战略。企业的绿色财务战略，在考虑为受众提供绿色产品和服务的同时，应以利益相关者的均衡发展作为其终极价值取向。不论是财务战略的制定与实施，还是财务业绩评价，都应体现全面绿色管理下的相关利益群体的利益，成为友好型和生态型企业。

（二）低碳会计（Low - carbon Accounting）理论

1. 低碳会计的定义

低碳会计是以能源环境法律、法规为依据，货币、实物单位计量或用文字表述的形式，对企业履行低碳责任、节能降耗和污染减排进行确认、计量，报告和考核企业自然资源利用率，披露企业自然资本效率和社会效益的一门新兴会计科学。其目的是帮助企业实现节能减排，实现企业绿色利润最大化。

2. 低碳会计的特殊原则

低碳会计在保持会计要素的基本原则前提下，还有其特殊原则。

（1）全局性原则。低碳会计要求企业不仅要站在企业自身的立场着想，更要着眼于地区、全国乃至全球环境。

（2）政策性原则。低碳会计的核算要体现国家公布的有关环保节能的方针、政策和法律的要求。

（3）充分披露原则。低碳会计在提供会计信息时，应将全部关于碳生产、污染物的防治支出等事情登记给信息使用者。

（4）预警性原则。低碳会计核算体系要体现高能源利用率、清洁能源使用现状和水平，及时发现能源使用状态对经济发展的制约并起到预警作用。

3. 低碳会计要素的确认

（1）碳资产（Carbon Asset）是指企业在过去的交易或事项中取得，由企业所拥有或控制，能为企业提供低碳处理和保护的资产。其主要内容为：为进行清洁能源使用和节能减排而购置、筹建的专门设备或场所；为低碳生产而采购的日常材料或低值易耗品；为低碳治理和保护而购入的专利技术等。

（2）碳负债（Carbon Liabilities）是指符合负债确认条件且与碳生产相关的义务。其主要内容为：为进行低碳生产，清洁能源利用而发生的长、短期借款、应付环保费、应付资源税；治理环境发生的应付账款等。

（3）碳权益（Carbon Rights）指企业所拥有的清洁能源、碳资本、接受的环保捐赠、节能基金以及从碳损益账户转来的碳收益等。

（4）碳收入（Carbon Income）指企业可直接归集于节能减排、能源低耗所形成的非主营业务收入、环境损害补偿收入、低碳奖励等。

（5）碳成本（Carbon Cost）指企业在经济活动中为节能减排、低碳生产而发生的支出，如低碳生产而形成的超出非低碳生产的工、料耗费；环境保护治理、补偿费用，低碳固定资产折旧费用等。

（6）碳利润（Carbon Profit）指低碳收入扣除低碳成本、税金后的净额，反映企业低碳效益。

4. 低碳会计信息的披露

开展低碳会计的目的是增加社会监督力度，促使企业进行低能耗、低排放生产。因此，低碳会计信息的披露尤为重要。我国企业目前对碳会计信息的披露远远不能满足利害关系者的要求。通过实施低碳会计核算披露，企业和其他组织可以正确地确认、计量与环境资源活动相关的投资和成本支出，更好地洞察这些支出带来的经济效益和社会效益，使企业得到一个公平的低碳商誉。

（1）企业应对低碳财务单列项目进行披露，如增设资产负债表类"节能投资"、"低碳固定资产"、"应交环保费"、"节能基金"等明细科目；增设损益类"低碳收入"、"低碳节能奖励"、"低碳成本"、"环保支出"等明细科目。必要时可另设附表进行详细列示。

（2）对于企业现实存在或可能发生的，又无法以货币计量的低碳收益、义务，应采用报表附注形式进行说明和报告。如对新型低碳能源利用情况、环境法规执行情况、企业环境质量状况、污染物排放状况、企业对环保部门做出的环保承诺等；对确有必要的，可单独编制低碳报告，将低碳绩效全面、系统地进行介绍，从而便于报告使用者得出适当结论。

（三）低碳财务管理（Low – carbon Financial Management）理论

1. 低碳财务管理理论的基本框架

低碳财务管理是在传统财务管理理论和方法的基础上，加入生态环境因素，遵循相关的生态约束，使财务管理在注重经济效益的同时也注重生态效益与社会效益协调发展。低碳财务管理突出的是生态责任，不能以自我为中心，而应当与社会体系形成一个有机的整体，与传统的财务管理利益最大化和企业价值最大化的目标不一致。低碳财务管理提倡经济、社会和环境和谐发展，即要求企业要注重经济利益更要注重环境价值，实现一种综合价值的最大化，也就是企业应追寻的是传统财务管理中企业价值与低碳财务管理中环境价值之和的一种综合价值最大化。企业只有在日常财务活动中降低碳排放标准，才能促进综合价值的提高，在追求经济利益最大化的同时兼顾环境保护，实现可持续发展。

低碳财务管理的理论框架可概括为以下两个方面：

（1）基本理论。主要侧重于低碳环境下企业的经营成本与环境保护成本之间关系的研究以及对低碳财务管理目标、原则和内容的界定。

（2）应用理论。主要侧重于低碳型企业财务管理的行为选择和业绩评价。

2. 低碳财务管理的目标

财务管理目标是财务管理理论研究的重要环节。传统财务管理理论认为企业财务管理的目标是股东财富最大化或企业价值最大化，这一目标的制定完全是站在股东的角度考虑问题的。然而，企业的利益相关者绝非股东一人，政府以及社会公众也是对企业影响较大的利益相关者，特别是在低碳经济条件下，政府更加重视环境保护，公众更加重视生活质量。因此，以全社会可持续发展的观点来看，社会生态效益比企业的经济效益更为重要。实施低碳经济最主要的原因是不可再生资源的枯竭问题，要处理好资源的可持续开发与利用，必然会涉及生态环境的改变和产业结构的调整。因此，在低碳经济下，企业在制定财务管理目标时，既要确保股东财富最大化目标的实现，还要尽最大努力减少"三废"排放，使各类资源的生态效益达到最大化。强调股东财富最大化，是为了与传统财务管理目标的要求相符合；强调生态效益最大化，目的是促使低碳型企业少使用不可再生能源，多使用可再生能源，这符合国家能源战略目标的要求。

3. 低碳财务管理的原则

财务管理原则是人们进行财务管理活动所必须共同遵循的准则。低碳财务管理原则除了传统财务管理原则外，还包括以下几个方面：

（1）各方利益兼顾原则。所谓利益兼顾原则是指企业在进行收益分配时，要兼顾各利益相关者的利益，不能厚此薄彼。当然，也不能"吃大锅饭"，搞"一刀切"。财务管理人员要与时俱进，牢固树立"权变"思想，根据经济环境的变化不断探索新的收益分配方式。在低碳环境下，不同层次的利益相关者在转让资本使用权获得相应经济利益的同时，也要承担一定的碳排放成本。这就要求企业必须及时调整资源结构，以较低的资源消耗取得较高的经济效益，保持企业利益与生态利益之间的相互协调，最终实现各利益相关者"利益共享"的目标。

（2）充分考虑期权价值原则。发展低碳经济必然会涉及到可再生能源项目的投资，这些项目往往需要分阶段实施，而且投资主要集中在项目的前期。如果单独对前期投资的财务可行性进行评价，通常会得出投资不划算的结论。但是，若把各阶段作为一个整体来看，前期的投资是为后期打基础，前期的投资中隐含了将来是否需要继续投资的"选择权"，这种"选择权"称为期权，其价值具有很大的不确定性。是否考虑期权，对低碳投资项目的决策分析影响很大，可使原先不可行的方案成为可行方案。因此，在低碳财务管理理论中引入"期权价值原则"能够使财务决策理论更加完善。

（3）反馈性原则。所谓反馈性原则是指在进行财务决策时，把决策结果对企业财务活动产生的影响，通过企业内部健全的信息管理系统不断反馈给决策人员，使之能够快速把反馈来的信息与决策目标进行对比确定偏差，进一步分析造成偏差的原因，并适时对原先的决策方案做出调整，把决策不当造成的损失控制在企业可接受的范围之内。这种信息反馈与及时修正决策目标的行为，对科技含量较高的低碳型企业而言是至关重要的。"反馈性原则"要求低碳型企业必须建立良好的信息反馈系统。

（4）信息互通原则。信息互通原则是指企业的财务管理信息系统要与其他信息系统相互沟通。企业筹资活动、投资活动和资本营运活动的各项财务预测、决策信息都要迅速传递到企业的会计、统计信息系统中，以便引导企业由事后被动式的"记账"、"汇总"，转变为事前有目的的"模拟核算"和"模拟分析"，及时发现问题并加以改进；同理，会计、统计的"实时"信息也要能够及时传递到企业的财务管理信息系统中，为企业下一步的财务预测、决策提供依据。

第二节　低碳经济下的企业财务战略模式

低碳经济下的企业财务战略模式是对传统财务战略模式的改造和完善。低碳经济下的企业财务战略模式是追求企业价值的可持续增长及长期效益，而非销售量的盲目增长、规模的盲目扩大和短期效益，使企业在经济效益增加的同时实现生态效益和社会效益的协调发展。

一、我国企业财务战略模式存在的缺陷

目前，我国企业财务战略模式存在如下缺陷：

1. 没有充分关注企业的低碳发展

全球性的资源消耗和环境危机已危及到企业的可持续发展，但我国企业现行的财务战略模式没有对此采取有效的应对措施。我国企业对于低碳标准的制定意愿较差，尚未意识到掌握了低碳标准就掌握了未来生产与发展的主动权。在国际化竞争日益激烈的今天，我国企业若想"走出去"，须重视碳战略的规划，加快碳战略实施的步伐。

2. 忽视了企业碳排放的管理问题

据 2009 年世界主要国家碳排放排名，中国已经成为碳排放的第一大国。企业作为国家经济发展主力军和推动力量，应担负起低碳减排的义务。目前，企业

都将收益的快速增长作为最重要的工作目标，花费大量的时间和精力研究如何使企业销售收入不断增长及不断拓展业务领域，而对涉及到企业碳排放以及生态环境保护方面的投入和管理显得远远不够。

3. 企业管理依托的管理技术和分析工具与低碳发展理念不适应

我国企业财务管理评价仍沿用传统指标体系，这些财务指标偏重考核短期利益，而世界上一些优秀的企业纷纷在采购、生产、销售、运输、消耗及废弃物处置等整套经营环节实施碳战略，把碳排放量的减少作为企业各级财务战略的重要指标。

二、低碳经济下的企业财务战略模式

传统的财务战略模式建立在新古典经济学的理论基础之上，追求利润最大化和成本最小化是经济主体的理性属性，也是财务战略需要达成的理财目标。然而，在此理论约束下，"理性"企业的财务管理是为降低企业成本、增加企业利润服务的，并未考虑社会、经济和生态的总体成本效益的统一，容易导致资源低效利用、污染环境的企业行为。面对这种情况，如果采用传统的财务战略模式和方法，企业很难统计和处理碳排放成本，也很难进行低碳化的融资决策。因此，需要发展新的财务战略模式，以适应低碳经济的新要求。

构建低碳经济下的企业财务战略模式就是在引入低碳发展理念前提下，以节能减排的企业财务战略目标为出发点，以低碳特征为重点，与综合考虑碳因素的企业战略目标相结合，采取低碳手段和技术方法，构建基于低碳经济的财务战略评价体系，实行绿色会计、绿色财务管理，为企业培育新一轮的核心竞争力，从而实现企业的低碳可持续发展。

（一）在财务战略思想上形成新理念

财务战略思想是企业制定和实施财务战略的总体指导思想，在低碳经济背景下，企业决策者节能观念的转变，将对节能减排措施的制定和有效实施有着决定性的作用。在节能观的指导下，将气候变化和实施低碳经济转型真正纳入运营管理的决策之中，加快构建和形成企业发展低碳经济的战略规划，提高企业对资源的利用效率，得到消费者和市场的认可，最终获取更高的经济效益和国际国内市场竞争力，实现企业的低碳经济转型。

1. 保护生态环境的理念

人类只有一个地球，保护生态环境是每个公民的责任，也是企业法人的责任。低碳财务战略始终倡导企业财务活动在追求经济效益的同时要注重生态环境的保护与改善，即企业在理财时要充分考虑其财务活动对生态环境的影响，在成本与效益分析中，需要考虑环境因素，实现经济效益与生态效益的"双赢"。

2. 循环经济的理念

低碳财务战略遵循循环经济的"3R"原则，即减量（Reduce）化原则、再利用（Reuse）原则以及再循环（Recycle）原则。要求企业用较少的原料和能源投入来达到既定的生产目的，从源头上节约资源和减少污染；要求企业制造产品和包装容器能够以初始的形式被反复使用；要求企业生产出来的物品在完成其使用功能后能重新变成可以利用的资源，而不是不可回收的垃圾。

3. 绿色经营（Green Business）理念

低碳财务战略要求企业日常经营应该采取绿色经营模式，包括绿色设计、绿色采购、绿色制造、绿色营销、绿色服务等，创造绿色财富。

4. 社会责任的理念

低碳财务战略是基于"社会人"而非"经济人"的战略价值观。它不再将企业视为一个唯利是图的经济组织，而将企业视为具有高度社会责任感的社会经济组织；不再将企业视为环境与资源的索取者，而将企业视为环境与资源的建设者与维护者。

5. 可持续发展（Sustainable Development）理念

传统的财务战略只注重企业自身的经济利益，容易导致企业产生以牺牲生态环境为代价的扭曲行为，从而影响了企业和社会的可持续发展，最终也会损害企业投资者的利益。而低碳财务战略则注重了自然再生产和经济再生产的协调统一，从而有利于企业与社会的可持续发展。

（二）将节能减排作为财务战略目标实现的前提

财务战略目标是未来较长时期内财务活动的总体目标，必须适应财务战略思想及企业总体战略要求。不同类型、处于不同发展阶段的企业具有不同的财务战略目标，在以低能耗、低污染、低排放为新特点的经济发展模式下，企业需要自觉扩大财务战略目标实现的前提条件，在考察目标实现情况的同时关注资源的投入利用率以及二氧化碳的排放量。

低碳财务战略的衡量目标是低碳经济增加值，控制和计量指标是低碳绿色财务增加值率，最优目标是实现低碳增加值率最大化。

低碳经济增加值率最大化目标模式是指企业通过财务上的合理经营，采取最优化的财务政策，充分考虑资金时间价值和风险及报酬的关系，考虑对周围生态环境的影响，在保证企业长期稳定发展的基础上，追求一定时间内所创造的低碳经济增加值（EVA）与综合低碳投入资本之比的最大化。计算公式如下：

低碳经济增加值 =（资本收益率 - 低碳加权资本成本率）×低碳投入资本

(10 - 1)

低碳经济增加值率 = 低碳经济增加值/低碳加权资本成本   (10 - 2)

低碳财务增加值的投入资本成本除考虑债务成本和所有者权益成本外，还必须考虑消耗的环境资本成本。

其中，资本收益率，即投入资本报酬率，等于税前利润减去现金所得税再除以投入资本；低碳加权资本成本率，包括债务成本、所有者权益成本和消耗资源环境成本的加权资本成本率；低碳投入资本等于资产减去负债加上环境资本投入。

（三）将低碳特征作为财务战略的新重点

1. 企业的财务融资战略

（1）在国内大力提倡加快转变经济发展模式，改进融资方式，提高企业筹资能力，开创科学发展局面的时候，政府必然会在未来一段时间加大对节能减排这方面的投入。在此，企业应利用国家针对低碳经济出台的如金融机构带来优惠贷款，国家财政直接投入的资金的各种优惠政策带来的便利，选择资本成本更低的、筹资效益更高的融资来源，把握住绝好的机会来发展自己。同时，企业可以考虑进行资源环境建设，利用专项筹资项目解决企业建设低能耗、低污染所需要的资金，另外还有助于企业树立起保护环境，进而提升企业价值。

在低碳经济时代，随着碳交易在企业生产经营活动中的比重越来越大，一些新型的融资机制也应运而生，如图 10-1 所示。

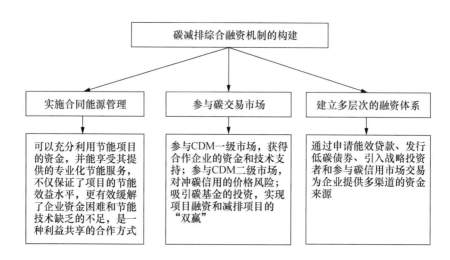

图 10-1　企业碳减排综合融资机制的构建图

①基于 CDM 机制的融资。以保证碳排放量降低为前提，允许在各缔约国间实现碳排放权的交易。自 2005 年《京都议定书》生效以来，碳排放权成了一种稀缺资源，把二氧化碳排放权作为一种商品，从而形成了二氧化碳排放权的交

易，简称碳交易。碳排放权就具有了商品属性。

CDM 机制规定发达国家可以通过转让资金、技术等方式，帮助发展中国家构建 CDM 项目，以此来抵扣发达国家的碳排放量。

CDM 机制是一种也是唯一的一种沟通于发达国家与发展中国家之间的减排机制。鉴于中国目前的现实状况，我国企业在碳交易市场上融资的方式就主要依赖于 CDM 机制。

发展中国家的企业可以通过 CDM 机制参与碳交易市场，在获得减排效益的同时，化解碳收益带来的风险。具体来说，企业可以积极申请 CDM 项目，参与到 CDM 一级市场交易，寻找合作伙伴，达成合作意向，获得合作企业的资金和技术支持。这不但能够充分利用节能项目的资金，还能享受到专业化的减排服务。

②基于金融政策的融资。继国务院有关部门出台了节能减排的政策之后，我国的金融机构也制定了一系列与低碳经济相适应的绿色金融政策，目的是为企业实现碳减排融资提供制度保障。在相关政策实施之后，很多银行、保险公司等金融机构纷纷设计出了各种"低碳金融产品"供企业选择，以期为企业的碳减排融资提供更加便利的平台，例如银行业的"绿色信贷"等。这些产品的推出使得低碳转型企业能够以更低的资金成本从银行借款，不但缓解了企业的偿债压力，还提高了企业经营活动的灵活性。

（2）企业适时优化企业的资本结构。低碳项目的投资具有高收益、高风险的特点。低碳产业在目前初级阶段需要大量的资金、技术投入，且稳定性不强，因此企业在选择资金来源的时候应该谨慎。特别是在选择债务筹资时，会增加企业的债务比重，同时加大公司的财务风险。在低碳产业的这些特征下，企业一旦出现亏损，财务杠杆的作用就表现得特别明显，企业就很容易产生债务负担，从而带来严重损失。因此，企业不能盲目选择债务筹资的形式，在制定融资战略时，应合理选择资本成本和综合考虑风险与资本，从而提高企业筹资灵活性。

（3）拓宽企业的融资范围。自主创新是实现由高碳经济向低碳经济转变的一条出路，而人才和技术是实现创新的基础。知识资本、人力资本是提高企业资源利用率、生产效率的决定力量，可以帮助企业进行技术创新、制度的变革。因此，在新时代下融资活动企业必须转化思路，多考虑对知识资本，人力资本等无形资本的需要，不仅仅为了满足金融资本上的需求。在知识经济成为主流的现代，人力、知识资源的投入往往带来物质资源的高效利用。高效率低成本低碳型生产方式也最终还是要依赖于先进的科学技术以及优秀的人才。因此，企业的筹资重点应该转变到对知识、人才的筹集上。

（4）合理规划筹资活动的方案，减少资源浪费。知识资源与人力资源这些无形资产具有很强的时效性，在低碳经济下显得格外重要。随着时间的变化，科学技术迅速更新换代，人才资源具有比有形资产更宽阔的价格浮动空间，而且更是容易流失。另外，支付人力薪酬、摊销无形资产，也会给企业带来一定的负担。因此，筹集到的资本的时间价值是企业在筹资时一定要注意到。

2. 企业的财务投资战略

（1）完善财务投资的基本原则。安全性、流通性、收益性是传统企业为了增加企业价值的投资目标、实现获利提出的三个基本原则。企业在低碳条件的约束下还应该增加社会责任原则。所谓的社会责任原则是指企业在投资活动应当使能源消耗最小化，并考虑其对社会、环境的影响，以避免给环境造成破坏，减少温室气体的排放。而现实中大多数企业追求社会责任，可能是以收益的降低为代价，社会责任的实现往往意味着超额成本。但是在建立起系统的完整的节能生产体制，向低碳的经济增长方式转换后，企业的社会责任的实现就会等同于收益的增长。

（2）构建低碳约束下投资方案评价体系。判断投资项目是否可行、是否有投资的价值，分析出投资项目的生存能力和盈利能力是投资方案的评价的目的。企业一般衡量一个方案的优劣可以通过折现现金流量发、回收期法和会计收益率法来比较得出。而在低碳经济的要求下，企业必须把能否增强企业的核心竞争力，评价项目能否实现企业的环境效益等节能减排作为首要目标。具体有如下一些投资评价方法。

①多标准评价法。多标准评价法是采用多目标、多标准，把社会效益、环境、竞争能力等无形的非财务评价指标也纳入投资评价体系中进行优化评价。

②全部成本评价法。该方法是由美国环保局设计的，它将环境成本放入了资本预算分析中进行综合考虑，对项目的全部成本和收益进行长期综合的财务分析，从而对传统投资评价法进行了改进。

全部成本法将现金流量折现，列示出项目的全部成本和效益，避免企业忽略一些有益于环境保护的投资项目，避免对于一些项目周期短的污染预防性投资项目做出错误评价。

③较低的折现率法。折现率的大小对投资项目的决策具有重要的影响，由于未来许多环境成本和收益无法用货币计量，使用较低的折现率可以得到较大的净现值，未来的价值相对于目前价值有所上升，有利于财务部门进行项目比选时倾向于那些实施期长且环境效益高的方案，有利于投资项目目标与可持续发展目标趋同。

④利益关系人价值分析法。该方法的理论基础是利益关系人价值导向观点，认为企业是利益相关者的集合，企业以利益相关者价值为导向，满足利益相关者价值的实现，而不仅仅是为投资者创造价值。

低碳经济下，企业利益关系人中外部群众组织、政府的地位越来越重要，企业不能忽视他们的存在。财务指标的权重相对降低，环境权重加大，保证企业项目满足各方利益关系人期望，保证企业全面发展低碳经济。

⑤低碳评价指标。投资项目低碳评价指标是在传统投资决策评价指标计算公式的基础上进行改进，不仅考虑项目的经济效益，还将企业生产经营过程中的外部效应作为一项潜在费用，主要是对环境污染造成的外部成本及治理过程中新创造的收益。这些指标能够帮助企业进行全面评估，降低外部环境因素给项目带来的影响。

（3）企业应顾及长期利益，理性选择投资方向。对内投资和对外投资是企业投资的两个方向。增强自主创新能力，积累和扩展知识资本和人才资本应是企业对内投资应该把重点。在具体的生产活动中，逐步改变能源结构，建立清洁、高效、持久的能源生产体系，开阔多种能源。新兴产业的金融资产投资则是企业在对外投资时应重点考虑的。这些新兴产业具有高收益、高发展潜力的特点，可以为企业创造价值，在未来一段时间里拥有可观的经济收益。另外，可以通过支持这些产业的发展，能够促进科技的发展，为企业的长远发展做准备。

3. 企业的成本控制战略

要从产品的生产、设计、营销等方面进行全方位、全系统的成本控制。企业如果想节能减排，控制碳的排放量，就必须对生产工艺进行改造，增添节能设备，同时要安装检测设备进行检测，要实时检测排放量是否能达到标准。同时要从原材料采购、售后服务、产品回收等环节利用高科技来节能减排。

4. 企业的利润分配战略

（1）扩大对低碳项目的资金积累。低碳项目具有高风险的特点。企业可以从企业总的利润留存中设立低碳化的专项留存收益，但是区别于一般的留存收益。通过对低碳化项目资金的积累，企业可以实现债务融资的需要，并减少企业的外部融资和合理规避偿债风险。

（2）企业应该制定合理的利润分配政策。为了落实低碳化的项目资金的可靠来源，企业可以设立实现低碳化的专项筹资项目。因仅凭激起股东的环境保护意识是不可靠的。但是，为了鼓励股东加入低碳化项目，企业在分配股利时，把低碳化项目的股票放在和优先股相同的顺序上，赋予股东在利益分配上的优先权，鼓励股东加入低碳化项目，激发股东投资于低碳化项目的兴趣，以减轻股东的投资风险。

（3）在分配过程中体现人力资本的地位，实现以人为本的分配政策。保证各方的权益是利益分配的过程中的一个重要原则。随着人力资本对企业价值创造的贡献率不断增大，在低碳经济的环境下企业有个重要的问题即是如何留住人才、招揽人才，强化对人力资源的重视程度。在此，在利润分配中通过扩大其分配比重，可以体现人力资本的主导作用。这样，一方面可以优化企业资本结构，发掘企业的发展潜力；另一方面可以吸引更多优秀人才，调动已有人员的创造积极性，最终实现企业的长远利益。

（四）企业为实现财务战略目标必须采取具体手段和方法

构建服务于企业自身发展的低碳信息平台，可解决低碳经济发展的信息不对称问题。加强对企业外部的财务环境信息的收集，这也是企业财务战略信息支持系统的一个非常重要职能。企业一般可以通过两种方式实现：一是企业建立自身的财务战略数据库；二是企业求助于外部的专业咨询机构，以便满足企业自身的特殊需要。

（五）构建基于低碳经济的财务战略评价体系

低碳经济发展模式下的企业财务战略目标是碳环境约束下的企业价值最大化，即将企业必须承担的低碳环境责任纳入企业价值最大化的模型中。构成低碳经济的财务战略目标因素不仅仅是财务指标和数据，还包括碳氧化物和新能源的非财务指标。

企业低碳经济财务评价指标体系，可借鉴传统企业的财务指标。主要包括低碳经济盈利能力指标、低碳经济资产管理（营运）指标、低碳经济偿债能力指标和低碳经济发展能力指标。这些指标体系的数据可以直接或间接从会计报表获取。前提是企业必须单独进行低碳经济会计核算，如表10-1所示。

表 10 - 1　企业低碳经济财务评价指标体系

大类指标	具体指标
一、低碳经济盈利能力指标	低碳经济会计利润、经济增加值等
	投资报酬率、权益净利率等
二、低碳经济资产管理指标	固定资产周转率、存货周转率和应收账款周转率等
三、低碳经济偿债能力指标	流动比率、速动比率、资产负债率等
四、低碳经济发展能力指标	销售增长率、三年销售收入平均增长率、利润增长率、新产品销售比率
	资产规模增长指标
	资本扩张指标
	技术投入比率
	经济增加值率和经济增加值的增长率

企业低碳经济非财务评价指标体系，应根据低碳经济"低能耗、低污染、低排放"原则和低碳经济的目的设立。主要包括碳能源指标、碳产出指标和零碳能源产出指标，如表10-2所示。

表 10 - 2　企业低碳经济非财务评价指标体系

大类指标	具体指标
一、碳能源指标	不可再生能源碳排放指标
二、碳产出指标	万元生产总值碳排放
	重点产品单位碳排放
三、零碳能源产出指标	风能产出指标
	核能产出指标
	太阳能产出指标
	地热能产出指标
	生物质能产出指标

注：不可再生能源包括原煤、石油、原油、天然气等。

（六）实行绿色会计（Green Accounting）

绿色会计，是指以自然环境资源和社会环境资源耗费应如何补偿为中心而展开的会计，主要以价值形式对环境及其变化进行确认、计量、披露、分析以及可持续发展研究，以便为决策者提供环境信息的一种会计理论和方法。对绿色会计经济活动进行确认、计量、披露，归根到底是要为信息使用者服务的，特别是为企业的决策者提供信息。

首先，应该新增一些会计科目，使绿色财务管理在应用时对一些要素有案可稽；其次，会计报表以及会计报表分析应该设置一些指标用以考察企业在资源保护、环境改善等方面作出的成绩以及存在的不足，以便使企业能有针对性地采取措施，加强和改进工作。

（七）实行绿色财务管理（Green Finical Management）

绿色财务管理，指的是企业在生产经营时导入生态环境因素，将环境思想融入日常财务管理之中，目的是在不影响生态环境的基础上实现企业利润最大化，继而实现人与自然和谐相处。绿色财务管理的发生基础是绿色管理，而绿色管理思想主要是解决企业与社会的生态环境问题。它是从资金运动的角度考虑企业的目标与社会效益及生态环境问题的一种财务管理。绿色财务管理包括绿色筹资管理、绿色投资管理、绿色营运管理、绿色分配管理四个方面内容。

三、低碳经济下的财务战略模式影响因素分析

实施低碳财务战略模式既是企业履行社会责任，实现自身可持续发展的需

要，也是经济全球化及低碳经济时代对企业发展的必然要求。近年来，随着能源短缺和环境污染问题日益成为世界关注的焦点，实施低碳财务战略，打造低碳企业，加快发展低碳经济，已被提到了我国企业经营发展的议事日程。然而，目前的形势不容乐观，有很多因素制约着我国企业实施低碳财务战略模式，其中，既有来自宏观层面的外在因素，也有来自企业微观层面的内在因素。

（一）外在因素分析

1. 企业低碳财务管理制度尚未建立

制度是规范、约束企业行为的根本性力量，企业有什么样的制度就会产生什么样的行为。目前我国虽然已经制定出台了《企业会计准则》、《企业财务通则》、《企业会计制度》等制度性的文件，但是这些制度文件是基于传统意义上的会计与财务行为规范，还未建立起基于"低碳会计"、"低碳财务"的制度规范。由于缺少低碳财务管理制度的指导与约束，企业很少自发地实施低碳财务战略模式。

2. 传统的经济增长方式制约着企业实施低碳财务战略模式

我国目前的经济运行基本上是一种高能耗、高物耗、高污染、低效率的模式。我国"十二五"规划虽然明确提出以科学发展为主题，以转变经济发展方式为主线，但是，地方政府存在的唯 GDP 至上的扭曲政绩观势必对我国经济发展方式转变产生阻碍。在这样的大背景下，我国很多地区尤其是经济落后地区，必然会存在一大批能耗大、污染大、物耗高的企业，这样的企业是不可能实施低碳财务战略模式的。在地方政府的利益驱动甚至一定程度的放任下，企业实施低碳财务战略模式的外部压力必然大打折扣。

3. 政府的监管与处罚力度不够

政府作为社会监督者，应该监管那些对资源环境影响较大的企业，比如，企业立项前必须通过政府的环境评价，企业生产中必须接受政府部门的环境监督。政府主要依据企业提供的环境资料信息，按照相关的法律、法规对企业危害生态环境的行为予以监管或处罚。然而，囿于政府管理部门自身的能力，政府管理部门对企业所提供的环境资料的完整性、真实性很难进行及时准确的判断，由此导致企业与政府监管部门在环境污染上产生博弈，博弈的结果是多数企业轻度的环境污染行为得不到政府的有效监控。此外，现有的法律、法规对企业造成环境污染的处罚力度还不够，造成企业违法成本低，这在一定程度上弱化了企业实施低碳财务战略的压力。

4. 政府的支持力度不够

西方发达国家推进企业实施低碳财务战略的经验表明，政府不仅需要发挥其监督作用，还需要发挥其支持导向作用。例如，西方发达国家往往通过财政补贴或制定低碳税收来鼓励企业实施低碳财务战略；通过政府的低碳采购来引导企业实施低碳财务战略；通过建立低碳认证标识和低碳审计来规范企业实施低碳财务战略等。对比西方发达国家的做法，我国政府对企业实施低碳财务战略的支持力度还很不够，还有待进一步加强与完善。

5. 低碳财务战略理论本身还不成熟

理论是指导实践的有力武器，企业实施低碳财务战略模式同样需要理论的指导。然而，在低碳财务战略理论研究方面，我国还处在初级阶段，目前的研究成果基本上还停留在面的研究上，在环境效益计量、环境会计体系、低碳筹资战略、低碳投资战略、低碳运营战略、低碳分配战略、低碳财务报告系统、低碳绩效评价等诸多方面还未形成公认的理论与方法体系。结果导致企业实施低碳财务战略行为如同"盲人摸象"，莫衷一是。

（二）内在因素分析

1. 企业对低碳经营重视不够

西方发达国家的企业经历了工业化的过程，也同时经历了从环境污染到环境治理过程的痛苦洗礼，因而有较强的环境保护意识，逐渐将保护生态资源与环境变为企业的自觉行为。然而，我国绝大部分企业整体上还处于市场经济发展的初级阶段以及工业化的中期，其保护自然、保护环境的意识还不够强，企业经营普遍缺乏低碳意识，企业经营目标利润化、经营行为短期化的现象相当普遍。在缺少严密有效的外部监督的条件下，在企业趋利动机的支配下，企业牺牲外部经济来获取内部经济自然成为多数企业的行为选择。

2. 企业缺乏实施碳财务战略的实力

实施碳财务战略必然会增加企业的经营成本，增加碳投资，在短期内可能会削弱企业的竞争力，特别是对于那些技术相对落后、产业层次较低的企业而言更为不利。然而，我们也不否认，确有一些企业愿意通过改进生产工艺来科学处置其生产过程中产生的废弃物质，以避免对环境造成破坏，但是，囿于企业自身缺乏有效的技术支持，导致企业良好的主观愿望不能实现。可以说，在当前以及今后相当长的一个时期内，我国大多数企业尤其是那些竞争力不强的企业还缺乏实施碳财务战略的实力。

3. 企业缺乏实施碳财务战略的专业技能

实施碳财务战略对我国企业而言还是新生事物，多数企业对此还没有明确的认识。尤其是目前碳财务战略理论尚不成熟，企业在实施碳财务战略模式时缺乏有效的理论指导，造成企业缺乏实施碳财务战略的专业技能。企业内部的财务管理者还停留在传统的财务管理平台上，对实施碳财务战略模式一筹莫展。由于缺少技能支撑，企业实施碳财务战略受到了专业人力资本的制约。

第三节 碳财务战略管理研究

一、国外碳财务战略管理相关研究现状

目前国外关于碳财务战略的理论讨论，大多围绕碳会计及其财务的相关定义而展开，对于从企业碳财务战略管理角度来进行系统性、综合性研究的还并不多见。自 20 世纪 90 年代以来，国外企业碳会计及其财务问题研究领域的专家教授都积极开展对这一新兴领域的研究，从而掀开了碳会计及其财务问题相关研究领域的序幕。但综观其研究，作者发现并无"企业碳财务战略"和"企业碳财务战略管理"的直接提法，故只能通过梳理与该研究命题相近领域的国外研究文献进行介绍。

（一）碳信息披露与企业财务业绩相关性研究

企业碳信息披露与财务业绩相关性研究是目前在这一领域探讨较多的一个议题。日本学者 Shiro Takeda（2007）以日本 27 个部门和 8 种产品为研究对象，通过建立多部门动态 CGE 模型，认为实施碳管制一方面能获得成本收益，另一方面企业碳管理还能减少资本金税。日本注册会计师协会曾专门通过对日本 10 家电力企业、4 家钢铁企业、12 家汽车制造企业的样本案例分析，发现样本企业在证券报告中关于"企业财务状况和财务业绩分析"一栏并未涉及温室气体排放和全球气候变暖等所引发的财务问题，此外，研究结果发现样本企业中除了一家企业提出了每生产一单位产品应达到的 CO_2 减排目标以外，甚至没有一家企业提供实际排放数据。意大利学者 Giorgio Locatelli 和 MauroMancin（2010）测度了意大利的中小型核煤与天然气发电厂受到碳税和电力能源价格的财务影响，认为碳成本的提高增加了投资的不确定性。希腊学者 Adolfo Carballo - Penela（2010）尝试将企业产品碳足迹管理的信息融入到企业财务报表中，以产品碳足迹为切入点，在企业财务报表中体现产品的碳足迹信息。美国学者 Marilyn T. Lucas 和 Matthew A. Wilson（2008）以服务行业为研究对象，研究了服务行业环境管理与其财务业绩之间的关系，他们通过对 1228 家服务企业的调查，用单变量和多变量分析相结合的实证分析方法得出了环境管理对企业的财务业绩产生了积极的影响。

（二）碳财务风险控制研究

Karl Bokenkamp 和 Hal LaFlash 针对全球温室气体排放导致的企业财务风险

进行了评价，他们提出财务风险一定将会与未来企业碳排放管制密切相关，企业进行碳管理能避免财务风险从而保护消费者和股东利益。澳大利亚学者 Roger L. Burritt 和德国学者 Stefan Schaltegger 在全球会计、治理和可持续发展年会上发表了碳管理会计的论文，通过建立新的碳管理会计框架，寻求建立碳管理和财务业绩方面的联系，他们认为企业碳减排对公司财务影响很大，因此通过寻求公司碳相关的信息可找到企业碳排放管理所造成隐性的财务风险影响程度。

（三）碳筹资及投资战略研究

国外对于碳筹资及投资战略研究较少，但从碳金融的角度却有了一些研究。英国学者 Xi Liang 和 David Reiner（2009）指出发电项目传统融资方式存在的局限性，研究出一个框架来分析个体的行为决策在低碳技术项目投资中的具体应用，得出发电企业在采用新低碳技术项目时应充分考虑多元化投融资项目决策的研究结论，即投融资项目决策不能完全只评价财务效应，还应考虑项目筹融资和投资过程中的低碳效应，特别是对于可再生能源和低碳、清洁生产技术项目应采用新的投融资指标来衡量。拉脱维亚学者 Andra Blumberga、Gatis Zogla、Marika Rosa and Dagnija Blumberga（2011）分析了拉脱维亚能源效率部门的绿色投资计划，采用了综合的、多元化的评价方法，如项目的类型、地理位置、项目期望的环境和社会效益，以及财务分析来对绿色投资项目进行评价。此外他们还利用了成本效益指标针对项目实施前后的碳排放数量进行了比较和评价。此外，德国学者 Elisa Minou Zarbafi（2011）也在其学术著作中认为，目前各大机构投资者的金融机构已经开始关注公司所面临的社会和环境风险以及碳排放风险。因此，金融机构可以通过资本市场来促使企业推行社会责任。各机构投资者通过选择公司社会责任执行较好的股票，从社会角度实行社会责任投资。南非学者 Heinz Eekart Klingelh fer 和德国学者 Peter Kurz（2011）针对低碳技术和排污权交易投资的案例，研究了不同时期排污权交易价格的变化，认为对于生产商而言，长期投资期限和产品最优化生产之间的计量矛盾融合了各种长期的、低效投资和融资的问题，因此通过层次规划模型结合敏感性分析，能近似地度量出获利项目的净现值。

（四）碳业绩管理的财务评价研究

针对企业碳绩效管理的财务评价，大多数围绕企业环境绩效评价或者基于清洁生产技术、低碳经济等前提下的投资和融资评价。南非学者 Heinz Eckart Klingelh fer 和德国学者 Peter Kurz（2011）也对企业使用未来新能源和低碳技术进行了财务评价，并通过建立线性规划模型和生产活动分析估值评价了未来的低碳（或零碳）电力产生的经济效益和环境效益。

二、我国碳财务战略管理相关研究现状

（一）碳财务战略管理的定义

我国学者对碳财务战略问题的研究始于 20 世纪 90 年代末，目前在碳财务战略管理概念上还未取得一致的认识。

王琳、肖序认为碳财务战略管理应是对原有的财务战略管理的反思与发展，特别强调原有财务战略管理所没有考虑的利益相关者对企业实施低碳化战略、节能减排战略以及随之产生的财务绩效，建立基于企业碳绩效战略与财务绩效战略共生的企业碳筹资、碳投资、碳成本管理、碳财务绩效评价战略等。

刘朔、刘英等认为碳财务战略管理应是以碳理念为指导，以传统财务战略管理为基础，在碳会计理论体系及具体内容的发展基础上，与综合考虑碳因素的企业战略管理目标相结合，动态分析企业碳环境，制定、实施、控制与评价企业财务活动的过程，为企业培育新一轮的核心竞争力并加以动态的维护，为企业可持续发展服务。

（二）低碳发展的财务策略研究

面对气候变化与经济发展的矛盾，结合当前我国企业低碳发展技术创新研究成本高、融资渠道有缺陷的财务现状，杨丽娟、高秀兰提出企业低碳发展的财务策略，主要有以下几个方面：

1. 正确认识企业发展低碳的财务效应

发展低碳经济对于企业而言，从短期来看，因为参与低碳经济而投入的资金将有可能带来企业生产成本的增加，短时间内不利于企业参与竞争。但从长期来分析，应看到低碳发展的投资收益是可观的，由此带来的"溢出效应"还可以帮助企业更好地参与国际市场的竞争。尽管低碳发展的资本回收期比较长，但是，一旦发展低碳成功，将为企业在节约成本上带来新的天地。对于企业而言，在传统发展模式和低碳经济之间的选择，实际上是一个远期利益和现实成本之间的抉择。

2. 制定技术上可行、经济上合理的低碳发展的计划

首先，从我国国情出发，目前高碳能源煤的利用仍是主体。中央提出来的高碳能源低碳利用，需要通过技术创新达到这个要求。因此在新能源产业中，必须将清洁煤技术作为重要方向。其次，应强调节能减排。传统产业和制造业仍然是产业结构中的主体，虽然我国在调整产业结构，但是不能将传统产业和制造业全部从中砍掉或者抑制其发展。

3. 实施企业生产经营全过程的低碳成本控制

从产品的设计、采购、营销和设备价值管理等方面进行全过程、全方位和全

系统的成本管理控制是企业低碳发展实现企业成本竞争优势需要。从成本投入的角度来说，要想节能减排，就需要对原本的生产工艺进行改造，增加节能减排的设备，还要对其进行维护。同时，还要安装一些测试设备监测一系列环保指标。另外要从原料采购、生产标准制定到售后服务、产品销毁的全过程，都利用技术来降低排放。

4. 充分享受低碳财税融资优惠政策

对企业而言，要获得资金支持，很重要的一方面是利用政策支持。为了解决企业低碳项目融资难的困难，政府可以从提高能源使用效率、促进节能的角度出发，逐步建立健全涉及低碳的产业支持政策，包括税收优惠、财政补贴等，通过税收优惠等激励机制，来推动低碳经济的发展。

（三）企业低碳绿色战略研究

吴维库、李贞恩提出了企业低碳绿色战略的概念，将低碳绿色战略定义为：为了有效应对气候变化，在企业价值链全过程中，尽量减少温室气体与污染物质的排放，在此基础上创造新的发展机会，最终让企业实现可持续发展的所有经营活动。

企业低碳绿色战略具有如下四个特点：一是企业低碳绿色战略本身的目的为应对气候变化。即它对温室气体、气候变化等问题针对性较强。二是与现有的风险管理型企业环境战略相比，低碳绿色战略更重视化危为机，是更积极的管理活动。三是低碳绿色战略不但包括产品生产过程，而且应该考虑产品价值链全过程。因为气候变化影响到价值链全过程，并且绿色技术和绿色创新也可以在价值链全过程中应用并实现。四是企业低碳绿色战略的最终目标是实现企业可持续发展。

他们认为推进低碳绿色战略的实施，需要在企业内部，设立低碳绿色战略专职人员和部门，同时对于具体业务明确相关部门或人员的职能、职责及权限。组织全体人员制定低碳绿色管理培训计划并认真执行，衡量其培训效果、对低碳绿色战略的认识水平，认清关于绿色管理目标与方案的组织内部沟通状况。另有，需要设置专门监督并评审的内部制度、程序及主管部门，以持续改进企业低碳绿色战略。从研究与开发（R&D）、采购（Sourcing）、生产（Manufacturing）、营销与销售（S&M）、使用后处理（Disposal）五个环节采取具体行动来实现。

三、现有研究的局限及未来展望

（一）现有研究的局限

1. 研究深度不够

现有文献大多停留在从财务管理的角度研究碳财务战略管理，没有深入到制度层面开展系统研究。关于如何协调碳财务体系与其他管理体系对企业环境活动的系统性作用以及如何协调碳财务战略管理和现行财务会计的关系几乎没有涉及。

2. 可操作性不强

目前对碳财务战略管理的研究停留在一般性理论研究上，或是反复探讨它应该包括哪些内容、应采用哪些指标，极少从实际需要角度出发进行企业碳财务战略管理体系的构建，也缺少系统的具有可操作性的规范来对实际处理进行指导。这在一定程度上是受碳会计制度及碳会计的实行现状制约，政府的政策及行业协会的相关职能也没能有效地发挥作用。

3. 缺乏针对性

现有研究缺乏对碳财务战略管理体系实施的影响因素和适用范围的系统探讨，该体系在企业内部的推进受到企业内外环境及各项制度的制约，且不同行业、不同发展阶段、不同类型的企业的实施意愿和能力也有极大差异，因此理论研究的针对性和指导性仍需加强。

（二）未来的研究展望

针对碳财务战略管理的研究现状以及近年来国内外研究发展趋势，未来研究有可能聚焦以下方面：

1. 碳财务战略管理风险研究

和传统财务战略管理一样，碳财务战略管理也存在风险。但是其风险也不同于传统财务战略管理风险，重点将是社会责任风险，即企业不履行社会责任而带来的财务风险，如企业价值流失或无形资产价值贬值等。

2. 碳财务战略管理立法

碳财务战略管理制度的推行，需要相关的法律、法规进行保障，如何完善相关法律、法规体系是重要的研究方向。

3. 碳财务战略管理与企业形象的研究

如何通过推行碳财务战略管理，提升企业品牌形象和社会声誉，提升顾客忠诚度，也是可能的研究方向。

4. 碳财务战略管理人力资源问题

现有的财务战略管理有其人才培养和认证制度。碳财务战略管理制度下，如何加强人力资源的培训与开发以及人才的资质认证等，具有很大的研究价值。

【本章小结】

伴随着全球经济的发展，大量能源的消耗所带来的碳排放和碳污染，给全球的气候安全敲响了警钟。这引起了国际社会以及世界各国有关部门和机构的极大关注，推动了对节能减排、可再生资源的研究工作。在全球气候变暖的大环境下，企业碳排放和管理所引发的一系列新财务问题也应运而生，成为当前环境管理会计领域的热点。碳财务战略的研究是当前财务战略领域的一个前沿研究课题。碳财务战略是指为应对全球气候变化，在企业价值链全过程中，以碳理念为指导，加入生态环境因素，结合碳会计理论体系及其具体内容，为谋求企业综合价值最大化并最终实现企业可持续发展，而对企业财务运作和管理所进行的整体性、长期性和创造性的筹划。综观当前国内外碳财会领域的研究，作者发现碳财务战略的理论体系并不成熟。对于碳财务战略理论，可以从利益相关者理论、碳会计理论、低碳财务管理理论中得到一定的了解。

低碳经济下的企业财务战略模式是对传统财务战略模式的改造和完善。其目的是追求企业价值的可持续增长及长期效益，而非销售量的盲目增长、规模的盲目扩大和短期效益，使企业在经济效益增加的同时实现生态效益和社会效益的协调发展。当前，我国企业财务战略模式存在一定的缺陷，忽视了企业碳排放管理问题，未充分关注企业的低碳发展，依托的管理技术和分析工具与低碳发展理念不适应。因此，实施低碳经济下的财务战略模式显得极其重要。构建低碳经济下的企业财务战略模式要求在战略思想上形成新理念，包括保护生态环境的理念、循环经济的理念、社会责任的理念、绿色经营理念、可持续发展理念，以节能减排的企业财务战略目标为出发点，将低碳特征作为实施财务战略的重点，制定全新的财务融资战略、财务投资战略、成本控制战略以及利润分配战略，与综合考虑碳因素的企业战略目标相结合，采取低碳手段和技术方法，构建基于低碳经济的财务战略评价体系，包括企业低碳经济财务评价指标以及企业低碳经济非财务评价指标，实行绿色会计、绿色财务管理，为企业培育新一轮的核心竞争力，从而实现企业的低碳可持续发展服务。低碳经济下的财务战略模式影响因素，既有来自诸如制度、经济增长方式、政府监管及支持力度、理论尚未成熟等方面的外在因素，也有来自企业对低碳经营重视不够、缺乏实施碳财务战略的实力和专业技能等方面的内在因素。

通过梳理与碳财务战略管理研究命题相近领域的国外研究文献，结合我国学者对于碳财务战略管理的定义、低碳发展的财务策略研究、企业低碳绿色战略研究，认为现有研究深度不够、可操作性不强、缺乏针对性，并从财务风险、法律、企业形象、人力资源角度对未来的研究进行展望。

【本章关键词】

低碳经济　　　　Low – carbon Economy

碳财务战略	Carbon Finance Strategy
节能减排	Energy Saving and Emission Reduction
利益相关者	Stakeholder
碳排放	Carbon Emission
低碳会计	Low‐carbon Accounting
低碳财务管理	Low‐carbon Financial Management
碳资产	Carbon Asset
碳负债	Carbon Liabilities
碳权益	Carbon Rights
碳收入	Carbon Income
碳成本	Carbon Cost
碳利润	Carbon Profit
经济效益	Economic Benefits
生态效益	Ecological Benefits
社会效益	Social Benefits
绿色经营	Green Business
可持续发展	Sustainable Development
经济增加值	Economic Value Added（EVA）
绿色会计	Green Accounting
绿色财务管理	Green Finical Management
碳排放交易	Carbon Trading
碳信息披露	Carbon Disclosure
碳财务风险	Carbon Finance Risk
碳绩效管理	Carbon Performance Management

【本章思考题】

1. 什么是低碳经济？其主要特点是什么？

2. 什么是碳财务战略？其理论来源有哪些？

3. 如何理解利益相关者理论和碳财务战略的关系？

4. 什么是低碳财务管理？简述其目标和原则。

5. 当前我国的财务战略模式存在哪些缺陷？

6. 简要说明低碳经济下企业财务战略模式以及实现途径。

7. 结合当前我国实际，谈谈我国企业实施低碳经济下的财务战略模式的影响因素。

【本章案例】

"碳会计"何时能走得更远

近日，大家对"碳会计"的关注忽然多了起来。毕马威和特许公认会计师公会（ACCA）、深圳市注册会计师协会和 ACCA 分别举行的"碳排放——对企业及其财务管理的影响"的圆桌会议和注册会计师专题讲座，其中都提到了低碳经济的发展催生了"碳会计"的出现。而部分网友则表示，低碳经济是这两年的热词，但是"碳会计"这个词听起来挺新鲜，并对其产生了好奇。那么，"碳会计"这个名词出现的背景是什么？"碳会计"的前景如何？在涉足"碳会计"领域时，财会人员需做好何种准备？针对这些问题，本报记者采访了业内相关人士。

1. "碳会计"在低碳经济中扮演重要角色

低碳经济的概念于 2003 年被提出。2009 年哥本哈根气候变化大会之后，碳排放从此成为世界热点，之后关于低碳经济、低碳企业的言论越来越多，全球亦掀起低碳经济热潮，低碳经济正逐渐成为世界经济发展的新常态。毕马威气候变化和可持续发展咨询服务合伙人金蕾称，在低碳经济方面越早行动的企业，越能尽早获得竞争优势。在十多年前，企业界很少有人注意到公司经营与气候变化之间的关系。但是现在，企业如何应对潜在的商业风险，甚至借此创造竞争优势成为企业高管面临的一大挑战，而且所有大企业都可能被问到温室气体排放的情况及减缓措施。问题不仅会来自环保组织，还有主要证券交易所、政府机构和投资者。要对此作出答复并落实到实际行动中，各公司都离不开会计的帮助。为了保证碳数据的质量，碳会计是基础。也就是在 2009 年，不管是财政部，还是中国注册会计师协会，以及部分会计师事务所，都不约而同地意识到注册会计师行业应该拓展新业务，在国家节能减排工作中发挥专业作用，会计师将在帮助公司处理碳管理、碳披露事务，同时在帮助公司获得外部认证、提高声誉方面扮演着非常重要的角色。

中熹会计师事务所主任会计师陈彬在接受记者采访时表示，在 2009 年他便意识到应将审计技术运用于温室气体"碳排放"。这是一个很好的想法，大胆而超前。的确，国际上开展温室气体"碳排放"审计工作的时间也较短，国内更是没有任何一家会计公司在这方面开展过工作，中熹在碳审计方面勇敢地迈出了第一步。德勤会计师事务所的一位会计师表示，"尽管目前尚不能判定碳资产对于企业的具体影响，但已经在欧洲和美国建立的碳交易体系则显示，如果各个企业能够将自己的碳资产进行量化，运用市场机制，极有可能让拥有碳资产的企业及需要碳排放配额的企业共同受益。当然，最终受益的是整个社会，因为从总量上控制了二氧化碳的排放量"。不过，不少人对碳会计的了解还不是那么多。北京环境交易所的相关负责人齐主任告诉本报记者，现在碳会计还处于探讨阶段，在一定程度上还算是个新事物。

2. 碳会计对会计标准的细化提出了新挑战

在碳经济时代，一个产品要附加上它的碳排放量成本，才是产品最终的成本，因此碳排放量的成本越低，产品自然越有竞争力。将碳排放计入产品成本，碳会计的地位就显得很重要。我国企业目前主要将企业碳排放情况写进企业社会责任报告或可持续发展报告，不过，市场和投资者更为看重财务报告披露相关的碳排放数据。企业如能建立全面的报告体系，将碳排放也写入到财务报告中，在经营中提高透明度，从而更好地担负起其社会责任，则可达到企业自身和社会整体的可持续发展。

北京环境交易所的岳鹏先生认为，碳资产是可以变现也可以用作抵押的，前提是将碳当作生产要素，纳入到财务管理当中去。环境责任不仅仅是责任和成本，更意味着市场机遇与未来商业价值。他称，我国还处于经济快速发展阶段，在国家未出台明确的碳交易政策也未建立机制完善的碳交易市场的情况下，碳交易与企业产品、企业形象宣传的有机结合是推动企业进行碳减排的重要手段。陈彬告诉记者说，目前还没有针对碳排放的会计通则，美国会计准则委员会（FASB）和国际会计准则委员会（IASB）进行了一个联合项目来讨论碳排放机制的会计处理问题，国际会计师公会对这方面也颇为重视。业内人士认为，碳资产如何量化，碳负债和收入如何确认等都是碳会计面临的挑战。如想让碳会计顺利实施，各国确定碳排放机制、建立有关碳排放的会计准则等相关问题都应该尽早解决。碳会计最为棘手的问题还是碳排放的计量。碳排放的计量需采取"碳足迹"的指标，在"碳足迹"指标的计算中，将碳排放划分为直接排放和间接排放的不同范围。目前，各国企业针对温室气体减排开展的碳足迹核算，绝大部分只包括直接排放和企业可控制的间接排放。ACCA 亚太区政策主管周俊伟指出，未纳入核算的诸如价值链上下游等的间接排放量（其他间接排放）可达到总排放量的一半左右。据 ACCA 在 6 月发布的报告《未被计算的碳排放》中指出，如果不能得到有关其他间接排放的高质量的信息，全球企业将越来越难以评估与温室气体排放相关的风险与机遇的性质、影响范围以及价值。金蕾认为，间接排放的计量非常困难，"企业在实际操作中对碳排放的数据收集是一个循序渐进的过程"在目前的各种监管制度以及自愿性质的碳会计和报告计划中，并没有对其他间接排放会计与报告作出任何要求。过去十年以来，各方做了很多努力，以便将温室气体排放的测量与报告落实到法律文件中并予以推广。但是，对其他间接排放的测量与报告却鲜有公司为之。低碳经济迫切需要的创新也因此而受到阻碍。根据 ACCA 的报告，2009 年，世界 500 强企业中有 409 家企业作出了碳信息披露。其中，仅 42% 的企业提供了其他间接排放数据，且披露信息不够全面。业内人士认为，从财会专业的角度来看，碳会计的核算对象大大突破了传统资金核算的范畴，它所考虑的是除资金以外的资源环境、整个社会生产消费及生态循环价值，这也对会计标准的细化提出了新的挑战和新的思考。

3. 面对"碳会计"财会人员应找准自己位置

业内人士称，随着人们对全球环境的日益关注，低碳经济在世界范围内得到广泛提倡和快速发展，这无疑对企业经济活动和相应的财会工作产生了重大影响。在不久的将来，"碳会计"必将发展成为财会专业人士的重要工作内容之一。每一位会计人都应该思考自己在低碳经济中能起到的作用。业内人士认为，财会人员如能详细了解碳会计这类前沿话题，对知识的提升和对加深对行业的认识非常重要。财会人员必须了解企业对环境的影响，提高自己的认识，这样才有可能将财务报告拓展到传统财务视角之外的领域，能够更加清楚地阐述企业财务状况的基础。

ACCA 全球副会长郭克刚呼吁注册会计师记住一点："我们的工作不仅限于审计和做账。"会计师能够为企业提供宝贵的支持和意见，这种支持可以比人们能想象的更加深入。陈彬认为，对从事碳审计的注会人员而言，需要敏锐的触觉，有大局观，能对经济发展形势及趋势有清醒的认识，能正确把握国家政策。

(资料来源：《财会信报》整理)

【思考题】

1. 碳会计是在怎样的背景下产生的？
2. 碳会计与碳财务战略之间有何关系？
3. 企业如何应对低碳经济下碳会计的推行？

参 考 文 献

[1] 边慧. 战略管理理论的历史演进线索 [J]. 企业改革与管理, 2011 (6).

[2] 常树春. 现代企业财务战略的制定与业绩评价研究 [M]. 哈尔滨: 黑龙江大学出版社有限责任公司, 2011.

[3] 陈信元, 陈冬华, 时旭. 公司治理与现金股利 [J]. 管理世界, 2003 (8).

[4] 陈亚民. 战略财务管理 [M]. 北京: 中国财政经济出版社, 2008.

[5] 傅元略. 公司财务战略 [M]. 上海: 中信出版社, 2009.

[6] 韩静. 企业战略并购财务风险研究 [M]. 南京: 东南大学出版社, 2012.

[7] 赫连志巍, 张敬伟等. 企业战略管理 [M]. 北京: 机械工业出版社, 2010.

[8] 胡桂兰. 基于循环经济的企业财务战略评价研究 [J]. 财会通讯, 2011 (11).

[9] 晋自力. 财务战略: 基于现代企业资本经营的新视角 [M]. 上海: 上海财经大学出版社, 2012.

[10] 刘志远. 企业财务战略 [M]. 大连: 东北财经大学出版社, 1997.

[11] 刘志远. 中小企业财务战略与控制 [M]. 天津: 天津人民出版社, 2003.

[12] 刘跃所, 谢洪明, 蓝海林. 战略生态理论的演进: 概念与基本问题 [J]. 科学学研究, 2004 (12).

[13] 罗福凯. 战略财务管理 [M]. 青岛: 中国海洋大学出版社, 2000.

[14] 秦远建. 企业战略管理 [M]. 北京: 清华大学出版社, 2012.

[15] 丘创, 蔡剑. 资本运营和战略财务决策 [M]. 北京: 中国人民大学出版社, 2011.

［16］桑军朝．低碳会计理论初探［J］．教育教学论坛，2010（21）．

［17］石友蓉，黄寿昌等．财务战略管理［M］．武汉：武汉理工大学出版社，2006．

［18］汤谷良．战略财务的逻辑：我的偏执［M］．北京：北京大学出版社，2011．

［19］王方华，吕巍．战略管理［M］．北京：机械工业出版社，2011．

［20］王辉．基于可持续发展的企业财务战略模式［J］．财会通讯，2008（8）．

［21］王莉静．浅议低碳经济理念下的财务战略［J］．财会研究，2013（5）．

［22］王琳，肖序．碳财务战略理论前沿：一个新的研究视角［J］．财务与金融，2012（2）．

［23］王满．基于竞争力的财务战略管理研究［M］．大连：东北财经大学出版社，2007．

［24］王昕旭，闫昱彤．企业战略管理理论的流派及发展趋势研究［J］．内蒙古财经学院学报，2011（4）．

［25］吴维库，李贞恩．企业低碳绿色战略研究［J］．经济纵横，2010（7）．

［26］肖侠．我国企业实施绿色财务管理模式的问题与对策［J］．财会通讯，2011（12）．

［27］徐飞．战略管理［M］．北京：中国人民大学出版社，2013．

［28］徐飞，黄丹．企业战略管理［M］．北京：北京大学出版社，2008．

［29］徐全军．战略管理的本质问题［J］．经管空间，2013（7）．

［30］严洪．上市公司整体上市与分拆上市财务战略研究［M］．北京：中国金融出版社，2013．

［31］杨丽娟，高秀兰．企业低碳发展的财务策略探析［J］．财会通讯，2011（6）．

［32］赵顺龙．企业战略管理［M］．北京：经济管理出版社，2008．

［33］张忠寿．中小企业财务战略环境分析［J］．财会通讯，2008（9）．

［34］张晓天．财务管理［M］．北京：北京工业大学出版社，2010．

［35］张新民．企业财务战略研究：财务质量分析视角［M］．广州：暨南大学出版社，2007．

［36］张延波．企业集团财务战略与财务政策［M］．北京：经济管理出版社，2011．

[37] 中国注册会计师协会. 公司战略与风险管理 [M]. 北京：北京大学出版社，2013.

[38] 周素萍. 企业战略管理 [M]. 北京：清华大学出版社，2012.

[39] Allen F., Satomero A. M.. What do Financial Intermediaries do? [J]. Journal of Banking & Finance, 2001, 25 (2).

[40] Andy Mullineux, Victor Murinde. Corporate Financing and Macroeconomic Volatility in the European Union [J]. International Economics and Economic Policy, 2011, 8 (1).

[41] Baltagi B. H.. Econometric Analysis of Panel Data [M]. New York: Wiley, 2005.

[42] Bertero E. The Banking System, Financial Markets and Capital Structure: Some Evidence from France [J]. Oxford Review Economic Policy.

[43] Boot A. W., Thakor A. V.. Can Relationship Banking Survive Competition? [J]. Journal of Finance, 2000, 55 (6).

[44] Capron L., Chatain O.. Competitors' Sesource – oriented Strategies: Acting on Competitors' Resources through Interventions in Factor Markets and Political Markets [J]. Academy of Management Review, 2008 (33).

[45] De Laurentis G.. Strategy and Organisation of Corporate Banking [M]. Berlin: Springer, 2005.

[46] Frances Bowen. Corporate Social Strategy: Competing Views from Two Theories of the Firm [J]. Journal of Business Ethics, 2007, 75 (1).

[47] Heinz Eckart, Peter Kurz. Financial Valuation of Investments in Future Power Generation Technologies: Nuclear Fusion and CCS in an Emissions Trading System [J]. Central European Journal of Operations Research, 2011 (3).

[48] Henry Mintzberg, Joseph Lampel, James Brian Quinn, Sumantra Ghoshal. The Strategy Process [M]. Beijing: China Renmin University Press, 2012.

[49] Janet Smith, Richard Smith, Richard Bliss. Entrepreneurial Finance: Strategy, Valuation, and Deal Structure [M]. Stanford University Press, 2011.

[50] John Ogilvie. Management Accounting: Financial Strategy [M]. Elsevier, 2006.

[51] Karl Bokenkamp, Hal LaFlash. Hedging Carbon Risk: Protecting Customers and Shareholders from the Financial Risk Associated with Carbon Dioxide Emissions [J]. The Electricity Journal, 2005 (18).

[52] Lanfang Wang, Susheng Wang. Convertibles and Milestones in Staged Fi-

nancing [J] . Journal of Economics and Finance, 2009, 33 (2) .

[53] Lash J. , Wellington F.. Competitive Advantage on a Warming Planet [J]. Harvard Business Review, 2007 (3) .

[54] Moore J. F.. The Death of Competition: Leadership and Strategy in the Age of Business Eeosysterns [M] . New York: Harper Collins Publishers, 1996.

[55] Moore J. F.. Business Ecosysterns and the View From the Firm [M] . Antitrust Bulletin, 2006.

[56] Murinde V. , Agung J. , Mullineux A.. Patterns of Corporate Financing and Financial System Convergence in Europe [J] . Review International Economy, 1998, 12 (4) .

[57] Page West, Charles E. Bamford.. Strategic Management [M] . Beijing: China Renmin University Press, 2011.

[58] Ruth Bender, Keith Ward. Corporate Financial Strategy [M] . Routledge Press, 2012.

[59] Saunders A.. Financial Institutions Management, A moderne Persepective [M] . New York: Irwin – McGraw Hill, 1997.

[60] Shiro Takeda. The Double Dividend from Carbon Regulations in Japan [J]. Journal of the Japanese and International Economics, 2007 (6) .

[61] Stefano Caselli. Governance and Strategy within the Financial System: Tradition and Innovation [J] . Journal of Management & Governance, 2010, 16 (1) .

[62] Teece D. J. , Pisano G. , Shuen A.. Dynamic Capabilities and Strategic Management [J] . Strategic Management Journal, 1997, 18 (7) .

[63] Wen Danhui, Wu Weiku. UK' s Low – carbon Objectives and Generation Costs Analysis [P] . International Conference on Communication, 2008.

[64] Xi Liang, David Reiner. Behavioral Issues in Financing Low Carbon Power Plants [J] . Energy Procedia, 2009.